公安院校招录培养体制改革试点专业系列教材

电子数据取证

刘浩阳 李锦 刘晓宇 主编

韩马剑 程霁 董健 翟晓飞 田庆宜 副主编

徐志强 陆道宏 郭永健 毕连城 赵方圆
段涵瑞 崔立成 刘建军 葛军 潘光诚 张鑫 胡武宏
编著

清华大学出版社
北京

内 容 简 介

"从实战出发"是本书的编写基础;"学以致用"是本书的根本目标。本书按照电子数据取证的学习和实践规律,按照技术和法律并重的编写思路,将"实践"与"理论"完美地进行结合。

本书的主要内容包括 Windows、Mac OS、UNIX/Linux、移动终端、网络数据取证的基本知识和取证技术、电子数据取证的相关法律规则和标准,基本涵盖了电子数据取证的所有方面;同时以实战出发,对于电子数据现场勘验、鉴定和检验、实验室建设与认可等进行深入阐述,最后辅以真实案例,提出各种网络案件的取证思路和过程。目的是培养电子数据取证的能力。

本书作者均为国内具有丰富实战经验的专家和公安院校具有深厚理论知识的老师。本书内容为业内领先和成熟的知识和技术,涵盖了目前最领先的电子数据取证技术,力求传递给读者最新和最实用的技术和方法。

本书融合了电子数据取证理论和实践的最新成果,是一本理论扎实、操作性强的教材。本书适合作为高等院校信息安全、网络犯罪侦查、网络安全、侦查学等专业的研究生、本科生、双学位学生的授课教材或者参考书,也可以作为公安机关、检察机关、海关缉私等执法部门培训教材和网络安全从业人员的参考书。

本书封面贴有清华大学出版社防伪标签,无标签者不得销售。
版权所有,侵权必究。举报: 010-62782989,beiqinquan@tup.tsinghua.edu.cn。

图书在版编目(CIP)数据

电子数据取证/刘浩阳等主编. --北京: 清华大学出版社,2015(2023.10重印)
公安院校招录培养体制改革试点专业系列教材
ISBN 978-7-302-41343-1

Ⅰ. ①电… Ⅱ. ①刘… Ⅲ. ①计算机犯罪-数据收集-中国-高等学校-教材 Ⅳ. ①D924.36

中国版本图书馆 CIP 数据核字(2015)第 209095 号

责任编辑: 闫红梅　柴文强
封面设计: 常雪影
责任校对: 李建庄
责任印制: 沈　露

出版发行: 清华大学出版社
网　　址: http://www.tup.com.cn, http://www.wqbook.com
地　　址: 北京清华大学学研大厦 A 座　　　邮　　编: 100084
社 总 机: 010-83470000　　　　　　　　　邮　　购: 010-62786544
投稿与读者服务: 010-62776969, c-service@tup.tsinghua.edu.cn
质量反馈: 010-62772015, zhiliang@tup.tsinghua.edu.cn
课件下载: http://www.tup.com.cn, 010-83470236

印 装 者: 三河市龙大印装有限公司
经　　销: 全国新华书店
开　　本: 185mm×230mm　　印　张: 29　　字　数: 650 千字
版　　次: 2015 年 11 月第 1 版　　　　　　　印　次: 2023 年 10 月第 12 次印刷
印　　数: 16501~18000
定　　价: 59.50 元

产品编号: 062990-02

丛书序

期待已久的由李锦同志主编的《公安院校招录培养体制改革试点专业系列教材》终于出版了！该系列教材是我国第一套计算机犯罪侦查专业系列教材，它的出版解决了国内相关院校教师与学生急需的教科书问题，也为从事信息安全专业和侦查执法人员提供一套极有价值的参考丛书。这实属一件可喜可贺的事！

由于信息技术空前迅速的发展，极具挑战的计算机网络空间形成了一个变幻无穷的虚拟空间。现实社会中的犯罪越来越多地涉及计算机、手机等工具，各种数字技术与网络虚拟空间的交汇，使计算机犯罪侦查技术变得空前重要与紧迫。从20世纪90年代兴起的数字取证调查，涌现出各种各样的技术和工具，使得数字取证成为计算机专业的一门新兴学科。国际上的一些大学近年来已设置了专门的系和研究生学位的授予，为计算机犯罪侦查的教学内容增添了丰富而又精彩的情景。他山之石可以攻玉，许多技术和教材可以借鉴，但数字取证牵涉到法学、法规，各国的国情不尽相同，唯一的解决办法就是必须自主创新、撰写适合国内需要的相应教材。

面临这一劈山开路的挑战，本教材从专业的技术层面为国内的本科生尝试提供全面的教学培训，内容包括了从互联网体系结构原理到电子商务应用与各种法规，以及计算机网络攻防技术与信息系统安全等级保护与管理等基础知识，重点围绕着计算机犯罪调查的手段、工具与方法以及数据证据的分析与鉴定等基础知识；教材注重在传授理论知识的同时，强化面向实战能力的培训，全套教材既适应了学科特点又考虑到学生层次的具体情况，处处反映出作者们的精心思索。

本系列教材参编的作者全部来自辽宁警官高等专科学校的师资队伍，该校地处辽东半岛，面临蓝色的大海，大浪淘沙涌现一批时代的人杰。庄严整洁的校园具有公安教育突出的特色，更为可贵的是他们倡导教学、科研、警务实践紧密结合，不断创新教学模式的一贯校风，每年从那里培养出大量信息时代专业特色明显、创新能力强的人才队伍。本套系列教材的出版充分体现了该校的学术水平与精神面貌，尤其映射出参编作者们拥有第一线资深的教学经验和扎实的实际专业知识，以及始终保持一股奋发上进、开拓创新的风范。我在此由衷地对本教材的出版表示祝贺，并预祝他们再接再厉，取得更加辉煌的成功！

许榕生

2012-6 写于北京

本书序

随着网络犯罪活动的日益猖獗和不断升级,网络安全得到了国际和国内社会的高度关注。电子数据取证作为网络安全的重要组成部分,在获取犯罪证据、打击网络犯罪起到不可替代的作用。

人类从"神证"、"人证"时代到今天的"物证"时代,在信息化的大趋势下,未来将进入"电子数据"的时代。电子数据已经在新刑诉法和民诉法中明确作为证据类型之一,是新的"证据之王"。电子数据取证在公安、海关、工商等执法部门已经成为重要的专业技术;高校、学术团体也在积极开展电子数据取证的相关研究。电子数据取证工作涉及领域广泛、技术标准严格,对于电子数据取证人员的学科背景和专业技能提出了较高要求。为了适应形势的挑战,迫切需要加强电子数据取证人才的培养,以维护网络环境的稳定和经济社会的发展。

本书将"实践"与"理论"完美地进行结合,主要有以下特点:

1. 知识体系完整、结构合理

本书遵循电子数据取证的学习和实践规律,按照技术和法律并重的编写思路。从网络安全和网络犯罪的基本概念和形势出发;阐述有关电子数据取证相关的法律和法规;介绍了包括 Windows、Mac OS、UNIX/Linux、移动终端的基本知识和取证技术,涵盖了电子数据取证的所有方面;同时以实际出发,重点讲述现场勘验、鉴定和检验实验室建设与认可,最后辅以真实案例,提出各种网络案件的取证思路和过程,目的是培养电子数据取证的能力。

2. 实用性强、具有很强的操作性

本书追求"真实"呈现电子数据取证的技术和方法。力求将深奥和复杂的电子数据取证知识以通俗易懂的语言、简洁明了的结构,深入浅出地阐述出来。同时要求整体内容具有"可复现"性,通过讲解技术内幕,辅以工具使用,能够重现取证过程和结果。力求做到理论与实践相结合。

3. 技术领先、内容深入、引导未来的发展方向

本书的内容为业内领先和成熟的技术,抛弃过时的技术和方法,力求不"误人子弟"。业内的电子数据取证专家将丰富的实战经验和技术呈现在教材中,力求传递给读者最新和最实用的技术和方法。针对难点问题,例如电子数据鉴定和检验、实验室建设和认可,都做了最权威的阐述。同时对于电子数据取证的未来发展趋势,也做了前瞻性的展望。

4　电子数据取证

　　本书主要由执法行业的专家和公安院校的学者共同完成。通读本书，能够感觉他们在繁重的工作之余，潜下心来，本着为读者负责的态度认真撰写，将多年的技术和经验奉献在本教材中，实属不易！在此，我由衷地对本教材的顺利出版表示祝贺，并预祝他们再接再厉，取得更加辉煌的成功。

许剑卓

2015 年 5 月 30 日

前言

近年来,随着我国网络安全的需要,电子数据取证在我国得到了较快的发展,某些领域已经与世界水平比肩。电子数据取证在打击网络犯罪、营造网络良好安全环境起到不可或缺的作用。电子数据取证是一个相对"小众"的行业。也是一个高度依赖"个人能力"的工作,对从业人员的知识体系和经验要求极高。可以说,电子数据取证人员是网络安全行业中的佼佼者。

我很荣幸能够赶上这个时代。我从事网络安全工作十四年,将最美好的青春奉献给了这个事业,并为之自豪。在这里,我学到的不仅是电子数据取证技术,而且将法律作为信仰,将职业作为理想,更遇到了一批与我拥有共同梦想的优秀人才。

早在 2007 年,我就曾经与辽宁省警察学院的米佳校长联合出版过专著《计算机取证技术》,是国内首批电子数据取证专业教材之一。但是,技术的前进如此迅速以至于那本书的内容经受着实践的严峻考验,很多以前不可能取证的数据现在会变得易如反掌,而当时成熟的取证方法会因为技术的进步而变得过时。电子数据取证对象,已经从 Windows 操作系统扩展到包含 Windows、Mac OS、UNIX/Linux、移动终端甚至定制操作系统的数据;从简单的文件过滤、搜索深入到密码破解、数据挖掘和元数据分析等具有相当深度的层面。无论是"广度"还是"深度",电子数据取证已经成为网络安全行业中要求较高的学科。电子数据取证相关人才的缺乏和网络安全行业的迫切需要形成了矛盾。因此,如果能将国内顶尖的电子数据取证的专家、学者聚集起来,按照各自专长写出一部理论与实践充分结合的教材,培养出更多的优秀人才,可以极大地缓解我国网络安全行业的迫切需要。

本书是一部"诚意之作",也是一部"实力之作"。对于参与本书的诸位作者来说,将自己的技术和经验传授给大家,与在第一线同犯罪分子进行斗争一样有意义。本书由国内多位专家、学者编写,他们分布于公安、检察、行业公司,在技术方面是行业的领头人。诸位作者毫无保留地将宝贵的技术和经验奉献给本书,涵盖了电子数据取证的所有方面,每个数据都进行了详细考证,列举的工具均为具有实战意义的工具,使用的案例均为具有代表性的真实案例。因此,本书代表了电子数据取证的最新技术和未来发展趋势。

对于网络犯罪侦查或电子数据取证,由于信息系统的复杂性,每一个案(事)件都是独一无二的,侦查、取证人员都必须从实际出发来制定相应的处置方法。但是本书并不是一部百科全书，也不是操作手册，不能完全解决所有的问题或者建立一个万能的规则，而是技术与经验结合之谈。目的是帮助电子数据取证人员建立自己的取证原则、技术和流程。希望读者通过本书能够深入学习电子数据取证，如果能够举一反三，成为此行业的"大牛"，那更是我们作者的荣幸。

本书的特点不是简单的理论堆积和令人厌烦的说教，而是第一次全面地完整呈现取证的知识体系；第一次深入地讲解取证的技术原理；第一次从法律规则角度出发，将法律与技术紧密融合。本书最终的目的为"源于实战、高于实战、引导实战"。

本书由刘浩阳、李锦、刘晓宇任主编，韩马剑、程霁、董健、翟晓飞、田庆宜任副主编。徐志强、陆道宏、郭永健、毕连城、赵方圆、段涵瑞等为编者。作者信息如下：

主编：刘浩阳，男，研究生学历，大连市公安局网络安全保卫支队七大队大队长、大连市公安局电子物证检验鉴定实验室主任、公安部网络侦查专家、全国刑事技术标准化技术委员会电子物证分技术委员会专家、中国合格评定国家委员会评审员、辽宁省警察学院客座老师、大连市五一劳动奖章获得者。出版专著《计算机取证技术》；公安院校本科统编教材《电子数据检验技术与应用》副主编、《电子数据勘查取证与鉴定（数据恢复与取证）》副主编、撰写论文10余篇；拥有国家专利一项。

主编：李锦，女，辽宁警察学院公安信息系主任，硕士，教授，二级警监，入选"辽宁省百千万人才工程千人层次"、大连市"三育人"先进个人。主持参与省部级教科研项目十余项，市厅及项目十余项，撰写论文10余篇，其中多篇论文被EI收录。主要研究方向：网络安全与计算机犯罪侦查。

主编：刘晓宇，男，公安部网络安全保卫局研发中心勘查取证处处长、全国刑事技术标准技术委员会电子物证分技术委员会专家组组长、中国合格评定国家认可委员会信息技术专业委员会委员。电子数据取证技术实战化发展的引领者，主持了公安机关网安部门计算机、手机、分布式等一系列取证技术和系统的研究与开发，组织起草制定了一系列的电子数据取证相关技术标准，指导并参与了全国公安机关网络安全部门一系列重、大、要案的侦查与电子数据勘查取证工作。

副主编：韩马剑，男，河北省公安厅网络安全保卫总队电子数据鉴定支队支队长，公安部网络侦查专家。从事电子数据取证工作10余年，在网络案件侦查和电子数据取证工作方面具有较深的造诣，侦办了多起重大黑客攻击、网络赌博、网络淫秽色情案件。

副主编：程霁，男，工学、法学双学士。安徽省公安厅电子数据鉴定实验室技术负责人，公安部网络侦查专家。《电子数据勘查取证与鉴定（电子证据搜索）》副主编。

副主编：董健，男，副研究员，毕业于中国人民公安大学。国内首届计算机物证专业硕士、博士，公安部网络侦查专家，信息网络安全公安部重点实验室专家。现任职于公安部第三研究所、公安部网络技术研发中心、信息网络安全公安部重点实验室、国家反计算机入侵和防病毒研究中心，曾任山东省公安厅网络案件侦查支队长，从事网络案件侦查、电子证据勘验鉴定、网络安全科研工作十余年，参与国家"十二五"、"十三五"相关科研项目，承担公安部重点和国家级科研课题多项。

副主编：翟晓飞，男，公安部网络侦查专家，公安部网络安全保卫局电子数据取证实验室技术负责人、授权签字人，中国合格评定国家认可委员会评审员，具有丰富电子数据取证工作经验，曾参加多起具有国际影响力和国内重特大案件的侦办工作，多次参加电子数据有关司法解释、法律法规的制定工作，主持修订公安机关电子数据取证有关规章。

副主编：田庆宜，男，高级工程师，公安部网络侦查专家、全国刑事技术标准化技术委员会电子物证分技术委员会专家、重庆市"反恐专家"，参与编写多个取证相关技术标准及专著2部，领衔负责各级科研项目20余项，参加一系列重特大案件，多次立功受奖，具有丰富的实战经验。

编者：徐志强，男，美亚柏科企业电子数据取证事业部总经理，兼任美亚柏科技术专家委员会首席技术专家，拥有近10年电子数据取证从业经验。江西警察学院计算机犯罪研究中心特聘研究员、福建省公共网络信息安全协会专家组专家、中国刑警学院客座讲师。拥有多年电子数据取证教学及案件调查经验，带领团队创立国内首个电子数据取证调查员（MCE）培训及认证体系。主编《电子证据提取与分析》《数据恢复与取证》《手机取证技术》《信息加解密技术》。

编者：陆道宏，男，上海弘连网络科技有限公司总经理，国内第一代电子数据取证从业者。开发了一系列电子数据取证专用工具，在介质、手机、服务器和网络取证等众多领域具有深入的研究，电子数据司法鉴定人。

编者：郭永健，男，香港资讯保安及法证公会（ISFS）中国大区联络官，国际高科技犯罪调查协会（HTCIA）亚太区分会中国联络官，中国电子学会计算机取证专家、委员会委员，中国政法大学法务会计研究中心客座研究员。CCFC计算机法证技术峰会的发起人，中国计算机取证技术的国际交流和发展的积极推动者。

编者：毕连城，男，大连市人民检察院技术处副处长、全国检察机关"信息技术专家"。主持 2 项大连市科研立项，发表省级、国家级论文 10 余篇。

编者：赵方圆，女，在读博士研究生，潍坊市公安局网安支队四大队大队长，公安部网络安全专家，山东省公安厅电子数据取证省队队员，潍坊市警官培训基地兼职教官。主持参与多项科研项目，其中获山东省公安机关科技进步二等奖一项，入选公安部应用创新计划一项。

编者：段涵瑞，男，新疆维吾尔自治区公安厅网络安全保卫总队案件侦查队队长。高级工程师、公安部网络侦查专家、全国刑事技术标准化委员会电子物证检验分技术委员会委员。参与了一系列电子物证检验规范的制定工作。工作 17 年来直接参与了一批大要案的侦查取证和检验鉴定工作，为侦查破案提供了确实有效的证据。撰写的多篇论文发表在《中国刑事警察》等国家级和省部级刊物上。

编者：崔立成，男，讲师，博士研究生，辽宁警察学院公安信息系从事电子取证研究与教学工作。

编者：刘建军，男，硕士，工程师，南京市公安局网络安全保卫支队副大队长，侦办多起重特大涉网案件，荣获全国公安机关优秀专业技术人才奖。

编者：葛军，男，就职于安徽天达网络科技有限公司。"灰鸽子"远程控制软件的作者。现致力于网络安全事业，主要研究恶意程序代码的取证。

编者：潘光诚，男，山东省公安厅网安总队五支队支队长、电子数据检验鉴定中心质量主管、公安部网络侦查专家、CNAS 授权签字人。曾获山东省科技进步二等奖 1 项，山东省公安机关科技进步二等奖 2 项，三等奖 2 项。承担公安机关科技攻关 2 项。多次组织指导全省重特大案件侦破及取证工作。

编者：张鑫，男，国家计算机病毒应急处理中心应急部部长，硕士，高级工程师，公安部网络安全专家组专家。从事网络安全恶意代码分析工作 10 余年，协助破获"熊猫烧香"等重大网络犯罪案件 20 余起，出具各类分析鉴定报告 30 余份，参予多项省部科研项目和行业标准，撰写论文 10 余篇。

编者：胡武宏，男，1997 年毕业于中国人民警官大学，2006 年获得复旦大学软件工程硕士（MSE）学位。现就职于安徽省公安厅电子数据鉴定中心。

其中，主编刘浩阳负责全书的架构设计和内容统编，并编写了第 1 章、第 2 章中的第 2.11.1、2.11.2、2.13 节、第 3 章、第 4 章、第 5 章、第 6 章中的第 6.1、6.2.1、6.2.2、6.2.3、6.2.4、6.8、6.9、6.13、6.14 节、第 7 章、第 8 章、第 9 章、第 10 章、第 11 章；李锦编写了第 2 章中的第 2.14 节、第 6 章中的第 6.7 节；刘晓宇编写了第 1 章；韩马剑编写了第 2 章中的第 2.6、2.12 节、第 6 章中的第 6.11、6.12 节；程霁编写了第 6 章中的第 6.2.8、6.6 节；董健编写了第 7 章；翟晓飞编写了第 7 章；田庆宜编写了第 3 章；徐志强编写了第 2 章中的第 2.9 节、第 6 章中的第 6.2.2、6.4 节；陆道宏编写了第 2 章中的第 2.11.3、

2.11.4 节、第 6 章中的第 6.2.6、6.2.7、6.4 节；郭永健编写了第 6 章中的第 6.3 节；毕连城编写了第 4 章；赵方圆编写了第 2 章中的第 2.6～2.8、2.10 节、第 11 章中的第 11.2、11.3 节；段涵瑞编写了第 7 章；崔立成编写了第 2 章中的 2.1～2.4 节；刘建军编写了第 11 章中的第 11.1、11.6 节；葛军编写了第 6 章中的第 6.10 节；潘光诚编写了第 4 章；张鑫编写了第 11 章中的第 11.4 节；胡武宏编写了第 2 章中的第 2.5 节。

本书不包含任何涉密内容，使用的工具均为商业版或者开源免费版本。

行文仓促，不免有纰漏之处，欢迎读者提出宝贵意见，请发到 dzsjqz@163.com 邮箱。

感谢辽宁省警察学院信息安全系李锦主任和公安部十一局研发中心刘晓宇处长的帮助指导、感谢帮助我们成长的各位家人、领导和战友。感谢公安部十一局、大连市公安局、河北省公安厅、安徽省公安厅等多地部门和中国合格评定国家认可委员会的支持。感谢郭弘、黄道丽、唐丹舟、王彦斌、胡海洋老师为此书提出的宝贵意见。感谢诸位专家学者提供的宝贵资料和意见，能够使得本书得以顺利出版。

谨以此书纪念我最亲爱的妈妈！

刘浩阳
2015 年 5 月 10 日

目 录

第 1 章 电子数据取证概述 ... 1
1.1 网络犯罪与网络安全 ... 1
1.2 电子数据概述 ... 3
1.2.1 电子数据的定义 ... 3
1.2.2 电子数据的理论基础 ... 4
1.2.3 电子数据的来源 ... 4
1.2.4 电子数据的特点 ... 5
1.3 电子数据取证概述 ... 6
1.3.1 电子数据取证的发展 ... 6
1.3.2 电子数据取证的概念 ... 7
1.3.3 电子数据取证的应用领域 ... 7
1.3.4 电子数据取证架构 ... 8
1.3.5 电子数据取证与应急响应的区别 ... 9
1.3.6 电子数据取证与公证的区别 ... 9
1.3.7 电子数据取证与数据恢复的区别 ... 9
1.4 国内外电子数据取证的发展概况 ... 10
1.4.1 国外电子数据取证发展概况 ... 10
1.4.2 我国电子数据取证发展概况 ... 11
1.4.3 电子数据取证的学术发展 ... 12
1.5 电子数据取证面临的困难 ... 12
1.6 电子数据取证人员的素质要求 ... 13
1.6.1 取证技术与意识 ... 13
1.6.2 法律素养 ... 13
1.6.3 职业道德 ... 13
1.7 电子数据取证的发展趋势 ... 14
1.8 本章小结 ... 14

思考题 …………………………………………………………………………… 15

第 2 章　电子数据取证基础知识 …………………………………………………… 16

2.1　计算机基础知识 ………………………………………………………… 16
2.2　计算机硬件知识 ………………………………………………………… 18
2.3　存储介质基础知识 ……………………………………………………… 20
　　2.3.1　机械硬盘 …………………………………………………………… 20
　　2.3.2　闪存 ………………………………………………………………… 21
　　2.3.3　存储器指标 ………………………………………………………… 22
2.4　网络基础知识 …………………………………………………………… 26
　　2.4.1　网络的分类 ………………………………………………………… 26
　　2.4.2　网络体系结构 ……………………………………………………… 27
　　2.4.3　网络协议 …………………………………………………………… 28
2.5　操作系统 ………………………………………………………………… 29
　　2.5.1　主要操作系统简介 ………………………………………………… 30
2.6　数据组织 ………………………………………………………………… 32
　　2.6.1　数据组织的常识 …………………………………………………… 32
　　2.6.2　分区结构 …………………………………………………………… 34
　　2.6.3　文件系统 …………………………………………………………… 35
2.7　数制 ……………………………………………………………………… 40
　　2.7.1　数制 ………………………………………………………………… 40
　　2.7.2　数制间的转换 ……………………………………………………… 41
2.8　数据的存储单位 ………………………………………………………… 41
2.9　数据获取 ………………………………………………………………… 42
　　2.9.1　数据获取 …………………………………………………………… 42
　　2.9.2　数字校验 …………………………………………………………… 43
2.10　文件过滤 ……………………………………………………………… 44
2.11　数据搜索 ……………………………………………………………… 45
　　2.11.1　字节顺序 ………………………………………………………… 45
　　2.11.2　编码与解码 ……………………………………………………… 46
　　2.11.3　关键词搜索 ……………………………………………………… 48
2.12　数据恢复原理 ………………………………………………………… 49
　　2.12.1　逻辑数据恢复原理 ……………………………………………… 50
　　2.12.2　物理修复原理 …………………………………………………… 53
2.13　数据分析 ……………………………………………………………… 54

         2.13.1　数字时间原理 ··· 54
         2.13.2　文件挖掘 ··· 58
         2.13.3　网络数据分析 ··· 59
    2.14　密码破解 ··· 60
         2.14.1　密码学基础 ··· 60
         2.14.2　解密原理与方法 ·· 61
    思考题 ··· 61

第3章　电子数据的法律规则和标准体系 ··· 63
    3.1　电子数据的法律规则 ·· 63
         3.1.1　英美法系 ·· 63
         3.1.2　大陆法系 ·· 65
    3.2　我国关于电子数据的相关立法 ·· 66
         3.2.1　法律 ·· 66
         3.2.2　司法解释 ·· 67
         3.2.3　规范性文件 ··· 68
    3.3　部门和行业对于电子数据的相关规定 ······························· 69
    3.4　电子数据与其他证据的区别 ··· 69
         3.4.1　电子数据与视听资料的区别 ································ 69
         3.4.2　电子数据与物证的区别 ······································ 70
         3.4.3　电子数据与书证的区别 ······································ 70
         3.4.4　电子数据与勘验、检查笔录的关系与区别 ············· 71
    3.5　电子数据审查 ·· 72
    3.6　国际电子数据取证的标准体系 ·· 74
         3.6.1　国际电子数据取证标准体系概述 ·························· 74
         3.6.2　国际电子数据取证指南简介 ································ 76
    3.7　我国电子数据取证标准 ··· 79
    3.8　本章小结 ·· 81
    思考题 ··· 81

第4章　电子数据取证原则与流程 ·· 82
    4.1　电子数据取证的原则 ·· 82
    4.2　电子数据取证的流程 ·· 83
         4.2.1　评估 ·· 84
         4.2.2　获取 ·· 85

        4.2.3 分析 ·· 86
        4.2.4 报告 ·· 88
    4.3 典型的电子数据取证流程 ·· 88
        4.3.1 单机环境电子数据取证 ··· 88
        4.3.2 网络环境电子数据取证 ··· 89
    4.4 本章小结 ·· 90
    思考题 ··· 90

第 5 章 电子数据取证工具 ··· 91
    5.1 取证工具概述 ·· 91
        5.1.1 电子数据取证工具的发展 ·· 91
        5.1.2 电子数据取证工具的标准 ·· 92
    5.2 取证硬件 ·· 93
        5.2.1 写保护设备 ·· 93
        5.2.2 镜像设备 ··· 94
        5.2.3 现场勘验设备 ··· 95
        5.2.4 介质取证设备 ··· 97
        5.2.5 移动终端取证设备 ·· 97
        5.2.6 数据恢复设备 ··· 98
    5.3 取证软件 ·· 99
        5.3.1 介质取证软件 ··· 99
        5.3.2 Mac OS 系统取证软件 ··· 100
        5.3.3 UNIX/Linux 系统取证软件 ··· 100
        5.3.4 镜像软件 ··· 101
        5.3.5 系统环境仿真软件 ·· 102
        5.3.6 数据恢复软件 ··· 102
        5.3.7 电子邮件分析软件 ·· 102
        5.3.8 密码破解软件 ··· 102
        5.3.9 内存取证软件 ··· 103
        5.3.10 在线取证软件 ··· 103
        5.3.11 关联分析工具 ··· 103
    5.4 开源和免费取证软件 ·· 104
    5.5 未来取证工具的发展 ·· 106
    思考题 ··· 107

第 6 章　电子数据取证技术 …… 108

6.1　数字时间取证 …… 109
- 6.1.1　取证环境时间校正和同步 …… 109
- 6.1.2　取证目标的时间检查 …… 109
- 6.1.3　时间的更新规律 …… 110
- 6.1.4　时间取证的基本判断规则 …… 111
- 6.1.5　文件系统创建时间 …… 111
- 6.1.6　操作系统安装时间 …… 114
- 6.1.7　开机和关机时间 …… 115
- 6.1.8　访问时间的证据效力 …… 120

6.2　Windows 取证 …… 120
- 6.2.1　Windows 重点目录 …… 120
- 6.2.2　浏览器取证 …… 123
- 6.2.3　注册表取证 …… 139
- 6.2.4　电子邮件取证 …… 146
- 6.2.5　回收站取证 …… 154
- 6.2.6　聊天应用取证 …… 158
- 6.2.7　内存取证 …… 161
- 6.2.8　日志取证 …… 163

6.3　Mac OS 系统取证 …… 169
- 6.3.1　苹果计算机和 Mac OS 操作系统概述 …… 169
- 6.3.2　Mac OS 动态取证 …… 171
- 6.3.3　Mac OS 静态取证 …… 174
- 6.3.4　小结 …… 176

6.4　UNIX/Linux 取证分析 …… 177
- 6.4.1　UNIX/Linux 操作系统简介 …… 177
- 6.4.2　Linux 发行版本 …… 177
- 6.4.3　Linux 文件系统 …… 177
- 6.4.4　Linux 取证实战 …… 179
- 6.4.5　小结 …… 186

6.5　移动终端取证 …… 187
- 6.5.1　移动终端概述 …… 187
- 6.5.2　移动终端取证概述 …… 188
- 6.5.3　移动终端取证基础知识 …… 190

6.5.4　移动终端的取证原理 …… 195
　　6.5.5　移动终端取证的流程 …… 198
　　6.5.6　移动终端取证实战 …… 201
　　6.5.7　小结 …… 217
6.6　网络电子数据取证 …… 217
　　6.6.1　网站服务器取证 …… 217
　　6.6.2　IP 地址的取证 …… 221
　　6.6.3　路由器的取证 …… 224
　　6.6.4　MAC 地址相关的取证 …… 225
　　6.6.5　VPN 的取证 …… 225
　　6.6.6　获取网络数据流信息 …… 229
6.7　密码破解 …… 230
　　6.7.1　BIOS 密码破解 …… 230
　　6.7.2　操作系统类加密的破解 …… 230
　　6.7.3　文件类加密的破解 …… 232
　　6.7.4　浏览器类密码的破解 …… 233
　　6.7.5　移动设备类密码的破解 …… 233
6.8　Office 文件取证 …… 234
　　6.8.1　Office 文件结构 …… 235
　　6.8.2　Office 文件取证 …… 236
　　6.8.3　小结 …… 240
6.9　数字图像取证 …… 241
　　6.9.1　数字图像取证简述 …… 241
　　6.9.2　数字图像取证与声像资料取证的区别 …… 241
　　6.9.3　数字图像的文件命名规律 …… 241
　　6.9.4　数字图像的格式（EXIF） …… 242
　　6.9.5　EXIF 分析 …… 245
6.10　病毒和恶意代码取证 …… 246
　　6.10.1　恶意代码简介 …… 246
　　6.10.2　恶意代码取证技术 …… 247
　　6.10.3　恶意代码分析实例 …… 248
　　6.10.4　小结 …… 252
6.11　逻辑数据恢复 …… 252
　　6.11.1　系统级数据恢复 …… 252
　　6.11.2　嵌入式硬盘录像机数据恢复 …… 269

        6.11.3 小结 ·· 271
    6.12 硬件修复 ·· 271
        6.12.1 硬盘固件的修复 ··· 271
        6.12.2 硬盘物理故障修复 ······································ 277
        6.12.3 芯片级物理故障修复 ··································· 282
        6.12.4 小结 ·· 283
    6.13 数据库取证 ··· 283
        6.13.1 数据库的概念 ·· 284
        6.13.2 主流数据库介绍 ··· 284
        6.13.3 结构化查询语句 ··· 284
        6.13.4 数据库存储结构 ··· 285
        6.13.5 数据库取证 ··· 290
        6.13.6 数据库的在线取证 ······································ 292
        6.13.7 数据库离线取证 ··· 299
        6.13.8 小结 ·· 301
    6.14 系统环境仿真取证 ··· 301
        6.14.1 虚拟机技术 ··· 301
        6.14.2 系统环境仿真取证原理 ································ 302
        6.14.3 系统环境仿真取证实战 ································ 302
    思考题 ·· 303

第7章 电子数据勘验和检查 ··· 305

    7.1 电子数据勘验和检查概述 ·· 305
        7.1.1 网络犯罪现场和传统犯罪现场的区别 ··············· 306
        7.1.2 电子数据勘验检查和鉴定检验的联系和区别 ····· 307
        7.1.3 电子数据勘验和检查的原则 ··························· 308
    7.2 电子数据现场勘验 ··· 309
        7.2.1 电子数据现场勘验的任务及组织 ····················· 309
        7.2.2 电子数据现场勘验的流程 ······························ 309
    7.3 远程勘验 ··· 322
    7.4 电子证物检查 ··· 322
    7.5 勘验笔录制作 ··· 323
        7.5.1 勘验笔录的定义和作用 ································· 323
        7.5.2 现场勘验笔录文书的制作 ······························ 323
        7.5.3 远程勘验笔录文书的制作 ······························ 325

7.6 本章小结 ·· 325
思考题 ·· 326

第 8 章 电子数据鉴定和检验 ··· 327

8.1 鉴定和检验的概念 ··· 327
    8.1.1 鉴定 ·· 327
    8.1.2 检验 ·· 328
8.2 鉴定和检验的法律要求 ··· 329
8.3 鉴定和检验的应用范围 ··· 329
8.4 国内外鉴定和检验现状 ··· 330
    8.4.1 国外司法鉴定现状 ··· 330
    8.4.2 国内鉴定和检验现状 ·· 331
8.5 鉴定和检验资质 ·· 333
    8.5.1 鉴定机构的要求 ·· 333
    8.5.2 鉴定人的要求 ··· 336
    8.5.3 检验机构和检验人的要求 ·· 337
8.6 电子数据鉴定/检验 ··· 337
    8.6.1 电子数据鉴定/检验的法律要求 ································· 337
    8.6.2 电子数据鉴定/检验的资质问题 ································· 338
    8.6.3 电子数据鉴定/检验的特点 ······································· 339
    8.6.4 电子数据鉴定/检验的应用范围 ································· 340
    8.6.5 电子数据鉴定/检验面临的困难和挑战 ························ 341
    8.6.6 电子数据鉴定/检验的流程 ······································· 342
8.7 鉴定意见/检验报告的审查 ·· 346
8.8 鉴定/检验人出庭作证制度 ·· 347
    8.8.1 鉴定/检验人出庭的准备 ·· 348
    8.8.2 庭审中注意事项 ·· 348
    8.8.3 遇到特殊情况的处理 ·· 348
8.9 本章小结 ·· 349
思考题 ·· 349

第 9 章 实验室建设和认可 ·· 350

9.1 电子数据取证实验室的发展历程 ··· 350
    9.1.1 国外电子数据取证实验室的发展 ······························· 351
    9.1.2 国内电子数据取证实验室的发展 ······························· 351

9.2 实验室建设原则 …… 356
9.3 实验室建设的标准和规范 …… 356
9.4 未来电子数据取证实验室的发展 …… 357
9.5 实验室认可概述 …… 358
 9.5.1 合格评定、认证与认可概述 …… 358
 9.5.2 实验室认可的概念 …… 359
 9.5.3 国际实验室认可情况 …… 359
 9.5.4 实验室认可在中国的发展情况 …… 360
 9.5.5 实验室认可的概念 …… 360
 9.5.6 实验室认可的作用和意义 …… 360
9.6 司法鉴定/法庭科学实验室认可 …… 361
 9.6.1 国际法庭科学实验室认可的发展 …… 361
 9.6.2 我国司法鉴定/法庭科学实验室认可的发展 …… 361
 9.6.3 实验室认可与资质认定的区别 …… 362
 9.6.4 实验室认可与司法鉴定/检验的关系 …… 363
 9.6.5 授权签字人与鉴定人的关系 …… 364
 9.6.6 司法鉴定/法庭科学认可的标准 …… 364
 9.6.7 司法鉴定/法庭科学认可的领域和方法 …… 365
9.7 电子数据取证实验室认可 …… 366
 9.7.1 国内外电子数据取证实验室认可 …… 366
 9.7.2 CNAS-CL27：2014《司法鉴定/法庭科学机构能力认可准则在电子物证鉴定领域的应用说明》要点 …… 367
 9.7.3 电子数据取证实验室认可流程 …… 367
9.8 能力验证 …… 374
 9.8.1 实验室参加能力验证的基本流程 …… 375
9.9 本章小结 …… 375
思考题 …… 376

第10章 电子数据取证实例 …… 377

10.1 电子数据存在性取证 …… 377
 10.1.1 电子数据存在性取证的定义 …… 377
 10.1.2 电子数据存在性取证的方法 …… 377
 10.1.3 电子数据存在性取证针对的案件类型 …… 377
 10.1.4 电子数据存在性取证的思路 …… 377
 10.1.5 电子数据存在性取证案例 …… 378

10.2 电子数据同一性取证 ·· 382
    10.2.1 电子数据同一性取证定义 ·································· 382
    10.2.2 电子数据同一性取证 ·· 382
    10.2.3 电子数据同一性取证针对的案件类型 ·················· 382
    10.2.4 电子数据同一性取证的思路 ······························ 382
    10.2.5 电子数据同一性取证案例 ·································· 382
10.3 电子数据行为性取证 ·· 388
    10.3.1 电子数据行为性取证定义 ·································· 388
    10.3.2 电子数据行为性取证的方法 ······························ 388
    10.3.3 电子数据行为性取证针对的案件类型 ·················· 388
    10.3.4 电子数据行为性取证的思路 ······························ 388
    10.3.5 电子数据行为性取证案例 ·································· 389
10.4 电子数据功能性取证 ·· 394
    10.4.1 电子数据功能性取证的定义 ······························ 394
    10.4.2 电子数据功能性取证的方法 ······························ 394
    10.4.3 电子数据功能性取证针对的案件类型 ·················· 395
    10.4.4 电子数据功能性取证的思路 ······························ 395
    10.4.5 电子数据功能性取证案例 ·································· 395
思考题 ·· 401

附录 ·· 402
  附录A Base64编码 ·· 402
  附录B 秒单位转换 ·· 403
  附录C 时间定义 ·· 403
  附录D Windows各版本重点目录和文件对比表 ·················· 404
  附录E 电子数据取证标准(国家标准和公共安全行业标准) ····· 405
  附录F 现场勘验记录 ·· 406
  附录G 电子数据检验鉴定意见书 ···································· 423

参考文献 ·· 436

第1章 电子数据取证概述

本章学习目标

- 网络犯罪和网络安全现状
- 电子数据的定义、理论、来源和特点
- 电子数据取证的概念、领域、模型、架构和与其他工作的区别
- 国内外电子数据取证的发展概况
- 电子数据取证人员的素质要求

电子数据取证是一个神秘的领域,具有独特的吸引力,无论是对从业者还是初学者,都需要对电子数据取证的概念及其发展进行了解,才能深入学习。本章对网络犯罪和网络安全进行了概述,完整地讲解了电子数据和电子数据取证的相关知识,介绍了国内外电子数据取证的发展概况,对电子数据取证人员的素质要求进行了总结。展望了未来电子数据取证的发展趋势。

1.1 网络犯罪与网络安全

近年来,信息技术和信息产业的迅速发展,对我国国民经济和社会发展的各个领域都产生了广泛而深远的影响。根据中国互联网信息中心(CNNIC[①])的统计报告[②],截至2014年12月,我国网民规模达到6.49亿,互联网人口普及率47.9%,手机网民规模5.57亿,信息技术已经成为政治、经济生活不可或缺的部分,为社会发展带来巨大效益,有力地推动了我国现代化的发展。

信息技术也是一把"双刃剑",它为网民工作、生活提供了方便的同时,也为违法犯罪分子提供了新的犯罪领域和手段,由此而伴生的网络犯罪(CyberCrime)呈现日趋严重的发展态势。网络犯罪破坏经济、竞争力和创新,2014年华盛顿战略和国际研究中心[③]一份报告[④]指出,网络犯罪每年给予全球经济造成的损失高达4450亿美元,世界最大几个经济体的损

[①] http://www.cnnic.net.cn
[②] CNNIC 第35次中国互联网络发展状况统计报告. 2015
[③] Center for Strategic and International Studies
[④] http://www.reuters.com/article/2014/06/09/us-cybersecurity-mcafee-csis-idUSKBN0EK0SV20140609

失尤为严重,美国、中国、日本和德国,一年损失合计 2000 亿美元以上。根据普华永道[①](PWC)全球信息安全统计,2014 年全球所有行业检测到的网络攻击共有 4280 万次,比 2013 年增长了 48%,而中国互联网应急中心(CNCERT/CC[②])的统计数据[③]显示,2013—2014 年度我国上报的网络安全事件 31655 起,较上一年大幅增长 65.5%。

纵观国内外网络犯罪现状,网络犯罪活动的突出表现为:

- 利用网络编造、传播虚假信息、造谣、诽谤或者传播有害信息、煽动颠覆国家政权、破坏国家主权、利用网络窃取、泄露国家秘密、情报;
- 非法侵入信息系统,采取获取、修改或破坏系统功能或窃取数据信息等手段,实施非法控制,造成数据丢失或网络瘫痪;
- 提供专门用于入侵、非法控制信息系统的程序、工具,利用漏洞攻击信息系统及通信网络,致使信息系统及通信网络停止服务等,危害信息系统安全;
- 利用网络侵犯知识产权,传播盗版;
- 在网络上建立淫秽网站、网页,提供淫秽站点链接服务,或者传播淫秽信息;
- 利用网络进行诈骗、盗窃、侵占、挪用、贪污等犯罪,给国民经济造成损失。

尤为严重的是,网络犯罪已经从最初的仅是针对普通人群的犯罪,发展为针对社会经济、政治稳定、国家安全等多个领域的犯罪。从单机单人犯罪,发展到现在的网络有组织、有针对性犯罪,其犯罪手段和危害后果远超传统犯罪。木马僵尸网络、钓鱼网站等传统网络安全威胁有增无减,分布式拒绝服务(DDOS 攻击)、高级持续威胁(APT 攻击)等新型网络攻击愈演愈烈,智能家居、工业控制系统、车联网等新兴技术产业面临严峻网络安全威胁。

日益猖獗的网络犯罪严重地危害了世界各国的政治安全、经济安全和社会安定。2014 年 2 月,美国总统奥巴马宣布启动《网络安全框架》,建立网络作战部队,预示着网络安全已经从社会经济层面上升为国家安全高度。在美国的示范效应作用下,先后有 50 余个国家制定并公布了国家网络安全战略。

2014 年 12 月 27 日,中央网络安全和信息化领导小组成立,中共中央总书记、国家主席、中央军委主席习近平亲自担任组长。该领导小组将"着眼国家安全和长远发展,统筹协调涉及经济、政治、文化、社会及军事等各个领域的网络安全和信息化重大问题,研究制定网络安全和信息化发展战略、宏观规划和重大政策,推动国家网络安全和信息化法治建设,不断增强安全保障能力。"同时,习近平主席提出"信息主权"的概念,明确"信息主权不容侵犯"的互联网信息安全观,这标志着我国将"信息安全"上升到国家战略,奠定了打击网络犯罪的政治基础。

---

① http://cybersecurityventures.com/cybersecurity-market-report/
② http://www.cert.org.cn
③ CNCERT/CC 中国互联网站发展状况及其安全报告.2014

1.2 电子数据概述

1.2.1 电子数据的定义

1991年,在美国召开的第一届国际计算机调查专家会议(International Association of Computer Investigative Specialists,IACIS)上,首次提出"计算机证据"(Computer Evidence)的概念,将其定义为"可以识别、恢复、提取、保存并形成报告并使之成为法律证据的电子形式存储的信息(Electronically Stored Information,ESI)",这为打击计算机犯罪提供了法律基础。但是,"计算机证据"随着网络和其他电子设备的飞速发展而逐渐显得不尽准确,也在法律实施上遭受质疑,因此又有着多种新的名称出现,例如"Electronic Evidence"、"Digital Evidence"、"Network Evidence"等。这些定义在中文文献中被翻译后名称更为众多,例如"计算机证据"、"电子证据"、"电子物证"、"数字证据"等。即使在公安系统内部,也存在两种称谓,例如网络安全保卫部门使用"电子证据",而刑侦部门使用"电子物证",这非但没能使电子数据易于理解,反而加大了理解的复杂度,使得取证领域拘泥于概念的论战,陷入单纯的学派之争,这既不利于法律的实施,也不利于这一领域的发展。

使用精准和统一的名称,对于一个科学体系的建立具有重要意义,并且也符合法律实践的要求。2013年1月1日施行的《中华人民共和国刑事诉讼法》第四十八条规定了证据的八种类型:

(1) 物证;
(2) 书证;
(3) 证人证言;
(4) 被害人陈述;
(5) 犯罪嫌疑人、被告人供述和辩解;
(6) 鉴定意见;
(7) 勘验、检查、辨认、侦查实验等笔录;
(8) 视听资料、电子数据。

这是我国法律首次将"电子数据[①]"列入证据类型之中,继而《民事诉讼法》、《行政诉讼法》都将"电子数据"列为证据类型,从而在国家法律上对"电子数据"这一名称进行了统一的界定。

目前国内执法机构中,对于电子数据的定义不尽相同,但是内容基本一致,例如:

《公安机关电子数据鉴定规则》第二条"本规则所称的电子数据,是指以数字化形式存储、处理、传输的数据。

---

① 《中华人民共和国刑事诉讼法》第四十八条。

《人民检察院电子证据鉴定程序规则》第二条"电子证据是指由电子信息技术应用而出现的各种能够证明案件真实情况的材料及其派生物"。

在坚持法律定义的前提下,根据电子数据取证的特点,将电子数据取证做以下定义:"电子数据"就是"信息数字化过程中形成的以数字形式存在的能够证明案件事实情况的数据"。

1.2.2 电子数据的理论基础

物质交换(转移)原理是由法国侦查学家、证据专家埃德蒙·洛卡德(Edmond Locard)在 20 世纪初提出的,也被称作洛卡德交换(转移)原理(Locard Exchange Principle)。物质交换(转移)原理目前已经成为各国公认的侦查学与证据学著名理论。

物质交换(转移)原理认为,"两个对象接触时,物质会在这两个对象之间产生交换或者转移。例如犯罪现场留下的指纹、足迹、作案工具痕迹以及因搏斗造成的咬痕、抓痕等"。

尽管物质交换(转移)理论是基于传统证据而总结出的为中外认可的经典理论,已经沿用了近百年,但是网络犯罪毕竟是一种发生在虚拟空间的新型的犯罪形式,也是在这一理论建立后产生的。那么物质交换(转移)理论是否还适用于网络犯罪领域呢?在理论研究和实践中,电子数据取证专家发现在犯罪过程中,嫌疑人使用的电子设备同被害者使用的电子设备、网络之间的电子数据也存在相互交换:一方面嫌疑人会获取所侵入计算机中的电子数据;另一方面他也会在所侵入计算机系统中留下有关自己所使用计算机的电子"痕迹"。这些电子数据或"痕迹"都是自动转移或交换的结果,不受人为控制,不仅保存于作为犯罪工具的计算机与处于被害地位的计算机中,而且在登录所途经的有关网络节点中也有保留。它们在实质上属于转移或交换的结果,因此从本质上,适用于洛卡德交换(转移)原理。但是由于表现为二进制代码的数字形式,不可为人所直接感知,需要将其转换为可识别的方式,也就是电子数据来呈现。这既是电子数据的特点,也是难点。

1.2.3 电子数据的来源

在法律实践中,电子数据已经在法庭上得到承认并被广泛使用。电子数据的来源繁多,包括电子文档、即时聊天记录、网络浏览记录、电子邮件、数字图像、数字音视频、数据库、内存信息、系统日志等,其种类与网络技术和电子设备的发展同步增加中。

从物理设备上讲,电子设备和网络是保存电子数据的主要空间,网络实际上就是由多台电子设备由网络组成的网状结构,每一台电子设备都是其中的数据存储节点。数据保存在计算机上或通过网络传送给其他设备。这些设备存储电子数据的空间主要为电子设备的物理存储。探讨电子数据,不仅要了解物理存储,还要了解不同的操作系统和文件格式,以及证据可能保存的位置,也就是逻辑存储。

1. 物理存储

物理存储又叫存储介质,物理存储是电子设备的组成部分,电子设备物理存储电子数据的地方就是物理存储。

服务器、台式机、笔记本等电子设备通过硬盘能够保存海量的数据,利用网络进行数据传输。除此之外,现在广泛使用的移动通信设备,例如手机、平板电脑、数码设备,包括数码相机、数码摄像机、PSP;网络设备,包括各类调制解调器、网卡、路由器、集线器、交换机、网线与接口,甚至全球卫星定位设备、自动应答设备。这些设备的存储器中均可能包含有通讯录、账号密码、日程表、文本信息、个人文档、声音信息、电子邮件等信息。

即使是普通办公设备,例如复印机、打印机、扫描仪、传真机都有缓存装置或存储器。从这些设备中可以获取复印、打印、扫描、传真的文档、数字时间信息、虚拟身份信息、用户使用日志等。

另外,智能卡(Smart Card)、加密狗(Dongles)等,这些设备具有控制计算机输入输出或加密功能,这些设备可能含有用户的身份、权限等重要信息。

综上,物理存储包括传统介质,例如软盘、硬盘、移动硬盘、磁带等磁介质,光盘等光介质。新型的物理存储,例如固态硬盘、手机芯片、闪存(包括 U 盘、存储卡)等电介质。

2. 逻辑存储

电子数据在逻辑状态下,是不同的操作系统,将电子数据以一定编码保存。这些电子数据逻辑存储包括:

(1) 用户文件(电子文档、电子邮件、音/视频文件、日程表、网络访问记录/收藏夹、数据库文件、文本文件等);

(2) 操作系统文件(配置文件、备份文档、Cookies、交换文件、系统文件、隐藏文件、临时文件等);

(3) 保护文件(压缩文件、加密文件、隐藏文件等);

(4) 日志包括系统日志、IDS、防火墙、FTP、WWW 和杀毒软件日志;

(5) 其他数据区中可能存在的电子数据,例如未分配空间(Unallocated Space)、松弛空间(Slack Space)、隐藏分区等。

针对各种设备的不同软硬件系统,电子数据取证方法也多种多样、灵活多变,对不同配置的计算机、不同的操作系统、不同格式的文件等,分析和检查其中的电子数据的策略也不同。

1.2.4 电子数据的特点

电子数据同样具备传统证据一样的"客观性"、"合法性"、"关联性"的三个基本特性,因此电子数据也是可信、准确、符合法律法规的,能够作为法庭所接受的证据使用。但是电子数据还具备以下不同于其他证据的特性,需要在工作中多加注意:

1. 记录方式的虚拟性

与其他传统证据相比较,电子数据不具有物理形态,而是以虚拟形态保存的。传统证据的内容和形态可以直接感知,而电子数据则是将信息按一定方法转化为磁、电或者光的方式记录下来。例如硬盘存储信息时,通过磁性材料而形成的电磁场将电子信息记录下来,而在向光盘中记录信息时,是利用激光通过将信息以凹凸点的形式记录在光盘上。这些数字信息以"0"和"1"表示,通过排列组合来表示特定数值的数据,其内容无法为人们直接感知,所以记录方式的虚拟性是电子数据与传统证据最本质的区别,也是电子数据最根本的特点。

记录方式的虚拟性带来了一个难点是电子数据的主体认定难。与其他的证据可以指向物理人不同,电子数据只能指向到电子设备上,虚拟身份与物理身份的映射,有时难以通过电子数据来确定。因此需要其他证据来佐证。

2. 电子数据的易破坏性

环境的影响,例如断电、硬件故障、病毒;人为操作,例如删除、覆盖、操作失误,都会导致电子数据改变和灭失,从而影响到电子数据的真实性和完整性。某些文件,缺少一个字节的数据,都可能无法展示或播放,而且网络传输的数据,往往无法以单独文件的形态出现,在出现丢包的情况下,电子数据的完整性也会受到影响。因此电子数据的记录方式及介质的特殊性和网络空间的特性决定了它自身具有一定的易破坏性。

3. 电子数据的客观性

电子数据需要借助专用设备和科学方法才能显现,电子数据中的一些信息隐藏在它的元数据或者本身之外,同时对于电子数据的影响会留下痕迹。例如使用浏览器访问网络,会保存浏览记录和Cookies;JPEG图片使用EXIF来保存拍摄数据和GPS信息,这些信息都无法单纯直接查看。电子数据这一特点,可以使得大量不为人知的电子数据被保存下来,具有客观性,使得电子数据可以作为证据使用的效力大大增加。

1.3 电子数据取证概述

1.3.1 电子数据取证的发展

利用物质交换(转移)原理最大限度地提取数字犯罪相关电子数据,将犯罪者留在计算机和网络中的"痕迹"作为有效的诉讼证据提供给法庭,以便将犯罪者绳之以法。这一过程涉及的技术便是目前人们研究与关注的电子数据取证技术,它是计算机学科、法学学科与侦查实践的一门交叉学科。

第一届国际计算机调查专家会议提出"计算机证据"的同时,也提出"计算机取证(Computer Forensic)"的概念,将其定义为"识别、恢复、提取、保存电子存储信息(ESI),形成报告并使之成为法律证据的科学"。实际上,20世纪80年中期,计算机取证的技术就已经开始在执法部门和军队中使用。1999年,计算机取证的商用工具开始出现,当时,Encase这一开创性的取证工具,在国际计算机调查专家会议IACIS上第一次被介绍。

西方发达国家的电子数据取证发展相对成熟,美国、英国等主要发达国家电子数据取证发展非常成熟,执法部门广泛使用电子数据取证技术进行侦查、诉讼活动。同时电子数据取证在企业的应用也很广泛,特别是跨国企业大量采用电子数据取证进行反垄断、反商业贿赂、反不当竞争等方面的调查。

我们国内对电子数据取证产品需求首先产生于执法部门,我国 2001 年从针对黑客入侵取证开始引入计算机取证的技术,随后逐步发展为针对计算机、网络、移动终端等方面电子数据的取证。目前,电子数据取证的发展情况是为以侦查机关为主,社会机构为辅。主要将电子数据取证产品用于对涉案计算机系统中的电子数据进行恢复、提取、分析,并形成具有司法效力的电子数据。近几年随着法律的日趋完善,以及执法规范意识的增强,越来越多的行政执法部门,以及对数据安全有严格要求的企事业单位也表现出了明显的需求,取证产品用户群体由执法机关扩展至其他行政执法部门和大型企事业单位已成为必然趋势。

1.3.2 电子数据取证的概念

电子数据取证涉及法律和技术两个层面,其概念为"采用技术手段,获取、分析、固定电子数据作为认定事实的科学"。这是能够为法庭接受的、足够可靠和有说服性的、存在于计算机和相关外设中的电子数据的确认、保护、提取和归档的过程,是对存储介质中保存的数据所进行的一种科学的检查和分析方法。对于电子数据取证来说,取和证是一个闭环的过程,最终的目标是形成"证据链"。

1.3.3 电子数据取证的应用领域

1. 刑事案件的侦查取证和诉讼

刑事案件的侦查取证一般由公安机关、国家安全机关和检察机关完成。这个领域也是我国电子数据取证的技术标准和规范相对比较完善的领域,采用的技术手段和装备相对较为先进。

2. 民事案件的举证和诉讼

民事案件涉及电子数据的提取、分析和鉴定,一般由举证方提出,由具备司法鉴定检验资质的鉴定/检验机构完成。这个领域涉及社会各个领域和阶层,大多数诉讼参与方应当充分意识到电子数据的重要性,需要形成良好有效的机制来服务于民事案件诉讼。

3. 行政诉讼案件的举证和处理

行政诉讼也需要电子数据的支撑来判断责任、确定处罚,维护社会经济秩序和人民群众的正常权益。这个领域的相关机构,例如工商、税务、海关等部门已经意识到电子数据的重要作用。目前,有些机构如工商行政执法部门已经开始依托电子数据取证处理网络上的非法经营活动。

4. 企业内部调查

在电子商务普及的当今,企业和公司的内部安全控制对于电子数据取证的技术和产品有着广泛的需求。由于电子数据取证依托的技术基本都为计算机或网络基础,因此在技术层面在企业内部调查应用中没有什么障碍,但是由于国内现有的电子数据取证产品大多数是特种产品,往往在企业内部调查中的应用遇到阻碍。

由此可见,电子数据的应用领域已经从公、检、法、司等执法系统迅速扩展到社会经济生活的各个方面。各种刑事、民事、行政案件的办理需要电子数据的证据依据,社会经济生活也需要电子数据进行保驾护航。

1.3.4 电子数据取证架构

电子数据取证涉及计算机科学和法律的各个层次。它集中了所有计算机科学知识,并与法律紧密结合。偏重技术而忽略法律,或者拘泥法律而不研究技术,都无法根本理解电子数据取证。本书提出电子数据的取证架构(见图1.1),并基于以这一架构详细讲解电子数据取证。

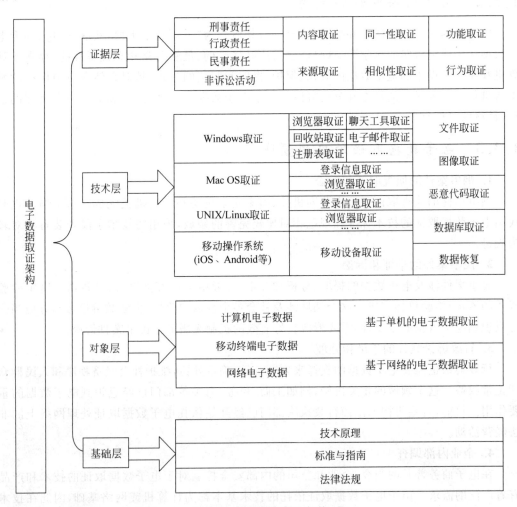

图 1.1 电子数据取证架构

1.3.5 电子数据取证与应急响应的区别

应急响应(Incident Response),针对计算机或网络所存储、传输、处理的信息的安全事件所做的准备以及在事件发生后所采取的措施。电子数据取证往往与应急响应相混淆,二者使用的方法和技术有共通之处,但实际二者具有本质的区别:

1. 实施主体不同

电子数据取证主体一般是执法部门和内部安全审计人员,应急响应的主体一般为负责网络安全的政府组织、安全厂商、系统维护人员。

2. 过程不同

电子数据取证是案(事)件发生后采取措施的过程,应急响应贯穿到事先预防、事中处理和事后弥补整个过程。

3. 目标不同

电子数据取证是为了获得违法犯罪的证据,目的是形成证据链,应急响应的目标是为了恢复整个系统的正常。

1.3.6 电子数据取证与公证的区别

公证是公证机构根据自然人、法人或者其他组织的申请,依照法定程序对民事法律行为、有法律意义的事实和文书的真实性、合法性予以证明的活动。目前,对于网络数据或者电子文档数据,可以使用公证来固定保全,但是公证不能取代电子数据取证,这是因为:

1. 应用的范围不同

电子数据取证可以用于刑事、行政和民事案件,而公证只可以用于民事争议,其法律效率相对较低。公证机构的证明活动与人民法院审理案件的诉讼活动不同,前者是在发生民事争议之前,对法律行为和有法律意义的文书、事实的真实性和合法性给予认可,借以防止纠纷,减少诉讼,它不能为当事人解决争议,而人民法院的诉讼活动,则是在发生民事权益纠纷并由当事人起诉之后进行的,其目的是作出裁决。

2. 主体不同

电子数据取证发起的主体是收到委托或授权的执法部门或者内部安全审计人员,目的是形成"证据链";公证发起的主体是当事人,目的是证据保全。

1.3.7 电子数据取证与数据恢复的区别

数据恢复是"通过技术手段,将保存在存储介质上丢失的电子数据进行复原的技术"。

数据恢复的目标是数据,而电子数据取证的目标是证据。数据恢复在恢复出数据之后,工作就宣告结束,而电子数据取证在可能进行数据恢复之后,还需要进行大量的分析和提取证据工作,因此,数据恢复是电子数据取证的应用技术和工作环节之一。

同时电子数据取证的主体与数据恢复的主体不同,数据恢复的主体是数据恢复从业人员,为客户服务;电子数据取证的主体往往是执法机关或者司法机构,为法律服务。

1.4 国内外电子数据取证的发展概况

1.4.1 国外电子数据取证发展概况

美英等西方国家是最早设立电子数据取证机构的国家,执法部门的电子数据取证发展,美国和英国是比较典型的。早在1984年,联邦调查局(FBI)建立了计算机分析与响应小组(Computer Analysis and Response Team,CART),随后英国在大都会警察局设立了计算机取证部门。

1. 美国

美国的电子数据取证机构的发展一直位于世界领先水平。美国军方、联邦调查局(FBI)、地方警方、司法部(NIJ)、美国烟草火器与爆炸物管理局(ATF)、美国缉毒局(DEA)、美国国税局刑事调查司(IRS-CID)、美国邮政检查(US-PIS)、特勤局(USSS)等多家执法部门,根据权限分别设立了电子数据取证的专门机构,这些机构一般以"实验室"的形态运行,以保证其独立性和公正性。具体来说,作为全国性机构,美国国防部设立了专门的网络犯罪调查机构(Defense Cyber Crime Center,DC3[①]),其下的防范计算机犯罪实验室(Defense Computer Forensics Laboratory,DCFL)由美国海军运行,主要承担国家和军队层面的电子数据取证工作。美国联邦调查局(FBI)在各州建立了16个地区计算机取证实验室(Regional Computer Forensics Laboratory,RCFL[②]),负责支援当地的网络犯罪调查。这些实验室大多通过实验室认可,其工作人员都具有比较深厚的计算机科学知识和丰富的网络犯罪侦查经验。美国还有大量的民间的电子数据取证公司和机构为社会各界提供电子数据取证服务。

为了推动电子数据取证的发展,美国的执法机构和学术机构成立了数字证据科学工作组(Scientific Working Group on Digital Evidence,SWGDE),对取证的标准和方法进行研究,这一模式是值得我们学习和借鉴的。

2. 英国

英国内政部设立有网络犯罪调查部门,作为国家层面的网络犯罪侦查部门。地方的警察部门都设有网络犯罪调查的部门和专业人员。但是英国电子数据取证机构的特点是全部社会化。目前英国已经将法庭科学相关检验鉴定工作交由社会机构来进行,其中最大的是政府化学实验室(Laboratory of the Government Chemist[③],LGC),这些鉴定和检验机构由

[①] http://www.dc3.mil/
[②] http://www.rcfl.gov/
[③] http://www.lgcgroup.com/

内政部下的司法鉴定监督部(The Forensic Science Regulator①)进行监督。

3. 韩国

韩国是受到网络犯罪侵害较为严重的国家，2004年，韩国国家警察厅建立了数字证据分析中心(Center of Digital Evidence Analysis)进行电子数据取证工作。

除此之外，作为网络安全行业的重要部分，专业公司也可以在西方国家进行电子数据取证相关业务。

1.4.2 我国电子数据取证发展概况

中国大陆地区，随着改革开放的深入发展，涉及网络犯罪的电子数据取证需求越来越多。由于业务的需要，执法部门，包括公安、检察院、海关、工商的电子数据取证专业机构发展较快，民间的司法鉴定机构也逐步提供电子数据取证服务。在执法部门中，以公安机关的电子数据取证机构发展的最为完善、业务能力最强。在公安机关内部，各业务警种都配备了电子数据取证设备，培养了取证人才以应对各自领域中的电子数据取证需求。网络安全保卫部门和刑事侦查部门都是以实验室的机构来进行电子数据取证。目前网络安全保卫部门的取证实验室已经超过100家，是公安机关业务水平最高，发展最为迅速的电子数据取证机构。

由于我国港澳台地区的网络发展超过大陆地区的平均水平，其网络犯罪的危害也较大。港澳台地区的电子数据取证发展普遍较早，水平较高，其机构设立也早于大陆地区。

1996年12月，我国台湾第一个电子数据取证机构——法务部调查局②资安鉴识实验室建立。2006年8月内政部警政署刑事警察局③也成立了自己的"数位鉴识实验室"，为台湾执法部门提供电子数据取证的服务。

早在1993年，我国香港地区专业应对网络犯罪活动的部门——电脑罪案组(Computer Crime Section)成立④。2001年9月6日，科技罪案组位于香港警务处⑤的电脑法证检验室(Computer Forensics Laboratory)启用。2014年，香港警务处的科技罪案组将会与网络安全中心合并及升格为网络安全及科技罪案调查科，下辖的数码法证鉴证队负责进行取证，典型的案件有陈冠希裸照事件、香港交易所黑客攻击案等。

我国澳门的电子数据取证部门为司法警察局⑥资讯与电讯协调厅下设的电脑法证处。澳门还为电子数据的法律应用颁布了《澳门特区打击电脑犯罪法》。

---

① https://www.gov.uk/government/organisations/forensic-science-regulator
② http://www.mjib.gov.tw
③ http://www.cib.gov.tw
④ http://zh.wikipedia.org/wiki/%E7%A7%91%E6%8A%80%E7%BD%AA%E6%A1%88%E7%B5%84
⑤ http://www.police.gov.hk/ppp_sc/
⑥ http://www.pj.gov.mo/NEW/main.htm

1.4.3 电子数据取证的学术发展

除了执法部门,网络安全行业都对电子数据取证的发展而予以实时关注,近几年每年都会有讨论计算机取证为主题的学术会议召开。从 1993 年开始,就又以计算机证据为主题的国际会议,国际上成立了有关计算机证据国际组织(IOCE)和数字证据科学工作组(SWGDE)。另外,还有 SANS[①] 协会主持的系统取证、调查和响应年会及 FIRST[②] 技术论坛年会等。国际著名的网络安全站点 Security Focus[③] 也开辟计算机取证专栏,供全球从事计算机取证的研究人员讨论交流。相比之下,我国有关电子取证技术方面的研究大多在行业内部,尽管某些行业水平很高,但是互相的学术壁垒导致整体水平不高。应当站在全局的高度,促成一线实战部门与研究机构互相交流,取长补短,促进电子数据取证在我国的发展。

1.5 电子数据取证面临的困难

近年来,我国关于电子数据取证的研究与实践已经得到了较大发展,但是取证技术与西方国家还有一定的差距、相应的法律法规还不完善、社会对于电子数据的认可程度不高,目前,电子数据取证主要面临以下困难:

1. 信息安全观念落后

我国的信息安全观念立足于被动防护的层面,倾向采用密码、防火墙、杀毒软件等防御来保证信息安全,更多的关注正常提供服务,这在目前复杂的网络安全形势面前已经过时。计算机或网络是虚拟的"犯罪现场",很多情况下,用户遭受到攻击和破坏后,要么担心损害声誉不报案,造成网络犯罪行为无法被打击,这实际上是助长了网络犯罪的蔓延;要么报案后,没有保护"虚拟现场"的概念,而是急于重建系统恢复服务,往往破坏了电子数据。只有将信息安全提高到主动防护的高度,以系统化的观念来保障信息安全,一旦发生安全事故或者犯罪活动,应当将保护电子数据作为首要条件,才能做到有效防范和惩治网络犯罪。

2. 法律法规的滞后

目前,尽管刑诉法、民诉法和相关司法解释已经统一、规范了电子数据的范围,但是其使用标准和操作方法还缺乏权威的法律法规来界定,电子数据的公信力的认可还需要一个过程。同时电子数据的"虚拟性"和"海量性",其犯罪行为不同、表现形式多样,产生的电子数据也具备不同格式,这些都难以直接判断网络犯罪后果,案件客观事实需要专业部门来展示。

3. 取证机构和人才的匮乏

由于电子数据取证的高科技性,需要有专门的调查取证机构,目前,我国的公安、检察

---

① http://www.sans.org
② Forum of Incident Response and Security Teams
③ http://www.securityfocus.com/

院、司法等部门和社会科研机构都在从事电子数据取证工作。但是大多数的电子数据取证工作由执法部门进行，社会服务性的电子数据取证服务发展还很薄弱。面对着数据量巨大的电子数据取证需求，造成执法部门的电子数据取证工作数量大，质量不高，而社会服务性的电子数据取证服务无法形成良好补充。

4. 产业发展不均衡

与发达国家相比，我国的电子数据取证行业起步较晚，与国外发展有较大差距。尽管国内的取证行业部门和专业工作进行了努力的探索和研究，但是整体行业发展较慢，产业规模小，技术水平有一定差距。同时行业内部发展不均衡，核心技术多依赖国外，还缺乏自主知识产权的产品。

1.6 电子数据取证人员的素质要求

人才是电子数据取证的核心。电子数据取证人员的素质要求是信息安全从业人员要求较高的一类，不但需要有高超的技术，还在法律法规、执业道德上有较高要求。

1.6.1 取证技术与意识

很多电子数据取证专家都具有很高的技术水准，但是这并不意味着，电子数据取证依靠技术就能够包打天下。取证意识是电子数据取证的另外一个重要组成部分，通过取证意识，可以找到突破点，迅速有效地找到线索或证据，技术和意识如同电子数据取证天平的两个托盘，要达到完美的平衡，不要为了追求技术的极致，而放弃了意识的挖掘。

1.6.2 法律素养

电子数据取证人员需要对相关的法律法规等有所了解，这样才能在案件定性上符合法律的要求。同时在取证过程中，还要遵守相关法律法规的规定，做到秉公执法，确保取证结果的公正性。

1.6.3 职业道德

电子数据取证是人与设备的完美结合，在机器的客观分析后，由取证人员进行逻辑判断，形成"证据链"。取证过程中往往会涉及虚拟物品甚至网络交易账号的提取，取证人员要能抵御利益的诱惑，恪守职业操守，同时能够抵御内部和外部的压力，不能徇私舞弊、贪赃枉法。

1.7 电子数据取证的发展趋势

随着信息科技的发展和新型网络犯罪的出现，电子数据取证也需要不断调整发展方向，以应对类型多样的网络犯罪活动。电子数据取证将主要向下列方向发展：

1. 新型介质的取证分析

利用手机、平板电脑等无线终端设备进行犯罪的案件逐年上升，无线网络的发展，可穿戴设备、智能交通工具的飞速发展，也开拓了取证的领域。未来，电子数据取证的范围将大大增加，会存在于社会生活的各个方面，同时，电子科技的发展提高了电子数据取证的门槛，数据被存储于更小、集成度更高的电存储介质，这将使电子数据取证从逻辑取证阶段跨越到物理取证阶段。这一切都对电子数据取证提出了更高的要求，也是今后的研究重点。

2. 执业主体的延伸

除了作为打击网络犯罪主体的执法部门，面向社会的司法鉴定机构也根据需要，开展了电子数据取证服务。企业内部审计部门、律师、安全公司、高校、科研机构都根据自身需要开展了电子数据取证方面的培训和研究。电子数据取证的主体已经从单纯的执法部门扩展到社会电子数据应用的各个行业，针对已经融合到社会生活方方面面的信息科技，电子数据取证能够在上述领域中发挥更多作用。

3. 系统化的取证方向

面对着网络科技的飞速发展和网络犯罪技术手段的提高，靠个人技术进行电子数据取证已经无法满足执法斗争形势的需要。取证技术的发展趋势是伴随着信息科技发展而同步的，未来单机版的取证工具将被分布式的综合取证系统替代，辅以大数据挖掘技术进行深度挖掘，结合人工智能、机器学习、神经网络进行智能化的自动关联、碰撞、比对，获取各数据源之间的关联性，以反映网络罪犯真实的犯罪过程。

1.8 本章小结

电子数据取证将存在于社会政治、经济生活的各个方面，是一个方兴未艾而又充满挑战的领域。本章对电子数据和电子数据取证的基本情况进行阐述。介绍了国内外电子数据取证的发展概况。电子数据取证是一个不断发展的行业，要求取证人员对取证技术和法律都有所了解，目的是使读者对电子数据取证有个宏观的认识，做好探索富有魅力的电子取证领域的准备。

思 考 题

1. 简述电子数据的定义。
2. 简述电子数据的理论基础。
3. 简述电子数据的特点。
4. 简述电子数据取证的概念。
5. 简述电子数据取证与数据恢复的区别。
6. 概述美国的电子数据取证的发展。
7. 电子数据取证人员的素质要求有哪些?
8. 结合电子数据取证的未来发展趋势,阐述电子数据取证还有哪些发展方向。

第 2 章 电子数据取证基础知识

本章学习目标
- 计算机的基础理论
- 存储器的种类和特点
- 机械硬盘、闪存的基本知识
- 存储器的技术指标
- 网络基础知识
- 操作系统基础知识
- 数据组织
- 数制
- 数据获取基础知识
- 文件过滤基础知识
- 数据搜索基础知识
- 数据恢复原理
- 数据分析基础知识
- 密码破解基础知识

电子数据取证人员面对的是充满变化的虚拟数字世界,这个世界由各种各样的计算机设备、网络设备以及其他电子设备组成,通过各种各样的协议来保证通信。他所要掌握的,几乎是社会应用中的所有的电子设备和相关理论知识,不仅要有广泛和完整的知识体系,还要具备能够将这些知识融会贯通到实际工作中的能力。本章按照从易到难的教学方法,着重讲解电子数据取证必须掌握的相关基础知识。

2.1 计算机基础知识

计算机不但是电子数据的载体,也是电子数据取证的主要对象。计算机不是横空出世的,它的发展历史实际上就是人类的科技发展史。早期的计算机器用于普通数学计算,在英文中,指的是 Calculator。随着晶体技术和数字技术的发展,人类创造出了能够执行复杂运算的计算机器——计算机(Computer)。

1946年,世界上第一台数字电子计算机①(ENIAC)正式运行,ENIAC的问世具有划时代的意义,揭示了数字计算机时代的到来,在以后的几十年里,数字计算机的发展速度逐渐加快,同时也衍生出各种电子设备,这些设备,无论是否具有传统计算机的形态,其内核和本质都基于计算机的理论。

现代计算机普遍采用冯·诺依曼计算机理论,即采用二进制形式表示数据和指令。计算机系统由运算器、存储器、控制器、输入设备和输出设备五大部分组成,如图2.1所示。

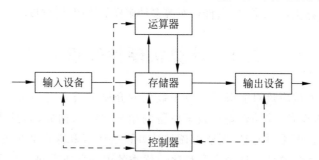

图 2.1 以存储器为中心的计算机结构框图

计算机发展至今种类繁多,从进行科学运算的大型服务器到迷你的手机设备,种类无以计数。电子数据取证中,可能会遇到以下几种计算机设备:

1. 个人计算机(Personal Computer)

个人计算机一词源自于1981年IBM的第一部桌上型计算机型号PC(Personal Computer),个人计算机以微处理器为基础,部件组装灵活,价格低廉,使用方便。个人计算机有几种主要的类型:

(1) 台式机(Desktop)。

台式机也称桌面计算机,体积较大,价格便宜,主要部件如主机、显示器、键盘、鼠标等设备一般都是相对独立的,扩展性好、功能强。一般需要放置在电脑桌或者专门的工作台上,因此命名为台式机或桌面机。台式机的性能相对较笔记本电脑要强,性能较强的台式机有时候叫做工作站。

(2) 一体机。

一体机,是将显示器、主机集合到一个模块中,具备较强的功能,无法便携,只要将键盘和鼠标连接到显示器上,一体机就能使用。典型的一体机设备是苹果的iMac。

(3) 笔记本电脑(Notebook 或 Laptop)。

笔记本电脑,也称手提电脑或膝上型电脑,是一种小型、可携带的个人电脑。它和台式机架构类似,将主板、内存、硬盘和显示器集成到一个可以便携的设备中,功能相对于台式机弱,主要用于移动办公。

---

① 相对于模拟计算机。

2. 服务器

服务器（Server）指的是网络环境中的高性能计算机，服务器具有高速度的运算能力、长时间的可靠运行、强大的外部数据吞吐能力。服务器大多具有多块硬盘，组成磁盘冗余阵列（RAID）。

3. 移动终端

移动终端（Mobile）指的可以在移动中使用的计算机设备，广义地讲包括手机、笔记本、平板电脑、POS机甚至包括车载电脑。

除此之外，还有路由器、交换机、智能汽车等多种多样的使用计算机理论和运行机制的设备。

2.2 计算机硬件知识

电子数据取证人员应该对能够保存电子数据的介质或设备有清醒而深刻的了解，不但要熟悉计算机、网络设备、移动设备等数字设备的型号、性能、构成，而且还要了解它们的运行机理和操作方法。更重要的是，要能够阐述这些设备生成和保存数据的机理，以及提取数据作为证据过程中需要遵循何种规定和程序。优秀的电子数据取证人员不但能够了解操作系统和应用软件、熟知数字设备的硬件，更要懂得二者是如何协同工作的，这样才能操作取证工具清晰明确的获取和分析电子数据。

硬件是计算机系统快速、高效、可靠运行的基础。计算机硬件系统主要有运算器、控制器、存储器和 I/O 控制系统等功能部件组成。从外观来看，计算机主要由机箱和外部设备两部分组成，外部设备包括显示器、键盘和鼠标等；机箱内有包括更复杂的器件，如主板、CPU、显卡，还有取证最为关注的各种存储介质。

存储器是计算机硬件中的记忆单元，用于存放程序和数据，也是电子数据取证主要的工作对象。电子数据存储介质按照存储原理分为磁存储、电存储和光存储三种。磁存储主要指磁表面存储器（Magnetic Surface Memory，MSM），如机械硬盘、磁带等；电存储主要是指半导体存储器（Semiconductor Memory，SCM），如 U 盘[①]、存储卡、固态硬盘等；光存储主要是指光盘存储（Optical Disk Memory，ODM），如 CD、DVD 等。

从功能分，存储器主要分为内存和外存两种。

1. 内存

内存（内部存储器），是 CPU、显卡或者其他内置板卡可以直接寻址的存储空间，存取速度快是它最大的特点。内存主要用于暂时保存程序和数据，并与外部存储器交换数据，例如，当编辑 Word 文档时，通过键盘输入字符后，这些字符首先会存入内存中，当选择存盘时，内存中的这些字符等数据才会保存到硬盘。

随着半导体技术的不断革新，ROM 和 RAM 基本被闪存（Flash）存储器取代，闪存（Flash）存储器是非易失性存储器，结合了 ROM 和 RAM 的长处。主流的闪存（Flash）存储

---

① Universal Serial Bus flash disk，USB 闪存盘，简称 U 盘。

器主要有两种：NOR Flash 和 NAND Flash。闪存(Flash)存储器现在广泛用于内存、显卡存储、BIOS 芯片等内存中，还广泛使用于 U 盘、固态硬盘、播放器、手机和其他电子设备中。

2. 外存

传统上，外部存储设备即外存，主要包括磁存储器(机械硬盘)、电存储器(固态硬盘、U 盘、存储卡)和光存储器(光盘)。

磁存储器是利用金属、玻璃或塑料基体上的磁性材料的两种不同磁化状态记录二进制代码 1 和 0 的存储设备，如图 2.2 所示。工作时，磁层随载磁基体高速运转，利用磁头从磁层上读取或写入信息，实现了电信号和磁信号间的相互转换。磁存储的发展成熟，具有存储容量大、价格低等优点，但其存取速度较慢、机械结构复杂。

按载磁基体形状和材质的不同，可将磁存储器分为机械硬盘(磁盘)、磁带和磁鼓。1973 年，IBM 公司推出"温彻斯特"结构机械硬盘，第一次使用密封组件将磁盘封装起来，这也是目前机械硬盘的基本结构，随着技术的不断提高，机械硬盘的容量越来越大，速度越来越快，目前机械硬盘最大容量可以达到 6TB，速度最高达到 15000 转/分钟。机械硬盘目前应用最为广泛、也是电子数据取证主要对象。

电存储器存储密度高、速度快。在成本降低的同时，利用闪存(Flash)技术生产的电存储器-U 盘和固态硬盘(SSD)已经成为外部存储介质的发展方向，U 盘和固态硬盘(SSD)逐渐挤占机械硬盘的市场。闪存(Flash)存储器生产厂商众多，使用的协议和存储方式不一致，甚至往往采用加密技术，这给电子数据取证造成一定的困难。

光存储器，是一种采用光存储技术存储信息的存储器，它采用聚焦激光束在化学介质上非接触地记录高密度信息，以介质材料的光学性质(如反射率、偏振方向)的变化来表示所存储信息的"1"或"0"，如图 2.3 所示。近年来，在电存储器的飞速发展冲击下，光存储器的发展已经力不从心。光存储器主要为光盘，目前普通 CD 光盘的容量为 750MB，DVD 光盘一般为 4.7GB，蓝光光盘容量可以达到 45GB 左右。

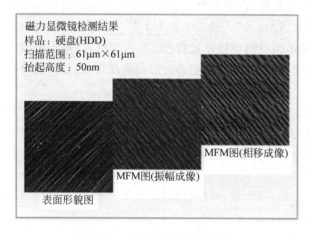

图 2.2 机械硬盘表面图像

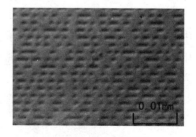

图 2.3 光盘表面图像

2.3 存储介质基础知识

电子数据的主要载体是机械硬盘、U盘、固态硬盘和光盘,以及新型的形形色色的各种电存储器,例如存储卡,这些载体统称为存储介质。

2.3.1 机械硬盘

1. 机械硬盘的物理结构

机械硬盘由一个或几个表面镀有磁性物质的金属或玻璃等物质盘片以及盘片两面所安装的磁头和相应的控制电路组成。机械硬盘的物理结构如图2.4所示,其中盘片和磁头密封在无尘的金属壳中。

图2.4 机械硬盘的物理结构

机械硬盘工作时,盘片以设计转速高速旋转,设置在盘片表面的磁头则在电路控制下径向移动到指定位置。可以将数据"读取"或者"写入"。读取数据时,盘片表面磁场使磁头产生感应电流或线圈阻抗产生变化,经相关电路处理后还原成数据;写入数据时,磁头电流产生磁场使盘片表面磁性物质状态发生改变,并在写电流磁场消失后仍能保持,这样数据就被存储。

机械硬盘的尺寸主要为3.5英寸和2.5英寸,还有少部分为1.8英寸等其他尺寸。其中3.5英寸的机械硬盘主要用于台式机和服务器中,2.5英寸和1.8英寸的机械硬盘主要用于笔记本和便携式设备中。现在的主流3.5英寸台式机硬盘的容量为2~6TB,转速一般为7200~10000RPM。

机械硬盘的厂商曾经有希捷、昆腾、迈拓、富士通、西部数据、三星等厂家,现在仅剩西部数据、希捷、东芝三家主要厂商。

2. 机械硬盘的逻辑结构

机械硬盘由多个盘片组成，每个盘片都有两个面，这两个面都可以用来存储数据，依次称为 0 面、1 面、2 面……每个盘片的每个面都有一个读写磁头。按照机械硬盘的容量和规格不同，盘片数不同，面数也就不同。如果有 N 个盘片，就有 2N 个面，对应 2N 个磁头(Heads)，从 0、1、2 开始编号。

由于机械硬盘在读写时是以电机主轴为轴高速旋转的，则连续写入的数据是排列在一个圆周上的，这个圆周称为"磁道(Heads)"，读写磁头可以沿着盘片半径方向移动，所以每个盘片可以划分成若干逻辑上的同心圆磁道[1]（不可见）；磁道又被划分成若干段，每段称为"扇区(Sector)"，一个扇区一般存放 512 字节的数据，扇区从 1 开始，称为 1 扇区，2 扇区……。这样每个盘片同样的磁道，逻辑上形成了一个以电机主轴为轴的"柱面(Cylinders)"，从外至里编号为 0、1、2……如图 2.5 所示，硬盘的物理容量就为：柱面(Cylinders)×磁头(Heads)×扇区(Sector)×512KB。

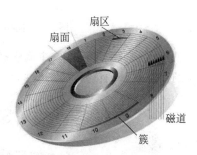

磁盘上的磁道、扇区和簇

图 2.5 机械硬盘的逻辑结构[2]

2.3.2 闪存

闪存(Flash 存储器)技术上属于电可擦除只读存储器(EEPROM)的一种，但与普通 EEPROM 在字节单位上进行删除和重写操作的存储原理不同，闪存的存储以数据块单位进行。因此，闪存的优势在于写入大量数据时的高速度。闪存存储介质主要有 U 盘、SD 卡、XD 卡、记忆棒等。

1. U 盘

U 盘(全称为 USB 闪存盘，Universal Serial Bus flash disk)是一种采用 USB 接口的移动存储器，其存储介质为闪存，只需通过 USB 接口连接到计算机上就可以进行读写操作，实现了即插即用。U 盘的结构很简单，主要由外壳和机芯两部分构成。外壳的主要作用是保护内部机芯不受损坏；机芯主要由 PCB 板、闪存、主控芯片、晶振、稳压 IC 等组成，如图 2.6 所示。

2. 固态硬盘

在架构上，固态硬盘(Solid-State Drive，SSD)与传统机械硬盘基本相似，只是将原来机械部分的马达、碟片、磁头换成了闪存颗粒。主控芯片、总线接口均保留了下来，如图 2.7 所示。固态硬盘相对传统机械硬盘，改变的仅仅是存储介质，但是制造技术门槛大大降低，固

---

① 根据硬盘规格不同磁道数可以是几百到几千不等，一个磁道上可以容纳数量不等的数据。

② 相邻的扇区组合在一起，形成一个簇，操作系统对簇进行管理。每个簇可以包括 2、4、8、16、32 或 64 个扇区。簇是操作系统所使用的逻辑概念。

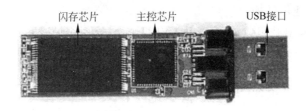

图 2.6 使用 TSOP 封装闪存芯片的 U 盘的内部结构

态硬盘出现了大量厂商。主流固态硬盘厂商有：Intel、Samsung、Toshiba、OCZ 等。目前主流的固态硬盘的读写速度超过 500MB/s，性能远远超过机械硬盘。

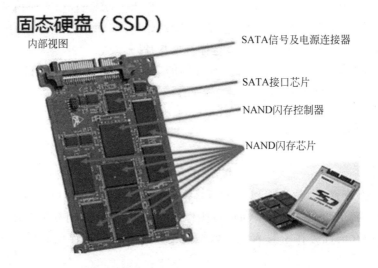

图 2.7 固态硬盘结构

2.3.3 存储器指标

在电子数据取证过程中取证人员不仅要了解存储介质的结构和存储原理，还需要了解存储介质的主要技术指标。电子数据取证涉及的存储器的指标有：存储容量、数据传输率和接口。

1. 存储器容量

存储容量是存储介质中可以容纳二进制信息的总量，即 存储容量＝存储单元数×存储字长。存储容量越大存储的信息就越多。存储容量通常用位(bit)或字节(Byte)来表示，一般一个字节定义为 8 个二进制位，因此计算机中一个字的字长通常是 8 的整数倍。如 32KB、64KB、128MB 等，其中 $1KB=2^{10}B$，$1MB=2^{10}KB$。外存中为了表示更大的存储容量，采用 GB、TB 等单位，其中 $1TB=2^{10}GB$，$1GB=2^{10}MB$（单位 B 表示字节）。

2. 数据传输率

数据传输率是指单位时间内存储器所存取的信息量,度量单位通常为位(bit)/秒或字节(Byte)/秒,数据传输率是衡量电子数据取证效率的重要技术指标。速率越高,意味着单位时间镜像或分析的数据越多。

3. 数据接口

电子数据取证人员在工作中可能会见到的各种外部存储介质接口。接口上的标识主要有:IDE、ATA、Ultra ATA/33、Ultra ATA/66、Ultra ATA/100、Ultra ATA/133、Ultra DMA/33、Ultra DMA/66、Ultra DMA/100、Ultra DMA/133、Serial ATA、SCSI、SCSI Ⅱ、Wide SCSI Ⅱ、Ultra SCSI Ⅱ、Ultra Wide SCSI Ⅱ、Ultra2 SCSI、Ultra160 SCSI、Ultra320 SCSI。这些都是不同时期的硬盘接口。除此之外,原来主要应用于其他设备上的"Fibre Channel"、"IEEE 1394"、"FireWire"、"iLink"、"USB"等接口也开始出现在一些特殊用途的新型硬盘中,随着存储设备微型化,还出现了ZIF和LIF接口。

形形色色的众多接口,按物理接口种类区分,常见的只有九类,即:SATA、SAS、IDE、SCSI、光纤通道(Fibre Channel)、ZIF、LIF、IEEE 1394和USB。SATA和SAS是目前整个外部存储介质接口的主要类型,曾经流行的IDE接口已经被淘汰,ZIF和LIF接口也逐步消失,光纤通道接口的存储介质极少。

按控制指令区分,存储介质可以归纳成两大类,即ATA类与SCSI类。SATA、IDE、ZIF、LIF使用的是ATA指令,除了SATA使用串行方式传输数据,其他的都以并行方式传输数据,又称为PATA类;SCSI、SAS和光纤通道使用SCSI指令。

(1) IDE

IDE(Integrated Drive Electronics,电子集成驱动器),本意指把"控制器"与"盘体"集成在一起的硬盘驱动器。如图2.8所示,这种把盘体与控制器集成的机制是一个飞跃,减少了接口的电缆数目与长度,数据传输的可靠性得到了增强。IDE将硬盘的接口统一,对于生产商和用户都是有利的。各类PATA、Ultra ATA、DMA、Ultra DMA硬盘都属于IDE接口类型。目前IDE接口存储设备已基本被淘汰,仅仅在少数"古老"的机器上能够见到。

图2.8 IDE接口

场景应用

获取方法:目前主流的只读设备均支持 IDE。2.5 英寸的 IDE 硬盘接口需要进行转接,才能适用于 3.5 英寸的 IDE 连接线上。

(2) SCSI

SCSI(Small Computer System Interface,小型计算机系统接口),是一种总线型的系统接口,每个 SCSI 总线上可以连接包括 SCSI 控制卡在内的 8 个 SCSI 设备。SCSI 的优势在于它支持多种设备,独立的总线使得它对 CPU 的占用率很低,传输速率比 ATA 接口快得多,但同时价格也很高,所以也决定了其普及程度远不如其他接口,只能在服务器中出现。SCSI 接口有多种形式,在取证时要注意识别,如图 2.9 和图 2.10 所示。

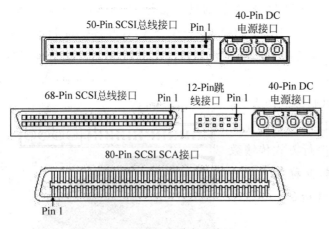

图 2.9　SCSI 三种主流接口　　　　图 2.10　SCSI 接口

场景应用

获取方法:目前主流的只读设备和复制设备均支持 SCSI。某些设备需要转接后才能正常使用。

(3) Serial ATA

Serial ATA,即串行 ATA,它使用 ATA 指令,以串行方式传输数据,如图 2.11 所示。

Serial ATA 1.0 定义的数据传输率可达 150MB/s，Serial ATA 2.0 的数据传输率将达到 300MB/s，Serial ATA 3.0 标准实现了 600MB/s 的最高数据传输率。Serial ATA 接口的拓展性更强，采用点对点的传输协议，所以不存在 IDE 设备的主从跳线问题。

eSATA(External Serial ATA)，是为面向外接驱动器而制定的 Serial ATA 的扩展规格。为了防止误接，eSATA 的接口形状与 SATA 的接口形状是不一样的，如图 2.12 所示。

图 2.11　SATA 接口

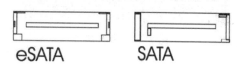

图 2.12　eSATA 和 SATA 接口对比图

　　获取方法：目前主流的只读设备均支持 SATA。MICRO SATA 等特殊 SATA 接口需要转接才能使用。

场景应用

(4) SAS

SAS(Serial Attached SCSI，串行连接 SCSI)，是新一代的 SCSI 技术，和现在流行的 Serial ATA(SATA)硬盘相同，都是采用串行技术以获得更高的传输速度，并通过缩短连接线改善内部空间等，但是 SAS 使用 SCSI 指令。SAS 接口的设计是改善了存储系统的效能、可用性和扩充性，并且提供与 SATA 硬盘的兼容性，如图 2.13 所示。

SAS 的接口在 SATA 的基础上发展而来，通过巧妙的设计增加了一个数据端口，在确保兼容 SATA 的前提下完成了双端口这一看似"不可能的任务"。SAS 线缆既可以连接 SAS 硬盘驱动器，也能够连接 SATA 硬盘驱动器。而 SATA 线缆无法应用于 SAS 硬盘上。

(5) USB

USB 全称为通用串行总线，英文全称为 Universal Serial Bus，简称 USB，是 IBM、英特尔等多家公司于 1996 年联合推出的，是目前应用较为广泛的接口标准。USB 接口是四针接口，如图 2.14 所示，其中中间相对较短的两个针是 USB 数据线，用于传输数据，有正负之分;两边相对较长的两个针用于给外部设备供电,其中最右边的一针连接电源,最左边的一针接地。USB 接口连接简单,传输速度快,新的 USB 3.0 速度超过 2Gbps,且价格低廉,支持热插拔、扩展性能良好,最多可连接 127 个设备。

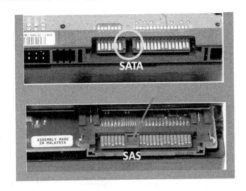

图 2.13 SAS 接口

图 2.14 USB 接口

场景应用

获取方法:主流的硬盘镜像设备和写保护设备均支持 SAS 和 USB 接口硬盘。

2.4 网络基础知识

网络(Network)由节点和连接节点的链路组合而成,实现网络资源共享和信息交换。节点可以是计算机、交换机、集线器或路由器等,链路作为节点间的直接连接,是节点间交互的桥梁和通路。大量的犯罪行为发生在网络上,电子数据取证人员不但应当了解计算机的运行机制,更要充分了解网络架构,以采用正确的网络取证技术。

2.4.1 网络的分类

计算机网络覆盖范围大小不同,依据划分标准可以将计算机网络分为广域网(Wide Area Network,WAN)、城域网(Metropolitan Area Network,MAN)和局域网(Local Area Network,LAN)。

广域网、城域网和局域网只是计算机网络依据其作用范围不同的分类,各网络内部是如何构建的,就需要考虑网络拓扑结构。网络拓扑结构指连接网络中设备的物理布局,即用什么结构和方式把网络主机连接起来。依据拓扑结构不同,计算机网络主要分为总线结构、星形结构和环状结构网络。

2.4.2 网络体系结构

为保证网络中计算机通信工作高度协调,计算机网络采用层次体系结构,将网络通信功能分成逻辑上相互独立的多层,每一层具有特定的功能,并且向上一层和下一层提供对应的接口。自 IBM 于 1974 年提出世界上第一个网络体系结构——系统网络体系结构(System Network Architecture,SNA)后,许多公司和组织纷纷提出自己的分层网络体系结构,应用最为广泛的是 OSI 参考模型和 TCP/IP 协议。

1. OSI 参考模型

开放式系统互连参考模型(Open System Interconnection/Reference Model,OSI/RM),是国际标准化组织(ISO)于 1978 年提出的,目的在于使不同计算机厂商生产的计算机可以相互通信。OSI 参考模型将整个网络的通信功能划分为物理层、数据链路层、网络层、传输层、会话层、表示层、应用层 7 个层次,各层完成不同的工作。

2. TCP/IP 协议族

TCP/IP 协议也是全世界广泛使用的通信协议,它并不是简单的 TCP 协议和 IP 协议的组合,而是一个协议族,包含众多协议。与 OSI 参考模型不同,TCP/IP 协议采用四层结构,分别为网络访问层、互连层、传输层和应用层,如图 2.15 所示。

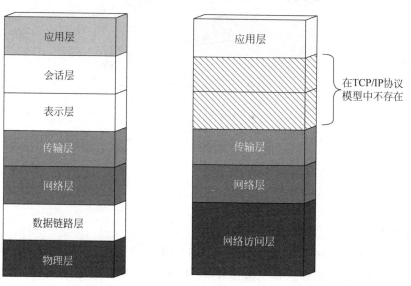

图 2.15　OSI 参考模型(左)与 TCP/IP 协议模型(右)结构对应关系图

2.4.3 网络协议

网络中的计算机要进行通信必须制定一系列标准和准则,通信双方按照规定进行信息的转换、发送和接收等操作,才能够进行完整的无差异的通信,这些标准和准则就称为网络协议。网络协议就是定制的信息转换规则、发送规则、接收规则和安全规则等。

网络协议在 TCP/IP 协议模型的实现中具有举足轻重的作用,在网络电子数据取证过程中,熟悉网络协议可在很大程度上提高电子数据取证和分析的效率。现在计算机网络中使用的协议很多,主要包括 TCP 协议、IP 协议、UDP 协议、ARP 协议和 HTTP 协议等。

1. TCP 协议

传输控制协议(Transmission Control Protocol,TCP)最早在 IETF① 的 RFC 793② 文件内说明,是一种基于字节流的可靠的面向连接的通信协议。

TCP 协议的最大特点是"面向连接"。"面向连接"指网络中通信双方在通信前会进行三次握手预先建立一条完整的连接,通信双方只会通过此连接传递信息,而不会选择其他链路,就像实际生活中打电话,只有拨通对方电话后才可以进行交流。三次握手建立连接过程如图 2.16 所示。

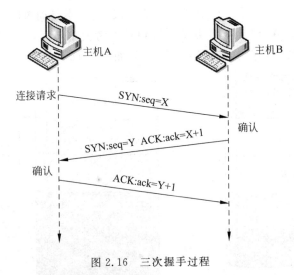

图 2.16 三次握手过程

2. UDP 协议

用户数据报协议(User Datagram Protocol,UDP),最早由 IETF 的 RFC768 文件正式规范。当用户对应用程序数据精度要求不高时,如视频和音频等,可以使用 UDP 协议。

---

① IETF,互联网工程任务组,始建于 1986 年,主要致力于推动 Internet 标准规范制定。
② RFC,英文全称 Request For Comments,中文意思为"征求意见修订书",包含关于 Internet 的几乎所有重要的文字资料。

UDP 协议提供面向无连接的不可靠的数据传输服务,不会对数据进行分组、封装和排序,而是交由应用层完成。网络主机无须预先建立连接,直接将数据发送出去即可,因此无法确保数据是否安全完整达到目的端。

3. IP 协议

网际协议(Internet Protocol,IP),是 TCP/IP 协议簇中的核心协议,是 TCP/IP 的载体,也是最重要的互联网标准协议之一。

IP 地址(Internet Protocol Address,网际协议地址)是 IP 协议实现其功能的一个重要因素,是 IP 协议提供的一种统一的地址格式,唯一标识网络中的某台主机。如果将网络主机看作一台电话,那么 IP 地址就相当于这台电话的电话号码。

IP 地址是网络中的一种数字表示,由 4 个字节组成,共占用 32 位,代表了网络地址和主机地址。IP 地址通常用"点分十进制"表示成"A. B. C. D"的形式,其中 A、B、C 和 D 是 0~255 间的十进制整数,如点分十进制 IP 地址 192.168.1.222,其中"192.168.1"是网络地址,"222"是主机地址。

为了使用不同网络的需要,IP 地址被分为 A、B、C、D 和 E 五类,其中 A、B 和 C 类 IP 地址是基本类,D 和 E 类 IP 地址作为多播和保留使用。

4. HTTP 协议

超文本传输协议(Hyper Text Transfer Protocol,HTTP)是应用最为广泛的一种网络协议,提供了一种发布和接收 HTML 页面的方法。1960 年,美国科学家泰德.纳尔逊(Ted Nelson)构思出一种通过计算机处理文本信息的方法,称之为超文本(Hyper Text),奠定了 HTTP 协议标准框架的发展根基。随后,万维网协议(Word Wide Web Consortium,W3C)和 IETF 合作研究,发布了一系列 RFC 对 HTTP 协议进行定义和规范,其中 RFC2616[①] 定义了普遍使用的 HTTP1.1。

2.5 操作系统

操作系统(Operating System,OS)是管理和控制计算机硬件与软件资源的程序,是直接运行在电子设备上的最基本的系统软件,任何应用软件都必须在操作系统的支持下才能运行。

操作系统的功能包括管理系统的硬件、软件及数据资源、控制程序运行、为其他应用软件提供支持等,使系统所有资源最大限度地发挥作用。操作系统提供一个让用户与系统交互的操作接口,包括各种形式的用户界面,使用户有一个好的工作环境。标准的操作系统应该具备以下的功能:进程管理(Processing management)、内存管理(Memory management)、文件系统(File system)、网络通信(Networking)、安全机制(Security)、用户界面(User

---

① RFC2616 于 1996 年 6 月发布。

interface)、驱动程序(Device drivers)。

操作系统的种类相当多,按应用领域划分主要有三种：桌面操作系统、服务器操作系统和嵌入式操作系统。

(1) 桌面操作系统主要用于个人计算机上。个人计算机市场从硬件架构上来说主要分为两大阵营：PC 与 Mac 机。对应的操作系统可主要分为两大类：Windows 操作系统和 MAC 操作系统。

(2) 服务器操作系统一般指的是安装在大型计算机上的操作系统,比如 Web 服务器、应用服务器和数据库服务器等。服务器操作系统主要集中在三大类：UNIX 系列、Linux 系列、Windows 系列。

(3) 嵌入式操作系统,又称为移动操作系统。嵌入式系统涵盖范围从便携设备到大型固定设施,如数码相机、手机、平板电脑、家用电器、医疗设备、交通灯、航空电子设备和工厂控制设备等。在嵌入式领域常用的操作系统有嵌入式 Linux、Windows Embedded、VxWorks 等,以及广泛使用在移动设备的操作系统,如 Android、iOS、Symbian、Windows Phone 和 BlackBerry OS 等。

2.5.1 主要操作系统简介

1. Windows

Windows 是微软公司研发的操作系统,它问世于 1985 年(Windows 1.0),起初仅仅是 Microsoft DOS 模拟环境。在 Windows 3.1 使用图形界面(GUI)后,其颠覆性的设计迅速占领了操作系统的市场,是目前应用最为广泛的操作系统。

随着电脑硬件和软件的不断升级,Windows 也在不断升级,架构从 16 位、32 位再到 64 位。系统版本从最初的 Windows 1.0、Windows 3.0、Windows 3.1、Windows 3.2 到广为人知的 Windows 95、Windows 98、Windows ME、Windows 2000、Windows 2003、Windows XP、Windows Vista、Windows 7、Windows 8、Windows 8.1、Windows 10 和 Windows Server 服务器企业级操作系统。Windows 的标志如图 2.17 所示。

图 2.17　Windows 10 标志

2. Mac OS[①]

Mac OS 是苹果公司开发的基于 UNIX 内核的图形化操作系统。当前主流版本为 Mac OS X。Mac OS 的架构与 Windows 截然不同,且 Mac OS 是相对封闭的操作系统,每个

---

① http://www.apple.com/cn/osx/

Mac 程序的发布都需要经过苹果公司的审核和验证,所以 Mac OS 比较安全。

2011 年 7 月 20 日 Mac OS X 已经正式被苹果改名为 OS X。最新版本为 10.10。Mac OS X 的标志如图 2.18 所示。

3. UNIX[①]/Linux[②]

UNIX 是强大的多用户、多任务操作系统,支持多种处理器架构,最早由 AT&T 公司和 SCO 公司共同推出。目前市场上有大量的由 UNIX 演化而来的操作系统,称为类 UNIX (UNIX-like)。常见的类 UNIX 操作系统有 AIX、FreeBSD、Solaris、OpenBSD 等。UNIX 主要应用于大型服务器中。

Linux 是免费的类 UNIX 操作系统,是基于 POSIX 和 UNIX 的多用户、多任务、支持多线程和多 CPU 的操作系统。Linux 继承了 UNIX 以网络为核心的设计思想。严格来讲,Linux 这个词本身只表示 Linux 内核,但实际上人们已经习惯了用 Linux 来形容整个基于 Linux 内核的操作系统。Linux 的标志如图 2.19 所示。

图 2.18　Mac OS X 标志

图 2.19　Linux 标志

4. Android[③]

Android 是由 Google[④] 公司和开放手机联盟(Open Handset Alliance[⑤])领导及开发的一种基于 Linux 的自由及开放源代码的操作系统,主要应用于智能手机或平板电脑等移动设备。Android 的标志如图 2.20 所示。

Android 系统以其开放、易用等特点迅速占领移动终端市场。目前,Android 设备的数量已经超过 10 亿台;任何人或组织都参与到 Android 应用程序的开发中,极大地推动了 Android 的普及。

5. iOS[⑥]

iOS 是由苹果公司开发的移动操作系统。苹果公司最早于 2007 年 1 月 9 日的 Macworld 大会上公布这个系统,最初是设计给 iPhone 使用的,后来陆续适用于 iPod touch、iPad 以及 Apple TV 等移动产品上。iOS 与苹果的 Mac OS X 操作系统一样,属于类

---

① http://www.unix.org/
② http://www.linux.org/
③ http://developer.android.com
④ http://www.google.com
⑤ http://www.openhandsetalliance.com
⑥ http://www.apple.com

UNIX 的商业操作系统。iOS 的标志如图 2.21 所示。

图 2.20　Android 标志　　　　图 2.21　iOS 标志

6. Windows Phone

Windows Phone 是微软发布的一款手机操作系统。微软公司于 2010 年 10 月 11 日发布智能手机操作系统 Windows Phone。2011 年 2 月，诺基亚与微软达成全球战略同盟并合作研发 Windows Phone 操作系统。2011 年 9 月 27 日，微软发布 Windows Phone 7.5；2012 年 6 月 21 日，微软正式发布 Windows Phone 8[①]，采用和 Windows 8 相同的 Windows NT 内核。Windows Phone 的标志如图 2.22 所示。

图 2.22　Windows Phone 标志

2.6　数据组织

虽然存储介质的物理结构、存储原理不尽相同，但是从数据存储的逻辑层面具有相似的逻辑结构，这也是电子数据取证能够对不同介质上的数据进行取证的基本原理。下面我们以电子数据取证中最常见的硬盘为例，介绍电子数据组织的知识。

2.6.1　数据组织的常识

硬盘在存储数据之前，一般需经过低级格式化、分区、高级格式化三个步骤之后才能使用。硬盘经过三个步骤的处理，将建立一定的逻辑数据结构。高级格式化后，硬盘也并不是所有空间都能使用，由于数据不可能全部占满空间，因此产生了松弛区和未分配空间。

---

① 现有 Windows Phone 7 手机因为内核不同，都将无法升级至 Windows Phone 8。

1. 低级格式化

硬盘低级格式化(Low Level Format)简称低格,也称为物理格式化(Physical Format),用于检测硬盘磁介质、划分磁道、为每个磁道划分扇区、安排扇区在磁道中的排列顺序、磁盘表面测试、为每个扇区写入某一 ASCII 码字符等。

2. 分区

硬盘的容量比较大,为了便于硬盘的规划和文件管理,通常需要进行逻辑分区。通过分区不仅根据用户需求将硬盘的存储空间进行了合理划分,而且还在硬盘的 0 柱面、0 磁头、1 扇区上建立硬盘的主引导记录(Master Boot Recorder,MBR),即主引导扇区。

3. 高级格式化

高级格式化又被称为逻辑格式化,是根据用户选定的文件系统(如 FAT12、FAT16、FAT32、NTFS、Ext2、Ext3 等),在硬盘的特定区域写入特定数据,以达到初始化硬盘或硬盘分区、清除原硬盘或硬盘分区中所有文件的操作。高级格式化包括对主引导记录中分区表相应区域进行重写,根据用户选定的文件系统,在分区中划出一片用于存放文件分配表、目录表等用于文件管理的硬盘空间,以便用户使用该分区管理文件。对于 FAT 文件系统,高级格式化过程将要创建 DBR 区、FAT 区、FDT 区和 DATA 区。DOS/Windows 的文件系统主要有 FAT、NTFS、exFAT 等,Apple 系统的文件系统主要有 HFS、HFS+两种,Linux 系统的文件系统常见的有 Ext2、Ext3、Ext4 等。

4. 松弛区(Slack)

硬盘存储空间是以簇为单位分配的,如果文件的长度不是簇长度的整数倍,那么分配给文件的最后一簇中会有未被当前文件占用的剩余空间,这部分空间叫松弛区(Slack),如图 2.23 所示。松弛区中可能包含了先前文件遗留下来的信息,这部分信息可能是有用的证据。

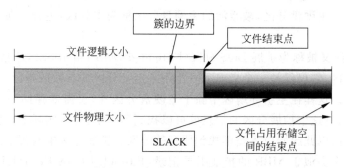

图 2.23 松弛区(Slack)示意图

5. 未分配空间(Unallocated space)

没有分配给任何卷的可用硬盘空间称为未分配空间,这部分空间同样会保存有重要数据。在犯罪嫌疑人重新格式化硬盘或者删除分区之后,这些区域中还留存有重要信息。通过特定技术,可以还原硬盘原有分区乃至所有未被覆盖信息。

2.6.2 分区结构

当前主流的分区结构主要包括MBR硬盘分区、动态硬盘分区、GPT硬盘分区、Solaris硬盘分区、APM硬盘分区等。这里我们主要阐述最为常用的MBR硬盘分区分区结构,如图2.24所示。

主引导程序 偏移地址 0H～1BDH	硬盘分区表 (Disk Partition Table) 偏移地址 1BEH～1FDH	结束标志 55 AA 偏移地址 1FEH～1FFH

图2.24 MBR结构

MBR硬盘分区是使用最为广泛的一种分区结构,不仅应用于微软的操作系统平台中的分区结构,而且Linux系统、基于x86架构的UNIX系统都能够支持MBR硬盘分区。MBR硬盘分区都有一个引导扇区,被称为主引导记录(Main Boot Record,即MBR)。MBR位于整个硬盘的第一个扇区,即0柱面0磁头1扇区,其LBA地址为0,共有512字节,由四部分结构组成。其中主引导记录的作用就是检查分区表是否正确以及确定哪个分区为引导分区,并在程序结束时把该分区的启动程序(也就是操作系统引导扇区)调入内存加以执行。MBR是由分区程序(例如DOS的Fdisk.exe)产生的,不同的操作系统可能这个扇区会不尽相同。

MBR硬盘是通过分区表项对分区进行管理的,分区形式一般有三种,即主分区、扩展分区和非DOS分区。

(1) 主分区又被称为主DOS分区(Primary DOS Partition)或主硬盘分区,由于在MBR的分区表中只有64个字节,以16字节为一个分区表项来描述一个分区的结构,因此一块硬盘最多可以有4个主硬盘分区,被激活的主硬盘分区称为主分区,主分区在一块硬盘中只能有一个。

(2) 扩展分区又被称为扩展DOS分区(Extended DOS Partition),严格地讲,它不是一个实际意义的分区,它仅仅是一个指向下一个用来定义分区的参数的指针,这种指针结构形成一个单向链表。这样在主引导扇区中除了主硬盘分区外,仅需要存储一个被称为扩展分区的分区信息,通过这个扩展分区的信息就可以找到下一个分区(实际上也就是下一个逻辑硬盘)的起始位置,以此起始位置类推找到所有的分区。扩展分区中的每个逻辑驱动器的分区信息都存在一个类似于MBR的扩展引导记录(Extended Boot Record,EBR)中,扩展分区结构如图2.25所示。EBR包括分区表和结束标志55 AA,没有引导代码部分。EBR中分区表的第一项描述第一个逻辑驱动器,第二项指向下一个逻辑驱动器的EBR,如果不存在下一个逻辑驱动器,第二项就不需要使用。这里需要注意的是,一块硬盘最多只能有一个扩展分区。

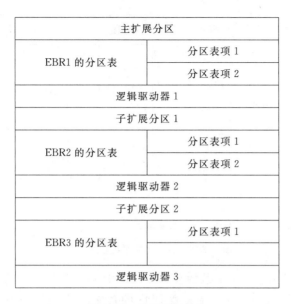

图 2.25　扩展分区结构

（3）非 DOS 分区（Non-DOS Partition）是将硬盘中的一块区域单独划分出来供另一个操作系统使用，如 Linux 和 UNIX 等。

2.6.3　文件系统

为了方便使用和管理，硬盘上的数据都是以文件的形式进行存储的，操作系统大多有自己的文件管理系统，用以实现对硬盘数据的高效管理。

1. FAT 文件系统

FAT（File Allocation Table）文件系统是 DOS/Windows 系列操作系统中使用的一种文件系统的总称，有 FAT12、FAT16、FAT32 三种类型，"FAT"后面的数字，表示 FAT 表中每个 FAT 项的数据位数（8 位为一个字节）。下面以 FAT32 为例讲解 FAT 文件系统结构。

FAT 文件系统由 DBR 区、FAT 区、FDT 区和 DATA 区 4 个区域组成。计算机系统启动后，由 MBR 引导调入活动分区的 DBR，控制权移交给 DBR，再由 DBR 来引导操作系统。通过读取 DBR 扇区内的"保留扇区数"和"每 FAT 扇区数"，系统可以定位到文件目录表 FDT 区。FAT 表对于 FAT 文件系统是极为关键的一个组成部分，DATA 区中的数据文件都是以簇为单位进行存储的，每一个簇都会与 FAT 表中的有且仅有一个 FAT 项相对应。文件系统写入数据时只是改写相应的 FAT 区、FDT 区和 DATA 区。各区域数据结构如图 2.26 所示。

（1）DBR 区

引导记录区（DOS Boot Record），开始于硬盘 0 柱面 1 磁头 1 扇区，是操作系统可以直接访问的第一个扇区。DBR 的主要功能是：在 DOS/Windows 操作系统进行引导时，DBR

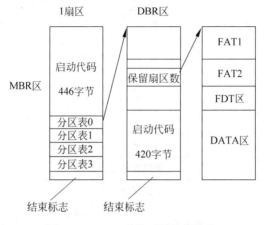

图 2.26 FAT 文件系统数据结构

是除硬盘的 MBR 之外第一个需装载的程序段。DBR 被引导调入内存后,便开始执行引导程序段,引导操作系统,其主要任务是装载 DOS 的系统隐藏文件 IO.SYS。

(2) FAT 区

文件分配表(File Allocation Table),是文件系统用来给每个文件分配硬盘物理空间的表格,其中记录着数据区中每个数据文件对应的簇,以及每个簇的当前使用状态。FAT 文件系统一般都有两个 FAT 表:FAT1 是基本 FAT 表,FAT2 是备份 FAT 表。两个表都由格式化程序在对分区进行格式化时创建,长度和内容相同,FAT1 紧接着 DBR 之后存放,FAT2 跟在 FAT1 之后。

文件分配表(FAT)由表头和簇映射(Cluster Map)组成。FAT 表的表头包含紧跟在引导扇区之后的两个项:分区所在的介质类型和分区状态。在 FAT 表头之后的是簇映射。簇映射由 FAT 表项构成,每个 FAT 表项都与数据区中的簇一一对应,分区上每一个可用的簇在 FAT 中都有且仅有一个 FAT 表项与之相对应。FAT 表项值用于标记该簇的使用状态,其中记录簇的使用状态包括 Unallocated(未分配簇),Allocated(已分配簇)以及 Bad(坏簇)。

(3) FDT 区

文件目录表(File Directory Table),位置紧跟在 FAT2 之后,用于存储目录名称以及操作系统使用的文件的有关信息。在 FAT 文件系统的 FDT 表中会为每个文件和文件夹分配一个文件目录项,用以记录文件或文件夹的名称、属性、大小、起始簇号、创建时间(Created Time)、创建日期、最近访问日期、最近修改日期、最近修改时间(Modified Time)等内容。

在电子数据取证分析中,文件创建、访问、修改的日期和时间都有可能是重要信息,尽管有些信息可能通过使用程序或改变系统时间被有意或无意地进行修改,但 FDT 中的信息经常会在调查中发挥重要作用,修改时间(Modified Time)是文件被修改的时间;最近访问时间(Accessed Time)是应用程序引用该文件的时间,但是并不是所有应用程序都一定会更新最近访问时间(Accessed Time),例如备份程序读取这些文件时就不会更新最近访问时间(Accessed Time);创建时间(Created Time)是指文件首次被写入 FDT 中的时间。

(4) DATA 区

数据区(DATA),是 FAT 文件系统的主要区域,用于实际存储文件数据,以"簇"为单位进行管理。FAT32 文件系统 DATA 区的内容主要包含三部分内容:根目录、子目录和文件内容,以"树"形结构存储数据。DATA 区存储数据是取证的主要对象。

2. NTFS 文件系统

NTFS 是新技术文件系统(New Technology File System)的简称,是随着 Windows NT 操作系统的诞生而产生的文件系统。NTFS 是一个建立在保护文件和目录数据基础上,同时兼顾节省存储资源、减少硬盘占用量的一种先进的文件系统。NTFS 是目前主流的文件系统。

(1) NTFS 文件系统的特点

NTFS 文件系统之所以能够取代老式的 FAT 文件系统,是因为相较于 FAT,NTFS 具有许多新的特性和优点,在安全性、可恢复性、容错性、文件压缩和硬盘配额等方面都较为出色。NTFS 基于可恢复文件结构而设计,能有效降低用户数据文件丢失或毁坏的风险;提供容错结构日志,通过全部记录用户的操作来保护系统的安全;使用中不易产生文件碎片,有效节约硬盘占用;利用 B+树文件管理方法来跟踪文件在硬盘上的位置,相较于在 FAT 文件系统中使用的链表技术具备更多的优越性,B+树排序方法如图 2.27 所示。

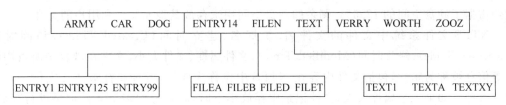

图 2.27 NTFS 文件系统的 B+树排序方法

在 NTFS 文件系统中,使用"卷"(Volume)来表示一个逻辑硬盘,卷可以是一个基本分区,一个扩展分区中的逻辑硬盘,或者是一个被视为非 DOS 分区的硬盘上的一部分空间,一个卷也可以是被操作系统指定为一个逻辑驱动器的硬盘空间,它甚至可以不是一个硬盘上的相邻空间。NTFS 支持大容量硬盘和在多个硬盘上存储文件,基于 NTFS 的大型数据库可能会跨越不同的硬盘。NTFS 文件系统与 FAT 文件系统一样,也是用簇为基本单位管理硬盘空间和文件存储的,一个文件总是占用若干个簇,即使在最后一个簇没有完全用完的情况下,也是占用了整个簇的空间,这样造成了硬盘空间的浪费,但是也为残留数据的恢复提供了可能。与其他文件系统一样,NTFS 文件系统也记录以下内容:

• 对象(文件/文件夹)的基本属性,包括名称、日期时间信息、大小、属性等;

- 对象的起始位置,即起始簇;
- 对象的数据片段(不连续的簇);
- 逻辑卷上所有簇的状态。

NTFS 和 FAT 文件系统记录这些数据的方法不同,NTFS 的原则是硬盘上只有文件,所有存储在卷上的数据都包含在文件中。NTFS 文件系统将文件作为属性/属性值的集合来处理,文件的数据部分作为未命名属性的值,其他文件属性包括文件名、文件拥有者和时间标记等。

(2) NTFS 文件系统结构

NTFS 文件系统结构如图 2.28 所示。

$Boot 文件	某元文件	$MFT 文件	某元文件	某元文件	$MFTMirr 文件	$Boot 第一个扇区(即 DBR)的备份

图 2.28 NTFS 文件系统结构示意图

NTFS 文件系统和 FAT 文件系统一样,第一个扇区为引导扇区,即 DBR 扇区。其中有 NTFS 分区的引导程序和一些 BPB 参数,在第一个扇区之后的 15 个扇区是 NTLDR 区域,这 16 个扇区共同构成 $Boot 文件。在 NTLDR 后(但不一定是物理上相连的)是主文件表(Master File Table,MFT)区域,主文件表由文件记录(File Record,FR)构成,每个文件记录占 2 个扇区,用来记录文件在硬盘上的存储位置,NTFS 文件系统分配给主文件表的区域大约占据了硬盘空间的 12.5%,剩余的硬盘空间用来存放其他元文件和用户的文件。

NTFS 文件系统中文件的文件名、扩展名、建立时间(Created Time)、访问时间(Accessed Time)、修改时间(Modified Time)、文件属性、文件大小、文件在硬盘中所占用的簇等信息被称为属性,包括文件内容在 NTFS 中也称为属性,各种属性被放在文件记录中进行管理。如果一个属性太大,文件记录中存放不下时,就会分配多个文件记录进行存放;如果一个属性太小时,可能这个文件的所有属性,甚至包括这个文件的数据都会包含在一个文件记录中。

NTFS 文件系统的主文件表中还记录了一些非常重要的系统数据,这些数据被称为元数据(Metadata)文件,简称为"元文件",其中包括了用于文件定位和恢复的数据结构、引导程序数据及整个卷的分配位图等信息,这些数据被 NTFS 文件系统当作文件进行管理,这些文件的文件名的第一个字符都是"$",这些文件是隐藏的,不允许用户访问。在 NTFS 文件系统中,这样的文件主要有 16 个,包括引导文件($Boot)、MFT 本身($Mft)、MFT 镜像($MftMirr)、日志文件($LogFile)、卷文件($Volume)、属性定义表($AttrDef)、根目录($Root)、位图文件($Bitmap)、坏簇文件($BadClus)、安全文件($Secure)、大写文件($UpCase)、扩展元数据文件($Extended metadata directory)、重解析点文件($Extend\$Reparse)、变更日志文件($Extend\$UsnJrnl)、配额管理文件($Extend\

$Quota)、对象 ID 文件($Extend\$ObjId)等,这 16 个元数据文件占据着 MFT 的前 16 项记录,在这 16 项之后就是用户建立的文件和文件夹的记录了。除了$Boot 文件以外,其他元文件的位置不是固定的,有时$Mft 也会出现在$MftMirr 文件之后,虽然 NTFS 文件系统最后一个扇区是 DBR 的备份,但是这个扇区并不属于 NTFS 文件系统。

(3) NTFS 文件记录结构

MFT 以文件记录(FR)来实现对文件的管理,每个文件记录都对应着不同的文件,每个文件记录占用 2 个扇区,如果一个文件有多个属性或是分散成很多碎片,就可能需要多个文件记录,这时存放其文件记录位置的第一个记录就称做"基本文件记录",文件记录在 MFT 中物理上是连续的,从 0 开始依次按顺序编号。文件记录分为两部分:一部分是文件记录头,一部分是属性列表,最后以 FFFFFFFFH 为结束标志,文件记录结构如图 2.29 所示。

结构	说明
文件记录头	
属性 1	
属性 2	
……	
结束标志	FFFFFFFFH

图 2.29 文件记录结构

(4) 文件记录头的结构

在同一个操作系统中,文件记录头的长度和偏移位置的数据含义是基本不变的,属性列会随数据的不同而不同,不同的属性列的含义也不相同。如图 2.30 所示,偏移量 00H~37H 是一个文件记录头,文件记录头的信息含义如表 2.1 所示。

```
2AAA0C00  46 49 4C 45 30 00 03 00  43 0C 80 00 00 00 00 00   FILE0...C.......
2AAA0C10  01 00 02 00 38 00 03 00  E8 02 00 00 00 04 00 00   ....8...è.......
2AAA0C20  00 00 00 00 00 00 00 00  04 00 00 00 2F 00 00 00   ............/...
2AAA0C30  04 00 D0 01 00 00 00 00  10 00 00 00 60 00 00 00   ..Ð.........`...
2AAA0C40  00 00 00 00 00 00 00 00  48 00 00 00 18 00 00 00   ........H.......
```

图 2.30 文件记录头

表 2.1 文件记录头信息含义

偏移	长度	含义
00H	4	MFT 标志,总为字符串"FILE"
04H	2	更新序列号(Update Sequence Number)的偏移位置
06H	2	更新序列号的大小与数组,包括第一个字节
08H	8	日志文件序列号($LogFile Sequence Number,LSN)
10H	2	序列号(Sequence Number)

续表

偏移	长度	含 义
12H	2	硬连接数(Hard Link Count),即有多少目录指向该文件
14H	2	第一个属性的偏移地址
16H	2	标志(Flag),00H 表示删除文件,01H 表示正常文件,02H 表示删除目录,03H 表示正常目录
18H	4	文件记录的实际长度
1CH	4	文件记录的分配长度
20H	8	基本文件记录中的文件索引号
28H	2	下一属性 ID,当增加新的属性时,将该值分配给新属性,然后该值增加,如果 MFT 记录重新使用,则将它置为 0,第一个实例总是 0
2AH	2	边界,Windows XP 中为偏移 30H 处
2CH	4	文件记录参考号,Windows XP 中使用,Windows 2000 中无此参数
30H	2	更新序列号
32H	4	更新数组

2.7 数 制

与实际生活中习惯使用的十进制不同,计算机使用的是只包含 0 和 1 两个数值的二进制。通常情况下,计算机运算和存储使用二进制,使用取证工具时看到的是十六进制,而我们最习惯使用的则是十进制。这就涉及数值的概念和转换。

2.7.1 数制

数制也称计数制,是用一组固定的符号和统一的规则来表示数值的方法。人们通常采用的数制有十进制、二进制、八进制和十六进制等。无论哪种数制,都涉及几个基本概念:

(1) 数码

数制中表示基本数值大小的不同数字符号。例如,十进制有 10 个数码:0、1、2、3、4、5、6、7、8、9。

(2) 基数

一种数制允许使用数码的个数。例如,二进制的基数为 2;十六进制的基数为 16。

(3) 位权

数制中某一位上的 1 所表示数值的大小(所处位置的价值)。例如,十进制的 137,1 的位权是 100,3 的位权是 10,7 的位权是 1。二进制中的 1001,第一个 1 的位权是 8,第一个 0 的位权是 4,第二个 0 的位权是 2,第二个 1 的位权是 1。

生活中的常用的十进制在计算机中并不适用,而二进制和十六进制是计算机中应用最为广泛的进制。

(1) 十进制

最常见的进位计数制。在十进制中,数用 0,1,2,3,4,5,6,7,8,9 这十个符号来描述。计数规则是逢十进一。十进制使用后缀 D 表示,但一般情况下会省略。

(2) 二进制

在计算机中,一切信息的存储、处理与传输全部采用二进制的形式。在二进制中,数用 0 和 1 两个符号来描述。计数规则是逢二进一。对计算机来说,能识别的只有"0"和"1"。每个 0 或者 1 称为一个"位(bit)",每 8 个"位"组成一个"字节(byte)"。二进制使用后缀 B 表示,如 101B。

由于二进制写起来经常很长,且不方便记忆,因此在实际应用中引入了八进制和十六进制。进制越大,数的表达长度就越短。另外"8"和"16"分别是"2 的 3 次方"和"2 的 4 次方",这就使得三种进制之间的转换非常直接。八进制和十六进制缩短了二进制数,同时又保持了二进制数的表达特点,其中又以十六进制更为常见。

(3) 八进制

八进制,一种以 8 为基数的计数法,共有 0,1,2,3,4,5,6,7 八个数码,逢八进一。八进制的数和二进制数可以按位对应(八进制一位对应二进制三位),因此常应用在计算机语言中。由于十六进制一位可以对应四位二进制数字,用十六进制来表示二进制较为方便。因此,八进制的应用不如十六进制。

(4) 十六进制

人们在计算机指令代码和数据的书写中经常使用的数制。在十六进制中,数用 0,1,2,3,4,5,6,7,8,9 以及 A,B,C,D,E,F(或 a,b,c,d,e,f)16 个符号来描述,A 代表 10,B 代表 11,C 代表 12,D 代表 13,E 代表 14,F 代表 15。计数规则是逢十六进一。十六进制使用后缀 H 表示,如 86H 表示这是一个十六进制数,也可以表示成 0x86。

2.7.2 数制间的转换

在实际应用中,仅仅了解数制是不够的,我们还需要掌握它们之间的相互转换。由于大多数取证工具都是以十六进制来表示二进制的,二进制和十六进制的互相转换比较重要。

二进制转十六进制的权值,并且是从高位往低位记:8、4、2、1。二进制数要转换为十六进制,可以以 4 位一段,分别利用 8421 算法转换为十六进制。

例如:二进制数 1010 1001 1111 0101 1011 1001,每 4 位分别利用 8421 算法进行转换后,对应的十六进制数就是 A9 F5 B9。

2.8 数据的存储单位

数据在计算机中的存储,都是以二进制为基础的。存储单位按照不同要求,具有不同格式:

二进制位(bit)：又称为比特,是计算机中存储的最小信息单位,只有"0"和"1"两种状态。计算机中最直接、最基本的操作就是对二进制位的操作。

字节(Byte)：一个字节是8位二进制,即1Byte=8bit。字节是计算机处理数据的基本单位,即以字节为单位解释信息。通常,一个ASCII码占1个字节；一个汉字国标码占2个字节；整数占2个字节；实数,即带有小数点的数,用4个字节组成浮点形式等。

字(word)：是计算机内部进行信息处理的基本单位,是计算机可以同时处理的二进制数的位数,即一组二进制数码作为一个整体来参加运算或处理的单位。一个字通常由一个或多个字节构成,用来存放一条指令或一个数据。

字长：是一个字包含的二进制位数,字长是衡量计算机性能的一个重要指标,字长越长,一次处理的数字位数越大,处理速度就越快。字长一般是字节的整数倍,常见的有8位、16位、32位、64位。32位的系统存放数据的形式是对每个数据用32个二进制位来存放,64位的意思就是用64个二进制位来存放。位数越多每次处理存储的数据也就多。

存储单元：表示一个数据的总长度称为计算机的存储单元。在计算机中,当一个数据作为一个整体存入或取出时,这个数据存放在一个或几个字节中组成一个存储单元。存储单元的特点是,只有往存储单元送新数据时,该存储单元的内容用新值代替旧值,否则永远保持原有数据。

地址：计算机中每个存储单元都有一个编号,称为地址,是以字节为单位进行的。地址号与存储单元是一一对应的,CPU通过地址对存储单元中的数据进行访问和操作。地址也是用二进制编码表示,为便于识别通常采用十六进制。

2.9 数据获取

2.9.1 数据获取

电子数据取证过程对数据有"原始性"要求。在取证过程中,避免对数据进行直接操作。对于存储介质进行数据获取,形成镜像是最佳方案。在国内外的取证规则和指南中,数据获取是进行电子数据取证必不可少的一个环节。相对于普通的拷贝,数据获取有更为严格的要求,一般可分为镜像数据获取、逻辑数据获取、易失性数据获取等。其中,镜像数据获取、逻辑数据获取都属于静态的数据获取,易失性数据获取属于动态的数据获取,在第7章电子数据勘验和检查中阐述。

镜像(Clone),又叫克隆,指的逐比特位进行复制,以此产生的镜像数据与原始数据完全一致。通过"镜像"技术制作多个包含犯罪证据硬盘副本,可以有效避免破坏犯罪现场的原始证据信息。镜像获取通常采用特定的取证设备或工具,将原始介质中的全部数据位对位地进行复制,并生成相应的证据文件格式。镜像的数据格式主要有：原始数据格式(常称为DD格式)、EnCase证据文件(E01或Ex01)及AFF证据文件等。

以使用最为广泛的 EnCase 证据文件格式为例，EnCase 证据文件是全球知名的电子数据综合取证软件 GuidanceSoftware EnCase 的私有证据文件格式，最早起源于 EWF(Expert Witness Format)证据文件格式，后来经过 GuidanceSoftware 的进一步规范，最终形成了私有格式。它同样是存储介质的逐字节的精确复制出来的镜像，然而与原始数据镜像不同的是，EnCase 证据文件支持数据的压缩，可以大大节省存储证据文件需要的空间，同时保存有取证的相关信息。目前 EnCase 证据文件有 2 个版本：E01 和 Ex01 格式。

E01 文件包含三个组成部分：文件头、校验值以及数据块。这三部分将用户输入与调查有关的信息和证据文件内部的其他信息与硬盘的内容一起存档，能够完整地描述原始证据，并且可以将证据文件重新恢复到硬盘中。E01 的文件结构如图 2.31 所示。

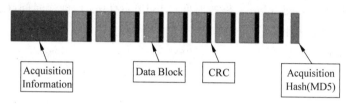

图 2.31　EnCase 证据文件格式(E01)

E01 文件的校验包括 CRC 校验，以及在文件尾部的 MD5 校验。这就使得在数据获取后再篡改几乎是不可能的。不同内容的两个数据块具有相同 CRC 值的几率大约为 40 亿分之一，因此电子数据的可信性得到保证。

2.9.2　数字校验

"真实性"和"有效性"是电子数据作为证据使用的核心和灵魂。对电子数据的有效性的验证是取证工作的不可忽视的工作之一。在电子数据取证过程中，为了保证通常使用数字校验(Checksum)技术来确保电子数据的"真实性"和"有效性"。MD5、SHA、CRC 是目前应用最广泛的哈希算法。

数字校验在电子数据取证中主要有两方面的应用。

1. 数据的固定

哈希是对内容的一种单向算法，一旦内容被篡改，其哈希值必然改变。通过计算哈希值来保证数据在固定后不会被篡改。

2. 哈希比对

系统文件或重要文件一般内容固定，通过计算系统文件或重要文件的哈希值，形成一个哈希集。一旦文件被篡改，将被篡改的文件与原文件的 HASH 值进行对比，如果不符，就证明文件被破解或者被加入非法代码。这一点在黑客案件和知识产权案件中最为有用。

数据获取是电子数据取证过程中最为重要的环节之一，没有做好数据获取，可能导致前功尽弃，无法获得有效的电子数据，或者取证分析的结果无法被采信。数字校验是验证数据获取精确性的重要技术，它是证据保全过程中重要的一个环节。

2.10 文件过滤

文件过滤是应用某种算法，根据文件的属性，过滤出条件设定的文件。文件过滤基于文件的属性，而非文件内容来实现的。文件都有特定的文件属性，文件属性包括文件常见的属性和扩展出来的属性，包括文件类型、长度、位置、存储类别、建立时间等。文件属性具体包括：

- 文件名、扩展名、缩略名、摘要；
- 访问时间（Accessed Time）、修改时间（Modified Time）、创建时间（Created Time）；
- 逻辑大小、物理大小；
- 路径、原始路径；
- 哈希；
- 文件签名。

常见取证工具中，都提供了基于文件名称、文件内容、文件类型、大小范围、时间范围、文件哈希等属性的文件过滤，通过文件过滤我们可以快速地缩小搜索范围，将注意力集中在相关的数据，有效缩短取证时间。

1. 基于文件扩展名的过滤

文件扩展名是在文件名的最后一个圆点"."后面的几个字符。扩展名展现的是文件的数据类型。如果一个文件的扩展名为.TXT，那么文件的数据类型应该是文本文件（Text）详见表 2.2。许多程序是依据文件的扩展名确定数据类型，例如 Windows 的应用程序都是通过文件的扩展名与文件类型关联。因此利用文件扩展名进行过滤是最基本的文件过滤。

表 2.2 文件扩展名略表

文 件 类 型	文 件 扩 展 名
HTML/XML	html；htm；php；php3；php4；phtml；shtml；shtml；xml；xsd；msc
JPEG	jpg；jpeg
PNG	png
GIF	gif
TIFF	tif；tiff

故意更改文件扩展名以便隐藏文件的真正类型目前较为普遍。一个 JPEG 图片文件如果被修改成不正确的扩展名如.DLL，那么大部分的程序都无法识别它是一个图片，这时候需要利用文件签名技术来识别文件的真实类型。

2. 基于关键词和通配符的文件过滤

针对文件属性,可以通过关键词针对特定的文件名称(非内容)进行文件过滤,也可以使用通配符(GREP 语法)过滤。例如,过滤名为"潍坊网安.doc"的 Word 文档,可以首先使用通配符"*.doc"过滤出所有的 Word 文档,然后找到名为"潍坊网安"的文件;也可以直接利用"潍坊网安"进行文件名过滤,查找后缀为"doc"的 Word 文档。

文件过滤的特点为速度快,准确率高。对关键词的准确设置和通配符的正确使用,可以大大提高数据命中的准确率和效率。但是,单一的文件过滤功能还是非常有限的,遇到比较复杂的过滤条件时就显得束手无策了。所以,很多取证工具在文件过滤中还可以使用条件表达式(例如 Encase 的 Condition),便于快速地实现复杂的文件过滤功能。

3. 基于哈希的文件过滤

哈希值是由文件的内容计算所得,与文件名称无关。哈希值类似于文件的"数字指纹"。通过计算哈希值后进行哈希值的过滤,即使文件名称改变,取证工具也能够检测出与目标哈希值相同的文件。

可以将已知文件(如常见软件 Office、操作系统文件、恶意程序或图像文件等)形成哈希值的集合,构建成哈希库,可以检测任意证据文件中是否包含了具有与哈希库中相同的哈希值的文件,在电子数据取证中经常用于快速发现或排除此类文件,从而实现高效文件过滤。哈希值可用于识别那些对取证没有意义的文件,如操作系统文件和常用的应用程序文件。哈希值也可以用于检测对取证有重要意义的特定文件,如色情图片、涉恐音视频文件或用于非法目的的特定应用程序等。

2.11 数 据 搜 索

相对于文件过滤依赖的是文件属性信息,数据搜索则是针对文件内容。数据搜索的成功率,取决于字节顺序、编码方式和搜索方法。搜索是电子数据取证必要环节。电子数据取证人员要了解数据搜索的原理,并会根据应用编写关键词,以完成基本的数据搜索工作。

2.11.1 字节顺序

字节顺序问题的实质是计算机系统对于多字节的表现方式,在电子数据取证中,数据可能会被保存在内存中、硬盘上,还有可能正在进行网络传输。在获得这些信息后,有必要知道它们的字节顺序后才能对其进行解码。不幸的是,计算机系统并没有采用一个统一的编码方式。当计算机系统存储和传输数据时,不同的字节顺序编码方式对于数据重组将是一个问题。例如,截获网络传输的信息,可能只能截获中间一部分信息,这时候,就有必要知道字节顺序,以进行解码和搜索。

一个基本存储单元可以保存一个字节,每个存储单元对应一个地址。对于大于十进制 255(十六进制 0xFF)的整数,需要多个存储单元。例如"汉"字的 Unicode 编码是 0x6C49,

需要两个字节,不同的计算机系统使用不同的方法保存这两个字节。在我们常用的 PC 机中,低位的字节 0x49 保存在低地址的存储单元,高位的字节 0x6C 保存在高地址的存储单元;而在 Sun 工作站中,情况恰恰相反,0x49 位于高地址的存储单元,0x6C 位于低地址的存储单元。前一种就被称为小端(Little-Endian),后一种就是大端(Big-Endian)。大端和小端是 CPU 处理多字节数的不同方式。那么写到硬盘上时,究竟是将 6C 写在前面,还是将 49 写在前面? 如果将 0x49 写在前面,就是小端,将 0x6C 写在前面,就是大端。如何记住这两种存储模式? 其实很简单,首先记住我们所说的存储单元的地址总是由低到高排列。对于多字节的数值,如果先见到的是低位的字节,则系统就是 Little Endian 的,Little 就是"小,少"的意思,也就对应"低"。相反就是 Big Endian,这里 Big "大"对应"高"。字节顺序的规律如表 2.3 所示。

表 2.3 大端和小端字节排序

字节排序	含 义
大端	一个 Word 中的高位的 Byte 放在内存中这个 Word 区域的低地址处
小端	一个 Word 中的低位的 Byte 放在内存中这个 Word 区域的低地址处

很多情况下,我们需要对数据进行分析,但是由于字节顺序的存在,会导致同一数据在不同的系统中保存的方式不同。例如在 Windows 系统和 Mac OS 系统分别保存一个 txt 文件,二者在十六进制编辑器中的表现方式截然不同。因为 Windows 是默认以小端字节顺序存储的,而 Mac OS 默认是以大端字节顺序存储的。

字节顺序是隐蔽在应用程序之下的,由于应用程序在读取数据之后会将字节顺序转变为指定的形式展现给用户,因此用户并不知道具体的字节顺序,字节顺序对于使用者是透明的。但是对于电子数据取证领域,了解字节顺序是至关重要的。电子数据取证所使用的主要技术,例如搜索、破解、恢复都涉及字节顺序。

2.11.2 编码与解码

相对于难懂的二进制代码,编码可以通过统一的定义数据格式,来加快数据执行效率。同时编码也可以隐藏数据结构,有利于保护版权。电子数据取证实际上是一个"黑盒"的探索过程,很多时候,取证就是分析数据采取什么方式的编码,以及使用正确解码方式以使数据可视化,因此了解编码原理和解码方法是电子数据取证的至关重要的基础。

1. 编码与解码的概念

如同一个大厦的建设从一砖一瓦开始,编码体系也是由最基本的概念建立起来。从最小的单位——"字符"到整个编码体系,每一部分都起到重要作用,也有着确定的概念。在大多数资料中,字符集和编码过程经常被混淆,但是实际上二者是不同的概念。

(1) 字符(Character)

字符是文字与符号的总称,包括文字、图形符号、数学符号等。一个字符是用二进制编码表示的,但具体是什么字符,是根据字符集决定的。

(2) 字符集(Charset)

字符集是一组抽象字符进行规律排序的集合,实际上就是个映射表。字符集常常和一种具体的语言文字对应起来,该文字中的所有字符或者大部分常用字符就构成了该文字的字符集,如英文字符集。一组有共同特征的字符也可以组成字符集,如繁体汉字字符集、日文汉字字符集等。

计算机科学引用了传统定义上用于教育用的生字表、通信用的电报码表(莫尔斯电码)等领域的字符集的概念。在计算机科学中,字符集特指 ASCII、Unicode、GB2312、GBK、BIG5 等用于计算机编码的字符集合。

(3) 字符编码(Encoding)

字符编码是计算机处理各种字符时,将字符和二进制内码对应起来而形成的映射集合,它是个名词。需要注意的是,映射的动作是动词的编码,而映射出的编码是二进制的。制定编码的前提是确定字符集,要将字符集内的字符排序,然后和二进制数字对应起来。根据字符集内字符的多少,确定用几个字节来编码。如果编码已经限定了一个明确的字符集合,就叫做被编码过的字符集(Coded Character Set)。

2. 常用编码

字符必须编码后才能被计算机处理。计算机使用的缺省编码方式称为计算机的内码。早期的计算机使用 7 位的 ASCII 编码作为系统内码,ASCII 字符编码标准主要是为英语语系国家制定的,无法处理亚洲国家的文字体系。亚洲各国根据本国实际情况设计了相应的字符编码标准,在 ANSI 码的基础上设计了符合本国实际情况的字符编码集,以能够处理大数量的象形字符,这些编码使用单字节来表示 ANSI 的英文字符(即兼容 ANSI 码),使用双字节来表示汉字字符。例如用于简体中文的 GB2312 和用于繁体中文的 BIG5。

(1) ASCII 字符集

ASCII(American Standard Code for Information Interchange,美国信息互换标准代码)是基于拉丁字母的字符编码,简称为"美标"。它主要用于显示现代英语和其他西欧语言。ASCII 是现今最通用的单字节编码系统,大部分电脑都支持 ASCII 编码,等同于国际标准 ISO 646。ASCII 字符编码标准规定了用从 0~127 的 128 个数字来代表信息的规范编码,其中包括 33 个控制字符(0x00~0x20 和 0x7F 共 33 个)、一个空格和 94 个可显示字符。ASCII 字符集包括英文字母、阿拉伯数字和标点符号等字符。ASCII 码是 7 位编码,只支持 ASCII 码的系统会忽略每个字节的最高位,只认为低 7 位是有效位。

(2) Unicode、UCS 和 UTF

国际标准化组织(ISO)开发了 ISO 10646 项目,Unicode 协会[1]开发了 Unicode 项目。双方的工作殊途同归,在合并了双方的工作成果后,创建了单一的字符编码标准;只不过名

---

[1] http://www.unicode.org

称不同，UNICODE 协会称为 Unicode 编码，Unicode 的学名是 Universal Multiple-Octet Coded Character Set，ISO 则称为 UCS(Unicode Character Set)编码(ISO 10646—1 的一部分)。目前，Unicode 得到广泛应用。

Unicode 只是规定如何编码，并没有规定如何传输、保存这个编码，例如"爱"字的 UCS 编码是 0x7231，可以用 4 个 ASCII 字符来传输、保存这个编码，也可以用 UTF(UCS Transformation Format)编码传输，UTF-8、UTF-7、UTF-16 都是被广泛接受的方案。其中 UTF-8 编码，"爱"是 3 个连续的字节 E7 88 B1 来表示，关键在于通信双方都要认可。UTF-8 的一个特别好处是它与 ISO-8859-1 完全兼容。

(3) URL 编码

URL 编码是一种浏览器用来打包表单输入的格式。字符的 URL 编码是将字符转换到 8 位十六进制并在前面加上"％"前缀。浏览器可能会用两种编码方式发送 URL 到服务器，分别是 UTF-8 和 ANSI(当前系统语言设置，在 Windows 系统中可以理解为当前代码页)。例如，ASCII 字符集中空格是十六进制的 20，因此 URL 编码是％20。

2.11.3 关键词搜索

关键词搜索就是通过字符串或者特定的表达式对电子数据进行查找、匹配以定位特定数据项的过程，是电子数据取证的常用技术之一。关键词可以是正则表达式、可以是大小写敏感或者不敏感的，或者具有其他的一些选项。为了加快关键词搜索的效率，取证工具往往会利用索引技术对数据进行预处理，这样在搜索的时候可以即时返回结果。

理论上来说，如果所有数据都是可索引/可搜索的话，搜索就是最好的取证工具，我们必须能够理解哪些数据能够进行定位，哪些数据无法通过搜索进行处理。此外，每一种取证工具都实现了关键词搜索的功能，因此我们有必要了解其原理和应用范围。

1. 字符串匹配

如果无差别地看待每一个文件，则可以将它们看作一个个字符串，如果将整个硬盘视为一个文件，则硬盘就是一个包含所有数据的巨大的字符串。简单的关键词搜索就是进行字符串匹配的过程。首先定义好我们需要查找的字符串，随后程序使用特定的算法对硬盘中的内容进行字符串匹配，一旦找到一个匹配的内容，则在搜索结果中进行展示。

2. 正则表达式[①](GREP)

有些内容在我们搜索之前是不知道具体内容的，例如要处理的是一个和邮件诈骗有关的案子，分析的是诈骗嫌疑人的电脑。此时，找出对象电脑中有哪些受害者邮箱或者银行账号就比较有意义。在不确定具体邮箱和银行账号的情况下，就可以使用正则表达式搜索。正则表达式使用单个字符串来描述、匹配一系列符合某个句法规则的字符串，在类似 Perl、Python 的脚本引擎中都有内置的正则表达式引擎。

---

① http://baike.baidu.com/view/94238.htm，百度百科"正则表达式"词条。

正则表达式的使用有一定的语法，不同的取证分析软件使用的语法可能会有细微的区别。Encase 使用的是定制的语法，盘石的 SA 使用的是与 Perl 语言中一致的正则语法，而开源取证工具 Autopsy 使用的是 Java 的匹配语法。虽然每一种正则表达式的语法会有所不同，但是其本质都是一样的，所以具有一定的相似性。Encase 定制的语法相对比较简单，表 2.4 是以 Encase 的语法为例进行说明。

表 2.4　表 Encase 软件的正则表达式文法

正则文法	匹　配　内　容
\wFFFF	Unicode 字符
\xFF	十六进制字符
.	任意字符
#	任意数字[0—9]
?	重复 0 或 1 次
n+	重复至少 1 次
[A—Z]	A 到 Z 区间中的字符
*	重复 0 或任意次
[XYZ]	X、Y、Z 中的 1 个字符
[^XYZ]	非 X、Y、Z 的一个字符
\[	转义符，匹配字符"["
(ab)	对 ab 进行分组，以使用"?"、"+"、"*"、"|"操作
{m,n}	重复 m 到 n 次
a|b	a 或 b

根据上面的文法，一些常用的正则表达式如下：

- 邮箱：[a-z0-9\~_\.\x2D]+@[a-z0-9_\x2D]+\.[a-z0-9_\x2D\.]+
- IP 地址：[^#\.]##?#?\.##?#?\.##?#?\.##?#?[^#\.]
- 手机号码：[^#]1[34568]#########[^#]
- 银联卡号：[^#]6###[-,]####[-,]####[-,]####[^#]
- 十六位 Visa 卡号：[4][#][#][#][^#]?[#]{4,4}[^#]?[#]{4,4}[^#]?[#]{4,4}

2.12　数据恢复原理

数据恢复技术是电子数据取证中最常用的基础技术之一，不仅可以修复受损的硬盘、U 盘等存储介质，使其能够被正常读取数据，而且还能够从电子数据存储介质中恢复、修复被删除、被损坏的数据文件和数据内容，这些被恢复、修复的电子数据对侦查取证具有重要的作用。

数据恢复技术通常分为两大类：逻辑恢复技术和物理修复技术。逻辑恢复是在保存数据的存储介质（如硬盘、存储卡等）没有任何物理故障，计算机系统能够正常识别和访问的情况下，对存储介质中丢失或受损的数据进行恢复的技术；物理修复则是在保存数据的存储介质（如硬盘、存储卡等）出现了物理故障，计算机系统不能正常识别或访问的情况下，对存储介质进行修复使其能够正常工作的技术。物理修复技术通常又分为固件层修复和物理层修复两种。

2.12.1 逻辑数据恢复原理

一般来说，高级格式化仅仅更新了文件分配表，数据区并没有被擦除，只有数据擦除或低级格式化，才会破坏系统区域和数据区域的数据。数据区域的数据通常通过两种方式恢复：一种是按照文件系统的存储原理，重建 MBR、DBR、FAT、FDT，根据存储介质内的数据信息来确定记录文件或目录存储位置的 FAT 或 MFT 中的值，从而找回丢失的数据；另一种是根据文件签名特征中文件头和文件尾特征值进行检索，通过文件签名特征恢复技术直接从数据区域的数据中找回丢失的特定格式的文件。以 FAT 文件和 NTFS 文件系统为例讲解恢复原理。

1. FAT 文件系统

在 Windows 系统中，删除文件或文件夹一般分为普通删除和彻底删除。普通删除是将文件或文件夹移入回收站（RECYCLER），回收站实际上是 Windows 系统自动建立的一个具有隐藏属性的文件夹，位于每个硬盘分区的根目录下。这个名为"Recycled"（不同的系统中回收站的名称可能会不同）的文件夹，主要用来暂时存放删除的文件，只有用户将回收站内的文件再次删除或者执行清空回收站命令后，这些文件才会被彻底删除。而本部分所说的删除是指彻底删除，一般是通过清空回收站或"Shift+Del"组合键方式删除文件或文件夹。FAT 文件系统删除一个文件或文件夹需要经过以下过程：

（1）将文件或文件夹所对应目录项的第一个字节被标记为"已删除对象"，该目录项将不再显示给用户。

（2）更新 FAT，FAT 表中所记录的分配给该文件或文件夹的所有簇的状态值全部改为"未分配簇"(Unallocated)。

通过这一过程，DATA 区中该文件或文件夹的实际数据并未发生改变，仍然保留在原来的簇中，这就给数据恢复和取证提供了可能。图 2.32～图 2.34 是 FAT 逻辑删除的对比图。

"FAT-test.txt"文件被删除后，文件目录项头字节被修改为删除标记"E5"，表示该文件已被删除，FAT 表中该文件占用的簇被标记为"0"，表示该簇未分配使用，但是文件的数据区域并没有发生任何变化。对于这些带有删除标记的文件，操作系统会认为这些文件已经被删除了，在操作系统下不借助专门程序或软件是看不到的，直到这些簇被新的文件或文件夹占用，当再次往硬盘中写入数据文件时，系统才会覆盖这些被标记为已删除的文件所占用的簇，写入新的数据从而覆盖原文件的内容。

```
00203420  46 41 54 2D 54 45 53 54  54 58 54 20 18 59 56 A5  FAT-TESTTXT .YV¥
00203430  8A 46 8A 46 00 00 B0 A0  8A 46 2C 3E 3B 00 00 00  |F|F..° |F,>;...
00203440  00 00 00 00 00 00 00 00  00 00 00 00 00 00 00 00  ................
00203450  00 00 00 00 00 00 00 00  00 00 00 00 00 00 00 00  ................
```

文件删除前文件目录项

```
00203420  E5 41 54 2D 54 45 53 54  54 58 54 20 18 59 56 A5  åAT-TESTTXT .YV¥
00203430  8A 46 8A 46 00 00 B0 A0  8A 46 2C 3E 3B 00 00 00  |F|F..° |F,>;...
00203440  00 00 00 00 00 00 00 00  00 00 00 00 00 00 00 00  ................
00203450  00 00 00 00 00 00 00 00  00 00 00 00 00 00 00 00  ................
```

文件删除后文件目录项

图 2.32 FAT32 文件系统删除文件前后目录项对比

```
00013890  25 3E 00 00 26 3E 00 00  27 3E 00 00 28 3E 00 00  %>..&>..'>..(>..
000138A0  29 3E 00 00 2A 3E 00 00  2B 3E 00 00 FF FF FF 0F  )>..*>..+>..ÿÿÿ.
000138B0  FF FF FF 0F 00 00 00 00  00 00 00 00 00 00 00 00  ÿÿÿ.............
000138C0  00 00 00 00 00 00 00 00  00 00 00 00 00 00 00 00  ................
```

文件删除前 FAT 表

```
00013890  25 3E 00 00 26 3E 00 00  27 3E 00 00 28 3E 00 00  %>..&>..'>..(>..
000138A0  29 3E 00 00 2A 3E 00 00  2B 3E 00 00 FF FF FF 0F  )>..*>..+>..ÿÿÿ.
000138B0  00 00 00 00 00 00 00 00  00 00 00 00 00 00 00 00  ................
000138C0  00 00 00 00 00 00 00 00  00 00 00 00 00 00 00 00  ................
```

文件删除后 FAT 表

图 2.33 文件系统删除文件前后 FAT 表对比

```
0402D000  48 61 6E 6D 61 6A 69 61  6E 0D 0A 44 69 67 69 74  Hanmajian..Digit
0402D010  61 6C 20 46 6F 72 65 6E  73 69 63 0D 0A 54 68 69  al Forensic..Thi
0402D020  73 20 66 69 6C 65 20 66  6F 72 20 46 41 54 20 64  s file for FAT d
0402D030  65 6C 65 74 65 20 74 65  73 74 2E 00 00 00 00 00  elete test......
0402D040  00 00 00 00 00 00 00 00  00 00 00 00 00 00 00 00  ................
0402D050  00 00 00 00 00 00 00 00  00 00 00 00 00 00 00 00  ................
```

文件删除前文件数据

```
0402D000  48 61 6E 6D 61 6A 69 61  6E 0D 0A 44 69 67 69 74  Hanmajian..Digit
0402D010  61 6C 20 46 6F 72 65 6E  73 69 63 0D 0A 54 68 69  al Forensic..Thi
0402D020  73 20 66 69 6C 65 20 66  6F 72 20 46 41 54 20 64  s file for FAT d
0402D030  65 6C 65 74 65 20 74 65  73 74 2E 00 00 00 00 00  elete test......
0402D040  00 00 00 00 00 00 00 00  00 00 00 00 00 00 00 00  ................
0402D050  00 00 00 00 00 00 00 00  00 00 00 00 00 00 00 00  ................
```

文件删除后文件数据

图 2.34 FAT32 文件系统删除文件前后文件数据区对比

2. NTFS 文件系统

删除文件或文件夹时，主文件表 MFT 中会更新对象对应的记录，将其状态标记为可重新使用，然后在位图文件（$Bitmap）中将对象所占用的簇标记为未分配状态，即可被重新使用。与 FAT 文件系统相同，只要原文件数据所在的簇还未被分配给新的文件，对象的实际数据就仍旧保留在硬盘上原来的存储空间里，仍是可恢复的，直到这些簇被新的文件或文件夹占用。NTFS 删除文件时 $MFT 的变化如图 2.35 所示。

52　电子数据取证

地址	十六进制数据	ASCII
2AAA1400	46 49 4C 45 30 00 03 00　65 08 E0 00 00 00 00 00	FILE0...o.à....
2AAA1410	01 00 02 00 38 00 04 00　10 02 00 00 00 04 00 00	....8...........
2AAA1420	00 00 00 00 00 00 00 00　07 00 00 00 31 00 00 00	............1...
2AAA1430	08 00 20 74 00 00 00 00　10 00 00 00 60 00 00 00	.. t........`...
2AAA1440	00 00 00 00 00 00 00 00　48 00 00 00 18 00 00 00	........H.......
2AAA1450	84 56 F6 C7 80 73 D0 01　9A 3D F1 B0 86 73 D0 01	ǀVöÇǀsÐ.ǀ=ñ°ǀsÐ.
2AAA1460	9A 3D F1 B0 86 73 D0 01　68 14 68 98 A9 75 D0 01	ǀ=ñ°ǀsÐ.h.h ©uÐ.
2AAA1470	20 00 00 00 00 00 00 00　00 00 00 00 00 00 00 00	....
2AAA1480	00 00 00 00 03 01 00 00　00 00 00 00 00 00 00 00	....
2AAA1490	00 00 00 00 00 00 00 00　30 00 00 00 78 00 00 00	........0...x...
2AAA14A0	00 00 00 00 00 00 05 00　5A 00 00 00 18 00 01 00	........Z.......
2AAA14B0	05 00 00 00 00 00 05 00　84 56 F6 C7 80 73 D0 01	.........ǀVöÇǀsÐ.
2AAA14C0	84 56 F6 C7 80 73 D0 01　84 56 F6 C7 80 73 D0 01	ǀVöÇǀsÐ.ǀVöÇǀsÐ.
2AAA14D0	84 56 F6 C7 80 73 D0 01　00 00 00 00 00 00 00 00	ǀVöÇǀsÐ.........
2AAA14E0	00 00 00 00 00 00 00 00　20 00 00 00 00 00 00 00	....
2AAA14F0	0C 02 44 00 45 00 4C 00　45 00 54 00 45 00 7E 00	..D.E.L.E.T.E.~.
2AAA1500	31 00 2E 00 54 00 58 00　54 00 74 00 78 00 74 00	1...T.X.T.t.x.t.
2AAA1510	30 00 00 00 78 00 00 00　00 00 00 00 00 04 00 00	0...x...........
2AAA1520	60 00 00 00 18 00 01 00　05 00 00 00 00 00 00 00	`...............
2AAA1530	84 56 F6 C7 80 73 D0 01　84 56 F6 C7 80 73 D0 01	ǀVöÇǀsÐ.ǀVöÇǀsÐ.
2AAA1540	84 56 F6 C7 80 73 D0 01　84 56 F6 C7 80 73 D0 01	ǀVöÇǀsÐ.ǀVöÇǀsÐ.
2AAA1550	00 00 00 00 00 00 00 00　00 00 00 00 00 00 00 00	....
2AAA1560	20 00 00 00 00 00 00 00　0F 01 64 00 65 00 6C 00	.........d.e.l.
2AAA1570	65 00 74 00 65 00 2D 00　74 00 65 00 73 00 74 00	e.t.e.-.t.e.s.t.
2AAA1580	2E 00 74 00 78 00 74 00　40 00 00 00 28 00 00 00	..t.x.t.@...(...
2AAA1590	00 00 00 00 00 00 06 00　10 00 00 00 18 00 00 00	....
2AAA15A0	D8 BB AF 77 23 E4 11 00　99 57 00 50 56 C0 00 08	Ø»¯w#ä...W.PVÀ..
2AAA15B0	80 00 00 00 58 00 00 00　00 00 18 00 00 00 01 00	....X...........
2AAA15C0	3C 00 00 00 18 00 00 00　48 61 6E 6D 61 6A 69 61	<.......Hanmajia
2AAA15D0	6E 0D 0A 44 69 67 69 74　61 6C 20 46 6F 72 65 6E	n..Digital Foren
2AAA15E0	73 69 63 0D 0A 54 68 69　73 20 66 69 6C 65 20 66	sic..This file f
2AAA15F0	6F 72 20 4E 54 46 53 20　64 65 6C 65 74 65 00 00	or NTFS delete..
2AAA1600	65 73 74 2E 00 00 00 00　FF FF FF FF 82 79 47 11	est.....ÿÿÿÿ.yG.

文件删除前$MFT

地址	十六进制数据	ASCII
2AAA1400	46 49 4C 45 30 00 03 00　A6 08 00 01 00 00 00 00	FILE0...¦.......
2AAA1410	02 00 02 00 38 00 00 00　10 02 00 00 00 04 00 00	....8...........
2AAA1420	00 00 00 00 00 00 00 00　07 00 00 00 31 00 00 00	............1...
2AAA1430	09 00 20 74 00 00 00 00　10 00 00 00 60 00 00 00	.. t........`...
2AAA1440	00 00 00 00 00 00 00 00　48 00 00 00 18 00 00 00	........H.......
2AAA1450	84 56 F6 C7 80 73 D0 01　9A 3D F1 B0 86 73 D0 01	ǀVöÇǀsÐ.ǀ=ñ°ǀsÐ.
2AAA1460	9A 3D F1 B0 86 73 D0 01　68 14 68 98 A9 75 D0 01	ǀ=ñ°ǀsÐ.h.h ©uÐ.
2AAA1470	20 00 00 00 00 00 00 00　00 00 00 00 00 00 00 00	....
2AAA1480	00 00 00 00 03 01 00 00　00 00 00 00 00 00 00 00	....
2AAA1490	00 00 00 00 00 00 00 00　30 00 00 00 78 00 00 00	........0...x...
2AAA14A0	00 00 00 00 00 00 05 00　5A 00 00 00 18 00 01 00	........Z.......
2AAA14B0	05 00 00 00 00 00 05 00　84 56 F6 C7 80 73 D0 01	.........ǀVöÇǀsÐ.
2AAA14C0	84 56 F6 C7 80 73 D0 01　84 56 F6 C7 80 73 D0 01	ǀVöÇǀsÐ.ǀVöÇǀsÐ.
2AAA14D0	84 56 F6 C7 80 73 D0 01　00 00 00 00 00 00 00 00	ǀVöÇǀsÐ.........
2AAA14E0	00 00 00 00 00 00 00 00　20 00 00 00 00 00 00 00	....
2AAA14F0	0C 02 44 00 45 00 4C 00　45 00 54 00 45 00 7E 00	..D.E.L.E.T.E.~.
2AAA1500	31 00 2E 00 54 00 58 00　54 00 74 00 78 00 74 00	1...T.X.T.t.x.t.
2AAA1510	30 00 00 00 78 00 00 00　00 00 00 00 00 04 00 00	0...x...........
2AAA1520	60 00 00 00 18 00 01 00　05 00 00 00 00 00 00 00	`...............
2AAA1530	84 56 F6 C7 80 73 D0 01　84 56 F6 C7 80 73 D0 01	ǀVöÇǀsÐ.ǀVöÇǀsÐ.
2AAA1540	84 56 F6 C7 80 73 D0 01　84 56 F6 C7 80 73 D0 01	ǀVöÇǀsÐ.ǀVöÇǀsÐ.
2AAA1550	00 00 00 00 00 00 00 00　00 00 00 00 00 00 00 00	....
2AAA1560	20 00 00 00 00 00 00 00　0F 01 64 00 65 00 6C 00	.........d.e.l.
2AAA1570	65 00 74 00 65 00 2D 00　74 00 65 00 73 00 74 00	e.t.e.-.t.e.s.t.
2AAA1580	2E 00 74 00 78 00 74 00　40 00 00 00 28 00 00 00	..t.x.t.@...(...
2AAA1590	00 00 00 00 00 00 06 00　10 00 00 00 18 00 00 00	....
2AAA15A0	D8 BB AF 77 23 DF E4 11　99 57 00 50 56 C0 00 08	Ø»¯w#ßä..W.PVÀ..
2AAA15B0	80 00 00 00 58 00 00 00　00 00 18 00 00 00 01 00	....X...........
2AAA15C0	3C 00 00 00 18 00 00 00　48 61 6E 6D 61 6A 69 61	<.......Hanmajia
2AAA15D0	6E 0D 0A 44 69 67 69 74　61 6C 20 46 6F 72 65 6E	n..Digital Foren
2AAA15E0	73 69 63 0D 0A 54 68 69　73 20 66 69 6C 65 20 66	sic..This file f
2AAA15F0	6F 72 20 4E 54 46 53 20　64 65 6C 65 74 65 08 00	or NTFS delete..
2AAA1600	65 73 74 2E 00 00 00 00　FF FF FF FF 82 79 47 11	est.....ÿÿÿÿ.yG.

文件删除后$MFT

图 2.35　NTFS 文件系统删除文件前后 $MFT 对比

偏移量00H～37H为$MFT属性头,38H～4FH为MFT的10属性头,98H～AFH为MFT的30属性头,188H～19FH为MFT的40属性头,1B0H～1C7H为MFT的80属性头,"delete-test.txt"文件被删除后,$MFT属性头4处数据发生了变化,偏移08H～0FH处由"6F 0D E0 00 00 00 00 00"被修改为"A8 08 00 01 00 00 00 00",这8个字节是日志文件序列号,每当文件被修改时,都会在$LogFile日志文件中生成相应记录,从而引起日志文件序列号发生改变。偏移10H～11H处由"01 00"被修改为"02 00",这2个字节是序列号,记录主文件记录表被重复使用的次数,由于文件被删除,主文件记录表被修改,因此序列号增加1。偏移16H～17H处由"01 00"被修改为"00 00",这2个字节是主文件记录表使用标志,"00 00"表示文件被删除。偏移30H～31H处由"08 00"被修改为"09 00",这2个字节是主文件记录表的更新序列号,这两个字节同时会出现在该文件记录第一个扇区和第二个扇区最后两个字节处,但是$MTF项的10H、30H、40H、80H属性数据均未发生改变。其中80H属性即$DATA属性,容纳着文件的内容,从图2.35中可以看出,该80H属性为常驻属性,属性头后面紧跟的是文件的内容,文件数据内容部分也没有发生改变,常驻80H属性以"00H"结束,由于文件属性长度是8的整数倍,如果文件内容结束不能达到8的整数倍时就用"00H"来填充。

2.12.2 物理修复原理

在电子数据取证工作中,大部分可以直接通过逻辑数据恢复的方式找回丢失、受损的数据,但是有时也会遇到电子数据存储介质的控制部件、固件、甚至是数据存储体(如硬盘盘片、U盘存储芯片)出现物理或者逻辑故障,导致电子数据存储介质无法被正确识别或者识别数据错误,这就需要通过物理修复的方式将电子数据存储介质修复至正常工作,或者直接读取硬盘盘片及数据存储芯片内的数据来提取、恢复电子数据存储介质里面的数据。物理修复主要包括固件修复、物理故障修复、芯片级修复三个方面。

1. 固件修复

固件(Firmware)是固化在硬件中的软件,存储着计算机系统中硬件设备最基本的参数,为系统提供最底层、最直接的硬件控制。在开机过程中,首先执行固件来完成对硬件设备的初始化,使操作系统能够正确识别硬件并为其他软件的运行提供最基本的依据。硬盘的固件相当于硬盘的操作系统,负责着驱动、控制、解码、传送、检测等工作。固件修复就是对固件进行重写或者修改,来恢复其功能的过程。

2. 物理故障修复

硬盘是机、电、磁一体化的复杂系统,硬盘物理故障主要包括电路板故障、磁头组件故障、主轴电机故障、盘片故障等方面。对于硬盘电路板供电、接口、缓存、BIOS、电机驱动芯片等出现故障时,既可以通过维修或更换受损电阻、电容、场效应管等元器件修复故障硬盘的电路板,也可以使用相同型号硬盘的电路板替换故障硬盘的电路板,从而使硬盘恢复正常工作。对于硬盘磁头芯片、前置信号处理器、音圈电机、磁头等磁头组件出现故障时,由于磁头组件精密度高、维修成本高,因此一般使用相同型号硬盘的磁头组件替换故障硬盘的磁头组件,从而将故障硬盘上的数据读取出来。

3. 芯片级修复

芯片级存储设备已经开始广泛应用,固态硬盘、手机、平板电脑、U盘、存储卡、可穿戴设备、工控设备等都采用了芯片存储,这些都是使用了多层封装或多芯片封装电子可擦除技术的闪存类存储的设备,这些芯片级存储设备具有数据动态性、系统封闭性、存储方式多样性等特点。芯片存储设备(U盘、存储卡、固态硬盘等)出现物理故障一般表现为没有任何反应、无法识别的设备、无容量、无媒体、无法格式化等情况,故障原因一般为接口故障、供电故障、晶振故障、主控芯片故障、闪存芯片故障或其他元器件烧毁。对于U盘的故障,一般可以通过焊脚补焊、替换相同频率晶振、替换相同型号主控芯片等方法进行修复,如果U盘电路板上的元器件损坏比较严重,较难修复,可以将其闪存芯片吹焊下来,直接读取芯片数据,将内容解码。目前芯片级修复已经有成功的案例。

2.13 数据分析

2.13.1 数字时间原理

在电子数据取证中,时间是最基本也是最重要的数字证据。电子数据取证中关于时间的证据一直都是重要而且复杂的。案件的焦点常常会集中到时间问题上,因为时间是现实世界和难以理解的电子数据世界之间转换的基点。通过时间,可以确定可疑文件可以确定何时被建立、修改和访问。时间分析方法是否正确和结果是否精确,对于电子数据取证是至关重要的。

1. 时间的基本知识

在计算机中,在确认时间的时候,通常包含两部分:日期(date)和时间(time),而且这二者始终是保存在一起的。便于理解,本文中所称的时间都是包括日期和时间。

(1) 时间概念

讨论计算机世界中的时间,首先要提及天文学和物理学中的时间概念。

① GMT(Greenwich Mean Time,格林尼治平均时)时间:在本初子午线(英国格林尼治子午线)上的平太阳时被确定为格林威治平时(GMT)。

② UTC 是协调世界时(Universal Time Coordinated)英文缩写,由原子钟提供计时,以秒为基础的时间标度。UTC 相当于本初子午线(即经度0°)上的平均太阳时。不过对于大部分应用来说,GMT 与 UTC 的功能与精确度是没有差别的。在本书中,定义 GMT 时间等于 UTC 时间。

③ 时区(Time zone)

以英国伦敦格林尼治这个地方为零度经线的起点(亦称为本初子午线),基准时间为格林尼治时间(GMT),以地球由西向东每 24 小时自转一周 360°,规定每隔经度 15°,时差 1 小时。而每 15°的经线则称为该时区的中央经线,将全球划分为 24 个时区。例如中国的时区为 GMT+8 时区。北京时间比 GMT/UTC 时间晚 8 小时,以 2015 年 1 月 1 日 00：00 为例,GMT 时间是零点,北京时间为 2015 年 1 月 1 日早上 8 点整。

2. 时间定义

(1) 系统时间

系统时间以 CMOS 时间作为基准,CMOS(Complementary Metal Oxide Semiconductor,互补金属氧化物)是板载的半导体芯片。CMOS 由主板的电池供电,因此即使系统掉电,信息也不会丢失,它依靠主板上的晶振计算时间间隔,从而保存当前时间。很多桌面操作系统和应用程序使用 0x1A 中断访问 CMOS 时钟。CMOS 时钟是操作系统的时间来源,电池电量不足或者晶振频率不准,可能会导致 CMOS 时钟变慢或者变快,从而影响操作系统的时间。系统时间一般以当地时间表示。在 Windows XP 以后的操作系统中,可以使用网络校时,通过网络与 Internet 时间服务器同步,系统时间和 CMOS 时间可以被维护在一个较为精确的水平。

场景应用

例外：MAC OS 是将 CMOS 时间当作 UTC 时间来读取的。因此,一旦 CMOS 时间被设置为当地时间(Local time),MAC OS 会将其加上时区,将会导致时间被重复计算。

从某种意义上讲,CMOS 时间是所有时间的来源,操作系统读取 CMOS 时间作为系统时间,文件在创建、修改、访问的时候,创建、修改、访问时间是根据系统时间进行修正和存储的。

(2) 文件时间

在任何的操作系统中,文件都有属性时间。属性时间的格式和存储方式根据系统而异。在某些文件中,文件中还会有内嵌时间。从证据力上,由于内嵌时间不为人知,内嵌时间的证据力要大于属性时间。属性时间和内嵌时间统一被称为文件时间。文件时间主要有以下格式:

① 32 位 Windows/Dos 文件时间格式

32 位 Windows/Dos 时间格式被存储于 32bit(4 字节)二进制数据格式内,适用于大部分 FAT 文件系统的 DOS 函数调用,FAT 文件系统目录项中的文件创建、修改、访问的时间就是这种数据结构。具体来说,从开始位置(偏移量 0),5bit 的数据表示秒,6bit(偏移量 5 开始)表示分钟,5bit(偏移量 11 开始)表示小时。但是 5bit 不能存储 60s 容量,因此需要以 2 秒为增量。5bit(偏移量 16 开始)表示日,4bit(偏移量 21 开始)表示月,7bit(偏移量 25 开始,从 1980 年开始计算)表示年。32 位 Windows/DOS 时间格式应用于 FAT 文件格式,记录文件创建、文件修改和最后访问的本地日期和时间(Local time)。它也同样应用于 MS DOS(某些 16bit 的 DOS 系统除外)。表 2.5 所示为 32 位 Windows/DOS 文件时间格式的结构。

表 2.5　Windows/DOS 文件时间格式-32bit

偏移量	0～4	5～10	11～15	16～20	21～24	25～31
含义	秒	分钟	小时	日	月	年

创建时间(Created Time)除了 32 位的时间表示外,还有 1 个字节(8bit)保存有 1/100 秒的数值;修改时间(Modified Time)是正常的 32 位。需要注意的是,根据 FAT 的设计,访问时间(Accessed Time)只保存日期,不保存时间。而且 32 位 Windows/DOS 时间显示的秒只能为偶数(以 2s 为间隔)。因此 Windows/DOS 时间的秒显然证据效力较低,它的其他时间表示是有效的。

② 64 位 Windows/FILETIME 文件时间格式①

64 位 Windows/FILETIME 文件时间格式是基于 1601 年 1 月 1 日 00:00:00,以 100ns ($1ns=10^{-9}s$)递增的 UTC 时间格式。这种格式应用于 NTFS 格式文件系统中的 NTFS Master File Table(MFT),存储文件建立时间、最后修改时间(Modified Time)、最后访问时间(Accessed Time)和 MFT 记录最后修改时间(Modified Time),它们存储的是 GMT/UTC 时间。64 位 Windows/FILETIME 文件时间还保存在日志文件、缩略图文件和快捷方式文件等多种文件中。

64 位 Windows/FILETIME 文件时间格式为 8 个字节长。通常最后一位是 01H。但是解析它的时候,要注意 Windows 系统使用的是 x86 CPU,这类 CPU 是采取小端字节顺序存储的。尽管 64 位 Windows/FILETIME 时间格式的精确度可以达到 100ns,但是时间戳的精确度还取决于计算机的内部时钟(BIOS),系统时钟的精度只有 1ms,因此在 Windows 系统中,64 位 Windows/FILETIME 时间实际上的精确度被限制为 1ms。

③ C/UNIX 文件时间格式

C/UNIX 时间,或称 POSIX 时间,是 UNIX 或类 UNIX 系统使用的时间表示方式,是从协调世界时(UTC)1970 年 1 月 1 日 0 时 0 分 0 秒起至现在的总秒数(不包括闰秒)。

UNIX 系统开发时,定义了 C/UNIX 时间格式。那时的计算机操作系统是 32 位,即它们会以 32 位二进制数字表示时间。时间用 32 位有符号数(4 个字节长度)表示,则可表示 68 年,用 32 位无符号数表示,可表示 136 年。当时认为以 1970 年为时间原点足够可以了。但是它们最多只能表示至协调世界时间 2038 年 1 月 19 日 3 时 14 分 07 秒(二进制:

---

① 很多资料(包括微软官方)都将 64 位 Windows/FILETIME 文件时间格式称为 FILETIME。因此 FILETIME 与 64 位 Windows/FILETIME 文件时间格式是一致的。

01111111 11111111 11111111 11111111），在下一秒二进制数字会是 10000000 00000000 00000000 00000000，这是负数，因此 C/UNIX 时间将会重置。这时可能会导致软件发生问题，导致系统瘫痪。目前解决方案是把 C/UNIX 时间格式由 32 位转为 64 位。64 位时间最多可以表示到 292 277 026 596 年 12 月 4 日 15 时 30 分 08 秒。例如 Ext3 和 UFS 文件系统使用 32 位的 C/UNIX 时间，而 UFS2 和 Ext4 则使用了 64 位的 C/UNIX 时间，这是一种趋势。

C/UNIX 时间在 UNIX 系统中和网络传输中很常见。Java 和 Win32 可执行程序也使用这个时间。Windows 存储在注册表中的开机时间也是使用 C/UNIX 时间格式。C/UNIX 时间用于 UFS1、UFS2、Ext2、Ext3、Ext4 文件系统。

（3）Windows 时间属性

当文件被建立、修改和访问的时候，Windows 系统就会在文件系统中记录时间。FAT 时间格式则是基于当地时间（Local Time）以 32 位 Windows/DOS 文件时间格式存储，所以它们不会因为时区或者夏时制而被改变，而 NTFS 文件系统则基于 GMT/UTC 时间，以 64 位 Windows/FILETIME 文件时间格式存储，因此很容易因为时区更改或者夏时制的原因被改变。

M-A-C 时间，请注意，这里的 M-A-C 并不代表苹果的 MAC 文件格式或者网卡 MAC 地址，而是修改时间（Modified Time，修改句柄被关闭的时间）、访问时间（Accessed Time）、创建时间（Created Time）的简称。M-A-C 时间在 FAT 文件系统中以 32 位 Windows/DOS 时间格式存储，在 NTFS 文件系统中是以 64 位 Windows/FILETIME 时间格式存储。

① 创建时间（Created Time，C 时间）

文件或目录第一次被创建或者写到硬盘上的时间，如果文件复制到其他的地方，创建时间（Created Time）就是复制的时间。但是移动文件，文件将会保持原有的创建时间（Created Time）。

② 修改时间（Modified Time，M 时间）

应用软件对文件内容作最后修改的时间（打开文件，任何方式的编辑，然后写回硬盘）。NTFS 中 $DATA、$INDEX_ROOT 和 $INDEX_ALLOCATION 属性发生改变会导致修改时间（Modified Time）更新。如果文件移动或复制到其他的地方，这个时间不变，如果改变一个文件的属性和重命名，这个时间也不变。

③ 访问时间（Accessed Time，A 时间）

某种操作最后施加于文件上的时间，包括查看属性、复制、用查看器查看、应用程序打开或打印。几乎所有的操作都会重置这个时间（包括资源管理器，但 DIR 命令不会）。在 Windows XP/2000/2003 的 NTFS 分区中，这个时间不是随时更新的，访问更新的开关在 NTLM/SYSTEM/ControlSet001/FileSystem 下的 NtfsDisableLastAccessUpdate，0 为允许，1 为禁止。即使允许更新，NTFS 也是以一小时为间隔更新访问时间（Accessed Time）。但是在 Windows Vista/7/2008，微软为了提升性能，禁止了访问时间（Accessed Time）的更新(NtfsDisableLastAccessUpdate=1)。这并不意味着访问时间(Accessed Time)不会改变。当文件被修改和跨卷移动时,访问时间(Accessed Time)仍然会改变。

为了减轻系统开销,文件的最后访问时间(Accessed Time)的更新间隔被设置成最近的一天(FAT)或最近的一小时(NTFS)。因此需要注意,最后访问时间(Accessed Time)不是精确时间,不能作为证据使用。

④ 节点修改时间(Modified Time)(E 时间,ENTRY MODIFIED)

NTFS 使用数据流来存储数据,在文件任何属性和内容变化时,相应的数据流就被改变。在文件系统中,数据流相应的也有一个修改时间(Modified Time),称为节点修改时间(Modified Time)(E 时间)。所以 NTFS 的时间也被称为 M-A-C-E 时间。例如 NTFS 的时间元数据存储在 Master File Table (MFT)的 $STANDARD_INFO 和 $FILE_NAME 流中。这两个数据流本身都有节点修改时间(Modified Time),而它们的内容中保存着 M-A-C-E 时间。$FILE_NAME 中的时间为 Unicode 编码。表 2.6 所示为 M-A-C 时间的精度。

表 2.6 M-A-C 时间精度

文件系统	创建时间(Created Time)	修改时间(Modified Time)	访问时间(Accessed Time)
FAT	10ms	2s	1天
NTFS	100ns	100ns	1小时

相对的,UNIX/Linux 下文件的时间包括最后修改时间(Modified Time)、最近访问时间(Accessed Time)、i 节点变化时间。在 Ext3 下还包括删除时间(如果没有设置就为 1970-01-01 00:00:00);Mac OS 的文件的时间包括创建时间(Created Time)、修改时间(Modified Time)、备份时间和最后检查时间。

(4) 文件内嵌时间

超过 25000 种文件内部都有时间戳。这些内置的时间不为人知,也不易被篡改。很多文件都具有标准格式,可以跨平台使用。例如 Word 中内嵌有 M-A-C 时间,这些文件是时间证据的重点调查对象。

2.13.2 文件挖掘

在电子数据取证中经常需要挖掘硬盘中的各种数据,文件挖掘(File Carving)又称为文件雕刻,是近年来电子数据取证提出的一个新的概念。文件挖掘是从未知的二进制数据中获取有效的、可理解的数据的过程。

文件挖掘是针对元数据(Metadata),在电子数据取证领域中关注的元数据一般多数指的是一些特定文件类型中内部属性数据,该属性信息可能可以直接在操作系统中查看,也可能需要借助第三方工具来提取。在一些常见的类型,如微软 Word、Excel、PowerPoint 文档中有作者、计算机名等元数据信息,视频文件、音频文件可能也含有编辑者等相关信息。

通过对文件挖掘,获取文件元数据信息在特定案件调查中能起到关键性作用,了解文档创建人相关信息（如中英文姓名、单位信息），在早期 Word 文档中甚至记录了文档存储历史位置的信息，这些信息可能成为案件调查的关键。

典型的文件挖掘是利用预运算、核对和重组技术，搜索文件头或文件尾，提取出这两个范围之间的文件内容。但是文件挖掘并不只限于如此，它的目标不单单是从硬盘中挖掘出文件，还包括从内存等 raw 存储挖掘出信息。文件挖掘目前主要有以下几类：

- 普通挖掘（Carving）：从原始数据（raw）数据中提出文件或者数据。
- 文件头/尾挖掘（Header/Footer Carving）：通过定位文件头和尾的位置，来提取文件。这种挖掘技术又称为"文件签名挖掘"技术。例如 html 文件、jpeg 文件的恢复。
- 头＋长度挖掘（Header/Maximum (file) size Carving）：只能定位或只有文件头，同时文件长度固定或不影响文件内容，可以规定一个范围来提取文件。
- 文件结构挖掘（File structure based Carving）：通过解析文件内部结构和编码，来直接解析其中重要信息和恢复文件。文件结构挖掘是针对文件数据结构来进行分析的，是电子数据取证使用最为广泛的技术。例如对于 Office 文件、Index.dat、回收站文件等文件的取证都是基于文件结构挖掘技术的。
- 碎片恢复挖掘（Fragment Recovery Carving）：超过两个以上的碎片，通过重组形成原始文件。
- 重构挖掘（Repackaging Carving）：通过给碎片文件添加重要结构，例如文件头、文件尾和关键结构信息。可以使其重新被识别，例如文件头丢失的 html 文件。

2.13.3 网络数据分析

网络数据利用各种协议进行传输。网络数据传输是一个动态的过程，因此网络数据是无法进行静态分析的[1]。对于网络数据进行分析，一般使用嗅探的方法进行。

嗅探（Sniff），也称为监听，嗅探指通过某种方式截获并窃听不是发送给本机或本进程的数据包的过程。嗅探器（Sniffer），即能够实现嗅探的工具，有软件和硬件两种类型。网络嗅探技术在电子数据取证技术和黑客渗透技术中都处于非常重要的地位。了解网络嗅探技术的原理有助于对网络数据进行分析。

根据工作环境和原理的不同，嗅探技术可以分为以下两种类型：

1. 本机嗅探

本机嗅探是直接分析本机网卡上的网络传输数据。本机嗅探不需要太复杂的设置，直接利用嗅探工具即可以进行。例如本机上有后门程序，可以利用嗅探获取后门程序与远程服务器间的通信，以达到追踪入侵者的目的。

2. 网络嗅探

数据的收发是由网卡来完成的，网卡接收到传输来的数据，网卡构造了硬件的"过滤

---

[1] 网络数据保存在本地后，形成的本地数据已经不属于网络数据的范畴。

器",通过识别 MAC 地址过滤掉和自己无关的信息,也就是说,正常网卡设置在"直接方式"。嗅探程序只需关闭这个过滤器,将网卡设置为"混杂模式",同时劫持网络数据包就可以进行嗅探。

根据功能不同,嗅探器可以分为通用嗅探器和专用嗅探器。前者支持多种协议,如 tcpdump、Wireshark[①]、Sniffit 等;后者是针对特定协议进行嗅探的,例如专门嗅探 Wifi 的嗅探器。"斯诺登事件"中披露的美国国家安全局(NSA)对互联网数据进行截获,利用的原理非常简单,就是嗅探。

2.14 密码破解

2.14.1 密码学基础

1. 密码学分类

密码学根据其研究的范畴可分为密码编码学和密码分析(破解)学。密码编码学和密码分析学是相互对立、相互促进而发展的。密码编码学是研究密码体制的设计、对信息进行编码表示、实现信息隐藏的一门科学。密码分析学,是研究如何破解被加密信息的一门科学。

2. 术语

在密码学中,我们把要传送的以通用语言表达的文字内容称为明文,由明文经过一些规则变换而来的一串符号称为密文,把明文经过变换规则而变为密文的过程称为加密,反之,由密文经过约定的变换规则变为明文的过程称为解密。

例如,我们要传送一段明文:"COMPUTER",经过变换规则变换后成为"FRPSXWHR",变换规则如表 2.7 所示。

表 2.7 凯撒密表

明文字母	A	B	C	D	E	F	G	H	I	J	K	L	M	N	O	P	P	R	S	T	U	V	W	X	Y	Z
密文字母	D	E	F	G	H	I	J	K	L	M	N	O	P	Q	R	S	T	U	V	W	X	Y	Z	A	B	C

表 2.7 就是密码学史上著名的"凯撒密表",密表中的规则可简单概括为"后移 3 位"。那么,相信任何人员拿到密文后,都能很快通过密表推出明文。在这里,通常我们把规则中的"3"称为密钥,所用到的变换规则——密表,看作"加密算法"。

3. 密码破解的基础理论

目前计算机中通用的加密算法有 DES、RSA、MD5、SHA1、AES 等,这些加密算法都是公开的标准,甚至连密钥也公开。一方面,互联网的本质是为了资源共享,因此标准要统一,方便数据交换。另一方面,由于这些加密算法很强壮,按当时的技术环境,即使公开发布也

---

① 曾经称为 Ethereal。

不会对数据的安全性产生太大影响。但是，随着计算机运算速度的提高，密码破解技术也加速发展，它强大的穷举能力抵消了某些加密算法的优势，使得在有限的时间内破解复杂的加密算法变为可能。事实上，我们工作中所使用的密码破解工具，多数还是基于机器的超强计算能力并配合穷举方法而设计的。也正是因为计算机中这种通用的密码设计体制，我们的密码破解工作才没有那么遥远。

上述理论表明，无论我们面临何种密码破解问题，首先要了解对象的加密体制，不同的系统，因加密体制不一样，对应的破解方法也不同，我们手中的破解工具都是有局限性的，不可能穷极所有问题。

2.14.2 解密原理与方法

在计算机领域中，密码加密主要用于两方面：一是登录口令；二是文件加密。密码破解要认真分析检材的加密类型和算法，这样才能有的放矢进行解密工作。通常情况下，一个密码可能会包含如下符号：26个小写字母（a~z），26个大写字母（A~Z），10个数字（0~9）和33个其他字符（！@♯＄％^，等）。用户可以使用这95个字符的任意组合作为密码。

目前，密码破解的常用方法有暴力破解、字典、漏洞、社会工程学攻击等。其中，暴力破解是最常用的破解方法。通常来看，计算机的运算能力是以CPU运算能力来衡量的，从早期的8086到奔腾4处理器，基于单核的处理器计算能力已经有了很大提高。但是单纯地靠提高单核处理器速度来提升整个系统性能已非常困难。串行处理器的主要厂商Intel和AMD纷纷推出多核产品（双核、三核、四核甚至六核），同时向着更高目标前进。CPU的运算速度日新月异，但是对于密码破解来说，仅仅提高CPU的运算速度是杯水车薪，远远不能达到实用化的目的，因此，一些新的技术开始应用于密码破解领域，例如彩虹表、密码绕过技术。借助这些新的技术，一些密码破解方法逐渐实用化。同时，由于操作系统和软件开发的成本和难度加大，密码的发展处于一个相对平缓的时期，新的密码破解方案就可以在计算机硬件发展的基础上对密码保护形成一个暂时的、可行的解决方案。

思 考 题

1. 现代计算机的设计理论是什么？
2. 磁存储器的存储机制是什么？
3. 机械硬盘的物理结构主要分为几个部分？
4. 机械硬盘的逻辑结构是什么？
5. 常见的文件系统有哪些？
6. 请列举出三种以上硬盘数据接口，并说明其特性。
7. 网络体系结构的两种主要类型是什么？
8. 简述TCP协议。

9. 请列举出三种桌面操作系统和两种嵌入式操作系统。
10. 什么是松弛区(Slack)?
11. 未分配空间(Unallocated Space)是指什么区域?
12. FAT 在文件系统中的作用是什么?
13. MBR 在文件系统中的作用是什么?
14. NTFS 系统的优越性体现在哪些方面?
15. 常用的数制有哪些?
16. 什么是 8421 算法?
17. 数据获取的主要格式是什么?
18. 数据校验的应用有哪些?
19. 简述文件过滤的几种类型。
20. 大端和小端的区别有哪些?
21. 使用 URL(UTF-8)编码"％e5％88％98％e6％b5％a9％e9％98％b3"的中文内容是什么?
22. 关键词搜索的主要类型是什么?
23. MBR、DBR 分别由哪几部分组成?
24. FAT 的删除原理是什么?
25. 32 位 Windows/DOS 文件时间格式的文件结构是什么?
26. 如何利用凯撒密码,解密"ORYH"?
27. 密码破解的主要方法是什么?

第 3 章
电子数据的法律规则和标准体系

本章学习目标
- 英美法系的电子数据法律规则
- 大陆法系(我国)的电子数据法律规则
- 我国关于电子数据的相关立法
- 公安部门对电子数据取证程序的相关规定
- 电子数据与其他证据的区别
- 电子数据审查
- 国际电子数据取证的标准体系
- 我国电子数据取证的标准体系

电子数据对各国法律体系来说是个新生事物。近年来,各国根据实际情况出台了符合本国国情的关于电子数据的法律法规。这些法律法规是电子数据取证的根本依据。标准是法律的有力补充,标准具备很强的操作性,是电子数据取证具体工作的主要依据。电子数据取证要求取证人员既了解国内外关于电子数据的法律法规,又能熟悉现有国际及国内相关取证标准及取证指南,在工作中参照使用。

3.1 电子数据的法律规则

电子数据的类型和特点决定了其作为证据用于法庭展示的特殊性。电子数据需要将虚拟内容以物理形式展现给法庭。这就涉及电子数据的可视化。由于对电子数据这一证据本质的不了解,电子数据在司法实践中可能以勘验笔录、鉴定意见等形式出现,甚至可能以书证的形式出现。但是从未来发展和法律实践中看,电子数据应当作为独立的证据类型进行认定。

3.1.1 英美法系

英美法系并没有单独的电子数据法律法规。在以前的司法实践中,电子数据可能以其他证据形式,例如书证、传闻证据出现。英美法系的特点:一是证据规则数量多;二是相关判例多。这些证据规则和判例是英美法系证据制度的有机组成部分。网络犯罪的冲击使得英美法系国家纷纷进行证据法的相关修正、解释,或者进行新的立法。

美国没有统一的电子数据的相关法律。与电子数据相关的法律规定散见在证据法和其他相关法律中。就证据法而言,美国表现出成文法与判例法并存、联邦法与州法并存的特点。美国最重要的成文证据法典是《联邦证据规则》和《统一证据规则》,前者适用于联邦法庭、后者适用于各州。美国的证据规则,虽然没有单独的提出"电子数据"这一概念,但是在坚持"原件"原则的同时,通过增加例外条款,解决了电子数据作为证据使用的最后障碍。

美国通过一系列的法律来补充加强电子数据的使用,例如《计算机欺诈和滥用法》(Computer Fraud and Abuse Act)、《爱国者法》(Patriot Act)。同时州法也根据实际情况制定了关于电子数据的相关法律。例如,美国加利福尼亚州 2009 年颁布了《电子证据开示法》。

英国《警察与刑事证据法》(1984)规定:警察可以把存贮在计算机中的信息作为证据。《民事证据法》(1968)规定:证人可以通过音像媒体或者其他形式向法院提供证据。

加拿大 1998 年颁布了《统一电子证据法》(Uniform Electronic Evidence Act),直接以电子记录(Electronic Record)和电子记录系统来界定电子数据,对电子数据的定义、适用范围作了具体的规定。2000 年加拿大证据法(Evidence Act of Canada)的修订第 31 节基本上全面吸收了《统一电子证据法》的内容。作为英美法系的重要分支,加拿大对"原件"进行概念的外延直接确定了电子数据的证据地位。除此之外,加拿大爱德华王子岛省[①]和育空省[②]都制定了相关的电子数据的本地法律。

英美法系最大的特色就是对程序的重视,如"正当程序"之类的概念就是起源于英美法系。总体上说,英美法系证据规则繁多,且内容比较复杂、具体。因此,即使成熟的英美法系,在电子数据作为证据进入到法律过程中,也遇到了一些现实的困难。这些困难主要包括证据的认定和证据有效性。电子数据在英美法系中主要面临以下证据规则的挑战。

1. 最佳证据规则

在英美法系,最佳证据规则(Best Evidence Rule)指的是"对于文书并以此证明案件真实情况的证据,证据法上要求通常必须出示原件,只有没有理由怀疑副本准确性的情况下,才可以作为例外不出示原件,出示副本"。这一规则就是著名的"最佳证据规则"(Best Evidence Rule),有时候亦被称为"原本法则"(Original Document Rule)。最佳证据规则是一项非常古老的制度,并且在英美法系享有较高的地位。按照英美法系的最佳证据规则,只有文件的原件(Original),才能作为证据被采纳。美国联邦证据规则原先规定,要证明文书的内容有必要提出文书的原件。加拿大证据法有关最佳证据规则也要求提供原件。

如果坚持须以原件才能作为证据,电子数据就会遇到难以克服的困难。因为计算机输出的书面材料很难说是原件,并不能做到表面内容和隐含内容与书证一致。按照上述最佳证据规则的要求,这种由计算机输出的资料是不能被采纳为证据的。

[①] 加拿大爱德华王子岛省《电子证据法》(2001)。
[②] 加拿大育空省《电子证据法》(2002)。

2. 传闻规则

传闻规则（Hearsay Rule）是英美法所特有的证据规则。所谓传闻是指证人在法庭内重述另一人以口头、文书或者其他方式所做的陈述。传闻规则规定"除了法律明文规定的例外情况，传闻证据原则上不具有可采纳性，不得提交法庭调查质证，已经在法庭出示的，不得提交陪审员"。这项原则应用于计算机便会遇到难以解决的问题，因为电子记录的产生过程不同于人的语言形成过程，电子记录系统本身无法对电子记录的产生为进行证明。电子记录通过计算机来传输和处理时，信息内容和状态很容易发生改变，而又不能对计算机进行交叉询问，因此，英美的传统理论和判例认为，由计算机输出的书面材料只是一种传闻证据，原则上是不能被采纳为证据的。

美国的最佳证据规则和传闻规则显然对电子数据的可采性产生了很多障碍。法官利用美国独特的"自由心证"制度在很多案件中巧妙、适当地避开了最佳证据规则和传闻规则对电子数据的限制。如在1992年的Doe v. United States案件中，原告起诉美国政府管辖的军事医院在给他输血的过程中，由于医院的不负责任使他感染了艾滋病病毒。美国政府提供的一份证据是从陆军航空队电子数据库打印出来的文书记录。原告认为这份证据有违最佳证据规则和传闻规则。法官向政府提出证实打印文书真实性的要求，随后政府补交了程序性证明资料，被法官采纳，并据此认定该文书是计算机数据的准确打印物。法官认为"这虽与典型的最佳证据规则不相符，但是也不构成对该规则的违反。"

随着对于电子数据的逐步认可，电子数据作为证据的单独认定显得非常有必要。而且由于电子数据的特性，对其进行逐比特位的复制（Duplicate）形成的复制件，与原件并无二致。因此美国《联邦证据规则[①]》2015版（Federal Rules of Evidence 2015）对证据进行了重新界定，其中101条规定，证据的范围包括"任何形式的书面材料或其他介质包括以电子形式存储的信息"。第1001条规定，"对于电子形式存储的信息，原始性意味着能够精确反映原始信息的打印输出以及其他可视化输出"；"副本意味着机械、图片、化学、电子和其他等同过程或技术的与原件完全一致"。第1003条规定了"副本"的法律效力，"在排除对原件有效性的质疑或者环境会对复制件造成影响的例外，副本与原件效力一致"。这就使得电子数据可以作为证据使用。英国也同期废止了传闻规则[②]，同时在最佳证据原则中增加了例外条款。

3.1.2 大陆法系

大陆法系的证据法分为两种类型：一种是允许自行提出证据，德国、日本等国属于这种类型，这些国家，原则上可以提出任何证据，但是法院衡量采纳；另一种是明文规定证据的类型，例如中国。对于允许自行提出证据的国家，电子数据作为证据是毫无疑问的。对于明

[①] http://federalevidence.com/downloads/rules_of_evidence.pdf
[②] 1995年制定的《民事证据法》取消传闻规则，第一条规定"在民事诉讼中，不得因为证据是传闻而予以排除"。

文规定证据的国家,如果电子数据不包含在证据类型中,就涉及证据转化和可采性的问题。但是,无论哪种证据法形式,都面临着电子数据的证明力和审查原则的问题。一般来说,大陆法系国家倾向提交证据"原件",而电子数据的虚拟性很难提供原件。如果证据法只承认原件作为证据,复制件不作为证据,电子数据的证据效力将大打折扣。

我国属于大陆法系,并不存在英美判例法国家由判例中长期以来形成的例如"最优证据规则"与"传闻规则"的束缚,长期没有在证据类型中设立"电子数据",但是某些立法却借鉴了英美法系的"最优证据规则",给电子数据作为证据使用造成一定的障碍。例如2012年以前,最高人民法院在《关于执行〈中华人民共和国刑事诉讼法〉若干问题的解释》规定"收集、调取的书证应当是原件"和"收集、调取的物证应当是原物"。这实际将电子数据书证化和物证化,或者归于视听资料中,阻碍了电子数据作为证据在侦查、诉讼中的使用。将电子数据归于其他证据中,不但会有"原件与副本"、"直接证据与间接证据"、"文书化与虚拟化"等方面冲突,而且也不利于电子数据作为证据在司法诉讼中的应用。

随着《中华人民共和国刑事诉讼法》、《中华人民共和国民事诉讼法》和《中华人民共和国行政诉讼法》的改版。《中华人民共和国刑事诉讼法》第四十八条第八款、《中华人民共和国行政诉讼法》第三十三条、《中华人民共和国民事诉讼法》第六十三条第五款均规定"电子数据"作为证据类型之一。从而以三大法明文规定的形式确定了"电子数据"的法律证据地位。

3.2 我国关于电子数据的相关立法

随着我国信息安全意识的提高和司法进步,国家出台了一系列的涉及电子数据的法律法规。这些法律法规为打击网络犯罪,维护国家安全和公民权益提供了重要的法律支持。

3.2.1 法律

1.《中华人民共和国刑事诉讼法》第四十八条:可以用于证明案件事实的材料,都是证据。

证据包括:

(一) 物证;

(二) 书证;

(三) 证人证言;

(四) 被害人陈述;

(五) 犯罪嫌疑人、被告人供述和辩解;

(六) 鉴定意见;

(七) 勘验、检查、辨认、侦查实验等笔录;

(八) 视听资料、电子数据。

证据必须经过查证属实,才能作为定案的根据。

2. 《中华人民共和国行政诉讼法》第三十三条证据包括：

（一）书证；

（二）物证；

（三）视听资料；

（四）电子数据；

（五）证人证言；

（六）当事人的陈述；

（七）鉴定意见；

（八）勘验笔录、现场笔录。

以上证据经法庭审查属实，才能作为认定案件事实的根据。

3. 《中华人民共和国民事诉讼法》第六十三条证据包括：

（一）当事人的陈述；

（二）书证；

（三）物证；

（四）视听资料；

（五）电子数据；

（六）证人证言；

（七）鉴定意见；

（八）勘验笔录。

证据必须查证属实，才能作为认定事实的根据。

3.2.2 司法解释

最高人民法院制定并发布的司法解释，具有法律效力。最高人民法院进行司法解释的依据是全国人民代表大会常务委员会于 1981 年 6 月 10 日做出的《关于加强法律解释工作的决议》，该决议规定："凡关于法律、法令条文本身需要进一步明确界限或作补充规定的，由全国人民代表大会常务委员会进行解释或用法令加以规定。凡属于法院审判工作中具体应用法律、法令的问题，由最高人民法院进行解释。凡属于检察院检察工作中具体应用法律、法令的问题，由最高人民检察院进行解释。"基于该决议，最高人民法院于 1997 年发布了法发(1997)15 号《关于司法解释工作的若干规定》(以下简称《若干规定》)，进一步明确了司法解释的性质、效力、分类和程序。关于电子数据的司法解释主要有以下部分：

- 最高人民法院《关于审理非法出版物刊刑事案件具体应用法律若干问题的解释》(1998 年 12 月 17 日，法释[1998]30 号)，简称《非法出版物犯罪解释》。
- 最高人民法院《关于审理走私刑事案件具体应用法律若干问题的解释》(2000 年 9 月 26 日，法释[2000]30 号)，简称《走私犯罪解释》。
- 最高人民法院、最高人民检察院《关于办理利用互联网、移动通讯终端、声讯台制作、复制、出版、贩卖、传播淫秽电子信息刑事案件具体应用法律若干问题的解释》(2004年9月3日,法释[2004]11号),简称《淫秽电子信息犯罪解释》。

- 最高人民法院、最高人民检察院《关于办理妨害信用卡管理刑事案件具体应用法律若干问题的解释》(2009年12月3日,法释[2009]19号),简称《妨害信用卡管理犯罪解释》。

- 最高人民法院、最高人民检察院《关于办理利用互联网、移动通讯终端、声讯台制作、复制、出版、贩卖、传播淫秽电子信息刑事案件具体应用法律若干问题的解释(二)》(2010年2月2日,法释[2010]3号),简称《淫秽电子信息犯罪解释(二)》。

- 最高人民法院、最高人民检察院《关于办理诈骗刑事案件具体应用法律若干问题的解释》(2011年3月1日,法释[2011]7号),简称《诈骗罪解释》。

- 最高人民法院、最高人民检察院《关于办理危害计算机信息系统安全刑事案件具体应用法律若干问题的解释》(2011年8月1日,法释[2011]19号),简称《危害计算机信息系统安全犯罪解释》。

- 最高人民法院《关于适用〈中华人民共和国刑事诉讼法〉的解释》(2012年12月20日,法释[2012]21号),简称《刑事诉讼法解释》。

- 最高人民法院、最高人民检察院《关于办理盗窃刑事案件具体应用法律若干问题的解释》(2013年4月2日,法释[2013]8号),简称《盗窃罪解释》。

3.2.3 规范性文件

- 最高人民法院、最高人民检察院、公安部、国家安全部、司法部《关于办理死刑案件审查判断证据若干问题的规定》(2010年6月13日,法发[2010]20号),简称《证据审查判断规定》。

- 最高人民法院、最高人民检察院、公安部、国家安全部、司法部《关于办理刑事案件排除非法证据若干问题的规定》(2010年6月13日,法发[2010]20号),简称《非法证据排除规定》。

- 最高人民法院、最高人民检察院、公安部《关于办理网络赌博犯罪案件适用法律若干问题的意见》(2010年9月15日,公通字[2010]40号),简称《网络赌博犯罪意见》。

- 《关于办理流动性团伙性跨区域性犯罪案件有关问题的意见》(公通字[2011]14号)(2011年1月1日,公通字[2011]14号),简称《流动性团伙性跨区域性犯罪意见》。

- 最高人民法院、最高人民检察院、公安部《关于办理侵犯知识产权刑事案件适用法律若干问题的意见》(2011年1月10日,法发[2011]3号),简称《侵犯知识产权犯罪意见》。

- 最高人民法院、最高人民检察院、公安部《关于依法惩处侵害公民个人信息犯罪活动的通知》(2013年4月23日,公通字[2013]12号),简称《惩处侵害公民个人信息犯罪通知》。

- 最高人民法院、最高人民检察院、公安部《关于办理组织领导传销活动刑事案件适用法律若干问题的意见》(2013年11月11日,公通字[2013]37号),简称《组织领导传销活动刑事案件意见》。
- 最高人民法院、最高人民检察院、公安部《关于办理非法集资刑事案件适用法律若干问题的意见》(2014年3月25日,公通字[2014]16号),简称《非法集资刑事案件意见》。
- 最高人民法院、最高人民检察院、公安部《关于办理网络犯罪案件适用刑事诉讼程序若干问题的意见》(2014年5月4日,公通字[2014]10号),简称《网络犯罪刑事诉讼程序意见》。

3.3 部门和行业对于电子数据的相关规定

- 最高人民检察院《人民检察院电子证据鉴定程序规则(试行)》(2009年4月)。
- 国家工商总局《关于工商行政管理机关电子数据证据取证工作的指导意见》(工商市字[2011]248号)。
- 国家税务总局关于贯彻《中华人民共和国税收征收管理法》及其实施细则若干具体问题的通知(国税发[2003]47号)。
- 《海关稽查操作规程》(署调发2003[142]号)。
- 《中华律师协会律师办理电子数据证据业务操作指引》。

3.4 电子数据与其他证据的区别

长期以来,由于电子数据没有成为独立的证据类型。电子数据被视为1996年刑事诉讼法七类证据的电子数据化,因此在司法实践中电子数据往往向其他证据类型转化使用,甚至被混淆。2013年刑事诉讼法将电子数据列为证据类型之一,符合信息社会的发展趋势和司法进步。如果现在还将电子数据转化为其他证据使用,既不利于电子数据的司法实践,也不利于国家的法制进步和公平正义。因此有必要区分电子数据与其他证据类型的区别和联系。

3.4.1 电子数据与视听资料的区别

视听资料是指以"以录音磁带、录像带、光盘、电影胶片或其他设备存储的作为证明案件事实的音像、影像和图形",又称为"声像资料"。传统理论有一种观点认为电子数据应当归于视听资料中。因为在数字化时代,模拟形式的视听资料已经逐渐被数字形式的视听资料所取代。同时数字形式的视听资料与电子数据在存在形式上类似,存储的视听资料和电子数据均需要一定的工具和手段转化为其他形式后为人们直接感知。二者的正本与副本均一致。1996年刑事诉讼法中只规定了"视听资料"作为证据类型,并未规定"电子数据",因此很长一段时间内,"电子数据"是被视为"视听资料"来作为证据使用的。

但是电子数据与视听资料二者是有着本质区别的。一是电子数据范围更广,不但包含了视听资料的一部分,还涵盖网络数据、文本数据等诸多范围。二是视听资料一般是进行真实性鉴定,使用的方法手段与电子数据有较大区别。例如声纹鉴定,是将录音回放或者分析来确定真伪,电子数据鉴定则针对声音的元数据进行分析。根据最高人民法院关于适用《中华人民共和国民事诉讼法》的解释第一百一十六条规定"视听资料包括录音资料和影像资料……存储在电子介质中的录音资料和影像资料,适用电子数据的规定。"不但将视听资料与电子数据分离,而且还规定了电子数据适用的范围。

3.4.2 电子数据与物证的区别

物证是指"外部特征、物质属性和存在情况等能够证明案件真实情况的物品和痕迹"。物证因其客观存在的大小、数量、颜色、新旧等外部特征具有可靠性;因其质量、重量、材料、成分、结构等物质属性具有较强的稳定性;因其存在的空间、时间等物质的存在方式证明案件事实。电子数据与物证是截然不同的两种证据形式。这是因为:

(1) 从特点上看,传统物证具备物质属性,包括法医物证、微量物证、文书物证等。他们的存在形式都是有形的,是物理存在的。但是电子数据是使用"0、1"的数字形式存储的,看不见、摸不到,不能等同于以外观形式分类的传统物证。"电子物证"是相对传统物证提出来的一个概念,广泛为刑侦部门采用。过多使用这个称呼,会导致执法人员对其概念的理解错误,不能理解其本质意义。

(2) 从法律规定上看,根据《中华人民共和国刑事诉讼法》、《中华人民共和国民事诉讼法》、《中华人民共和国行政诉讼法》,物证与电子数据是两种不同形式的证据,不能混为一谈;最高人民法院在《关于执行〈中华人民共和国刑事诉讼法〉若干问题的解释》第七十条规定"收集、调取的物证应当是原物",而电子数据规定允许提取复制。这就从实质上证明电子数据和传统物证是两种不同的证据形式,在取证中也需要根据各自特点进行有针对性的工作。

3.4.3 电子数据与书证的区别

书证是"以文字、符号、图画等记载的内容和表达的思想来证明案件事实的书面或其他形式的文件"。任何书证,举要借助一定的物质材料而存在,例如纸张、布帛、竹木等。

电子数据由于其虚拟性,可以通过专用设备予以呈现,或者以勘验笔录或者鉴定意见呈现其关联性。实践中,也往往以书证的形式出现,这分为两种可能,一种可能是数据在认可范围内打印输出,一种是将电子数据转化为书证,侦查人员为了能够快速固定证据,将电子数据打印出来让嫌疑人签字。认为电子数据作为书证的观点,是借鉴英美法系相关法律的基础上得来的。但是作为大陆法系国家,我国已经从法律层面上规定了电子数据是单独的证据类型。而且从电子数据的本质来看,其与书证有着截然不同的特点和取证方法,应当是单独的证据形式。

(1) 存在形式上,书证是物理展示,电子数据是虚拟存在。书证具有物质性,一般为纸张,也有其他形态,其内容明确,形式固定,稳定性较强。电子数据因其虚拟特点,输出的硬拷贝往往不能体现其所有的内容。例如,对于 Word 电子文档,电子数据的分析不但要分析内容,还要分析其元数据,比如修改时间、打印时间、修改次数。这都是隐藏的无法显示的重要的信息。如果转化为书证,会造成大量数据丢失。

(2) 法律规定上,最高人民法院在《关于执行〈中华人民共和国刑事诉讼法〉若干问题的解释》第七十一条规定"收集、调取的书证应当是原件",这就将书证限制到"原件"原则,这一点与英美法系一致。而"电子数据可以提取、复制",这就说明电子数据是与书证截然不同的证据形式。

将电子数据转化为书证,往往缺乏监管的,有些操作人员不具备相应电子数据专业取证知识。最高人民法院在《关于执行〈中华人民共和国刑事诉讼法〉若干问题的解释》第九十三条规定,"提取、复制电子数据是否由二人以上进行,是否足以保证电子数据的完整性,有无提取、复制过程及原始存储介质存放地点的文字说明和签名"。这些要求在电子数据转化为书证时往往不被遵守,电子数据在转化过程中丢失或被篡改,导致其转化的书证和原始电子数据都没有证据效力。

3.4.4　电子数据与勘验、检查笔录的关系与区别

在电子数据取证的实际应用中,电子数据有时以勘验、检查笔录的形式出现。这种情况出现的背景是,1996年刑事诉讼法中并未将电子数据作为证据的种类。这在司法实践中对当时蓬勃发展的电子数据的运用产生了两难境地:一方面,根据刑诉法的要求,一切可以证明案件事实的材料都是证据,与案件相关的电子数据自然属于证据的范畴;另一方面,作为大陆法系国家明文规定证据类型的我国,1996年刑诉法又将证据限定为七种,并未涉及电子数据,又导致电子数据的应用无法律依据。面对这一局面,司法实践中采取了两类权宜之计:一类是在规范性文件中将电子数据作为证据类型,侧面的对刑事诉讼法加以补充。例如最高人民法院、最高人民检察院、公安部、国家安全部和司法部联合制定《关于办理死刑案件审查判断证据若干问题的规定》的第二十九条中规定:"对于电子邮件、电子数据交换、网上聊天记录、网络博客、手机短信、电子签名、域名等电子证据,应当审查"。另一类是将电子数据转化为法定证据类型予以使用,例如勘验、检查笔录。最高人民法院、最高人民检察院、公安部《关于办理网络赌博犯罪案件适用法律若干问题的意见》[①]在"关于电子证据的收集和保全"规定:"侦查机关对于能够证明赌博犯罪案件真实情况的网站页面、上网记录、电子邮件、电子合同、电子交易记录、电子账册等电子数据,应当作为刑事证据予以提取、复制、固

---

① 简称《刑事诉讼法解释》。

定。侦查人员应当对提取、复制、固定电子数据的过程制作相关文字说明，记录案由、对象、内容以及提取、复制、固定的时间、地点、方法，电子数据的规格、类别、文件格式等，并由提取、复制、固定电子数据的制作人、电子数据的持有人签名或者盖章，附所提取、复制、固定的电子数据一并随案移送。"从这一规定可以看出，该规范性文件实际上是要求将电子数据按照勘验、检查笔录这一法定证据类型进行提取和转换的。

但是，在2013版《刑事诉讼法》中，电子数据已经成为证据类型之一。与勘验、检查笔录并列为有效证据。同时在实践中，勘验、检查笔录与电子数据还是有一定区别的。勘验、检查笔录一般是如实陈述现场或者封存物品的状态，将电子数据以笔录的形式记录在案，虚拟的电子数据被物理化，并不能完整体现电子数据的完整信息，因此其证明力也大打折扣；同时《刑事诉讼法解释》也同时规定"所提取、复制、规定的电子数据一并随案移送"。这是符合现行的司法实践中，要求电子数据具有完整性和唯一性，并可以在法庭上呈现的实际需求。这都是勘验、检查笔录所不具备的。因此要充分注意到电子数据的"虚拟性"，不能够简单地用勘验、检查笔录或者其他证据类型来完全代替电子数据，以免影响案件侦查和诉讼过程。

3.5 电子数据审查

在刑事案件中，电子数据如要作为证据使用，必须符合刑事证据的三个基本特征，即证据的真实性、关联性和合法性。由于电子数据与传统证据的实物性或者言词性不同，具有虚拟性、隐蔽性和易篡改等特性，检察和审判人员必然审查电子数据的来源、电子数据的收集是否合法，公安机关是否采用了符合电子数据特性的技术手段收集，电子数据的内容有无被破坏、是否真实等。为保障刑事案件的采信率，公安机关必须正确理解电子数据审查的标准。

2010年5月30日，最高人民法院、最高人民检察院、公安部、司法部、国家安全部联合颁布了《关于办理死刑案件审查判断证据若干问题的规定》，该规定首次专门条款确定了电子数据的运用规则。其第二十九条规定"对于电子邮件、电子数据交换、网上聊天记录、网络博客、手机短信、电子签名、域名等电子证据，应当主要审查以下内容：（一）该电子证据存储硬盘、存储光盘等可移动存储介质是否与打印件一并提交；（二）是否载明该电子证据形成的时间、地点、对象、制作人、制作过程及设备情况等；（三）制作、储存、传递、获得、收集、出示等程序和环节是否合法，取证人、制作人、持有人、见证人等是否签名或者盖章；（四）内容是否真实，有无剪裁、拼凑、篡改、添加等伪造、变造情形；（五）该电子证据与案件事实有无关联性。对电子证据有疑问的，应当进行鉴定。对电子证据，应当结合案件其他证据，审查其真实性和关联性。"

2013年1月1日起施行的《最高人民法院关于适用〈中华人民共和国刑事诉讼法〉的解释》第93条详细阐述了对电子邮件、电子数据交换、网上聊天记录、博客、微博客、手机短信、电子签名、域名等电子数据，应从五个方面进行真实性、完整性等的审查：（一）是否随原始存储介质移送;在原始存储介质无法封存、不便移动或者依法应当由有关部门保管、处理、返还时,提取、复制电子数据是否由二人以上进行,是否足以保证电子数据的完整性,有无提取、复制过程及原始存储介质存放地点的文字说明和签名;(二)收集程序、方式是否符合法律及有关技术规范;经勘验、搜查等侦查活动收集的电子数据,是否附有笔录、清单,并经侦查人员、电子数据持有人、见证人签名;没有持有人签名的,是否注明原因;远程调取境外或者异地的电子数据的,是否注明相关情况;对电子数据的规格、类别、文件格式等注明是否清楚;(三)电子数据内容是否真实,有无删除、修改、增加等情形;(四)电子数据与案件事实有无关联;(五)与案件事实有关联的电子数据是否全面收集。对电子数据有疑问的,应当进行鉴定或者检验。

刑诉法解释第 93 条在五部委《关于办理死刑案件审查判断证据若干问题的规定》第 29 条规定的基础上,对电子数据的审查判断作了进一步修改完善[①]。

(1)不存在"原始电子数据"的概念。与传统证据种类不同,电子数据没有"原始电子数据"的概念,只有"原始存储介质"的概念。由于电子数据的电子性,电子数据不同于物证、书证等其他证据种类,其可以完全同原始存储介质分离开来。例如,存储于计算机中电子文档,可以同计算机这一存储介质分开来,存储于移动硬盘、U 盘等存储介质之中。而且,对电子数据的复制可以确保与原数据的完全一致性,复制后的电子数据与原数据没有任何差异。与此不同,物证、书证等证据无法同原始存储介质完全区分开来,更无法采取确保与原物、原件完全一致的方式予以复制。例如,一封作为书证使用的书信,书信的原始内容无法同原始载体完全分离开来,只能存于原始的纸张这一载体之上,即使采取彩色复印等方式进行复制,也无法确保复制后的书信同原件的完全一致性。不仅物证、书证等传统证据如此,视听资料这一随着技术发展而兴起的新型证据亦是如此。基于上述考虑,使用"原始电子数据"这个概念没有任何意义,对于电子数据而言,不存在"原始电子数据"的概念。但是,电子数据原始存储介质这个概念是有意义的,这表明电子数据是存储在原始的介质之中,即取证时是将存储介质予以扣押,并作为证据移送,而非运用移动存储介质将该电子数据从原始介质中提取,如直接从现场扣押行为人使用的电脑。因此,可以将电子数据区分为电子数据是随原始存储介质移送,还是在无法移送原始存储介质的情况下(如大型服务器中的电子数据)通过其他存储介质予以收集。为了确保随原始存储介质移送的电子数据的真实性、完整性,针对此种情形,审判人员要审查电子数据随原始存储介质移送的,是否采取了技术措施保证原始存储介质数据的完整性,如通过加只读锁确保数据不被修改,应当审查侦查机关是否对电子数据采取记录电子数据完整性校验值等方式保证电子数据的完整性。

(2)远程调取电子数据的问题。需要特别注意的是,如果电子数据位于境外,难以通过国际司法协助获取相关数据,通常通过远程调取的方式获取数据。而且,即使在国内,也可能在个别案件中采取异地远程调取电子数据的情况。此种情况下,应当注明相关情况。审

[①] 喻海松:刑事证据规则司法适用解读《人民司法》2013 年第 3 期。

判人员应当根据注明的情况予以审查,判断电子数据提取过程的合法性,判断所提取电子数据的真实性和完整性。

(3) 电子数据的鉴定和检验。在法庭审查过程中,审判人员应当通过听取控辩双方意见、询问相关人员等多种方式审查电子数据的内容和制作过程的真实性,必要时可以进行庭外调查。但是,由于电子数据的技术性较强,一般的删除、修改、增加等情形难以通过审判人员的观察作出认定,因此,刑诉法解释第九十三条第二款规定:"对电子数据有疑问的,应当进行检验或者鉴定。"这里的检验或者鉴定,主要针对的是计算机程序功能(如计算机病毒等破坏性程序的功能)和数据同一性、相似性(如侵权案件需要认定盗版软件与正版软件的同一性、相似性)的问题等。

刑诉法解释第九十四条规定:"电子数据经审查无法确定真伪,或者制作、取得的时间、地点、方式等有疑问,不能提供必要证明或者作出合理解释的,不能作为定案的依据。"

民事案件中,主要依据《电子签名法》来审查电子数据的有效性。《电子签名法》第八条规定:"审查数据电文作为证据的真实性,应当考虑以下因素:(一)生成、储存或者传递数据电文方法的可靠性;(二)保持内容完整性方法的可靠性;(三)用以鉴别发件人方法的可靠性;(四)其他相关的因素。"这一规定参照了联合国的《电子商务示范法》的有关规定而作出的。检验电子数据还需要对其生成过程、存储、传递流程以及相关设备的情况进行审查。

3.6 国际电子数据取证的标准体系

3.6.1 国际电子数据取证标准体系概述

电子数据取证的结果是法律诉讼活动重要的证据。对电子数据取证来说,电子数据作为证据使用有两个必要条件:
- 可复现性。可复现性指的是运用相同的方法或标准重复取证,得出的结论一致。包括相同人员的重复取证或不同人员的比对取证;
- 可回溯性。利用相同的方法或标准,能够回溯到取证的各个环节和流程,确保取证的质量值得推敲。

因此,电子数据作为证据使用,必须保证输入和输出稳定可靠。这个过程由标准或指南来保证。

1. 标准

标准,是为了在一定范围内获得最佳秩序,经协商一致制定并由公认机构批准,共同使用的和重复使用的一种规范性文件[①]。

电子数据取证程序或者方法的技术相关标准,其中影响较大的主要为 ISO 系列。如

---

① GB/T 20000.1—2002《标准化工作指南第 1 部分:标准化和相关活动的通用词汇》。

ISO/IEC 27000:2014① 信息安全管理体系基础和术语(Information security management system fundamentals and vocabulary)。提供了 ISMS(Information Security Management System)标准族中所涉及的通用术语及基本原则,是 ISMS 标准族中最基础的标准之一。ISMS 标准族中的每个标准都有"术语和定义"部分,但不同标准的术语间往往缺乏协调性,而 ISO/IEC27000 则主要用于实现这种协调。

2012 年 10 月 15 日,ISO 组织发布了 ISO/IEC 27037:2012 信息技术-安全技术-电子证据识别、收集、获取和保存指南②(Information technology-Security techniques-Guidelines for identification, collection, acquisition, and preservation of digital evidence),作为 ISO/IEC 27000:2014 信息安全管理体系必要的模块。ISO/IEC 27037:2012 标准为在电子数据处置中的特定活动提供了指南,包括可能具有证据价值的潜在电子数据识别、收集、获取和保存。此标准为取证人员提供整个电子数据处理过程中遇见的常见情况的指南,协助组织处理他们的纪律处分程序,并促进不同司法部门的潜在电子数据的交换。这个标准特别是现场勘验的取证环境具有极其重要的参考意义。

标准中还有一系列对电子数据取证实验室进行运行管理以及认证认可的标准程序,其中影响较大的主要是 ISO/IEC 17025《检测和校准实验室能力的通用要求》(ISO/IEC 17025:2005 General requirements for the competence of testing and calibration laboratories③),是国际标准化组织和国际电工委员会联合发布的国际标准,是全球通用的检测和校准实验室质量管理标准,也是认可机构实施认可的基础。

2. 指南

标准制定相对严谨,因此一段时间内不会更新。而电子数据取证的相关技术和流程却在时刻变化之中。因此国外执法部门以"指南"(guide)作为标准的良好补充,指南可以看作"准标准"。

电子数据取证的相关指南西方国家起步较早,制定的也较为频繁。主要是规定取证方法和流程的操作指南,例如美国国家标准与技术研究院(National Institute of Standards and Technology,NIST④)的系列标准集,其中较为重要的有《SP 800-101 Rev. 1 移动设备取证指南》(Guidelines on Mobile Device Forensics⑤);《SP 800-86 应急响应中取证技术应用指南》(Guide to Integrating Forensic Techniques into Incident Response⑥)。美国司法部发布的《现场人员操作指南——电子犯罪现场调查》(Electronic Crime Scene Investigation, A

---

① http://www.iso.org/iso/home/store/catalogue_tc/catalogue_detail.htm?csnumber=63411
② http://www.iso.org/iso/home/store/catalogue_tc/catalogue_detail.htm?csnumber=44381
③ http://www.iso.org/iso/home/store/catalogue_tc/catalogue_detail.htm?csnumber=39883
④ http://www.nist.gov/
⑤ http://nvlpubs.nist.gov/nistpubs/SpecialPublications/NIST.SP.800-101r1.pdf
⑥ http://csrc.nist.gov/publications/nistpubs/800-86/SP800-86.pdf

guide for first responders①)、《刑事调查中的搜索、扣押电脑和获取电子证据指南》(Searching and seizing computers and obtaining electronic evidence in criminal investigations②)、互联网工程任务组(IETF)发布的备忘录《RFC-3227 电子证据收集及归档指南》(Guidelines for evidence collection and archiving③)等。英国首席警官协会(Association of Chief Police Officers, ACPO④)发布的《基于计算机的电子证据取证最佳实践》(Good Practice for Computer-based Electronic Evidence)。

3.6.2 国际电子数据取证指南简介

对于电子数据取证实际应用，指南更具备指导意义。通过了解西方国家的取证指南，不但可以对我国的电子数据取证工作提供指导，而且还对我国的电子数据取证的相关标准和指南的制定提供借鉴。

1. 国际通行的指南

国际标准化委员会(ISO)颁布的 ISO/IEC 27037:2012《信息技术-安全技术-电子证据识别、收集、获取和保存指南》⑤是符合国际标准的取证指南。ISO/IEC27037 的主要内容不但包括电子数据的科学原则与理念，而且对于电子数据取证中的各类检材的取证提供了具体的方法与技术细节，其内容涵盖了电子数据识别、收集、获取和保存的完整过程。指南的主要内容有：

（1）对于电子数据而言，该指南认为可审核性、可重复性、可再现性、正当性是很重要的四大原则。

- 可审核性，是指独立的评测人或其他授权有关方应能评估电子数据取证第一响应人员和鉴定专家进行的活动，活动被记录在案。
- 可重复性，是指在相同的条件下，使用相同的设备产生相同的结果。同时使用相同的程序和方法，可以在任意时候重复，则会产生重复性：一个拥有熟练技能、经验丰富的电子数据取证人员应该能够在没有指导或解释下，通过操作记录中所描述的所有流程，得出同样的结果；同时应注意到在有些环境下，结果不可重复，例如当原始硬盘被复制后返还使用时，或者涉及易失性存储器的资料时。在这种情况下，取证人员应确保获取过程是可靠的。为了实现可重复性，应记录所有操作。
- 可再现性，是指使用相同的方法，在不同的条件下，使用不同的设备，产生相同的结果，会产生可再现性。
- 正当性，是指电子数据取证人员应能证明处理潜在电子数据的所有行动和方法正确。

---

① http://www.ncjrs.gov/pdffiles1/nij/219941.pdf
② http://www.justice.gov/criminal/cybercrime/docs/ssmanual2009.pdf
③ http://www.rfc-base.org/rfc-3227.html
④ 已经改组为国家警察局长理事会(NPCC)
⑤ http://www.iso.org/iso/home/store/catalogue_tc/catalogue_detail.htm?csnumber=44381

(2) 电子数据面对的检材种类主要有以下几类:
① 计算机设备中使用的存储介质,例如硬盘、软盘、光盘及类似功能的数据存储设备。
② 移动电话、个人数字助理(PDA)、个人电子设备(PED)、存储卡。
③ 移动导航系统。
④ 数字照相或录像机。
⑤ 有网络连接的计算机设备。
⑥ 基于 TCP/IP 的网络和其他数字协议的数据。
⑦ 有上述功能的其他设备。

(3) 指南提出了在进行电子数据取证时,执行顺序应有一个优先级的思想。执行优先级以减少潜在电子数据被损坏的风险,并将收集的电子数据的证据价值最大化。因此对于取证过程,取证人员还应:
① 记录所有的行动。
② 为了确定潜在电子数据副本与原始证据相比的准确性和可靠性,确定和应用方法。
③ 认识到潜在电子数据的保存行动不能总是非侵入式的。

2. 美国制定的指南

美国执法部门一直强调执法人员应对犯罪现场的能力。因此执法部门,包括军方、警方和标准化部门,都积极参与到电子数据取证指南的制定。典型的是美国司法部专门编写了《电子犯罪现场调查指南》(US-DOJ-Electronic Crime Scene Investigation, A Guide for First Responders Second Edition[①],目前已经出到第二版,以下简称指南),编写这个指南的目的是为了让第一时间到达现场的执法人员能有效应对日益复杂的犯罪现场电磁环境,并按照符合法律规范的要求进行电子数据的扣押和获取。根据反恐类案件以及网络环境的巨大改变和复杂性,在其最新一版内大幅增加了对现场网络环境及其设备、应用进行识别收集获取的内容。

该指南对现电子数据取证提出了三条通用原则:不改变原则、专业训练原则、证据监督链原则。

- 不改变原则,是指应确保在电子数据收集、扣押、传递过程中,都不应该造成电子数据证物的改变。
- 专业训练原则,是指对电子数据证物从收集到扣押、传送、分析都应该由受到专业训练的人员来进行。
- 证据监督链原则,指电子数据证物从收集到扣押、传送、分析都应该有完整的文档记录以备事后查验。

这三条原则不仅适用于美国的法律体制,同样对我们开展电子数据取证工作也有借鉴意义。

---

① http://www.nij.gov/publications/Pages/publication-detail.aspx? ncjnumber=219941

对于现场电子数据证物的搜查,该手册提出了四个步骤:

(1) 辨认、确定、封存并保护犯罪现场中的电子数据;

(2) 记录整个犯罪现场并特别注明电子数据发现的位置;

(3) 集中标记电子证物并保存电子数据;

(4) 以安全的方式包装并运输电子数据。

指南的第一章对常见的电子数据的类型进行了逐一描述,并附有照片,便于现场执法人员对照识别,对每一类证物可能包含的证据信息。特别是对每类证据需要注意的细节都描述非常详细。比如对移动设备,其手册内专门提示,移动设备的取证需要注意以下三点:

- 电池耗尽可能会导致数据丢失。
- 保持开机状态有可能会导致数据丢失或删除。
- 手持设备可能会被远程删除或者锁定。因此,执法人员在现场应尽可能将易丢失数据提取、保存。

对于网卡、路由器等网络设备,该指南特别提出,应特别关注网络设备的 MAC 地址以及设备所携带的存储介质上所可能含有的网络应用信息。

指南的第二章列出了电子数据现场勘验应准备的物品清单可供参考;第三章描述了对现场进行保护和评估的方法,并列出了对现场人员的询问提纲。其中特别提到要注意对现场电子设备的网络摄像头和可能的远程连接进行评估和记录,对于在线已经登录的聊天室、即时通讯等要做好提取和固定;第四章则对如何记录犯罪现场的细节进行了阐述;手册的第五章主要阐述电子数据收集步骤。该章的体例更像一个流程图,根据现场遇到的电子数据的不同状态可以选择不同场景的操作步骤。该章的最后一节特别提到,如果遇到复杂系统环境,现场执法人员切勿轻易关机;手册的第六章则建立了电子数据的包装、运输、存储的程序。在包装的程序中,该手册特别提到应注意不要污染电子数据可能潜在的生物证据(如指纹、DNA 等);第七章则针对美国常见的虐待儿童、入侵计算机、伪造、死亡调查、家庭暴力、电子邮件威胁(骚扰)、绑架、身份偷窃、麻醉品犯罪、网络诈骗、卖淫、盗版、电信诈骗以及涉及国家安全的恐怖主义等 14 类案件的搜查重点进行了阐述。不同的案件搜查的重点不完全一样,如恐怖主义案件,搜查重点专门提到了 voip 语音电话及 GPS 设备。

综上所述,该手册内容浅显却紧扣实战,使现场人员即使不熟悉电子取证技术也能借助手册完成工作。该手册的写作方法和内容值得国内执法人员借鉴。

3. 英国制定的指南①

英国是世界上最重要的科技强国之一,它的电子数据取证标准化研究也是仅次于美国。英国的指南最为典型的是英国首席警官协会(Association of Chief Police Officers,

---

① 郭弘,电子数据取证标准。

ACPO①)发布的指南,这是最经典的电子数据取证指南之一。ACPO 是一个非营利性组织,监管英格兰、威尔士和北爱尔兰的警务实践。参与了计算机证据国际组织(IOCE)的计算机取证过程中应该遵守的 6 项一般原则的制定。为使实践工作能符合取证的原则和标准,ACPO 推出了《电子数据检查的最佳实战指南》(Guidelines for Best Practice in the Forensic Examination of Digital Technology)和《电子证据最佳操作指南》《Good Practice Guide for Digital Evidence②》等多个指南,并随着实践工作的转变而新增、修订和完善指南内容。

除此之外,英国标准协会(British Standards Institution,BSI③)、英国内政部科学发展处(Home Office scientific development branch,HOSDB④)和英国数字保存联盟(Digital Preservation Coalition,DPC⑤)都制定了电子数据取证的指南。

4. 香港地区制定的指南

香港资讯保安及法证公会(Information Security and Forensics Society,ISFS⑥)成立于 2000 年,是香港电子取证专家专业团体,主要目标是推广计算机法证公众意识,提升专家专业能力,创立公正规范的规程,促进法证技术的发展。该公会人员包括香港海关、香港警务处、廉政公署、律政司、企业信息安全人士、院校学者。ISFS 积极推动与内地的合作与交流,目前已经和国内联合举办了十届 CCFC 计算机法证技术峰会。ISFC 发布的和电子数据取证相关的出版物有:

(1) 2004 年 4 月,Computer Forensics Part 1:An Introduction to Computer Forensics

(2) 2009 年 8 月,Computer Forensics Part 2:Best Practices

(3) Computer Forensics Glossary

3.7 我国电子数据取证标准

长期以来,由于电子数据在我国不属于法定证据,其标准化工作无法可依,处于停滞状态。2013 年电子数据由国家法律确定为证据类型之一后,国内对于电子数据取证标准的研究和制定逐步走上正轨。

目前,国内的取证标准体系主要分为三个层级:国家标准(GB/T)、行业标准(由司法鉴

---

① 2015 年成立的国家警察局长理事会(The National Police Chiefs' Council,NPCC)取代了英国首席警官协会(Association of Chief Police Officers,ACPO)

② http://site.npcccms.coraider.com/documents/FoI%20publication/Disclosure%20Logs/Information%20Management%20FOI/2013/031%2013%20Att%2001%20of%201%20ACPO%20Good%20Practice%20Guide%20for%20Digital%20Evidence%20March%202012.pdf

③ http://www.standardsuk.com

④ http://webarchive.nationalarchives.gov.uk/20091207123234/http://crimereduction.homeoffice.gov.uk/cpindex.htm

⑤ http://www.dpconline.org/

⑥ http://www.isfs.org.hk

定主管部门、司法鉴定行业织或者相关行业主管部门制定的行业标准和技术规范)以及各相关实验室自制的标准。电子数据取证的标准主要以行业标准为主,行业标准发布较多的相关政府部门主要是公安部网络安全保卫局、公安部第三研究所、公安部刑侦局和公安部第二研究所等单位。

目前,电子数据取证国家标准仅有三个:《GB/T 29360—2012 电子物证数据恢复检验规程》、《GB/T 29361—2012 电子物证文件一致性检验规程》、《GB/T 29362—2012 电子物证数据搜索检验规程》。

行业标准在近年来得到了快速的发展。如 2008 年发布的行业标准仅四个,《GA/T 754—2008 电子数据存储介质复制工具要求及检测方法》、《GA/T 755—2008 电子数据存储介质写保护设备检测方法》、《GA/T 756—2008 数字化设备证据数据发现提取固定方法》、《GA/T 757—2008 程序功能检验方法》,到 2014 年发布的行业标准数就达到了 7 个。

2008 年发布

- GA/T 754—2008《电子数据存储介质复制工具要求及检测方法》
- GA/T 755—2008《电子数据存储介质写保护设备检测方法》
- GA/T 756—2008《数字化设备证据数据发现提取固定方法》
- GA/T 757—2008《程序功能检验方法》

2009 年发布

- GA/T 825—2009《电子物证数据搜索检验技术规范》
- GA/T 826—2009《电子物证数据恢复检验技术规范》
- GA/T 827—2009《电子物证文件一致性检验技术规范》
- GA/T 828—2009《电子物证软件功能检验技术规范》
- GA/T 829—2009《电子物证软件一致性检验技术规范》

2012 年发布

- GA/T 976—2012《电子数据法庭科学鉴定通用方法》
- GA/T 977—2012《取证与鉴定文书电子签名》
- GA/T 978—2012《网络游戏私服检验技术方法》

2014 年发布

- GA/T 1770—2014《移动终端取证检验方法》
- GA/T 1771—2014《芯片相似性比对检验方法》
- GA/T 1772—2014《电子邮件检验技术方法》
- GA/T 1773—2014《即时通讯记录检验技术方法》
- GA/T 1774—2014《电子证据数据现场获取通用方法》
- GA/T 1775—2014《软件相似性检验技术方法》
- GA/T 1776—2014《网页浏览器历史数据检验技术方法》

司法行政管理部门也发布了司法鉴定技术规范,主要有 2014 年发布的 2014 年发布

SF/Z JD0400001—2014《电子数据司法鉴定通用实施规范》、SF/Z JD0401001—2014《电子数据复制设备鉴定实施规范》、SF/Z JD0402001—2014《电子邮件鉴定实施规范》、SF/Z JD0403001—2014《软件相似性检验实施规范》等4个。

3.8 本章小结

电子数据取证不仅要具备技术能力,更要了解相关的法律法规,并按照标准方法和指南进行工作,这样才能保证证据的有效性。本章通过对比英美法系与大陆法系(我国)关于电子数据的法律规则,阐述了电子数据的作为证据的效力问题。同时介绍了我国和相关部门对于电子数据的法律和法规,以及电子数据作为证据使用的审查标准。对于法律实践有着现实指导意义。通过介绍国外发展完善的标准和指南,指出未来电子数据取证的发展要遵循标准化的方法和操作指南,来保证取证的质量,确保电子数据作为证据使用的有效性。

思 考 题

1. 简述美国和英国关于电子数据的法律。
2. 简述美国的最优证据规则以及对于电子数据进行的修订。
3. 我国关于电子数据的相关立法有哪些?
4. 电子数据与视听资料的区别是什么?
5. 电子数据与物证的区别是什么?
6. 电子数据与书证的区别是什么?
7. 电子数据与勘验、检查笔录的关系与区别是什么?
8. 电子数据的审查在法律和司法解释上有哪些规定?
9. 电子数据取证的标准体系分为几个层次,具有什么含义?
10. ISO/IEC 27037:2012《信息技术-安全技术-电子证据识别、收集、获取和保存指南》提出的电子数据的四大原则是什么?
11. 我国出台的关于电子证据的三个国家标准是哪些?

第 4 章 电子数据取证原则与流程

本章学习目标
- 电子数据取证的原则
- 电子数据取证的流程
- 单机、网络环境的电子数据取证流程

从本章开始,进入电子数据取证的实际操作。国内外的电子数据取证机构,都根据多年的实践经验,提出了能够满足法律和技术要求的取证原则。由于电子数据取证的复杂性,电子数据取证的流程不会有统一的模板,需要根据实际情况进行调整。本章将在阐述取证原则的同时,以单机和网络两种取证模式,阐述取证的基本流程。

4.1 电子数据取证的原则

计算机证据国际组织(International Organization on Computer Evidence,IOCE)1998年受八国集团(G8)委托,负责制定国际计算机取证原则,并于2000年颁布了计算机取证的6条原则:

(1) 取证过程必须符合规定和标准;
(2) 获取电子证据时,不得改变证据的原始性;
(3) 接触原始证据的人员应该得到培训;
(4) 任何对电子证据进行获取、访问、存储或转移的活动必须有完整记录;
(5) 任何人接触电子证据时,必须对其在该证据上的任何操作活动负责;
(6) 任何负责获取、访问、存储或转移电子证据的机构须遵从上述原则。

这是最早的关于计算机取证(电子数据取证)的原则。IOCE 原则成为以后取证原则的基础,并引导电子数据取证工作逐渐专业化。

时至今日,尽管存储介质发生了巨大变化,电子设备硬件日新月异,电子数据已经脱离了计算机设备,融入各种形态的电子设备中,但是计算机取证的理念和原则仍然适用于电子数据取证时代。

居于电子数据取证技术发展前列的美国和英国,提出的电子数据取证原则,始终具有指导和借鉴意义。美国司法部(Department of Justice,NIJ[①])和英国首席警官协会(Association

---

① http://www.justice.gov

of Chief Police Officers,ACPO[1])都针对电子数据取证提出原则,并不断根据实际情况进行更正。例如早期的电子数据取证针对的目标主要为计算机存储介质,利用只读设备保证证据的原始性。但是随着电子设备的发展,手机等移动设备的取证,已经不适用这条规则。英国首席警官协会修改的原则[2]指出:

(1) 取证人员不能采取任何动作改变电子数据,以影响作为证据使用的可信性。

(2) 如果需要访问原始数据,取证人员必须具备相应能力,能够给出证据解释行为的关联性和可能影响的后果。

(3) 所有对于电子数据的动作应当被审计并且记录,第三方机构能够根据这些记录完整的检查和重现整个流程。

(4) 取证人员完全有能力确保取证符合法律和相关规定。

这就根本上适应了目前取证环境,为取证人员的工作提供了良好的指导。

本书根据国际通行取证原则,结合实践得出的基本原则,提出电子数据取证的基本原则如下:

(1) 取证流程符合国家和地方的法律法规,从事取证的执法人员得到法律的授权。

(2) 必须采取完全可靠的取证方法来保证电子数据的完整性、连续性。作为证据使用的电子数据被正式提交给法庭时,必须能够说明在数据从最初的获取状态到在法庭上出现状态之间的任何变化。

(3) 从事取证的执法人员必须经过专业的培训。

(4) 任何针对数据的获取、存储、运输、分析检查的活动都必须记录在案,存档待查。

(5) 取证人员应该配备符合要求的取证工具。

上述取证原则不仅是维护法制的权威,体现司法的公正,可以最大限度地保护当事人的利益(包括嫌疑人和被害者),同时能够有效地约束取证人员。

4.2 电子数据取证的流程

电子数据取证主要是通过对存储介质进行获取、分析,从中发现与案件相关的线索和情报信息。电子设备中会留存很多涉案的信息。电子数据取证在案件侦破中能够发现线索、突破案件,往往对案件的定性、是否批捕、是否起诉等起到了至关重要的作用。适当的取证的流程不但决定获取的数据的质量,也决定了获取的数据的有效性。如何正确有效地执行电子数据取证工作,取证的流程至关重要。

目前,电子数据取证的流程并没有一个范式,利用的技术和工具也不会一致。但是基本上,电子数据取证流程主要分为以下四个步骤(如图4.1所示)。

---

[1] http://www.acpo.police.uk,ACPO 已经改组为 NPCC(National Police Chiefs' Council)

[2] ACPO Good Practice Guide for Digital Evidence V5

（1）评估：电子数据人员应该针对工作作出全面的评估，以决定下一步采取的行动。

（2）获取：电子数据必须保存于原始状态中，它防止被不正确的处理方法所影响、损坏或者被删除。

（3）分析：提取出有用证据，分析判断其中的关联性。将数据转换为可读可见的形式。所有分析最好在原始证据的备份中进行。原始证据应该被安全的获取以保持证据的完整性。

图 4.1　电子数据取证流程

（4）报告：所有操作都必须以日志形式记录、所有的结果都必须以报告形式记录。

这个流程适用于电子数据取证的各个环节。包括侦查、勘验和电子数据检验鉴定。其中，评估属于侦查阶段、获取在勘验阶段、分析贯穿于勘验和鉴定检验阶段、报告属于鉴定检验阶段；整个流程中需要实时记录所有动作，以便证据具备效力和过程可以回溯。

4.2.1　评估

电子数据取证可能在固定环境（实验室）或者移动环境（现场）中进行。无论哪种环境，在评估阶段，电子数据取证人员需要获得以下授权和信息：

- 获得法律授权。取证需要履行相关的审批手续，在符合法律要求的前提下方可以行动。
- 案件信息和嫌疑人信息。案件信息有利于取证人员判断嫌疑人的行为动作。通过判断嫌疑人的计算机水平，有助于判断是否有数据隐藏、加密、删除等损害证据的行为。
- 电子数据存储的环境。是保存在固定设施中还是保存在虚拟空间中，以确定属于单机取证还是网络取证，还是二者兼有。

获得以上信息后，可以根据情况进行取证的相关准备。包括：

- 制定取证策略。按照取证对象决定取证的方法、预案、取证顺序。包括是否需要与传统取证方式配合，如 DNA、痕迹等。以免毁灭证据。
- 确定取证的人员。按照人员的不同专业特长，配备符合实际需要的取证人员。根据相关要求，无论是现场勘验还是检验鉴定，都需要两人以上。
- 确定使用的取证设备。根据取证要求，挑选适合的取证设备，尽量做到有冗余。
- 确定取证目标，决定哪些设备或数据应该被获取。如硬盘、U 盘、照片、图表、文档、数据库等。如果进行现场取证，还获取与案件有关的额外信息。例如电子邮箱账号、地址；ISP 登录用户名；网络拓扑；用户、系统日志；用户名，密码等。这些信息有可能保存在系统管理员、终端用户和其他公司成员手中。这些信息对于分析工作极为有用。

4.2.2 获取

与犯罪关联的电子数据不仅仅存在于单独的文件中,还可能存在于系统日志、数据文件、寄存器、交换区、隐藏文件、空闲的硬盘空间、打印机缓存、网络数据、用户进程存储、堆栈、文件缓冲区、文件系统本身等不同的位置,电子数据遍布整个存储介质。

电子数据取证原则上不允许在原始存储介质上直接进行分析。即使提取原始物证,例如硬盘、U 盘,也要求对其进行写保护的前提下进行分析。对于手机等移动设备,要求可回溯,记录过程。目前电子数据取证更倾向使用获取,在获取的镜像和数据上进行分析。

写保护(只读),是获取和分析电子数据的前提。写保护对于电子数据取证,主要有以下作用:

(1) 写保护符合电子数据"原始性"的要求。通过写保护,取证过程中的任何操作都不会影响电子数据。保证获取和分析的电子数据的可靠性;

(2) 写保护符合"非法证据排除"的要求。通过写保护设备,任何人员,包括电子数据取证人员,在监管的前提下,无法向存储介质中写入数据。

获取主要分为镜像获取和数据获取。镜像获取是对源存储介质进行逐比特位的复制;镜像获取可以提取到所有的数据内容,需要分析的时间也最长,镜像获取是完全的静态获取;有的时候,要收集到所有的数据是不可能的,例如正在运行的服务器,只能针对案件的需要获取相应的内容。数据获取是针对特定文件或者数据进行有针对性获取,提取的数据价值较高。文件获取有静态获取和动态获取两种方式。静态获取方式是针对存储介质的特定文件进行提取;动态获取又称为"易失性数据提取",按照获取策略,提取出特定的数据。

除了上述两种获取方式外,还需要对其他证据类型进行获取,以辅助后续的分析工作。这些证据包括书证、证人证言、勘验笔录等。例如书证可能会保存有犯罪嫌疑人的口令信息;证人证言可以提供服务器的登录口令和备份方式。

1. 镜像获取

取证意义上的获取必须是对原始驱动器每一个比特的精确镜像。因为一般的备份程序(例如 Ghost[①])只能对单个的文件系统作备份,它无法捕获松弛区、未分配空间及 Swap 文件。只有逐比特拷贝才能建立整个驱动器的映像,才可以确保得到所有可能需要的数据,例如已被删除或隐藏的文件。

获取精确备份的最好方法是应用镜像设备或工具。镜像工具应该能够进行全盘或者分区逐比特复制,镜像时不改变原始内容,具备压缩、校验、时间戳、日志等功能,同时具备较快的镜像速度;目前镜像工具分为硬件和软件两种。硬件镜像工具从底层对硬盘进行逐比特的复制,大部分带有只读功能,是目前首选的镜像方法。镜像软件在硬件无法支持的场合使用。

---

① 默认情况下 Ghost 不拷贝未分配空间。

2. 数据获取

(1) 文件获取

某些案件中,仅仅需要获取特定的文件。例如,黑客入侵案件中,重点要获取各种日志文件,例如 Web 日志、系统日志等,以及网站文件及其数据库。文件获取利用文件属性和文件签名技术,可以快速地过滤和搜索到特定的文件,通过写保护的方式,将文件提取到外置存储器上。

(2) 易失性证据获取

在电子数据取证过程中,主要从嫌疑人机器的文件中寻找犯罪证据,然而有些重要的犯罪证据往往存在于嫌疑人机器的寄存器、缓存或内存中,这些证据包括当前登录的用户列表、整个文件系统的时间/日期戳、当前运行着的进程列表、当前打开的套接字列表、在打开的套接字上监听的应用程序等,这些数据往往被称为易失性数据,系统关闭后这些数据便会全部丢失且不可恢复。收集易失性数据是电子数据取证中的一个重要步骤,因为易失性数据有时会在电子数据取证中起非常重要的作用。易失性数据通常需要根据受害系统的性质和安全管理的政策规定来决定是让可疑计算机继续运行以进行易失性证据的获取,还是立即拔掉电源或者进行正常的关机过程。比如在互联网入侵案件中,如果未对计算机取得镜像之前切断网络或关机,就可能毁掉入侵者的登录 IP、内存中运行的程序信息等有用证据。

收集易失性数据的基本步骤:

① 运行可信的程序;

② 记录系统时间和日期;

③ 确定登录信息(包括远程用户);

④ 记录所有文件的创建、修改和访问时间;

⑤ 确定打开的端口;

⑥ 列出与打开端口相关的应用程序;

⑦ 列出所有正在运行的进程;

⑧ 列出所有当前和最近的连接;

⑨ 再次记录系统时间和日期。

4.2.3 分析

分析是电子数据取证的核心和关键,分析涵盖了所有取证技术,是最体现取证人员取证能力的环节。分析的内容包括系统信息、文件信息、隐藏信息等多种信息。黑客入侵案件还有进行功能分析,例如远程控制和木马程序的功能和危害程度等。

分析大多利用专业工具,包括 Encase、FTK、X-way Forensic 等综合取证工具。针对特定的案件,还可能用的特殊的取证工具,例如嗅探工具,在大多数黑客案件中,通过捕捉网络流量并进行分析,能重构诸如上网和访问网络等行为。

不同类型的案件需要不同的分析方法。分析的方法包括文件过滤、关键词查找、数字校验、文件签名等。

一般来说，按照从易到难的方向，典型的分析过程主要包括以下几个步骤。

1. 获得取证目标的基本信息

基本信息包括系统类型、账户信息、安装时间、关机时间等；基本信息的获得，可以利用取证工具的脚本或者自动提取功能实现。基本信息可以为电子数据取证人员提供目标的一个基本概况，为下一步的取证工作打下良好基础。

2. 文件过滤

文件过滤依赖于操作系统、文件系统和应用程序。利用文件属性，例如 M-A-C 时间、后缀名、逻辑大小、物理大小等属性信息进行过滤。

3. 关键词搜索

关键词搜索不依赖文件系统，设置的关键词以二进制的形式，在介质中进行遍历，直到命中结果。关键词搜索往往可以搜索到删除文件、文件松弛区(Slack Space)和未分配空间(Unallocated Space)的关键词，以达到找到数据的目的。

在某些具有目的性的取证工作中，例如查找某个机密文件。直接跳过上述步骤，利用文件的关键词信息，可以直接命中结果。

4. 文件分析

针对过滤或者查找到的文件的信息和元数据进行分析，是电子数据取证工作最具有技术含量的部分。对于文件需要分析以下信息：

- 查看文件信息。例如文件名、文件大小等信息以及其他关联文件信息；确定关联文件的数量和类型。例如，IE 历史访问记录关联的下载文件。
- 检查文件内容。
- 检查文件元数据。通过分析文件数据结构，提取文件中隐含的数据。例如图像文件中的 GPS 定位信息。

5. 数据恢复

在某些情况下，关键词搜索无法达到目的，例如查找删除的图像。这时候，需要利用数据恢复技术。数据恢复技术是对已删除的、丢失的数据进行恢复，嫌疑人通过计算机进行犯罪后，往往将计算机中可以反映或证明自己犯罪行为的数据删除掉，甚至对硬件设备进行损坏，用以摧毁犯罪证据、掩盖犯罪事实。数据恢复可以恢复删除文件、文件松弛区(Slack)和未分配空间中的数据。

6. 密码破解

当找到的文件被密码保护，需要利用密码破解技术破解密码，以达到访问文件内容的目的。

7. 书签和记录找到的数据

对上述找到的文件和内容进行书签，以方便再次分析，同时也记录的分析的动作，满足司法需要。通过分析和关联书签的数据,形成证据链。

4.2.4 报告

电子数据取证的最后阶段,也是最终目的,是整理取证分析的结果,将其形成"证据链"供法庭作为诉讼证据。取证人员应当根据取证的原始记录,按照司法要求形成鉴定意见或者检验报告。意见或报告里要体现犯罪行为的时间、地点、直接证据信息、系统环境信息,同时要包括取证过程以及对电子数据的分析结果和报告。

4.3 典型的电子数据取证流程

4.3.1 单机环境电子数据取证

单机环境电子数据取证主要是指从存储电子数据的介质中获取、分析电子数据证据的过程。存储电子数据的介质并不仅限于计算机存储介质,还应该包括各种可以存储数据的电子设备,如移动存储器(例如U盘)、移动终端(例如手机、平板电脑)等。

单机环境电子数据取证具有以下特点:

- 数据保存在相对稳定的环境中。电子数据存储在单独的电子设备中,不容易受到其他因素的影响,获取和分析相对比较容易,能够提取出完整的数据;
- 人机关联。单机环境中,嫌疑人往往在场,因此对于电子数据与嫌疑人进行确定有比较充分的证据;
- 取证的难度较低。对于单机存储的分析,时间要求不是很紧迫,可以利用多种取证工具,进行详细的挖掘。

单机环境的电子数据取证基本遵循了电子数据取证基本流程。但是由于单机环境的案件类型多样、取证要求不同。因此要根据实际情况灵活调整,适当时通过侦查试验或者邀请技术专家予以辅助。

案例

2004年2月23日,某学生公寓内发现4具男尸,当地公安机关迅速成立了"2·23"专案组开展工作,发现同宿舍的学生马某有重大犯罪嫌疑。当日专案组即通过公安部向全国发出重金悬赏通缉马某的通缉令。在对案发现场进行补充勘查时,侦查人员同时勘查现场上的一台电脑。通过勘查发现,侦查人员发现马某在案发出逃前三天基本上都在网上搜集有关海南省的信息,尤其是有关海南省交通、旅游和房地产的相关信息。根据发现的这条线索,警方调整了通缉重点,很快于3月15日在海南省将马某缉拿归案。在本案中,成功抓捕的关键就在于使用了单机电子数据取证。

4.3.2 网络环境电子数据取证

单机环境电子数据取证的技术和流程达到了较为成熟的水平,但在网络飞速发展的大环境下,电子数据并不一定存储在一台电子设备上,而有可能在网络环境中,在相互连接的多台设备之间传输。

当前,网络环境下的电子数据取证相比于单机环境下的电子数据取证难度更高。由于网络环境下的电子数据取证通常涉及多台计算机设备或者移动终端,因此该环境下的电子数据取证呈现以下特点:

- 数据量大。网络环境的电子数据往往分散保存在电子设备中,更有可能是云存储。这就决定了分析的数据量巨大。
- 数据类型相对单一。网络环境的犯罪行为主要为网络入侵行为,决定了其入口较少,留存在数据类型明确的文件中,例如日志。
- 数据格式复杂化。不同的网络应用保存的数据格式不同,需要进行格式化再进行分析。同时特殊的网络应用可能会使用加密和特殊算法。

这些特点也为网络环境下的电子数据的获取和分析带来了新的挑战。

网络环境下的电子数据取证面对的大多数是入侵类案件。在网络联机环境下,电子数据取证可能会涉及多台计算机之间的交互,如电子邮件往来、网络金融转账等,要提取其中的电子数据证据,不但要对多台计算机进行取证和分析,而且还需要了解其网络环境。

网络环境下的电子数据取证的设备也相对单机环境下取证的设备复杂。除了电子数据取证的专用装备、照相机、摄像机、易失性数据提取软件,还需要携带网络抓包和分析软件、移动存储设备等。

网络环境的电子数据取证一般具有以下流程。

1. 评估

一般来说,网络环境的犯罪行为由于隐蔽性强,导致侦查线索少。在进行网络环境的电子数据取证前,要尽可能地了解案件情况。详细了解网络拓扑,了解网络管理情况和登录口令、网站数据库结构和功能,网站的维护情况,以确定电子数据保存的位置和类型。同时要评估嫌疑人的技术能力,以防止其毁灭证据。

2. 获取

网络环境中的电子设备,例如服务器,需要 24 小时运行,一般不允许停机,这就决定网络环境的电子数据获取一般无法使用镜像获取方式。如果有条件,对于涉案的网站,应当进行远程勘验。同时网络环境中电子数据是实时动态的,取证只能针对文件进行获取。

网络环境的电子数据取证,主要为了判断行为和产生的后果。主要分为两部分:一部分是行为产生的电子数据,例如易丢失数据和日志、数据库等相关文件。另一部分是后果生成的电子数据,例如架设的网站源代码、新增的可疑账号、入侵留下的木马和恶意程序。这些数据都与网络犯罪行为密切相关。需要取证人员对相关网络应用比较熟悉,必要时需要网络环境的维护人员辅助。

网络环境的电子数据取证，因为涉及的网络节点和设备较多，要重点注意时间。防止因为不同设备位于不同时区、时间未进行校准，而影响数据的判断。获取的数据都要进行校验，以确保证据的"原始性"。

3. 分析

尽管网络环境的存储介质容量较大，但是获取的网络电子数据容量往往不大，例如日志和数据库。但是由于网络入侵方式和技术的多样性，留存的特征也不同。对于分析工作，重点是查找到网络犯罪的相关行为以及留存的痕迹。主要包括查看当前进程和网络连接、抓取网络数据包、提取内存镜像和硬盘镜像。如果嫌疑人删除入侵痕迹和格式化硬盘，则需要进行数据恢复。

4. 报告

网络犯罪行为往往持续时间长、动作复杂。往往嫌疑人本身都无法完整描绘整个过程。网络环境的电子数据取证需要在报告中重点重构犯罪嫌疑人的动作并确定危害性。

案例

2015年4月，某高校的博士生入学考试网站考生个人信息被泄漏。其服务器以虚拟机形式托管于信息中心，网站入口和口令均保存在授权的人手中并未泄漏。经过对其网络环境进行取证分析，找到了该虚拟机，并对虚拟机进行了在线分析，获取了相关日志和数据库文件。经过分析后，确定嫌疑人通过登录入口的弱点，获取了管理员账号，下载了数据库。通过对日志和数据库的分析，提取了嫌疑人的 IP 地址。

4.4 本章小结

本章以国外的取证原则为例，提出了我国执法环境下的电子数据取证的原则。根据此原则，电子数据取证分为评估、获取、分析和报告四个基本流程。并根据实际工作环境，提出单机、网络两个电子数据取证的流程。

思 考 题

1. IOCE 与本书提出的电子数据取证原则的区别是什么？
2. 电子数据取证的流程分为哪几个环节？
3. 电子数据获取和的首要前提是什么？
4. 单机环境下的电子数据取证的特点是什么？
5. 网络环境下的电子数据取证的流程是什么？

第 5 章

电子数据取证工具

本章学习目标
- 商业取证工具的种类和特点
- 开源和免费取证工具

"工欲善其事,必先利其器"。任何一个电子数据取证工作人员,都希望在取证过程中使用最有效率的取证工具获取最完整有效的证据。执法和企业安全的需要刺激了电子数据取证工具的发展。电子数据取证硬件和软件如雨后春笋,层出不穷。但是真正得到实战考验的,符合严格取证要求的寥寥无几。本章按照取证设备的类型来介绍代表业内最高水平的电子数据取证工具。

5.1 取证工具概述

美国电子数据取证技术研究起步较早,产品和技术发展较为完善,目前美国公司的产品在电子数据取证市场上占据垄断地位。世界各国的执法部门和安全公司大多数在使用美国公司的产品。

5.1.1 电子数据取证工具的发展

2000 年之前,并没有成熟的商业版取证工具,电子数据取证依靠的取证人员的高超技术能力。使用的取证工具往往是通用的软件,例如十六进制编辑器。或者依靠个人能力编写程序或者脚本。这时候的取证专家,往往是精通计算机的高手。他们逐步创建了电子数据取证的原则、方法,为电子数据取证的发展打下了良好的基础。

1999 年,第一代的商业电子数据取证工具——Encase 发布,随后取证工具开始进入快速发展的阶段。Encase、FTK、X-ways Forensics 等取证软件日趋成熟;而写保护设备、复制机成为取证的标准装备。但是进行电子数据取证时,由于存储介质接口多样,往往需要各种各样的转接口,例如 PCMICA to IDE、IDE to SATA、2.5 英寸转 3.5 英寸 IDE 等。往往取证设备只能支持一至两种接口。如何将众多种类的接口统一到一种或两种接口而不影响获取和分析速度,这是当时无法解决的一个难题。随着硬盘接口逐步统一到 SATA/SAS 和取证设备的一体化,设备兼容性已经不是重点考虑的问题。随着计算机性能的快速发展,硬盘容量飞速增长,导致分析时间大幅度增加,逼迫取证工具也向着多进程、并行处理的方向前进。

我国的电子数据取证工具的发展紧跟欧美国家。初期是完全利用国外先进设备。例如第一代的现场勘验箱使用的就是美国 Tableau 的写保护设备,取证软件更是空白。2004 年左右,上海金诺网安发布 DiskForen,是国内第一套电子数据取证工具。近几年来,我国国内出现了不少自主研发的电子数据取证企业,如厦门美亚柏科、上海盘石、南京掌控等。国产取证软件的主要特点是使用简单,对国产软件取证能力强,升级服务较稳定。

5.1.2 电子数据取证工具的标准

美国在取证工具的标准化工作,一直走在世界各国前列。不少国家直接引用美国的取证设备标准。美国国家标准与技术研究院(National Institute of Standards and Technology,NIST[①])成立于 1901 年,是一个非监管性质的联邦部门,是美国测量技术和标准的国家级研究机构。NIST 建立了计算机取证工具测试项目[②](Computer Forensics Tool Testing,CFTT[③]),目的是为了制定统一的电子数据取证标准和规范[④]。随着电子数据取证需求量和参与执法部门的增多,目前 CFTT 项目已经成为国家与标准研究院、国土安全部(Department of Homeland Security,DHS)、司法部(National Institute of Justice,NIJ)三方共同维护的项目。这个项目同时为联邦调查局(Federal Bureau of Investigation,FBI)、美国防御网络犯罪中心(U. S. Department of Defense Cyber Crime Center)、美国国税局(U. S. Internal Revenue Service Criminal Investigation Division Electronic Crimes Program)、美国海关和边境保护局(U. S. Customs and Border Protection)、特勤局(U. S. Secret Service)等执法部门服务。同时美国国土安全部还建立了网络取证电子技术资料交换中心(CyberFETCH[⑤]),与 CFTT 一起进行电子数据取证工具的评测。

CFTT 和 CyberFETCH 项目的目的为确保执法部门、司法部门以及其他法律组织在电子数据取证中使用的工具有效性。这套关于取证工具的规格说明、测试程序、测试标准、测试序列等的方法和标准体系,取证工具涉及镜像工具、取证介质分析工具、写保护设备(软件)、写保护设备(硬件)、数据恢复工具、移动终端取证工具、数据分析工具、数据搜索工具等等,保证了取证质量的稳定和法律认可。由于取证工具的绝大部分生产商在美国境内,因此 CFTT 和 CyberFETCH 项目可以认为是目前最权威的关于电子数据取证工具的标准和

---

① http://www.nist.gov/
② 具体由 National Security Standards Program(NSSP)和 Information Technology Laboratory(ITL)维护。
③ http://www.nist.gov/itl/ssd/cs/cftt/
④ NIST 还建设了国家软件参考库项目(National Software Reference Library,NSRL)以及计算机取证参考数据集(Computer Forensic Reference Data Sets,CFReDS)。
⑤ https://www.cyberfetch.org

指南。

美国政府通过 CFTT 和 CyberFETCH 通过出台标准和指南相结合方式为执法部门的取证规范提供支持,大部分已经出台的文件都是指南的性质,不具备强制性,而是为执法部门的相关工作提供实施的思路和方法。这是值得我们学习和借鉴的。

5.2 取证硬件

5.2.1 写保护设备

电子数据取证的首要和核心要求是"不能影响或篡改原始数据"。写保护工具(包括硬件与软件)是唯一的解决方法。对于电子数据取证,写保护工具很重要,它可以使数据单向传输而不必担心改变源存储介质的数据。其中,硬件写保护设备(Hardware Write Blocker Device,HWB)是通过硬件设计来使数据单向传输。最初的写保护软件是通过修改注册表的键值来使 USB 接口只读来实现的,写保护软件目前也有成熟的商用产品。但是在易用性和可靠性上面,硬件写保护设备显然比写保护软件的应用范围广、采信程度高。

硬件写保护设备是按照硬盘接口生产的,包括 SATA、SAS、USB、Firewire、IDE、SCSE、读卡器、光接口的硬件写保护设备。硬件写保护设备要求制造商对硬盘等存储介质的协议非常熟悉,同时精通电路制造。稍有不慎,由于产品技术瑕疵,造成数据双向传输(可写),就会对制造商信誉造成严重打击,甚至会退出市场。因此,硬件写保护设备虽然是电子数据取证设备的一个子模块,却是代表着电子数据取证的很高的研发能力。目前能够生产制造硬件写保护设备的主要厂家和设备有 Guidancesoftware[1] 公司的 Tableau 系列、CRU[2] 公司的 wiebeTECH 系列、Addonics[3] 公司的"WRITE PROTECT"系列。

硬件写保护设备的类型有:

(1) 工业化标准(5.5 英寸)写保护模块。例如 Tableau T35689iu 硬件写保护设备,将 SATA/SAS、IDE、USB 写保护接口集成到一个模块上;这类模块的是集成度高,性能强大,适合在实验室内使用。例 5.1 所示 Tableau T35689iu 硬件写保护设备。

(2) 便携式的写保护模块。例如 Tableau T35u 硬件写保护设备,手掌大的设备支持 SATA、IDE 设备写保护;CRU 的 USB WriteBlocker,只有 U 盘大小的 USB 写保护模块;这些设备适合在现场使用。例图 5.2 所示 Tableau T35u 硬件写保护设备。

---

[1] https://www.guidancesoftware.com/,作为 Encase 的开发商,Guidancesoftware2010 年 5 月收购了 Tableau 公司,成为能够生产取证硬件和软件的龙头企业。

[2] http://www.cru-inc.com/

[3] http://www.addonics.com/

图 5.1　Tableau T35689iu 硬件写保护设备　　　图 5.2　Tableau T35u 硬件写保护设备

图 5.3　wiebeTECH-ReadPort SAS

（3）PCI-E 只读卡：wiebeTECH-ReadPort SAS，是 CRU 与 ATTO 公司联合开发的，可以使用于 PCI-E 接口，最高支持 6 个 SATA 设备，最高速度 6Gb/s。是目前最快的写保护设备。广泛地应用于取证一体机上。wiebeTECH-ReadPort SAS 如图 5.3 所示。

硬件写保护设备的性能体现在两方面：

（1）对于目标存储介质的支持，包括接口和读取速度。写保护硬件应当能够支持尽可能多的接口，同时能够发挥出目标存储介质的性能。

（2）对于取证分析设备的支持。包括接口和传输速度。写保护设备与宿主计算机设备结合使用才能发挥出最高性能，写保护设备与宿主计算机可以使用 USB 3.0、eSATA、FIREWIRE400、FIREWIRE800 连接。Tableau 和 Addonics 的最新设备已经更新到支持 USB 3.0，是目前最快的硬件写保护设备。

除此之外，使用的简易性和升级的频率，也是硬件写保护设备值得考虑的指标。

5.2.2　镜像设备

镜像设备，又称为克隆机或者硬盘复制机，是通过位对位复制源盘（嫌疑人硬盘）的数据，保存到目标盘（取证硬盘）的专用设备。镜像设备的克隆对象为各种硬盘、闪存介质。从介质种类来看，可以支持 3.5 英寸台式机硬盘和 2.5 英寸笔记本硬盘（对于其他类型的硬盘，在使用转换卡的前提下有限支持，例如 1.8 英寸硬盘）、U 盘等的镜像。从支持接口上看，支持 IDE、SATA、SAS、SCSI(68/80)、USB 的存储介质。

镜像设备的发展是随着硬盘技术的发展而发展的。最早的以 SF-5000、SOLO Ⅱ 为代表的镜像设备，由于硬盘的性能和容量有限，复制速度最高 1.8GB/min。随着硬盘存储容量和性能的飞速增加，对于镜像设备的镜像速度要求也不断提高。目前最快的镜像设备可以超过 10GB/min(使用 SSD 硬盘)。

镜像设备的种类分为两种:司法专用型和民用型。民用型广泛的使用于消费类计算机制造业,用于计算机系统批量镜像安装;司法专用型相对于民用型,增加了数据校验功能和数据单向获取功能,具有较严格的镜像标准。这些设备通过精确的数据校验机制,实时计算源盘和目标盘的哈希值,确保源数据未被改动,数据与证据硬盘完全一致。目前主要的校验方法有 SHA1、SHA256、MD5 和 CRC32,基于此种方法进行校验,镜像的硬盘能够作为司法证据被法律认可。需要注意的是,严格的数据校验机制,镜像速度也因此受到影响。

镜像设备的优点是设备用途明确,简单操作。缺点也同样明显,一是大容量硬盘,例如 6TB 以上的硬盘,在现场进行镜像,要超过 4 个小时;二是新型的一体式取证设备,已经集成镜像功能。这些因素使得镜像设备的使用范围越来越狭窄。

图 5.4　Tableau TD3 镜像设备

最新的镜像设备设备有 Guidancesoftware 的 Tableau TD3 如图 5.4 所示、Logicube[①] 的 Forensic Falcon、ICS 的 SOLO4。

5.2.3　现场勘验设备

现场勘验是每个国家执法部门都非常关注的工作环节。与实验室的检验鉴定不同,现场勘验要求在尽可能短的时间,固定提取数据。这就要求现场勘验设备体积小,功能强,具备尽可能多的配件并保证冗余,以应对现场复杂的情况。

在消费级计算机还没普及的年代,电子数据现场勘验的目标都是商业机器,是依靠取证人员的高超技能,往往依靠一张提前做好的工具集光盘或软盘,加上一些转接线来完成勘验的。在笔记本出现后,现场勘验是依靠高性能的笔记本加上转接线,对于人的要求还是很高。这时候,现场勘验箱的雏形出现了。这时候的现场勘验箱将笔记本、转接线和配件装入一个金属箱体中,易于移动。取证工具箱的工具应该包括常用的拆机工具,包括各种规格的螺丝刀、各种转换接口,如 IDE to USB 转接卡;1.8 英寸 to 2.5 英寸硬盘转接头,读卡器等。

现场勘验箱对于快速有效地在现场进行电子数据勘验起到了非常大的作用,这种勘验箱的缺点也非常明显。一是笔记本的性能还是有限;二是存储介质需要各种转接,速度不快,而且容易出现传输问题。图 5.5 所示为两种典型的现场勘验箱。

随着计算机设备的发展进步和电子数据取证思路的更新。将计算机设备和各种接口继承到一个容器的现场勘验设备,最早是美国 ICS 公司生产的 RoadMaSSter Portable

---

① http://www.logicube.com/

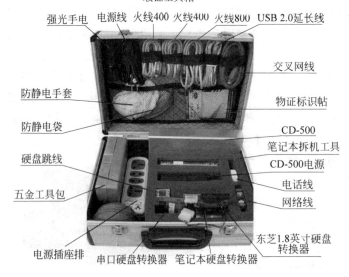

图 5.5　早期的两种现场勘验箱

Forensics Lab,如图 5.6 所示。这种设备使用的计算机性能较高,接口统一在箱体上,易于使用。这是一体式现场勘验设备的雏形。

一体式现场勘验设备已经成为目前电子数据现场勘验的主要设备。在一线执法部门和厂商的共同努力下,一体式现场勘验设备(如图 5.7 所示)得到了极大的发展。这种设备的发展趋势是,在体积更小的前提下,提供更强的运算性能、更丰富的接口和更人性化的设计。最新的一体式现场勘验设备已经具备触控屏,能够依靠点击快速完成工作。这也给电子数据现场勘验的工作机制带来了革命,以往必须依靠取证专家完成的现场勘验,现在融入了专家判断机制,能够由经过基础训练的现场勘验人员来自动完成。

图 5.6　RoadMaSSter-2 Portable Forensics Lab　　图 5.7　一体式现场勘验设备

5.2.4 介质取证设备

介质取证设备是电子数据取证的核心设备之一,往往是电子数据取证实验室的基础设备。使用介质取证设备的根本目的是,利用高性能的计算机设备、辅以专业的取证工具,在电子数据取证专业人员的操作下,全面、快速地完成电子数据取证工作。与现场勘验设备的要求不同,介质取证设备要求性能高、能够在最短时间、全面地完成多块硬盘的分析工作。因此介质取证设备往往使用高性能的工作站、甚至服务器作为载体。早期的介质取证设备庞大笨重、耗电量高、具有较高的故障率。

随着设备性能的提升,目前介质取证设备已经可以同时分析4块以上的硬盘,具备多线程的分析能力。同时具备镜像、密码破解等能力。配备多块液晶显示器,可以提供丰富的信息以便于取证人员进行分析。图5.8和图5.9为两种典型的介质取证设备。

图 5.8 美亚"取证塔"

图 5.9 盘石计算机取证分析平台

未来,介质取证设备会根据实验室建设的方案,以系统化、集成化的形态出现,能够连接中心存储,并行的进行分析。届时,取证实验室的工作效率会得到质的提升。

5.2.5 移动终端取证设备

移动终端主要指手机、平板电脑、车载电脑等具备操作系统和数据处理能力的便携类设备。截至2012年2月,移动终端的代表——手机的出货量已经超过PC。目前移动终端的发展非常迅速,这使得电子数据取证的主要目标从存储介质向移动终端延伸。由于移动终端更新换代速度非常快,同时移动终端的系统多样,数量非常大,因此移动终端的取证难度很高。主要体现在两点:

(1) 需要对于移动终端的运行机制有充分了解,而且需要能够对市面上大多数移动终端设备有着良好的兼容性,同时能够对智能设备上的应用程序(APP)有着全面的解析能力。

(2) 移动终端的本地化,使得移动终端取证设备也具有鲜明的本地特色。例如"山寨机"(Chinese Phone)的取证当然是中国本土企业支持的最好。

移动终端取证设备的开发难度超过介质取证设备。移动终端的取证设备经过几年的发展,已经能够为实战提供良好的服务。手机取证工具主要分为硬件和软件两种[①]。硬件设备的形态分为定制开模和平板电脑(笔记本)两种。而软件形态的产品,也需要配载连接线、适配器等设备才能使用。移动终端取证硬件设备企业和产品,国外主要有以色列的 Cellebrite[②] Touch、Mslab[③] 的 XRY TABLET、AccessData 的 MPE+、Oxygen[④] 的 Oxygen Forensic Suite、mobiledit[⑤] 的 MOBILedit Forensic。国产手机取证产品主要有厦门美亚柏科的 DC4500 系列、上海盘石公司的 SafeMobile、广州高耐特的 108 系列等产品。

比较有代表性的产品是 Cellebrite,如图 5.10 所示。以色列 Cellebrite 公司是苹果公司合作商,负责为苹果用户的手机迁移数据。因此对于苹果和其他系统的设备有着非常深的了解。Cellebrite 的设备代表着移动终端取证设备的最高水平。其出品的 UFED Touch 是一款高性能的移动终端取证工具,配备一体式的工作主机可以通过触屏进行操作,支持手机的物理镜像获取、逻辑文件、文件系统的提取,可以恢复删除的数据和密码,支持 IOS、Symbian、Android、WindowsPhone、BlackBerry、MTK 等平台。

图 5.10 Cellebrite UFED Touch

5.2.6 数据恢复设备

数据恢复是电子数据取证中必要环节。但是由于数据丢失的原因不仅仅有逻辑删除,还有物理损坏,使得数据恢复的技术相对较难。数据恢复要求对硬盘的 ATA 命令和存储原理相当精通,还需要使用专业的数据恢复设备辅助进行,尽管如此,数据恢复的成功率也往往无法让人满意。

---

① 由于智能终端取证工具硬件和软件的界限不大,因此不在取证软件中再行阐述。
② http://www.cellebrite.com/
③ https://www.msab.com
④ http://www.oxygen-forensic.com/
⑤ http://www.mobiledit.com/forensic

数据恢复设备主要有俄罗斯的 ACE Lab[①] 的 PC3000、Soft-Center 的 flash-extractor[②]。国内的效率源[③]公司的数据恢复设备功能也很强大。

5.3 取证软件

从根本上讲,除了少数取证硬件设备,例如只读锁、复制机需要嵌入式系统的定制开模外,电子数据取证工作主要是依赖取证软件来进行的。电子数据取证针对的是数字形态的电子数据,因此利用的工具也都是数字化的软件。电子数据取证软件是集计算机知识体系于一体的专业化工具,它分析的是非结构化的电子数据,将其以结构化的形态呈现。因此对于计算机的运行机制、操作系统、应用程序的功能和文件的结构,都要具有相应的功能来处理。严格意义上讲,电子数据取证就是针对二进制数据进行的,如果对于二进制数据有着充分的了解,将其解码,就可以完成所有的取证工作。取证软件只不过是将这些功能集成进去、提供可视化的操作方式,来辅助取证人员来进行取证工作。人与取证软件的完美结合,才能发挥电子数据取证的巨大威力。

5.3.1 介质取证软件

介质取证软件是代表最全取证功能、最高取证能力的电子数据取证工具。是每个取证人员都要能熟练使用的工具。介质取证软件也是出现最早、发展最成熟的取证工具,能够针对 Windows、Mac OS、UNIX/Linux 等系统进行取证。目前,介质取证工具主要有以下几种主要产品:

1. Encase

Encase 由美国 Guidance Software[④] 公司出品,是目前使用最为广泛的电子数据取证工具之一。超过 8000 个公共和政府调查机构使用 EnCase 软件,并有超过 2300 个调查机构定期参加 Guidance Software 使用方法的培训。被大量的法庭证实并获得了许多行业奖项,EnCase 软件被认为是电子数据取证的行业标准。

Encase 作为一款世界级的取证工具的一个最大特点是提供了二次开发功能,利用其附带的功能强大的脚本功能(Enscript)可以解决很多功能菜单中无法解决的问题,以满足多种的实战需要。但是其超强的数据分析功能依靠于分析专家的专业知识和软件操作技巧,否则很难真正发现有效信息。

2. FTK

FTK(Forensic_Toolkit)是美国 AccessData[⑤] 公司出品的一款综合取证分析软件,是目

---

① http://www.acelaboratory.com/
② http://www.flash-extractor.com/
③ http://www.xlysoft.net/
④ https://www.guidancesoftware.com
⑤ http://accessdata.com/

前使用最为广泛的电子数据取证工具之一。FTK 可以支持 4 台以上服务器同时进行运算分析,分布式处理数据快速自动找出所需的证据,这是分布式取证的一个发展方向。

相对于 Encase 专家级的使用方法,FTK 使用方法却非常简单,分析结果也相当直观,无须过多的培训即可实现主要的数据分析目的。其文件查看、加密数据查找、已知文件过滤功能更强于 ENCASE。同时具备介质取证和手机取证功能、可视化的展示能力。

3. X-Ways Forensics

X-Ways Forensics 的德国 X-Ways[①] 公司开发的一块功能强大的综合取证分析软件。该软件基于 Winhex 开发,具有运行起来资源占用少、功能强大的二进制编辑功能、支持文件系统多、数据恢复能力强等特点。

作为取证软件的后起之秀,X-Ways Forensic 将 Winhex 对于数据结构的充分理解的优点集成,同时根据取证的需要,增加了很多新的功能,例如图片模糊搜索。X-Ways Forensic 增加了脚本功能,可以媲美 Encase 软件的 Enscript。相对于 Encase 和 FTK,X-Ways Forensics 的售价相对较低,升级比较方便。

4. 国产介质取证软件

国产介质取证软件以美亚柏科的取证大师和上海盘石 Safe Analyzer 为代表,以简单、实用、快速、针对性强为显著特征,强调易用性和面向一线计算机水平相对较弱的人员使用,加强了规范化、程序化、专业化要求,在实战中取得明显效果。

5.3.2 Mac OS 系统取证软件

介质取证软件已经能够分析苹果的 Mac OS X 操作系统,但是对于 Mac OS X 系统的数据的挖掘和解析能力,还是与专用的 Mac OS X 系统取证软件有一定差距。随着苹果计算机设备普及应用,取证对象中苹果计算机设备大幅增加。因此,需要专用的苹果 Mac OS X 系统取证软件。目前,苹果 Mac OS X 系统取证软件主要有 Sumuri 公司的 Recon for Mac OS X[②]、Blackbag[③] 公司的 BlackLight 和 MacForensicsLab[④] 公司的 MacForensicsLab。

5.3.3 UNIX/Linux 系统取证软件

在电子数据取证早期阶段,大部分的取证工具都运行在 UNIX/Linux 环境下,只不过随着 Windows 操作系统逐渐占据市场大部分份额,取证工具才逐渐转移到 Windows 环境中。但是,UNIX/Linux 在商业应用中占有率很高,其取证工具还是有很大发展前途的。

目前在 UNIX/Linux 下的取证软件比较有代表性是 ASR Data[⑤] 的 SMART。1992

---

① http://www.winhex.com/
② http://sumuri.com/product/recon-for-mac-os-x/
③ https://www.blackbagtech.com/
④ http://www.macforensicslab.com/
⑤ http://www.asrdata.com/

年,ASRdata 被要求开发一个工具软件来支持特殊需求的执法机构。MASTER 开发这个集成化的、GUI 界面的取证工具软件被命名为 Expert Witness,执法人员拥有了强大易用的工具。Expert Witness for Windows95(现在被出售并被重新命名为 Encase)是当时电子数据取证领域内的工业标准。SMART 是作为 Expert Witness 的后续产品发布。

5.3.4 镜像软件

镜像软件主要分为两种功能:镜像制作和镜像挂载。

镜像是介质取证软件的基本功能之一。但是由于需要镜像的场合比较多,因此使用复杂的介质证软件显得比较繁琐。因此主流的介质取证软件厂商将镜像软件独立成产品,大多数都是免费产品,起到宣传介质取证软件的作用。

FTK Imager 是 AccessData 公司出品的一款免费镜像制作软件(如图 5.11 所示),具有数据预览、证据镜像制作、加载证据镜像等功能,能够支持目前几乎主流的文件系统,能够加载和生成包括 DD、E01、Smart、AFF 格式的证据镜像,使用起来十分方便。除 FTK image 外,Guidance Software 公司也发布了 Encase imager;X-Ways 发布了 X-Ways image 软件。对于苹果文件系统,可以使用 MacQuisition①。专业的镜像挂载工具有 getData Mount Image Pro②。

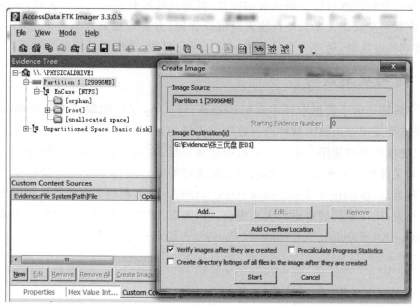

图 5.11　FTK imager

---

① https://www.blackbagtech.com
② http://www.mountimage.com/

5.3.5 系统环境仿真软件

系统环境仿真对于电子数据取证的作用非常重要，可以通过仿真嫌疑人系统，提供给取证人员一个直观的、动态运行的操作系统，可以直接检查嫌疑人系统而不必担心篡改数据。系统环境仿真软件主要有 GetData[①] 的商业版 Virtual Forensic Computing（VFC）和开源的 Liveview[②]。国内的美亚柏科、盘石等公司也有自己的系统环境仿真软件。相对于开源的 Liveview，商业版的系统环境仿真软件具有更好的兼容性，能够支持更多的系统版本，同时具备登录密码绕过功能。

5.3.6 数据恢复软件

在数据恢复软件的领域中，EasyRecovery 和 FinalData 被认为是不够专业的。R-Studio 和 Winhex 是经常使用的数据恢复软件。

5.3.7 电子邮件分析软件

电子邮件分析软件主要应用于需要分析大量邮件的商业犯罪领域。执法部门主要为海关。这类工具主要为 Intella[③] 和 nuix[④]。

电子邮件分析软件可以分析所有的邮件，将涉及的所有关系人进行关联，从而揭示他们之间的邮件联系和联络关系。使执法人员可以快速、方便地检索和审查电子邮件和电子存储信息，找到关键数据，通过一个易于理解的可视化界面，清晰显示相关的联系。

5.3.8 密码破解软件

加密与解密是电子数据取证中永恒的检查目标。电子数据取证中往往遇到加密的数据，这时候需要使用密码破解软件进行破解。传统的密码破解软件仅仅针对特定类型的加密文件，只能够在单机使用。受限于单机的运算速度，在密码强度逐渐增加的今天，对于高强度加密的文件很难解密成功，显然已经不能满足需要。在 AccessData 公司推出分布式网络密码破解系统（Distributed Network Attack，DNA[⑤]）后，利用多台计算机并行计算的破解密码方式出现，使得密码破解进程大大提前。如图 5.12 所示为目前主流的分布式密码破解工具 Passwre Kit Forensic[⑥]、Elcomsoft Password Recovery Bundle[⑦]。

---

① http://www.virtualforensiccomputing.com/
② http://liveview.sourceforge.net/
③ http://www.intella.cn/
④ http://www.nuix.com/
⑤ 目前，DNA 已经不再更新。
⑥ http://www.lostpassword.com/
⑦ https://elcomsoft.com

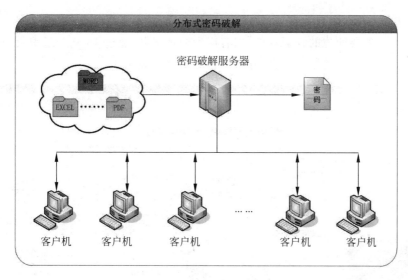

图 5.12　分布式密码破解示意图

5.3.9　内存取证软件

对内存中的电子数据进行提取和分析已经成为电子数据取证过程中越来越重要的工作,特别是对一些不能关机的计算机信息系统尤为重要。目前 Encase、FTK、X-ways 等主流取证工具都支持对内存数据的提取和分析。

在内存取证软件中,开源软件 Volatility[①] 久负盛名,它是一个框架式的开放平台,主要功能就是提取内存中的电子数据,可以识别大多数的内存镜像格式,如 dd、dump 文件、VMware 快照、LiME 格式等。

5.3.10　在线取证软件

某些情况下,例如在 IDC 机房中取证,这种情况下往往不允许关闭服务器以进行分析。需要在"热"状态下对嫌疑计算机设备进行数据提取和分析。在线取证软件(Live Forensic)可以对同一局域网的计算机进行在线分析、内存分析和镜像获取,这种软件需要支持 Windows、Mac OS 和 Linux 各版本。同时支持对数据库服务器、云存储和邮件服务器的在线取证。所有数据访问均采用写保护,确保不会修改嫌疑计算机中的任何数据。例如 F-Response 就是一款基于网络的在线取证工具。

5.3.11　关联分析工具

大数据分析,除了使用数据库和 SQL 语句进行关联分析外,还可以使用专业的关联分

---

① http://www.volatilityfoundation.org

析工具。目前,大数据图形关联分析首选工具是美国 IBM 公司的 Analyst's Notebook[①],这是在世界上处于领导地位的分析软件,拥有广大的客户群,超过 1500 个组织及公司在使用,界面如图 5.13 所示,主要用于调查、分析复杂的信息和关系。

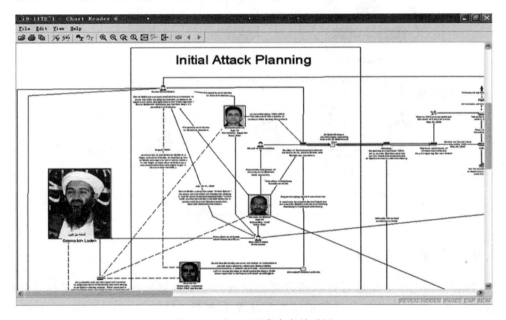

图 5.13 "9·11"袭击者关系网

案例

"9·11"事件中,美国调查部门借助 I2 AN6 迅速的理清了恐怖分子之间错综复杂的关系,迅速地将在逃恐怖分子逮捕归案。驻伊美军 2003 年购买 100 套 AN6 用于追捕本·拉登。图 5.13 为美军用 AN6 软件分析的"9·11"事件袭击者关系网。

5.4 开源和免费取证软件

开放源代码(Open Source)软件,简称开源软件。开源软件公开其源代码,允许用户利用源代码在其基础上修改和学习。但是开源软件仍然有版权,受到法律保护,如果在开源的

---

① 2011 年,IBM 收购了 Analyst's Notebook 的开发公司 I2,将 Analyst's Notebook 收入旗下。

基础上加以发展任何派生版本、修改版本或第三方版本用于重新分发,甚至商用,都会受到法律制裁。

免费软件(Free Software)。免费软件不一定公开源代码,但是承诺特定版本不会收费(可能功能会受限)。

对于昂贵的商用电子数据取证工具,开源和免费取证工具无疑对于初学者或者学生,是有着重要学习意义的。事实上,在众多电子数据取证专家的努力下,开源和免费的取证软件就产品功能和性能而言,并不逊色于商用软件,甚至在某些特定功能方面保持着领先。从某种意义上说,熟练地使用开源和免费取证软件,可以完成所有的取证工作。

1. TSK[①]

开源取证软件 The Coroner's Toolkit(TCT)开发于 2000 年 8 月,作者为 Dan Farmer 和 Wietse Venama。TCT 提供了包括数据恢复、时间分析等 4 种功能。目前 TCT 已经并入 TASK 项目中。

THE SLEUTH KIT(TSK)是开放源代码取证软件,可以运行于 Linux、Mac OS X、Windows 等操作系统上。TSK 可以用于分析 Windows 和 UNIX/Linux 文件系统。它支持从多种文件系统中恢复数据,包括 NTFS、FAT、UFS 1、UFS 2、Ext2FS、Ext3FS、Ext4、HFS、ISO 9660, and YAFFS2 等;支持 dd、AFF、E01 等多种镜像。

Autopsy Forensic Browser 是 TSK 中工具软件的图形界面。它可以在一个只读环境中对分区中的文件、删除的文件、目录、数据和镜像的元数据进行分析。

2. OS X Auditor[②]

OS X Auditor 是一款运行于 MAC OS X 的软件,可以分析 Safari 历史记录、火狐浏览器 cookies、Chrome 历史记录、社交与邮件账户以及系统中的 Wi-Fi 访问点等数据。

3. DFF [③]

Digital Forensics Framework(DFF)是一个简单但强大的电子数据取证软件,DFF 支持 NTFS, EXTFS 2/3/4, FAT 12/16/32 文件系统的分析。可以分析注册表、电子邮箱、内存数据。

4. 自启动取证环境(LiveCD)

由于开源和免费的取证软件大多在 Linux 下开发。因此自启动取证环境的 LiveCD 成为集成取证工具的最好载体。LiveCD 光盘中可以定制各种取证工具,满足不同的取证需要。而且由于是开源和免费的,甚至可以修改某些程序,增强功能。LiveCD 取证工具的典型代表有 SANS Investigative Forensics Toolkit(SIFT[④])、DEFT[⑤]、Computer Aided

---

① http://www.porcupine.org/forensics/
② https://github.com/jipegit/OSXAuditor
③ http://www.digital-forensic.org/
④ http://digital-forensics.sans.org/community/downloads
⑤ http://www.deftlinux.net/

Investigative Environment (CAINE[①],如图 5.14 所示)、Kali[②] 等多种。

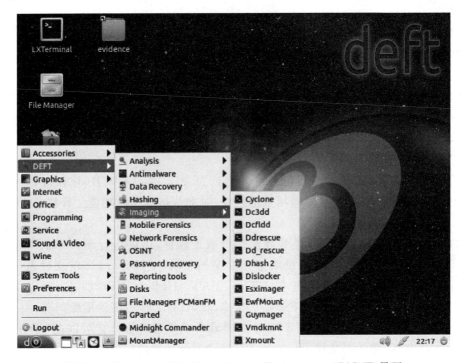

图 5.14　Computer Aided Investigative Environment (CAINE)界面

5.5　未来取证工具的发展

　　未来的取证工具,还会伴随着电子设备的发展而逐步发展。例如云取证技术、车载系统、移动终端等方向的专用取证工具会逐渐成熟。总体上看,跨平台、多线程、分布式是取证工具未来的发展方向。未来的取证工具可以无缝支持多种操作系统(包括移动终端操作系统),高度"系统化",以实验室管理系统为核心,将实验室的各个节点的运算资源统筹安排。改变目前以"案例"或"取证设备"为单元的模式,而是以取证要求和运算资源为单元。将技术难度隐藏在系统之下,使整个系统易用化,降低取证的技术门槛。使得电子数据取证成为每个执法人员都能操作的必要技能。

---

① http://www.caine-live.net/
② https://www.kali.org/

思 考 题

1. 概述美国的电子数据取证工具标准。
2. 请列出至少三种移动终端取证设备。
3. 介质取证软件主要有哪几种?
4. 试述 Live CD 开源取证工具的使用。

第 6 章

电子数据取证技术

本章学习目标
- 数字时间取证的规律和方法
- Windows 重点目录
- 浏览器取证技术
- 注册表取证技术
- 电子邮件取证技术
- 回收站取证技术
- 聊天应用取证技术
- 内存取证技术
- 日志取证技术
- Mac OS 的取证技术
- UNIX/Linux 的取证技术
- 移动终端的取证技术
- 网络电子数据取证技术
- 密码破解技术
- Office 文件取证技术
- 数字图像取证技术
- 逻辑数据恢复技术
- 硬件修复技术
- 数据库取证技术
- 虚拟仿真技术

在第 2 章中,已经讲解了电子数据取证的基础知识。电子数据取证技术有两个特点:一是涉及的领域广泛,凡是计算机科学知识都可以作为取证技术使用;二是实践操作要求高,在了解理论的基础上,要利用工具完成各个方面的取证工作。这就使得电子数据取证技术种类繁多且学习难度较大。本章从应用出发,按照操作系统分类和主要取证应用详细讲解取证技术。

6.1 数字时间取证

时间作为一种重要的标记,可以成为令人信服的证据。时间是进行其他取证的基础,确定时间是电子数据取证首要的不可或缺的环节;时间本身也是重要的证据,保存在硬盘或文件中的时间(又可以称为时间戳,Timestamp),可以作为证据来确定行为和后果。

如同现实世界中的时间一样,电子数据取证中的时间总是令人迷惑的。每个文件都有不同形式的时间戳:修改时间戳、访问时间戳、创建时间戳,还有日志里的时间戳,甚至压缩入光盘里的时间戳。有经验的取证人员知道时间不简单且包含很多不确定性,需要大量的知识和经验加上实际验证才能获得一个符合司法规定的时间证据。

6.1.1 取证环境时间校正和同步

取证环境的时间校正和同步主要分两方面:
- 取证设备的操作系统时间要与标准时间同步,确保取证的绝对时间准确。这是为了确保取证环境时间不会影响到取证装备的准确度,例如镜像和分析的时间戳。
- 取证工具的时间设置与被取证目标操作系统的时间偏移量保持相对一致,例如 Encase 取证时,要将时区设置为与被取证系统的时区一致。这是为了确保被取证系统的时间解析是符合标准的。

6.1.2 取证目标的时间检查

取证目标的时间检查注意以下因素:

1. 系统时间是否准确

这需要查看 CMOS 时间与标准时间的差异。如果系统时间不准确,文件时间也会相应不准确,需要注意偏移,防止因为偏移造成误判。

2. 时区和夏时制的影响

时区和夏时制往往被忽略,检查时不但要通过系统时间查看,还要查看注册表中当前时区。

3. 用户是否重新设置过时间和设置系统时间的次数

恶意用户为了掩盖自己的行为,往往修改系统时间后进行非法操作,然后再将系统时间改为正常来逃避打击。还有联网时是否进行过校正系统的时区。

4. 进程和应用程序写入的时间戳

(1) 不同操作系统、不同文件系统和不同的格式化工具,都可能影响时间。文件系统的变种或亚种可能会改变时间的标准。例如使用 PQmagic 这类工具创建硬盘。另外,字节顺序(大端和小端)也会导致时间被误读。

(2) 某些防病毒软件对文件进行扫描时,最后访问时间会发生改变。而某些防病毒软件在完成病毒扫描后会恢复最后访问时间。如果在扫描过程中一些感染病毒的文件被修复,那么这些文件的修改时间和最后访问时间都会更新。

(3) 很多软件为了加快数据的检索速度,都使用了索引(Index)功能,例如 Google 桌面、Baidu 桌面、Windows 桌面搜索等,索引功能会改变时间戳,因此需要特别注意。

(4) 在不同格式分区移动或者复制文件,它们的 M-A-C 时间可能会发生多种变化,这需要通过实验来验证,而不能迷信资料的论断。

5. 取证工具和人员的影响

系统时间、文件时间和本地时间的相互转换是隐藏在系统和应用软件之后的。这个过程是由系统或者软件开发者决定的。取证人员使用取证工具时,一定要充分考虑到时间的转换过程,一旦这个转换过程发生错误,那么很容易误导取证人员。例如文件时间被误认为本地时间,取证工具自动增加或者减少时区偏移,会导致结果错误。从实践中看,即使权威的取证工具也会发生此类错误[①]。

6.1.3 时间的更新规律

文件和文件夹在移动、复制、剪贴等常见操作下,时间会有不同的变化规律,如表 6.1 所示。这些变化规律取决于操作系统和文件系统,在取证时要严格注意。

表 6.1 不同操作下文件时间更新的特点

操 作	创建时间(C time)	修改时间(M time)	访问时间(A time)
重命名或者修改属性	不变	不变	不变
文件夹内文件变化	不变	更新	更新
卷内移动	不变	不变	不变
跨卷移动	更新	不变	更新
复制文件	更新(如果覆盖同名文件则不更新)	不变(目标文件)	更新
剪贴文件	不变	不变(目标文件)	更新

这里的复制文件和剪贴文件均包含卷内复制、剪贴和跨卷复制、剪贴。同时上述规则适用于 FAT/NTFS 文件系统。唯一不同的是,FAT 文件系统访问时间只包含日期,在把文件转移或者复制到 NTFS 系统时,访问时间会标识当前日期和时间。

文件夹的时间更新不同于文件,它有着以下规律。

文件夹在不同操作下时间变动规律不同,文件夹在重命名、修改属性和文件夹内容修改时,时间更新规律如表 6.2 所示。

---

① Encase V4 在运行浏览器脚本解析 IE 历史记录时会错误增加时间偏移。

表 6.2　文件夹更新规律

操　作	创建时间（C time）	修改时间（M time）	访问时间（A time）
重命名或者修改属性	不变	不变	更新
修改内容	不变	更新(NTFS)不变(FAT)	更新(NTFS)不变(FAT)

6.1.4　时间取证的基本判断规则

时间取证具有一定的基本判断规则：

(1) 如果修改时间等于建立时间，那么文件是原始文件，既没有被修改也没有被剪贴。

(2) 如果修改时间早于建立时间，则文件被复制或者移动过。

(3) 如果在硬盘上批量的文件具有很近的访问时间，这些文件极有可能被同一个工具软件扫描过，如杀毒软件。如果在一个文件夹中的一些图像和视频文件有很近的访问时间，并且没有其他的图像和视频文件具有相似的访问时间，则这些图像和视频文件极有可能被一个图像和视频预览工具访问或者打开过，例如用 Windows 资源管理器以缩略图的方式查看。

(4) 在一个文件夹中，如果一些文件的修改时间等于创建时间，并且有很近的创建时间或者修改时间，那么这些文件有可能是从网上批量下载的。

(5) 文件拷贝的时候，文件创建时间为拷贝的时间，文件修改时间与源文件一致。

(6) 文件下载的时候，文件创建时间为开始下载的时间，文件修改时间为下载结束的时间。注意：使用 IE 下载时是先下载到临时目录再拷贝。

(7) 压缩文件解压时，通常情况（winrar、winzip）下文件的创建时间为解压时间，文件修改时间与压缩前的文件一致。

时间取证的工具一般有 DCode 和 DateDecoder。前者是图形化界面，易于理解；后者虽然是终端命令，但是可以将时间与其表现形式双向解析。

工具使用

6.1.5　文件系统创建时间[①]

1. FAT 文件系统确定卷创建时间

在 FAT 分区中，如果设置卷标，在 FAT 表头会出现一个卷标记录，如图 6.1 所示。

---

① 刘浩阳.数字时间取证技术原理与应用.北京：信息网络安全，2010(3)：47-49.

```
Offset    0  1  2  3  4  5  6  7   8  9  A  B  C  D  E  F
000C00000 46 41 54 33 32 20 20 20  20 20 20 08 00 00 00 00   FAT32
000C00010 00 00 00 00 00 00 01 6E  3B 3E 00 00 00 00 00 00   .......n;>......
000C00020 00 00 00 00 00 00 00 00  00 00 00 00 00 00 00 00
000C00030 00 00 00 00 00 00 00 00  00 00 00 00 00 00 00 00
000C00040 00 00 00 00 00 00 00 00  00 00 00 00 00 00 00 00
000C00050 00 00 00 00 00 00 00 00  00 00 00 00 00 00 00 00
```

图 6.1 FAT32 卷标

相对于这个记录的偏移量 0x16 是 32 位 Windows/DOS 文件时间格式表示的最后写入时间，也就是卷更新(格式化)的本地时间。此例中 016E3B3E＝2011 年 1 月 27 日 13:48:02，如图 6.2 所示。

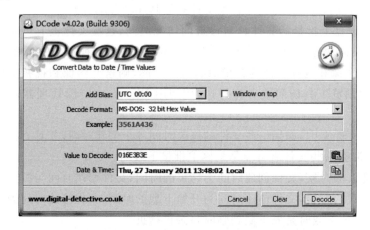

图 6.2 使用 DCode 解析 32 位 Windows/DOS 时间

遗憾的是，如果 FAT 未设置卷标，将无法得知卷建立时间。

2. NTFS 文件系统卷 M-A-C 时间

在格式化 NTFS 文件系统时，就建立了主文件表(MFT)，主文件表(MFT)由 MFT 项组成。MFT 项由头和属性列表组成。MFT 属性中的标准属性（＄STANDARD_INFOMATION)内嵌了 64 位 Windows/FILETIME 时间表示的 M-A-C-E 时间。因为 NTFS 将分区信息以文件形式保存，＄MFT 是 MFT 表的系统元文件，0 号 MFT 项就是对自身进行描述。在＄MFT 中偏移量 0x50 处开始的 32 字节(4 组)存储的是 M-A-C-E 时间，时间格式是 64 位 Windows/FILETIME 时间格式，如表 6.3 所示。

表 6.3 64 位 Windows/FILETIME 时间的数据结构

相对偏移量	长度(字节)	说明
0x00-0x07	8	建立时间
0x08-0x0F	8	修改时间
0x10-0x17	8	节点修改时间
0x18-0x1F	8	访问时间

0 号 MFT 项表示 NTFS 卷创建时间，因此 M-A-C-E 时间为同一个时间。此例中 23 0D A9 6D 1D 7F CB 01＝2010 年 11 月 8 日 16:17:48 GMT＋8，如图 6.3 所示。

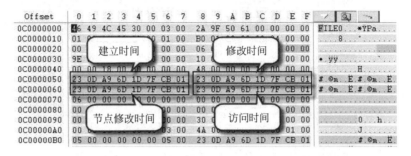

图 6.3　64 位 Windows/FILETIME 时间格式的存储结构

3. Ext3 文件系统卷 M-A-C 时间

Ext3 文件系统的前身是 Ext2，Ext2 的设计者主要考虑的是文件系统性能，没有考虑文件的元数据（例如权限、创建时间等）。Ext3 文件系统是它的升级版本，是基于 UFS 文件系统设计的，因此具有 UFS 的很多特性（例如时间格式）。由于 Ext3 的块大小可能会为 1024 字节、2048 字节或 4096 字节，因此也导致存放文件系统元数据的超级块的地址是随之变化的。当块大小是 1024 字节（2 扇区）时，0 号块是引导块或者保留块，超级块起始于 1 号块；当块大小是 2048 字节（4 扇区）时，0 号块的前两个扇区是引导程序或者保留扇区，超级块位于 0 号块的后两个扇区；当块大小是 4096 字节（8 扇区）时，0 号块的前两个扇区是引导程序或者保留扇区，2～3 号两个扇区为超级块，其余是空闲，如表 6.4 所示。

表 6.4　Ext3 文件系统的时间格式

相对偏移量	长度（字节）	说　明
0x2C-0x2F	4	最后挂载时间，C/UNIX 时间格式
0x30-0x33	4	最后写入时间，C/UNIX 时间格式
0x40-0x43	4	最后检查时间，C/UNIX 时间格式
0x108-0x10B	4	文件系统创建时间，C/UNIX 时间格式

可以从 0x108-0x10B 获得文件系统创建时间，也就是卷创建时间。此处卷创建时间＝95 84 79 4D＝2011 年 3 月 11 日 10:10:29 GMT＋8，如图 6.4 所示。Ext4 文件系统与 Ext3 文件系统只是增加日志功能，其他没有变化。

4. HFS＋文件系统确定卷 M-A-C 方法

格式化 HFS＋文件系统时，生成文件系统卷头。HFS＋文件系统卷头位于 2 号扇区，占用 1 个扇区，类似于 FAT 和 NTFS 的 DBR。Mac OS 系统使用大端字节顺序存储数据，如表 6.5 所示。

114　电子数据取证

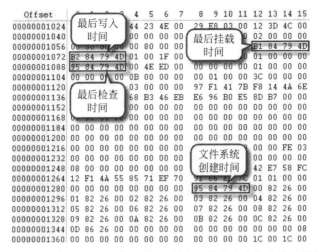

图 6.4　块大小是 1024 字节（2 扇区）的超级块内容中包含的时间信息

表 6.5　HFS＋文件系统的时间格式

相对偏移量	长度（字节）	说　明
0x10-0x13	4	创建时间，C/UNIX 时间格式
0x14-0x17	4	修改时间，C/UNIX 时间格式
0x18-0x1C	4	备份时间，C/UNIX 时间格式
0x1D-0x1F	4	最后检查时间，C/UNIX 时间格式

这四个时间中，创建时间以本地时间保存，其他时间以 GMT/UTC 时间保存。此例中卷创建时间＝C9 8E 89 18＝2011 年 2 月 26 日 10:40:24 Local，如图 6.5 所示。

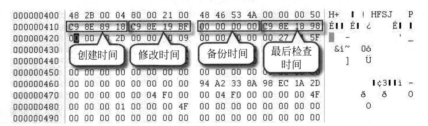

图 6.5　HFS＋文件系统的时间存储

6.1.6　操作系统安装时间

Windows 操作系统初始安装日期保存在注册表 HKEY_LOCAL_MACHINE\SOFTWARE\Microsoft\Windows NT\CurrentVersion 的 InstallDate 键中。时间以 C/UNIX 时间格式存储，如图 6.6 所示。

解析后，初始安装日期＝0x4CD7B6A8（大端）＝2010 年 11 月 8 日 16:36:56 GMT＋8。

图 6.6　保存在注册表中的 Windows 操作系统初始安装日期

6.1.7　开机和关机时间

计算机的开机和关机都是一个过程。这是一个时间段,而不是一个时间点。一方面,微软公司没有公开开机和关机时间戳的官方文档,因此只能从系统运行状态中来获得开关机的时间。另一方面,单纯的一个开关机时间戳会受到多种因素的影响,因此需要利用不同的时间戳来验证开关机的状态是否正常,开关机的时间是否合理,能否作为证据使用。

在 Windows 系统中,有多种方法可以验证开机的时间。

1. 开机时间

(1) 日志中的开机时间

Windows 的系统日志记录开关机的日志信息。其中事件 ID＝6005 记录事件日志启动时间,也可以认为系统的启动时间。事件 ID＝6006 记录事件日志停止时间,也可以认为是系统关闭时间。事件 ID＝6008 记录异常关闭。事件 ID＝6009 记录在启动过程中的操作系统版本和其他系统信息。例如(Windows 7 X64),时间 ID＝6005 记录于 2011 年 2 月 24 日 12:58:30 GMT＋8,如图 6.7 所示。

但是多种因素如断电、死机都可能会影响系统日志。例如瞬间断电会不记录事件日志(对于笔记本这类的有内置电源的,通过关机键会正常关机,这时候就记录)。

(2) 用户登录时间

Windows 操作系统的用户登录信息保存在"HKEY_LOCAL_MACHINE\SAM\SAM\Domains\account\Users\Names\％RID％\"中,如表 6.6 所示,RID 是相对标识符。由"HKEY_LOCAL_MACHINE\SAM\SAM\Domains\account\Users\Names\Names\用户

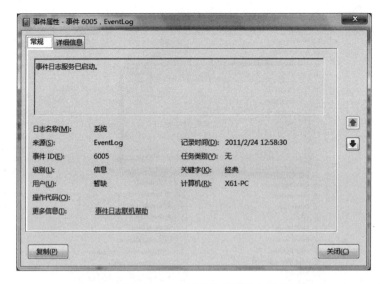

图 6.7 事件 ID=6005 记录事件日志启动时间

名"指定。此处记录了用户登录的时间信息,也可以认为是开机时间的一种表现。

表 6.6 注册表中的 Windows 操作系统用户登录和权限信息

键 值	说 明
HKEY_LOCAL_MACHINE\SAM\SAM\Domains\account\Users\Names\%RID%\F	用户登录信息
HKEY_LOCAL_MACHINE\SAM\SAM\Domains\account\Users\Names\%RID%\V	用户权限信息

例如,在 Windows 7 X64 中如图 6.8 所示。

图 6.8 用户"X61"的 RID 为"0x3E8"

用户"X61"的 RID 为"0x3E8"。在"HKEY_LOCAL_MACHINE\SAM\SAM\Domains\account\Users\Names\000003E8\F"(如图 6.9 所示)中是用户登录信息。

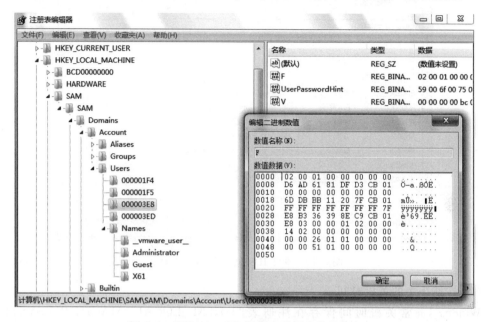

图 6.9 RID000003E8 键值中的用户登录信息

例如在此例中最后登录时间＝D6 AD 61 81 DF D3 CB 01＝2011 年 2 月 24 日 12：58：41 GMT＋8。设置密码时间＝6D DB BB 11 20 7F CB 01＝2010 年 11 月 8 日 16：36：42 GMT＋8，如表 6.7 所示。

表 6.7 用户登录信息的数据结构

偏 移 量	长度(字节)	说　　明
0x08-0x0F	8	最后登录时间(64 位 Windows/FILETIME 时间格式)
0x18-0x1F	8	设置密码时间(64 位 Windows/FILETIME 时间格式)
0x20-0x27	8	账户过期时间(64 位 Windows/FILETIME 时间格式)
0x28-0x2F	8	最后错误登录时间(64 位 Windows/FILETIME 时间格式)
0x39	1	0＝活跃账户，1＝不活跃
0x40-0x41	2	错误登录次数，在正确登录后重置

2．关机时间

在 Windows 中，正常关机会在以下两处留下记录。

(1) 系统日志中的关机时间

在 Windows 系统注销或者关闭时，需要停止事件日志服务，相应的事件 ID＝6006。可以认为是关机时间，如图 6.10 所示。

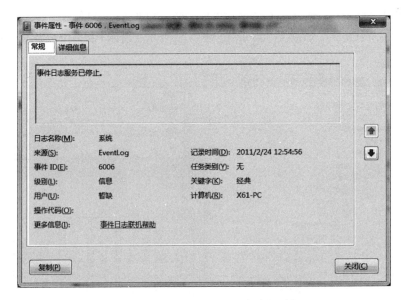

图 6.10　事件 ID=6006 对应关机时间

(2) 注册表中的关机时间

Windows 正常关机时间保存在注册表"HKLM_LOCAL_MACHINE\SYSTEM\CurrentControlSet00♯\Control"的 ShutdownTime 键值中，以 64 位 Windows/FILETIME 时间格式保存。

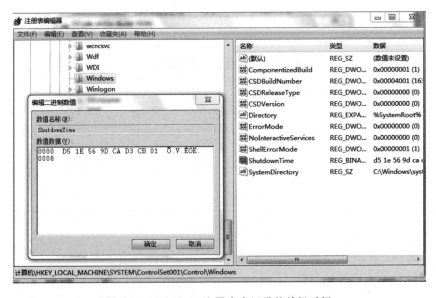

图 6.11　Windows 注册表中记录的关机时间

此例中"D5 1E 56 9D CA D3 CB 01"＝2011 年 2 月 24 日 10：29：08 GMT＋8，如图 6.11 所示。

以上所述均为正常的开机和关机时间，如果系统断电和死机，系统不一定会记录时间更新信息。例如断电或者硬重启时系统日志和注册表中就不会记录正常的关机时间，这时候就需要通过其他的方法来获取非正常的关机时间。

案例

2009 年 7 月 6 日，某单位送检一台硬盘式监控录像机。这台设备采用 PC 机架构，系统为 Windows 2000 Server。要求恢复被人为删除的 7 月 4 日 8：00—9：00 的录像。经过检查，CMOS 时间正常。通过恢复，顺利找到这些被删除的录像文件，但是发现恢复文件的时间与当前的北京时间相差 7 个小时。为什么会出现这样的情况？

如图 6.12 所示虚拟启动这台计算机，发现此设备的 Windows 2000 设置为格林尼治夏时制时间。与北京时间相差 7 个小时(GMT＋7)。EncaseV6 默认设置为当地时区，如果不在案例开始的时候将时区设置为机器设置的时区(格林尼治夏时制)，EncaseV6 将会将当前的时间加上偏移，此案例中就是加了 7 个小时，从而导致时间出现 7 个小时的偏差。在 Encase 中将时区设置为格林尼治后，时间恢复正常。

图 6.12　虚拟启动后查看系统时间

硬盘式录像机由于离线使用，无法联网同步时间，很多情况下时间不准，还有由于硬盘录像软件的原因，时区常常被设置为非北京时间。因此在检查时需要特别注意。

6.1.8 访问时间的证据效力

文件的属性时间是确定文件的创建、修改和访问的重要标记。在证据效力上，创建时间、修改时间、节点修改时间都有较强的证据力，而访问时间在 FAT 中不显示时间，以 2s 间隔更新，同时访问时间极易受到干扰，因此证据力最低。例如在未加载只读设备，只使用资源管理器查看文件的属性信息时，会篡改文件的访问时间，导致文件的证据力丧失。

在 FAT 文件系统中，访问时间更新是 1 天；在 NTFS 文件系统中，文件的最后访问时间的最大更新间隔是 1 小时。因此硬盘上文件的最后访问时间都是不准确的。当用户或程序对某个文件执行只读操作时，系统会延缓硬盘上文件的最后访问时间，但是会在内存中记录这个时间。当原始的最后访问时间和当前的最后访问时间差值大于 1 小时，才会更新文件的最后访问时间。如果执行写入操作，访问时间会立即更新。这种更新策略是减少频繁的硬盘读写对性能的影响。

6.2 Windows 取证

Windows 操作系统作为普及率最高的操作系统，无论系统的版本还是运行于其上的应用程序，都是数量无法计数的。无论是借助高度集成的工具，例如 Encase、FTK、X-ways，还是借助专用工具，例如分析快捷方式的 Mitec 的 Windows File Analyzer 工具，完整地分析完一遍重点目录和文件，所花费的时间和精力也是巨大的。针对 Windows 系统的电子数据取证始终是取证工作的主流。Windows 取证主要是针对重点的目录和文件进行取证的。本节将对这些重点目录和文件进行详细的讲解。

6.2.1 Windows 重点目录[①]

Windows 的系统目录，不同的版本默认存放在不同位置。一旦安装完成之后就无法更改。Windows 用注册表文件来存储用户的环境信息，以用户目录来存储用户的文件信息。二者是关联的。

1. 用户目录

在 Windows 9x/NT 之后的系统，出现了一个新的目录——用户目录，如表 6.8 所示用于存储用户文件和配置，以此来区分不同用户的使用环境和权限。无论是本地用户还是网络用户，第一次登录系统，就会为用户生成一个用户目录。以后每当用户登录时，都会加载用户的配置信息。用户注销时，会相应地卸载用户的配置信息。

---

① 米佳,刘浩阳.计算机取证技术.北京：群众出版社,2007.

表 6.8　不同版本的 Windows 用户目录

系 统 版 本	系统默认安装目录	用 户 目 录
Windows 9x	Windows	无
Windows NT	WINNT	WINNT\Profiles
Windows 2000	WINNT	Documents and Settings\用户名
Windows XP	Windows	Documents and Settings\用户名
Windows Vista/7/2008/8/10/2013	Windows	Users

用户目录中包含了很多重要文档：

(1) 最近访问的文档

最近访问的文档包括用户最近访问的文件。当用户打开一个目录或文件，系统自动就在这个最近访问的文档目录中生成一个这个文档的快捷方式。在开始菜单中，可以通过"最近访问的文档"来查看最近 15 个打开的文档。在 Documents and Settings\〈用户名〉\Recent 中，可以看到更多最近打开的文档的快捷方式。即使最近访问的文档已经被删除或者移走，但是通过快捷方式，仍然可以获取大量信息。在 WinVista/7 以后，最近访问的文档已经被更名为最后访问的位置，目录位于\Users\〈用户名〉\AppData\Roaming\Microsoft\Windows\Recent。

最近访问的文档揭示了用户最后和最经常使用哪些文档。这有助于了解用户习惯。通过聚焦这些文档，可以快速地开展取证工作，提取案件线索。

(2) 桌面

用户目录中有个重要子目录——桌面目录。桌面目录中保存了 Windows 桌面上的所有文件，不仅有快捷方式，还有存储在桌面上的各种文件。

以 Windows XP、Windows 2000 为例，桌面上显示的内容主要来自三个来源。

① 注册表中的设置决定了"我的文档"、"我的电脑"、"网上邻居"、"回收站"、"Internet Explorer"是否显示在桌面上。

② "Documents and Settings\用户名\桌面"目录中存储的是用户特有的快捷方式和文件。

③ "Documents and Settings\All Users\桌面"目录中存储的是每个用户共有的快捷方式和文件。

(3) 我的文档

我的文档是用户目录下的重要目录，它存储着用户的个人文件。其中包括"图片收藏"、"我的视频"、"我的音乐"等子目录。

(4) 发送到目录

发送到目录是集成在右键中的快捷指向。用户可以自定义发送到目录中的指向。通过研究这些指向，可以知道用户经常使用的文件存储位置。

除此之外，还包括临时目录、IE 收藏夹、Cookies 和历史记录等内置应用程序的目录和文件(在 6.2.2 节浏览器取证中具体介绍)。

2. 交换文件(Swap file)

当内存少于系统应用的需求时,系统会生成一个交换文件来暂存内存数据,以释放部分内存来进行应用。这个交换文件又叫做页文件(Pagefile.sys),它存在于根目录中。交换文件会很大,经常会超过内存容量。

一般来说,取证人员面对的都是断电之后获取的介质,也就是检查对象都是静态的存储。动态的内存数据因为断电而不复存在。交换文件可以部分地解决这个问题,通过检查交换文件,可以获取文件碎片以便进行分析。

3. 休眠文件(Hibernation File)

休眠文件是另外一个获得内存数据的来源。Windows XP 以后的系统都支持休眠功能。计算机进入休眠状态后,内存被转储到硬盘上的休眠文件中,以便于系统被唤醒时迅速进入系统而不必重新加载系统。休眠文件保存在系统根目录中的 hiberfil.sys 中。

因为是将内存数据完全镜像于休眠文件中,因此休眠文件的大小等同于系统内存。即使系统从未进入休眠状态,休眠文件也将存在,只不过数据都为 0x00。

4. 假脱机打印文件(Print Spooling)

Windows 中打印文件时,会生成假脱机打印文件如表 6.9 所示。假脱机打印文件在后台以队列方式自动运行,以便用户不必等待打印结束就可以继续打印下一个文件。当使用网络打印机时,假脱机打印文件将被发送给连接打印机的服务器上。打印完成后,假脱机打印文件会被系统逻辑删除。

表 6.9 不同系统下打印池存储路径

系　　统	打印池目录
Windows NT/2000	Winnt/system32/spool/printers
Windows XP/2003/Vista/7/2008/8/10/2013	Windows/system32/spool/printers

打印机以 RAW 和 EMF 两种模式来进行打印。RAW 模式指的是原始图像格式。EMF 模式,图像将被转换为 EMF(Microsoft Enhanced Metafile)格式,EMF 不是单独的文件,而是内嵌在其他文件中。EMF 是默认的打印模式。

每个打印任务会生成两个文件。一个是假脱机文件,扩展名为 SPL;另一个是影子文件,扩展名为 SHD。这两个文件的命名方式是"5 个数字"或者"字母+5 个数字",根据打印任务递增。例如 00002.SPL、00002.SHD 或者 FP00002.SPL、FP00002.SHD。假脱机文件(SPL)和影子文件(SHD)包含了用户名、打印机名、文件名、打印模式(RAW 或 EMF)等打印信息,但是它们的表现方式不同。假脱机文件(SPL)还包括了打印内容,如果是 RAW 模式,假脱机文件(SPL)就包含了原始打印内容。Windows 系统默认使用 EMF 模式,如表 6.10 所示,每个打印页面都被转换为 EMF 格式保存在假脱机文件(SPL)中。

在打印时,假脱机文件(SPL)和影子文件(SHD)会被保存在打印池中。这个目录由注册表 HKEY_LOCAL_MATHINE\SOFTWARE\Microsoft\Windows NT\CurrentVersion\Print\Printer\的 DefaultSpoolDirectory 键值决定。

表 6.10 不同系统的 EMF 头

操作系统	EMF 头（GREP 语法表示）
Windows 9x only	\x01\x00\x00\x00\x58\x00\x00\x00
Windows XP	\x01\x00\x00\x00\x5C\x01\x01\x00\x00\x00\x84\x00
Windows 2000	\x01\x00\x00\x00\xD8\x17\x01\x00\x00\x00\x58\x6E
Windows NT	\x01\x00\x00\x00\x18\x17
Windows 2000 & XP	\x01\x00\x00\x00..\x00.{34,34}EMF

EMF 文件有特殊的文件签名，这个签名在不同的系统中是不同的。

由于系统会在打印结束后删除假脱机文件，因此假脱机文件大都保存在未分配空间、文件松弛区、交换文件、休眠文件中。但是只要对 EMF 文件头进行文件签名分析，就会提取到打印过的图像信息。

5. 预读取文件（Windows Prefetch）

Prefetch 目录的作用是加快系统启动的进程。Windows XP 之后新的系统会自动记录下启动时运行的每一个程序，并根据这些信息加快下一次启动的时间。这些文件以 pf 为后缀。预读取文件的目录位于"Windows/Prefetch"。

在系统启动时，Windows Cache manager 监测两分钟内的启动进程，1 分钟内的 Windows 服务以及 10 秒内运行的应用程序。与"Task Scheduler"服务一起将这些进程、服务、程序的内存页保存在预读取文件中，一旦需要，就将其从硬盘中读取到内存中，以减少下一次系统启动的时间。由于仅仅保存了程序的少数内存页，因此启动速度会大大加快。例如，当用户运行记事本程序（Notepad.exe）时，Cache Manager 会遍历 Prefetch 目录以寻找记事本的预读取文件。如果没有，就通知系统将其制作成预读取文件。

预读取文件中包含了程序名称、时间戳和运行次数等信息。其中时间戳以 GMT 格式存储。

每一个预读取文件的文件头都有特殊标记，Windows XP/2003 以"11 00 00 00 53 43 43 41"开头，而 Windows Vista/7 以"17 00 00 00 53 43 43 41"开头。因此即使预读取文件被删除，也能通过 GREP 语法来找到文件起始，由于预读取文件没有文件尾，可以将超过源文件大小的数据提取出来进行分析。

6.2.2 浏览器取证

网页浏览器（Web Browser）通常也简称为浏览器，它是一种在万维网（World Wide Web）中用于检索、展现及传输信息资源的软件客户端。信息资源可以是一种网页、图片、音视频等内容。浏览器已经成为 Windows、Mac OS X、Linux 等各种操作系统中常用的客户端程序应用。

根据国外 Net Market Share 的最新统计数据,2014 年 10 月全球主流浏览器市场份额排行首位的是微软 IE 浏览器,总市场份额高达 58.49%,谷歌 Chrome 浏览器位居第二位,市场份额 21.25%,Firefox 火狐浏览器以 13.91%的市场份额位居第三位,如图 6.13 所示。

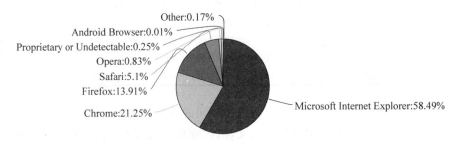

图 6.13　浏览器市场份额统计数据(2014 年 10 月)

除了 IE、Chrome、Firefox、Opera、Safari 等国际主流浏览器外,国内也有不少厂商开发基于不同内核的浏览器,QQ 浏览器(TT)、百度浏览器、搜狗浏览器、猎豹浏览器、360 浏览器、UC 浏览器、傲游(Maxthon)、世界之窗浏览器等,如表 6.11 所示。

表 6.11　常见浏览器内核及其对应的浏览器软件版本

浏览器内核	常用浏览器软件名及版本
Trident	Internet Explorer(V5~V11)、360 安全浏览器(V1~V5)、腾讯浏览器(TT)、淘宝浏览器(V1)、傲游(V1~V2)、世界之窗浏览器(早期版本)、百度浏览器(早期版本)、搜狗浏览器(V1 版本)
WebKit(跨平台) Blink(跨平台)	Google Chrome(V28 以下版本)、Safari、Amazon Kindle、Maxthon(V3~V4)等 Chromium 开源项目的部分,代表性的有 Chrome(V28.0.1469.0 以上版本)、Opera(V15 以上版本)、WebView(Android v4.4+)、Amazon Silk、百度浏览器 V7、世界之窗(极速版 4.3)
Gecko(跨平台)	Mozilla Firefox、Tor Browser、Mozilla SeaMonkey、Epiphany(早期版本)、Flock(早期版本)、K-Meleon
Presto(跨平台)	Opera(V12.17 以下版本)、Nintendo DS Browser、Internet Channel
Mosaic	Netscape、AMosaic、IBM WebExplorer、Internet Explorer(Mac)等

国内不少浏览器软件后续都采用了多内核引擎,如 Trident+WebKit、Trident+Blink 双内核。

(1) 360 安全浏览器(1.0~5.0 为 Trident,6.0 为 Trident+WebKit,7.0 为 Trident+Blink)。

(2) 360 极速浏览器(7.5 以下版本为 Trident+WebKit,7.5 为 Trident+Blink)。

(3) 猎豹安全浏览器(1.0~4.2 版本为 Trident+WebKit,4.3 版本为 Trident+

Blink)。

(4) 傲游浏览器(傲游 1.x、2.x 为 Trident 内核，3.x 为 Trident 与 Blink)。

(5) 世界之窗浏览器(最初为 Trident 内核，2013 年采用 Trident＋Blink)。

(6) 搜狗浏览器(1.x 为 Trident，2.0 及以后版本为 Trident＋Blink)。

(7) 淘宝浏览器(1.x 为 Trident，2.0 及以后为 Trident＋Blink)。

虽然浏览器版本繁多，工作方式也有差异，但用户在使用浏览器访问互联网上的资源后，会在计算机的硬盘中留下一些常见的痕迹，其中包括上网访问历史记录(即 URL 地址访问列表)、缓存(Cache)、Cookies、收藏夹(Favorites)、下载的资源列表等资源。

个人的互联网活动可以被用来证明或反驳犯罪行为，表明是否有网络资源的不恰当使用情况等。基于用户使用方便性等各种原因，各种浏览器往往会留下大量的互联网活动记录。针对不恰当的使用问题进行调查是大多数公司的典型取证活动，其中以不恰当地浏览网页最为普遍。很多企业有相关的网络安全及资源使用政策，如禁止员工利用企业的网络资源查看色情网站、黑客网站、休闲娱乐站点或玩网络游戏等。

网页浏览活动经常需要调查的内容主要有：

(1) 上网访问历史记录(访问过的站点地址列表、次数、最后访问时间等)；

(2) 缓存(Cache)；

(3) Cookies；

(4) 收藏夹(Favorites)。

本小节将重点介绍 Windows 平台下常见浏览器 IE、Firefox 的取证分析。

1. IE 浏览器

IE 是 Windows 操作系统内置的浏览器，多数人都会使用 IE 浏览器来访问相关网站。不同的 IE 浏览器版本存在一些细微的差异，IE 浏览器从版本 IE 5～IE 9 采用了相同的工作机制及数据存储方式，IE 10 以上版本则采用了全新的存储机制。为了方便阐述，以下内容中将 IE 分为两大类，分别为传统 IE 浏览器和新一代浏览器。传统浏览器指的是 IE 5～IE 9 之间各版本，新一代 IE 浏览器特指 IE 10～IE 11 之间的各版本。

1) 传统 IE 浏览器(5.0～9.0 版本)

(1) 上网访问历史记录

IE 浏览器会将所有访问过的站点各个页面的 URL 地址记录到用户配置文件夹下 History.IE5 文件夹中，并以浏览时间为序列列出最近浏览过的站点。所有 URL 地址链接和各种访问的详细信息都存储在名为 Index.dat 的索引文件中。

- Windows 2000/Windows XP：％systemdir％\Documents and Settings\％username％\Local Settings\History\History.IE5
- Vista/Win7/Win8：％systemdir％\Users\％username％\AppData\Local\Microsoft\Windows\History

需要注意的是，通过静态离线取证的方式(如图 6.14 所示)看到的文件目录结构往往与操作系统正在运行的情况下看到的有些差异。Windows 操作系统正在运行的情况下,对于数据的读取访问做了特殊处理,因此看到的信息都是经过处理后的内容,如图 6.15 所示,和真正在硬盘上存储的文件的视图有些差异。

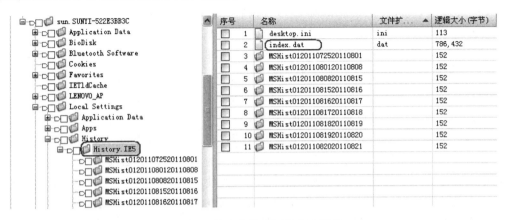

图 6.14 静态离线取证的查看视图

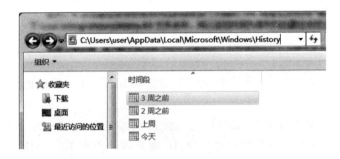

图 6.15 操作系统正在运行的查看视图

注意:通常在 History.IE5 下有一个全局索引文件 Index.dat,在各个以时间序列分组的各个文件夹下也都有一个索引文件 Index.dat。

用户在 IE 浏览器地址栏输入 URL 地址后,系统将会把输入过的网站 URL 存储到用户注册表 NTUser.dat 中,通常可通过注册表取证工具读取该文件节点 Software\Microsoft\Internet Explorer\TypedURLs 找到相应的信息。

(2) 缓存(Cache)

IE 浏览器为提升打开网页的速度,默认会将最近浏览过的内容保存到本地缓存中,当用户下一次打开同一个网站时,就不需要全部重新从远程的网站服务器上下载文件,而是直接从本地缓存中读取,当然 IE 浏览器也有相应的机制,可以设置是否更新过时的内容,如图 6.16 所示。

IE 浏览器的缓存数据通常存储在用户配置文件夹下的 Local Settings\Temporary

图 6.16　IE 临时文件及历史记录设置

Internet Files 文件夹（如\Documents and Settings\％username％\Local Settings\Temporary Internet Files\Content.IE5），如图 6.17 所示。用户也可能使用工具修改默认存储缓存的路径。

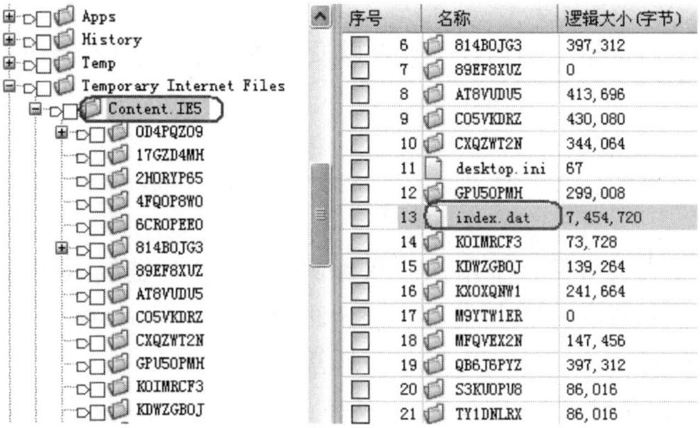

图 6.17　IE 历史缓存目录及索引文件

Content.IE5 中也有一个索引文件 Index.dat，然而它记录的信息与 History.IE5 中的索引文件不同。该 Index.dat 文件包含了通过 IE 浏览器访问网页后在该计算机中缓存的文件的相关记录，用于加快浏览器的速度。缓存的文件存储在本地计算机时被重新命名。

（3）Cookies

Cookies 通常存储在用户配置文件夹下的 Cookies 文件夹，该文件夹下保存了一个索引文件 Index.dat 和大量的 Cookies 文本文件。Index.dat 记录了用户访问的所有站点地址信息，Cookies 文本文件则单独记录了各个站点的相关信息，如图 6.18 所示。

如果同一个网站的多个页面启用了 Cookies 来存储相关数据，那么用户在访问后，就会有多个 Cookies 文件,通常在 Windows 系统下 Cookies 文件的命名规则是:"用户名@站点相关的名称[序号].txt",但也存在一些不按照这个规则命名的。

图 6.18　Cookies 索引文件

Cookies 的调查工具可以使用 Nirsoft 的 IECookiesView。

工具使用

(4) 收藏夹

浏览器中的收藏夹通常保存了用户感兴趣的网站 URL 链接,这些链接可以一定程度上体现用户的倾向性和意图。IE 浏览器中通常称为收藏夹(Favorites),如图 6.19 所示,其他类型浏览器(如 Firefox、Chrome 及 Safari)通常称为"书签"。

通常收藏夹默认存储于用户配置文件夹下的 Favorites 文件夹(％UserProfile％\Favorites)。然而越来越多的第三方工具提供了用户自定义 IE 收藏夹的存储位置。

收藏夹中每个站点链接的文件的扩展名为 url,因此电子数据取证分析软件多数可以通过遍历整个硬盘搜索,发现保存在其他位置下的收藏夹信息。当然也可以通过分析用户注册表(NTUser.dat)解析 IE 浏览器收藏夹的存储路径来了解该用户收藏夹实际的存储位置。用户注册表中记录用户 IE 收藏夹的路径为 Software\Microsoft\Windows\CurrentVersion\Explorer\Shell Folders\Favorites,如图 6.20 所示。

2) 新一代 IE 浏览器(10.0～11.0 版本)

2012 年 10 月,微软发布 Windows 8 操作系统,内置了 Internet Explorer 10 版本。2013 年 2 月微软也发布了适合在 Windows 7 系统运行的 Internet Explorer 10 版本。越来

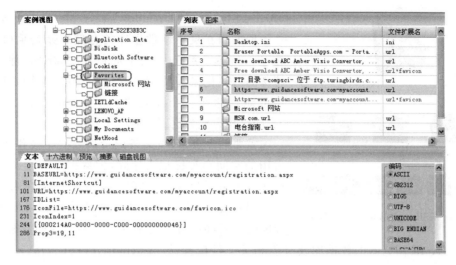

图 6.19　收藏夹

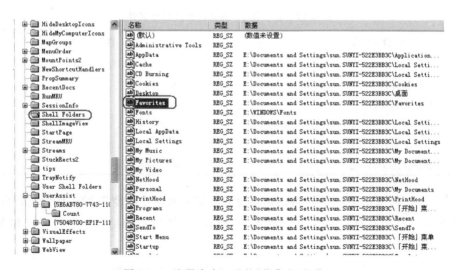

图 6.20　注册表中记录的"收藏夹"的位置

越多的计算机用户使用 IE 10.0 浏览器或更新版本来访问互联网。

从电子数据取证角度来看，新版本浏览器 IE 10.0 最大的变化就是使用一个全新的 WebCacheV01.dat 的数据库文件代替传统的 index.dat，该文件是一个数据库文件，它是一种可扩展存储引擎（Extensible Storage Engine，ESE）的数据库，早期也常被称为 Jet Blue。

ESE 可扩展存储引擎是微软一种灵活度很高的数据库类型，数据库大小可以是 1MB，也可以是 1TB。它使用一种崩溃恢复机制，保障数据库所存储的数据的一致性，ESE 的高级缓存系统让其能高效访问数据。除了 IE 10.0 之外，Windows 系统中还有大量应用程序使用此类数据库来管理，如 Windows Mail、Windows 桌面搜索、Exchange Server、活动目录

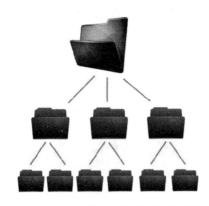

图 6.21　ESE 使用 B 树进行数据存储

（Active Directory）和 Windows Live Messenger 等。

ESE 可扩展引擎数据库的存储单元是页（Page），在 Windows 7 系统中，每个页大小为 32KB。除了部分特殊的"长"记录需要跨页存储外，数据库每条记录都尽可能存储在一个独立的页中。ESE 采用 B 树（B-Tree）结构存储数据，如图 6.21 所示。

重要的一点是，当某条记录从数据库被移除后，其占用的空间会被标记为删除，但数据库不会执行覆盖操作。正是因为这点，只要被移除的记录尚未被另外的记录覆盖，那么原记录的数据内容极其可能还在未分配的空间，因此有机会恢复尚未被覆盖的数据。

新一代 IE 浏览器的数据库及日志相关文件位置：%systemdrive%\Users\%user%\AppData\Local\Microsoft\Windows\WebCache，如表 6.12 所示。

表 6.12　新一代 IE 浏览器相关数据文件

文件类型	文件名
ESE 数据库文件	WebCacheV01.dat（结构如表 6.13 所示）
检查点文件	V01.chk
事务日志文件	V01.log
预留事务日志文件	V01res#####.jrs
预留事务日志文件	V01res#####.jrs
事务日志文件	V01#####.log

注意：最新的 Windows 7 和 Windows 8 正式版的系统中均使用 V01 作为基础名称，如表 6.13 所示。然而有资料证明，在早期的 Windows 8 Beta 或预览版中用到 V16 和 V24 作为基础名称。

表 6.13　表 WebCacheV01.dat 数据库文件结构

文件结构说明	偏移量	长度（字节）	说　　明
Check Sum	0x00	4	异或（XOR）校验和
File Header	0x04	4	固定值 EF CD AB 89
File Format	0x08	4	文件格式版本
Database Time	0x16	8	数据库时间
Database Signature	0x24	28	数据库签名
Database State	0x52	4	数据库状态（03 为 Clean，02 为 Dirty）
……	……	……	

工具使用

通过利用 Nirsoft 网站提供的 ESEDatabaseView 工具可以查看 ESE 类型的数据库内容。

（1）上网访问记录（History）

在 WebCacheV01.dat 数据库查询"Name"字段中名为 History 类别对应的 ContainerID，然后再分别查询其对应的 Container_♯♯表即可获得上网访问记录（通常有 2 个对应的 Container 数据表）。以下范例可以看出一个名为 History 的 ContainerID 为 3，PartitionID 为 M，另一个 ContainerID 为 24，PartitionID 为 L，如图 6.22 和图 6.23 所示。

图 6.22　上网访问记录（History）：相关的数据表及存储位置

图 6.23　上网访问记录（History）：数据表（Container_3）

值得特别注意的是,微软 IE 浏览器除了记录使用者访问网站的行为,还会记录 Windows 资源管理器打开文件的历史记录,新一代浏览器及传统浏览器各版本均有此共同特性。因此,通过 IE 访问记录(History)的分析,可以获得被取证人员的文件打开痕迹记录,包括打开时间、次数、文件名及完整路径。本地访问的文件记录是以 file://为前缀,而不是 http://,这个是最大的区别,如图 6.24 所示。

AccessCount	AccessedTime	Url
2	2015/1/5 13:56:12	Visited: user@file:///D:/ForensicTools/ziliao/345.pdf
1	2015/1/5 14:15:39	Visited: user@file:///D:/ForensicTools/ziliao/DatabaseForensic.pdf
1	2015/1/5 13:49:54	Visited: user@file:///D:/ForensicTools/ziliao/directoryentries.pdf
1	2015/1/5 13:50:07	Visited: user@file:///D:/ForensicTools/ziliao/dork_history_reader.zip
1	2015/1/5 15:53:48	Visited: user@file:///D:/ForensicTools/ziliao/ESCForensics%20Analyzing%20Thumbcache.mht
2	2015/1/5 14:19:38	Visited: user@file:///D:/ForensicTools/ziliao/EseDbViewer.v.1.0.6.zip
1	2015/1/5 15:58:14	Visited: user@file:///D:/ForensicTools/ziliao/Extensible%20Storage%20Engine%20(ESE)%20Databas
1	2015/1/5 13:51:00	Visited: user@file:///D:/ForensicTools/ziliao/FAT32diskstructuur.pdf
2	2015/1/6 12:41:10	Visited: user@file:///D:/ForensicTools/ziliao/Forensic%20analysis%20of%20the%20ESE%20databas
1	2015/1/5 14:15:45	Visited: user@file:///D:/ForensicTools/ziliao/Forensic%20analysis%20of%20the%20Windows%20Se
1	2015/1/5 13:49:36	Visited: user@file:///D:/ForensicTools/ziliao/ForensicsSheet.pdf
1	2015/1/5 13:51:25	Visited: user@file:///D:/ForensicTools/ziliao/forensische-analyse-windows-register.pdf
1	2015/1/5 15:44:50	Visited: user@file:///D:/ForensicTools/ziliao/FULLTEXT02.pdf
1	2015/1/5 13:49:42	Visited: user@file:///D:/ForensicTools/ziliao/ID_Windows.pdf
1	2015/1/5 13:52:50	Visited: user@file:///D:/ForensicTools/ziliao/Internet%20Explorer%20History%20File%20Format%2
1	2015/1/5 14:19:35	Visited: user@file:///D:/ForensicTools/ziliao/libesedb-master.zip
1	2015/1/5 13:51:18	Visited: user@file:///D:/ForensicTools/ziliao/linkfile-parsing.pdf
1	2015/1/5 13:49:49	Visited: user@file:///D:/ForensicTools/ziliao/Memory%20Analysis%20Cheat%20Sheet.current.pdf
1	2015/1/5 15:46:16	Visited: user@file:///D:/ForensicTools/ziliao/nirsoft/A%20few%20words%20about%20the%20cache
1	2015/1/5 15:02:22	Visited: user@file:///D:/ForensicTools/ziliao/nirsoft/BrowsingHistoryView%20-%20View%20browsin
1	2015/1/5 15:03:18	Visited: user@file:///D:/ForensicTools/ziliao/nirsoft/browsinghistoryview-x64.zip

图 6.24 上网访问记录(History)

场景应用

2012 年,福建省某地市公安局抓获一个非法网络传销人员,通过对 IE 浏览器进行分析,发现该嫌疑人在特定时间范围打开过大量网络传销相关文件(上下线会员及银行账户信息等文档),但文档已经全部被删除,通过对硬盘的深度搜索,最终恢复出大量相关的涉案文档,经确认该人是传销网络中较高级别的人物,涉案金额巨大。

(2) 缓存内容(Content)

在 WebCacheV01.dat 数据库查询"Name"字段中名为 Content 类别对应的 ContainerID,然后再分别查询其对应的 Container_# 表即可获得访问站点的缓存内容(通常有 2 个对应的 Container 数据表)。以下范例可以看出一个名为 Content 的 ContainerID 为 16,PartitionID 为 L,另一个 ContainerID 为 17,PartitionID 为 M,如图 6.25 和图 6.26 所示。

ContainerId	Name	PartitionId	Directory
16	Content	L	C:\Users\user\AppData\Local\Microsoft\Windows\Temporary Internet Files\Low\Content.IE5\
17	Content	M	C:\Users\user\AppData\Local\Microsoft\Windows\Temporary Internet Files\Content.IE5\
2	Cookies	M	C:\Users\user\AppData\Roaming\Microsoft\Windows\Cookies\
1	Cookies	L	C:\Users\user\AppData\Roaming\Microsoft\Windows\Cookies\Low\
4	DOMStore	M	C:\Users\user\AppData\Local\Microsoft\Internet Explorer\DOMStore\
6	DOMStore	L	C:\Users\user\AppData\LocalLow\Microsoft\Internet Explorer\DOMStore\
3	History	M	C:\Users\user\AppData\Local\Microsoft\Windows\History\History.IE5\
24	History	L	C:\Users\user\AppData\Local\Microsoft\Windows\History\Low\History.IE5\

图 6.25 缓存内容(Content)：相关的数据表及存储位置

ModifiedTime	AccessedTime	Url	Filename
2012/11/15 9:07:18	2014/12/23 1:36:18	http://172.16.0.80/webAuth/index.htm?www.duba.com/?f=dbsj&db_99_50&z=0	index[1].htm
2012/7/4 2:56:36	2014/12/26 1:02:58	http://172.16.0.80/styles/util.css	util[1].css
2012/7/4 2:56:36	2014/12/26 1:02:58	http://172.16.0.80/scripts/util.js	util[1].js
2012/7/4 2:56:36	2014/12/26 1:02:58	http://172.16.0.80/images/rz_button.jpg	rz_button[1].jpg
2012/7/4 2:56:36	2014/12/26 1:02:59	http://172.16.0.80/images/rz_ico.jpg	rz_ico[1].jpg
2014/9/3 10:00:27	2015/1/3 12:58:15	http://www.baidu.com/img/bd_logo1.png	bd_logo1[1].png
2011/6/22 6:40:43	2015/1/3 12:58:15	http://www.baidu.com/img/baidu_jgylogo3.gif	baidu_jgylogo3[1].gif
2014/11/20 5:03:47	2015/1/3 12:58:15	http://s1.bdstatic.com/r/www/cache/static/jquery/jquery-1.10.2.min_f2fb5194.js	jquery-1.10.2.min_f2fb5194[1].js
2012/11/15 9:07:18	2014/12/12 10:29:24	http://172.16.0.80/webAuth/index.htm?www.duba.com/?f=ntab	index[1].htm
2014/12/17 23:45:29	2014/12/23 1:36:12	http://www.duba.com/?f=dbsj&db_99_50&z=0	duba.com[1]
2014/9/29 8:47:14	2014/12/28 0:18:00	http://www.duba.com/static/v2/js/jquery-1.7.2.min.js?v=20140929	jquery-1.7.2.min[1].js
2013/11/29 15:50:18	2014/12/28 0:18:00	http://www.duba.com/static/v2/images/blank.gif	blank[1].gif
2014/12/12 13:41:39	2014/12/12 12:05:42	http://www.duba.com/static/images/public/20141210/8263950293f542e7e3eb06c3e2f382.png	8263950293f542e7e3eb06c3e2f382[1].png
2014/9/26 11:13:59	2014/12/28 0:18:00	http://www.duba.com/static/images/public/20140926/c0284ac4677c66a43231fca73cc62192.jpg	c0284ac4677c66a43231fca73cc62192[1].jpg
2014/12/10 9:08:16	2014/12/12 12:05:42	http://www.duba.com/static/images/public/20141210/02f0e1c7ad6ac1060a0bd33681de411e.jpg	02f0e1c7ad6ac1060a0bd33681de411e[1].jpg
2014/12/13 13:45:14	2014/12/11 8:13:30	http://www.duba.com/static/images/public/20141210/86cfa3d455772b995f15b729bba3a330.png	86cfa3d455772b995f15b729bba3a330[1].png
2014/12/10 8:32:04	2014/12/11 8:13:30	http://dh1.kimg.cn/static/images/public/20141210/6544da4f59004f44e161e7acc9eb77d1.jpg	6544da4f59004f44e161e7acc9eb77d1[1].jpg
2014/12/5 8:39:41	2014/12/18 0:11:10	http://img1.ijinshan.com/static/v2/css/min.base.css?v=20141205163941	min.base[1].css
2014/10/15 7:39:23	2014/12/28 0:18:02	http://img1.ijinshan.com/static/v2/images/repeat_bg.png?_201410151124	repeat_bg[1].png
2014/4/15 9:44:39	2014/12/28 0:18:02	http://img1.ijinshan.com/static/v2/images/taobao_search_n.png?_20141171728	taobao_search_n[1].png
2013/11/29 15:50:18	2014/12/28 0:18:02	http://img1.ijinshan.com/static/v2/images/blank.gif	blank[1].gif

图 6.26 缓存内容：URL 及缓存文件名

缓存内容记录了使用者访问哪个网站页面及页面包含的所有嵌入的文件(如 HTML 网页文件、图片、Flash、CSS、JavaScript 文件等)。

默认 IE 浏览器将缓存文件存储在以下 2 个位置,但用户可在浏览器中修改 Internet 临时文件的路径到指定文件夹。

- ％systemdrive％\Users\％username％\AppData\Local\Microsoft\Windows\Temporary Internet Files\Content.IE5(如图 6.27 所示)
- ％systemdrive％\Users\％username％\AppData\Local\Microsoft\Windows\Temporary Internet Files\Low\Content.IE5

```
C:\Users\henry\AppData\Local\Microsoft\Windows\Temporary Internet Files\Content.IE5 的目录

2013/05/12  16:24    <DIR>          .
2013/05/12  16:24    <DIR>          ..
2013/05/12  17:39    <DIR>          0PM5OK9T
2013/05/12  17:37    <DIR>          16B3LPXF
2013/05/12  17:35    <DIR>          8GQ0RU8A
2013/05/12  16:24                 0 container.dat
2013/05/12  17:43    <DIR>          EDUOBN8F
               1 个文件              0 字节
               6 个目录 55,486,337,024 可用字节
```

图 6.27 缓存文件目录

（3）Cookies

Cookies 是浏览器可以记录用户访问网站的一些相关行为信息，如访问次数、喜好、用户名等。Cookies 可以分为两种类型：会话型和永久型。会话型通常跟踪用户的浏览会话，只是临时性存储在内存中，但用户关闭浏览器时 Cookies 的信息就会丢失，但是由于内存中的数据可能有时会在硬盘中的交换文件（pagefile.sys）、休眠文件（hiberfil.sys）中找到。如果有在网上购物，你或许就会发现，在一些网络商城站点，如当当网书城、淘宝网，在尚未以用户名登录的情况下，将商品加入购物车后，不小心关闭了浏览器，在重新打开浏览器访问网站的时候，发现之前加入到购物车的商品还在，这个就是 Cookies 的一个典型应用。

Cookies 可以让取证人员了解浏览器使用者访问过哪些网址，并且在该网站进行的一些相关操作，有时甚至可以提取到 Cookies 中保存的用户名、密码明文及密文（如经过散列算法保护 MD5）等用户信息。通常 Cookies 需要设定其有效期，它包含了一系列记录，每条记录包括了以下相关的信息：

① 变量(Key)：存储的变量名；

② 值(Value)：关键词的值；

③ 主机(Host)：写入该记录的主机名称；

④ 安全性：通常有 True 和 False 两个值（如果是 SSL 站点的通常为 True）；

⑤ 修改时间：最后一次修改记录的时间；

⑥ 有效期：过期后该 Cookies 信息将失效。

在 WebCacheV01.dat 数据库查询"Name"字段中名为 Cookies 类别对应的 ContainerID，然后再分别查询其对应的 Container_♯♯表即可获得各个网站 Cookies 相关 URL 及对应的 Cookies 文本文件（通常有 2 个对应的 Container 数据表），如图 6.28 和图 6.29 所示。

ContainerId	Name	PartitionId	Directory
1	Cookies	L	C:\Users\user\AppData\Roaming\Microsoft\Windows\Cookies\Low\
2	Cookies	M	C:\Users\user\AppData\Roaming\Microsoft\Windows\Cookies\
3	History	M	C:\Users\user\AppData\Local\Microsoft\Windows\History\History.IE5\
4	DOMStore	M	C:\Users\user\AppData\Local\Microsoft\Internet Explorer\DOMStore\
6	DOMStore	L	C:\Users\user\AppData\LocalLow\Microsoft\Internet Explorer\DOMStore\
14	UserData	M	C:\Users\user\AppData\Roaming\Microsoft\Internet Explorer\UserData\
16	Content	L	C:\Users\user\AppData\Local\Microsoft\Windows\Temporary Internet Files\Lo
17	Content	M	C:\Users\user\AppData\Local\Microsoft\Windows\Temporary Internet Files\Co
20	iecompatua	M	C:\Users\user\AppData\Roaming\Microsoft\Windows\iecompatuaCache\
21	iedownload	M	C:\Users\user\AppData\Roaming\Microsoft\Windows\IEDownloadHistory\
24	History	L	C:\Users\user\AppData\Local\Microsoft\Windows\History\Low\History.IE5\
26	iecompat	M	C:\Users\user\AppData\Roaming\Microsoft\Windows\IECompatCache\
27	UserData	L	C:\Users\user\AppData\Roaming\Microsoft\Internet Explorer\UserData\Low\

图 6.28 查看 WebCacheV01 中 Cookies 信息对应的数据表

ModifiedTime	AccessCount	AccessedTime	Url	Filename
2014/12/16 15:17:22	6	2015/1/5 14:06:05	Cookie:user@c.bing.com/	15CY3NP5.txt
2014/10/12 14:16:56	1	2014/10/17 11:57:23	Cookie:user@office.microsoft.com/	user@office.microsoft[2].txt
2014/10/12 14:16:58	1	2014/10/17 11:57:23	Cookie:user@c.msn.com/	user@c.msn[2].txt
2015/1/5 15:08:07	86	2015/1/5 15:08:07	Cookie:user@addthis.com/	W8SHV4UA.txt
2014/12/29 13:24:29	94	2015/1/6 13:44:32	Cookie:user@l.qq.com/	YK1I1DPZ.txt
2013/12/21 4:09:00	1	2014/10/17 11:57:23	Cookie:user@www.sumuri.com/	user@www.sumuri[2].txt
2013/12/21 3:12:49	83	2015/1/6 13:44:36	Cookie:user@hm.baidu.com/	user@hm.baidu[1].txt
2013/12/21 3:02:13	1	2014/10/17 11:57:23	Cookie:user@easeus-partition-maste...	user@easeus-partition-master
2014/12/28 5:09:53	80	2014/12/28 6:16:26	Cookie:user@oooxm.com/	1KUNCIN8.txt
2013/12/21 3:01:51	1	2014/10/17 11:57:23	Cookie:user@google.com.hk/	user@google.com[2].txt
2015/1/1 12:32:43	487	2015/1/6 13:44:32	Cookie:user@qq.com/	GMHVHGVN.txt
2014/12/25 23:31:56	16	2015/1/5 14:05:58	Cookie:user@scorecardresearch.com/	FAEQOO28.txt
2014/10/12 12:08:21	1	2014/10/17 11:57:23	Cookie:user@123.sogou.com/	user@123.sogou[2].txt
2015/1/6 12:46:50	139	2015/1/6 12:46:50	Cookie:user@microsoft.com/	0H78OWAT.txt
2014/12/29 13:34:04	48	2015/1/5 15:06:30	Cookie:user@google.com/	REJ4Y3EZ.txt
2014/12/17 23:18:51	14	2014/12/17 23:18:51	Cookie:user@m.webtrends.com/	2EMI3ZDE.txt
2013/12/21 3:18:31	1	2014/10/17 11:57:23	Cookie:user@softonic.com/	user@softonic[2].txt
2013/12/21 3:41:00	1	2014/10/17 11:57:23	Cookie:user@easeus.com/	user@easeus[2].txt
2014/10/12 14:16:58	1	2014/10/17 11:57:23	Cookie:user@msn.com/	user@msn[2].txt
2014/12/29 13:36:05	21	2014/12/29 13:36:05	Cookie:user@sogou.com/	DT85Q3C9.txt
2013/12/21 3:12:50	1	2014/10/17 11:57:23	Cookie:user@baofeng.com/	user@baofeng[1].txt

图 6.29　Cookies 来源 URL 及文本文件名

工具使用

目前国外主流的 EnCase V7.10.1 及 FTK 还不支持 IE 10.0 以上版本的数据解析。支持 IE 10.0 以上版本的国外取证工具有 Internet Evidence Finder 和 Belkasoft Evidence Center，国内的取证工具有取证大师及 Safe Analyzer。

2. 火狐(Firefox)浏览器

Firefox(火狐)浏览器在全球的用户市场份额也占据了较大的比例，拥有较多的用户群体，此外上 Firefox 是一款跨平台的浏览器。早期名为 Firebird，于 2004 年正式改名 Firefox，并发布了 V1.0 版本。虽然版本变化较快，然而其数据存储的方式变化不是很多，只是在功能上有较多较快的更新，如表 6.14 所示。

表 6.14　Firefox 版本及发布时间点

年　份	Firefox 版本
2004 年	V1.0
2005 年	V1.5
2006 年	V2.0
2008 年	V3.0

续表

年　　份	Firefox 版本
2009 年	V3.5
2010 年	V3.6、V4.0
2011 年	V5.0～V9.0[①]
2012 年	V10.0～V17.0
2013 年	V18.0～V26.0
2014 年	V27.0～V34.0
2015 年	V35.0

本节以 Firefox V35.0 中文版为例介绍该版本浏览器的数据存储及分析方法。

存储路径：％systemdrive％\Users\％username％\AppData\Roaming\Mozillar\Firefox\Profiles，如图 6.30 所示。

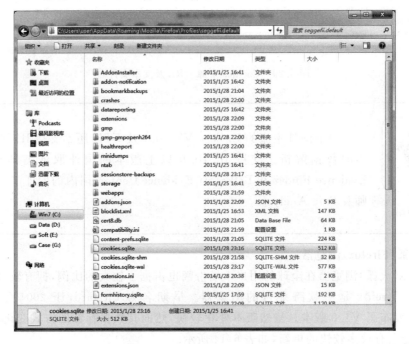

图 6.30　Firefox 版本默认数据存储路径

由于采用的是 SQLite 数据库（如表 6.15 所示），因此可以使用 SQLite 数据库查看工具（如 Mitec SQLiteQuery、SQLiteStudio 等）打开该文件进行 SQL 语句查询，即可看到数据库中的数据。

---

① 版本号采用新的方式（Rapid Release）。

表 6.15　Firefox 常见数据存储位置

类　　型	数据库文件名	数据表名
上网历史记录（History）	places.sqlite	moz_places
书签（Bookmark）	places.sqlite	moz_bookmarks
下载文件列表	places.sqlite	moz_annos
Cookies	cookies.sqlite	moz_cookies
表单历史记录	formhistory.sqlite	

（1）上网历史记录、书签及下载文件列表路径：％systemdrive％\Users\％username％\AppData\Roaming\Mozilla\Firefox\Profiles\xxxxxxxx.default\places.sqlite，如图 6.31、图 6.32 和图 6.33 所示。

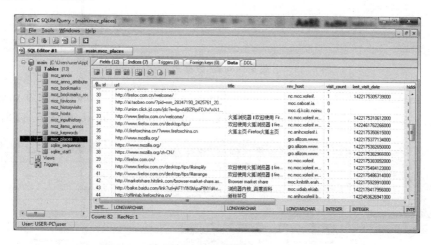

图 6.31　上网历史记录［数据表：moz_places］

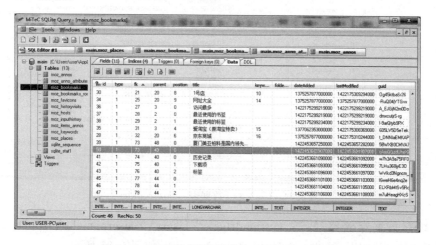

图 6.32　书签数据［数据表：moz_bookmarks］

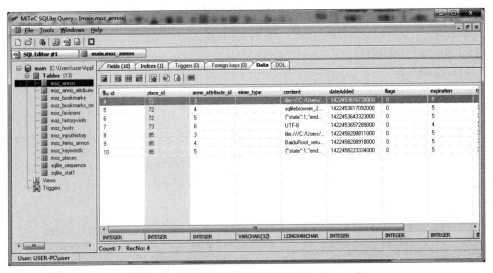

图 6.33　下载文件列表［数据表：moz_annos］

（2）Cookies 存储文件路径：％systemdrive％\Users\％username％\AppData\Roaming\Mozilla\Firefox\Profiles\xxxxxxxx.default\cookies.sqlite，如图 6.34 所示。

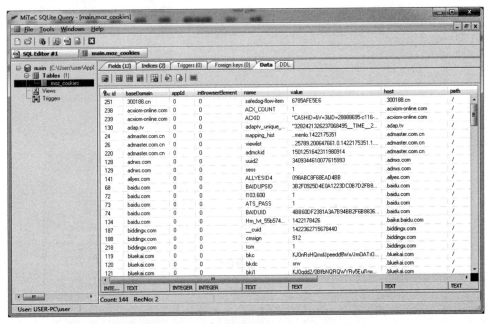

图 6.34　Cookies［数据表：moz_cookies］

（3）缓存数据存储路径：％systemdrive％\Users\％username％\AppData\Local\Mozilla\Firefox\Profiles\xxxx.default\cache2\entries，如图 6.35 所示。

图 6.35 默认缓存文件路径

工具使用

Firefox 浏览器可以使用 Foxton Software 免费浏览器分析工具。Browser History Viewer V1.1.2 支持 Chrome 所有版本、IE（V10 以上版本）、Firefox（V3 以上版本）的数据分析，包括上网记录、缓存文件（可重构网页页面）。

浏览器的历史记录分析可获得用户的各种网络行为及本地文件访问行为，其数据可成为重要的电子数据证据，或为案件调查带来重要线索。目前没有一个工具可以全面支持各类浏览器的数据分析，因此在进行调查时，需要掌握各种浏览器的数据存储位置、数据库结构，应用各种工具进行分析。

6.2.3 注册表取证

注册表是 Windows 系统存储关于计算机配置信息的中央数据库，在系统起着核心作用。注册表中的数据是以二进制的形式存储的，这个数据库存放有计算机硬件和软件的配置信息、应用软件和文档文件的关联关系以及各种网络状态信息和其他数据。注册表是 Windows 操作系统的核心，可以说计算机上所有针对硬件、软件、网络的操作都是源于注册表的。同时它也是一个信息丰富的证据库，对于电子数据取证非常重要，电子数据取证中的很多证据都是直接来源于注册表。例如，Windows 注册表就包含了大量关于用户账号、访问记录、网络共享、运行历史等记录。正确提取注册表中的有效数据将对取证工作大有帮助。

1. 注册表概述

作为 Windows 3.x 和 MS-DOS 中 ini，autoexec.bat，config.sys 这些文件的替代者，注册表在 Windows 95 系统首次出现，随后多用户操作系统 Windows NT/2000/XP/VISTA/2003/7/2008/2008 R2/8/8.1/2012/10 的注册表文件比 Windows 95/98/ME 要复杂得多，功能也强大得多。尽管注册表的支持文件不尽相同，但是按功能来分，这些操作系统的注册表是由系统注册表文件和用户注册表文件两类组成的。

2. 注册表的组织结构

使用注册表编辑器"Regedit.exe"可以查看注册表的内容，注册表编辑器显示的是注册表的逻辑结构，如图 6.36 所示。

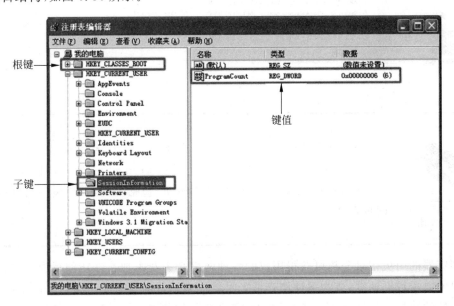

图 6.36 注册表的逻辑结构

注册表系统是按照三层结构组织的，以树形结构排列，由[根键]—[子键]—[键值]组成。

(1) 注册表根键的组织方式

根键是系统定义的配置单元，通过"HKEY_"来表示。注册表中有 5 个根键。请注意，根键和注册表配置单元(Hive)是截然不同的，根键是注册表编辑器显示的 5 个主要键视图，而注册表配置单元(Hive)除了 HKLM 和 HKU 两个根键是配置单元实体，其他都是其中的某一个子键是配置单元，而且配置单元是指向硬盘中的某一实体的。表 6.16 显示了这些根键和它们的缩写。

表 6.16 根键

名 称	缩 写
HKEY_LOCAL_MACHINE	HKLM
HKEY_USERS	HKU
HKEY_CLASS_ROOT	HKCR
HKEY_CURRENT_USER	HKCU
HKEY_CURRENT_CONFIG	HKCC

HKLM 和 HKU 是真正存储在硬盘物理文件里面的根键。HKCU 其实是 HKU 一个子键的符号链接。HKCR 和 HKCC 是 HKLM 的符号链接。根键的名字以"H"开头是因为根键的名字代表了 Win32 访问键的句柄(Handle)。

(2) 键值

每个键都有一个或多个值。每个值包括 3 个部分：名称、类型、数据，如表 6.17 所示。

表 6.17 键值的组成

值	描 述
名称	值的类型决定它所包含的类型
类型	注册表中的数据类型，例如 REG_BINARY、REG_DWORD 等
数据	键值包含与键类型相关的数据

注册表键值主要的类型是：REG_DWORD，REG_BINARY 和 REG_SZ。REG_DWORD 储存数字或布尔值；REG_BINARY 储存超过 32 位的数字或者是原始数据，如加密密码；REG_SZ 储存 Unicode 编码的字符串，如名字、文件名、路径和类型等。

3. 注册表的物理结构

在物理层面上，每个注册表配置单元(Hive)文件，系统都有相应的支持文件和备份，以便在系统启动失败时替代当前使用的注册表配置单元文件。

以 Windows VISTA/2003/7/2008/8/2010/10/2013 操作系统为例，其注册表支持文件对电子数据取证有用的有：

(1) %SYSTEMROOT%\system32\config\SOFTWARE(系统安装的软件信息)；

(2) %SYSTEMROOT%\system32\config\SYSTEM(计算机系统配置信息)；

(3) %SYSTEMROOT%\system32\config\DEFAULT(默认用户的配置信息)；

(4) %SYSTEMROOT%\system32\config\SAM(本地账户数据库，包含该计算机的所有用户和密码信息)；

(5) %SYSTEMROOT%\system32\config\SECURITY(系统安全信息)；

(6) \Documents and Settings\%username%\NTUSER.DAT(个人用户注册表文件)。

4. 注册表取证

注册表给取证人员提供了大量系统配置信息和用户使用信息。通过注册表的分析，可以提供一份详尽的嫌疑人计算机设备的简要报告。包括硬件配置、系统配置、使用者信息、用户账号、外置设备。

注册表取证时,应当着重检查以下项目。

(1) 硬件配置信息,包括主板型号、BIOS 版本、系统时间等;

(2) 系统配置信息,包括机器名、安装时间、关机时间、安装版本、用户列表、网络信息等;

(3) 使用者信息,包括用户名、密码、上网记录、MRU、外置设备(U 盘、打印机)等。

由于 Windows 系统版本的多样性,给注册表取证带来了一些困难。不同的配置项在不同的系统中并不是一成不变,而是保存在不同键值中。因此在注册表取证中,应当首先确定操作系统的版本,随后再有针对性地进行分析。

1) 注册表的取证方法

方法一:注册表离线分析(取得嫌疑人硬盘,只读情况下读取、解析 HIVE 文件)。

方法二:远程注册表调查(需要远程计算机开启 Remote Registry 服务,并有此机器的管理员账户和密码)。

工具使用

离线注册表调查工具:EnCase,FTK Registry Viewer 取证专用软件或其他支持离线读取操作系统注册表文件的工具软件,例如 MiTec Registry Windows Registry Recovery(免费版);

在线注册表调查工具:利用系统自带的 Regedit.exe 即可远程连接到远程计算机查看注册表信息。

场景应用

键修改时间:所有的键都关联一个最后修改时间,当键被创建、修改、访问或者删除时,就会更新相应的最后修改时间。最后修改时间是 64 位 Windows/FILETIME 文件时间格式。可以通过键修改时间确定具体操作的时间。例如拔插 U 盘的时间、编辑文件的时间(MRU)。

2) 注册表取证的关键键值

以下这些键值保存了对于取证有用的信息:

(1) 硬件配置

Windows XP 的配置信息保存在 HKEY_LOCAL_MACHINE\HARDWARE\DESCRIPTION\System;Windows 7 的配置信息保存在 HKEY_LOCAL_MACHINE\HARDWARE\DESCRIPTION\System\BIOS,这些信息包括主板信息、BIOS 释放时间、BIOS 型号,如图 6.37 所示。

图 6.37　Windows 7 的配置信息

（2）系统配置

计 算 机 名（Windows 95/98/NT/2000/XP/VISTA/2003/7/2008/2008 R2/8/10/2013）：Windows 的完整的计算机名称保存在：HKEY_LOCAL_MACHINE\SYSTEM\CurrentControlSet\Control\ComputerName\ComputerName 中，如图 6.38 和图 6.39 所示。

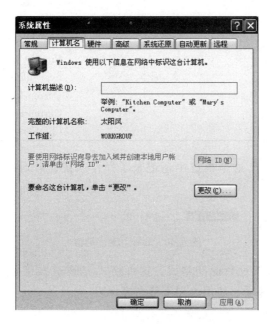

图 6.38　系统属性中的配置信息

图 6.39　注册表中的配置信息

（3）安装信息（Windows 2000/XP/VISTA/2003/7/2008/2008 R2/8/10/2013）

安装信息是系统安装时被写入注册表中的，其路径为"HKEY_LOCAL_MACHINE\Software\Microsoft\Windows NT\CurrentVersion\"。其下的键值包括注册组织、注册人、产品名称等有效信息，通过这些信息可以判定计算机的所有人。从而为计算机使用者的唯一性提供佐证，如表 6.18 所示。

表 6.18　注册表中的安装信息

项　　目	键　　值
注册组织	RegisteredOwner
注册人	RegisteredOwner
产品名称	ProductName
安装路径	SystemRoot
版本名称	CurrentVersion
版本号	CurrentBuildNumber
Service Pack 版本号	CSDVersion

除了以上的信息之外，这个根键中还记录了操作系统安装时间，它存放在 InstallDate 键值中，如图 6.40 所示。

　　　　InstallDate　　REG_DWORD　　0x46e4d8ad (1189402797)

图 6.40　InstallDate 键值

这个时间是 C/UNIX 文件时间格式。这种格式存储于 32b 二进制中，基于 1970 年 1 月 1 日 00:00:00，以秒递增。使用大端字节顺序保存。

（4）使用记录

① 挂载设备列表（Windows 2000/XP/VISTA/2003/7/2008/2008 R2/8/10/2013）

HKLM \ SYSTEM \ MountedDevices 和 HKCU \ Software \ Microsoft \ Windows \ CurrentVersion\Explorer\MountPoints2\CPC\Volume\

第一个键保存着曾挂载过有过各自固定卷名和内部标识符的各种设备的列表。这个键也详细列出了所有曾经被分配过盘符的 USB 闪存盘和外置的 DVD/CDROM 设备。在其中，以"\DosDevices\"开始，以盘符字母结尾的值包含着被挂载过的特殊设备的信息。如图 6.41 所示：如果"\DosDevices\F"的开始位里有"\?? \Storage♯RemoveibleMedia"，表示有一个 USB 盘插入过计算机的 USB 端口。与注册表此键值的最后写入时间联系在一起考虑，取证人员就可以得出 USB 闪存盘插入计算机的准确时间。

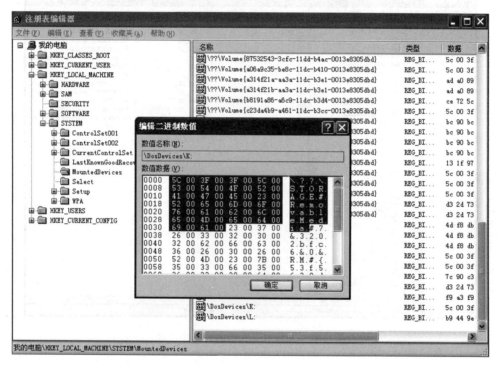

图 6.41 外置设备的信息

第二个键与"MountedDevices"键类似，但是按各自的设备 GUID（全局唯一标识符）分别在子键中保存着信息。其中的 data 键值信息更为详尽，包括卷标、分区格式等。

② USB 设备挂载信息（Windows 2000/XP/VISTA/2003/7/2008/2008 R2/8/10/2013）HKLM\SYSTEM\CurrentControlSet\Enum\USBSTOR

这个键保存着 USB 存储设备的更多信息。这个键和上述两个键一起可以提供很多证据信息。

③ MRU

MRU 是 Most-Recently-Used（最近使用的）的缩写。MRU 是很重要的键值。弄清楚它们对于弄清楚嫌疑人在计算机上的活动是很有帮助的。MRU 的数量众多,包括 Office 应用都有 MRU,以资源管理器的 MRU 为例:

- HKCU \ Software \ Microsoft \ Windows \ CurrentVersion \ Explorer \ ComDlg32 \ OpenSaveMRU(Windows 2000/XP/VISTA/2003/7/2008/2008 R2/8/10/2013)

这个键保存着通过 Windows 的资源管理器中的"打开"、"保存"对话框打开过的文件列表。其他通过 Web 浏览器,比如(IE 和 FireFox)打开的文件名也会保存下来,但是,通过 Microsoft Office 打开的文档不会出现在这里,如图 6.42 所示。

图 6.42 最近打开文档的注册表子键

6.2.4 电子邮件取证[①]

电子邮件已经成为网民最常使用的网络服务。很多网络犯罪案件中都涉及电子邮件的取证。检查电子邮件需要注意其传输原理和编码的特殊性,取证人员需要掌握相应的取证技巧和技术。

1. 电子邮件的诞生与发展

计算机发展的早期,就已经有一些程序能够初步实现传递信息的功能,但是由于规则不统一,其使用受到很大限制。1972 年马萨诸塞州剑桥的博尔特·贝拉尼克·纽曼研究公司

---

① 刘浩阳.电子邮件的调查与取证.大连:辽宁警专学报,2007(5):27-31.

(BBN)的工程师汤姆林森(Ray Tomlinson)在参与ARPAnet网络的建设和维护工作过程中,对已有的传输文件程序以及信息程序进行研究,研制出一套新程序,它可通过电脑网络发送和接收信息,再也没有了以前的种种限制。为了让人们都拥有易识别的电子邮箱地址,汤姆林森决定采用@符号,符号前面加用户名,后面加用户邮箱所在的地址。成为一个统一的标准。至此电子邮件诞生。

传统的电子邮件程序是基于CS(Client/Server),例如Euroda、Outlook、Foxmail等,用户必须使用客户端程序才能够收发电子邮件。互联网的普及使得人们可以通过任何联网的计算机在网络上在线收发电子邮件,而不是只能在他们家中或公司的电脑利用客户端收发邮件。在线邮件首先是由Hotmail推广的,目前主流的互联网应用提供商(ICP)都提供在线邮件服务。新兴的网络应用,例如微信、QQ等社交工具的兴起对传统邮件服务造成了很大的冲击。根据中国互联网络信息中心(CNNIC)《第三十五次中国互联网络发展状况统计报告》,我国网民有38.8%将电子邮件视为最常使用的Internet服务,这一比例逐步降低。但是电子邮件并不会退出网络,在商业沟通、社会联络方面还有着不可替代的作用。

2. 电子邮件的传输原理

电子邮件可以通过客户端,使用POP3/IMAP、SMTP协议来收发电子邮件,也可以通过在线访问,使用HTTP协议来收发电子邮件。

基于客户端收发的电子邮件是通过SMTP和POP3/IMAP协议来进行收发的。SMTP(Simple Mail Transfer Protocol)协议是为了保证电子邮件的可靠高效的传送。POP3协议(Post Office Protocol 3)是C/S结构的脱机模型的电子邮件协议,目前已发展到第三版,称POP3。它规定怎样将个人计算机连接到Internet的邮件服务器和下载电子邮件的电子协议。

在线收发电子邮件是目前比较流行的邮件应用。它是基于Web的电子邮件收发系统。用户使用浏览器,直接访问网络邮箱(HTTP协议),不需要借助客户端,网络邮箱屏蔽了用户接收邮件的复杂配置,具体操作由部署Webmail的服务器与SMTP服务器完成,方便用户收发邮件。相对于客户端收发电子邮件,在线收发电子邮件因为本地不留存全部数据,取证相对困难。

理解电子邮件在网络上传输需要明白以下概念:

(1) MUA(Mail User Agent,邮件用户代理):MUA是邮件阅读或发送程序,如Outlook,在邮件系统中用户只与MUA打交道,MUA将邮件系统的复杂性与用户隔离开。

(2) MTA(Mail Transfer Agent,邮件传输代理):MTA是一个专用程序,其作用类似于邮局,用于在两个机器之间发送邮件,MTA决定了邮件到达目的地的路径。常用的MTA有Sendmail、Qmail、Postfix等。

(3) MDA(Mail Delivery Agent,邮件递交代理):MTA自己并不完成最终的邮件发送,它要调用其他的程序来完成最后的投递服务,这个负责邮件递交的程序就是MDA。最常用的MDA是Procmail。

图 6.43 是电子邮件传输的示意图。发送方利用 MUA 写好邮件，交给发送方的 MTA，发送方的 MTA 通过中继 MTA 将邮件传送到接收方的 MTA。中继 MTA 可以没有，也可以是多个。MTA 与 MTA 之间的通信协议是 SMTP。MDA 将邮件递交给接收方的邮箱，接收者可以通过三种方式与邮箱交互：POP 协议；IMAP（Internet Mail Access Protocol）协议；利用 HTTP 协议直接访问。

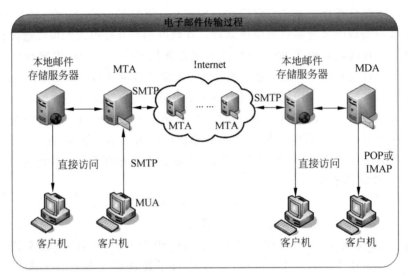

图 6.43　电子邮件传输过程

3. 电子邮件的编码方式

（1）编码的必要性

万维网联盟（W3C）发布的 RFC822[①]（Standard for ARPA Internet Text Messages，已经被 RFC2822 取代）协议定义了电子邮件主体结构和邮件头字段，但是没有定义邮件体的格式。因此 E-mail 只能传送 ASCII 码（美国国家标准信息交换码）格式的文字信息，ASCII 码是 7 位代码，非 ASCII 码格式的信息（例如图片、声音）在传送过程中就需要先编成 7 位的 ASCII 代码，然后才能通过 E-mail 进行传送。如果不经过编码，则在传送过程中会因为 ASCII 码 7 位的限制而被切割，切割后收信方只会看到一堆杂乱的 ASCII 字符。只有经过编码后的文件，在传送过程中才会顺利传送，不会有"被截掉一位"的危险。

（2）常见的三种编码标准

① UU 编码（UNIX to UNIX encoding）；

② MIME 标准（Multipurpose Internet Mail Extensions）编码；

③ Binhex 编码。

---

① http://www.w3.org/Protocols/rfc822/

4. 电子邮件的取证

(1) 电子邮件存储位置

目前广泛使用的电子邮件收发方式有两种：客户端软件收发和在线收发。其中客户端软件收发的主流产品为 Outlook、Outlook Express、Foxmail、Lotus Notes。

Microsoft Outlook Express 是随 Windows 2000/XP 的 IE 浏览器捆绑安装的。Outlook Express 中电子邮件存储位置为：

① Outlook Express 5/6(Windows 2000/XP)

存放在\Documents and Settings\(User Name)\Local Settings\Application Data\Identities\{User ID}\Microsoft\Outlook Express\中的收件箱.dbx,发件箱.dbx,已发送邮件.dbx,已删除邮件.dbx,草稿.dbx。

② Outlook 是 OFFICE 办公套件的一部分。在安装 OFFICE 时可以选择安装 OUTLOOK 其电子邮件数据默认封装在\Documents and Settings\(User Name)\Local Settings\Application Data\Microsoft\Outlook\以 pst 为后缀的文件中。

③ Foxmail

国人张小龙开发的 Foxmail(目前已经被腾讯公司收购),优势是方便快捷的操作和适合国人习惯的使用方法。是除 OE 之外另一大流行的客户端邮件收发软件。

Foxmail 早期的电子邮件默认存储路径在安装目录下的 mail\{User ID}\。邮箱后缀为 box,邮件内容不加密。目前 Foxmail 7 默认存储路径在安装目录下的 Data\mails,已经采用加密保存。

(2) 邮件头查看

邮件头作为电子邮件最重要的部分,存储了电子邮件传输过程的重要信息。取证人员可以通过邮件头来检索电子邮件传输的路线,定位发送者的 IP 地址。

① Microsoft Outlook Express

其检查邮件头的方法如下：

第一步：选中邮件,鼠标右击邮件的主题,在快捷菜单中选择"属性",如图 6.44 所示。

第二步：在属性窗口中单击"详细信息",如图 6.45 所示。

通过窗口,您就可以看到该邮件标头的详细信息了。为了查看方便,可以单击"邮件来源"按钮,就会放大当前的窗口。

② Microsoft Outlook

Outlook 随着版本的不同,查看邮件头的方式不一样。以 Outlook 2010 为例,查看邮件头方法是双击打开邮件,在圈中点击箭头,如图 6.46 和图 6.47 所示。

③ Foxmail

查看邮件头方法：

第一步：选中邮件,鼠标右击邮件的主题,在快捷菜单中选择"邮件信息"→"原始信息",如图 6.47 所示。

150 电子数据取证

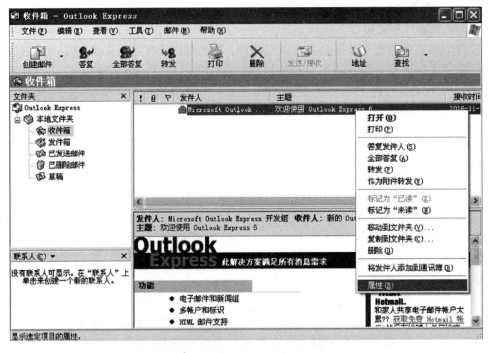

图 6.44 在快捷菜单中选择"属性"

图 6.45 详细信息

第 6 章 电子数据取证技术 151

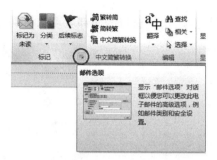

图 6.46 Outlook 查看邮件头

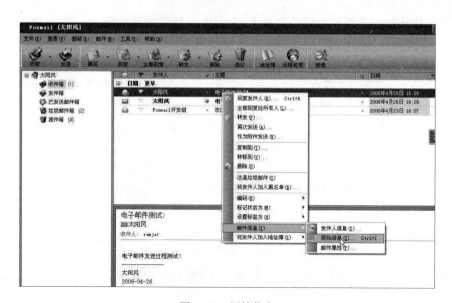

图 6.47 原始信息

第二步：在打开的"邮件选项"属性窗口的底部就可以找到邮件头，如图 6.48 所示。

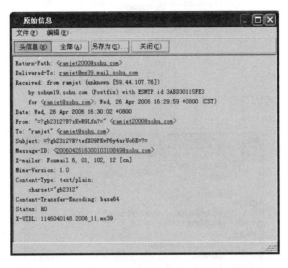

图 6.48　头信息

④ 在线邮箱

在线邮箱的种类繁多，其查看邮件头的方法也不一样。某些在线邮箱还不允许查看邮件头，需要使用客户端将邮件下载下来才能够查看邮件头。例如搜狐邮箱是查看"源文件"才能看到邮件头；QQ 邮箱是"显示邮件原文"来查看邮件头。

(3) 分析电子邮件头

除非使用转发服务器和高级伪造技术，否则电子邮件中总会包含发件人身份的有效信息，Received 头和 Message ID 是追踪电子邮件的最有用的两种电子邮件信息。

① Received 头

邮件中的 From 和 To 是由发件人自己规定的，一些垃圾邮件发送者为欺骗邮件系统和用户通常伪造 From 地址。但在邮件头部中 Received 信息是由服务器自动加上去的，通过比较 Received 域(特别是第一次经过的邮件服务器的 Received 域)可以识别出伪造的发件人地址。Received 头包含了电子邮件地址和 IP 地址。虽然 Received 头易于伪造，但是对于发件人的信息(也就是处于最底层的 Received 头)，基本上是不可能伪造的。这就为取证人员确定邮件发送源计算机 IP 地址提供了最有效的信息。除此之外，能够显示发送源计算机 IP 的还有 X-Originating-IP 标识符。

② Message-ID

Message-ID 是邮件系统在创建邮件时的唯一编号(参考 RFC2822[①])。这是由发件方邮件服务器赋给这封邮件的编号。与其他编号不同，这个编号自始至终跟随邮件。是全球

---

① http://www.rfc-editor.org/info/rfc2822

唯一的，两个不同的电子邮件不会有相同的 Message-ID。它和 Received 头中的 ESMTP ID 号是不一样的。Message-ID 是一直伴随整个邮件的，而其他 ID 则仅仅在特定的邮件服务器上的邮件传输阶段相关联。因此该机器 ID 号对其他机器来说没有任何意义。有时候 Message-ID 包含了发送者邮件地址和发送时间在其中。

虽然 Message-ID 也会被伪造。但是大部分情况下，它可以提供有效的信息。在犯罪嫌疑人已经删除了计算机上的电子邮件后，还可以通过检查 MTA 上的发送记录，通过 Message-ID 来确定犯罪嫌疑人发送机器的 IP 地址。这在有着自己电子邮件服务器的企业中尤为有用。

除此之外，表 6.19 所示的 RFC2822 邮件头字段对于分析也非常有用：

表 6.19 RFC2822 对邮件头的规定

字 段	说 明
From	发送方
To	接收方
Cc	副本接收方
Bcc	密件收件方
Subject	邮件主题
date	邮件的发送时间
Reply-To	回复时的接收方

（4）查看信体内容

目前绝大多数电子邮件编码方式是遵守 MIME 编码标准的，MIME 标准包括 QP 和 base64 两种编码方式。邮件信体不经过解码是无法正常查看的。

工具使用

在实际取证应用中，现场解码效率很低不现实，因此有必要使用工具来辅助解码。在取证过程中，多使用 Encase 和乱码察看器。

更为专业的邮件取证工具为 Intella 和 Nuix Forensics。

例如，一封使用 base64 编码的电子邮件，在 Foxmail 中查看信体，编码如图 6.49 所示。

本节从原理和实践方面阐述了电子邮件的传输机制和取证方法。事实上，电子邮件的取证就是回溯电子邮件的传输过程，获取隐含在电子邮件中的证据。电子邮件的取证主要应用于涉及计算机网络的诈骗、恐吓、经济犯罪等犯罪活动中。在实践中，电子邮件已经多次被检法部门作为证据采信。

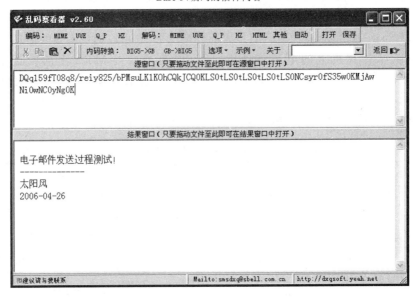

图 6.49　使用乱码察看器来解码

6.2.5　回收站取证

被删除的信息,往往包含着使用者的重要信息。因此,对于被删除文件的恢复,一直是电子数据取证的重要部分。在 Windows 操作系统中,用户选择删除一个文件后,这个文件没有真正的删除,而是进入了叫回收站(Recycle Bin)的地方。回收站是用户删除文件的"后悔药",如果删除错了或者想找回之前删除的文件,只需要在回收站中进行操作即可。Windows 的这个特性,使得回收站成为一个重要的信息来源。通过分析回收站可以知道被删除文件的信息,包括原始路径、删除时间和文件大小,可以利用它随时将文件恢复。

1. 回收站的运行机制

在 Windows 系统中,回收站始于 Windows 95。在不同版本的 Windows 中,回收站文件的格式和定义是不同的。基本上分为三类:Windows 95/98/ME、Windows NT/2K/XP 和 Windows Vista/7/2008。回收站记录文件的格式是与操作系统种类有关的,而与分区格式无关。

硬盘格式化后,并没有建立回收站文件。当用户第一次删除文件时,系统就会为每个用户生成一个回收站目录(视操作系统版本),同时在其中生成一个回收站记录文件。Windows 95/98/me/NT/2K/XP 是 INFO2;Windows Vista/7/2008 是在用户登录时就生成回收站目录,每个删除文件都设立一个回收站记录文件。回收站的位置取决于 Windows 的版本,如表 6.20 所示。

表 6.20　回收站记录文件的存储位置

操 作 系 统	分 区 格 式	回收站位置
Windows 95/98/ME	FAT32	分区:\Recycled\INFO2
Windows NT/2K/XP	FAT32	分区:\Recycled\INFO2
	NTFS	分区:\Recycler\〈SID〉\INFO2
Windows Vista/7/2008	FAT32	分区:\ $ Recycle.Bin\
	NTFS	分区:\ $ Recycle.Bin\〈USER SID〉

注:Windows 95/98/ME 不支持 NTFS 分区

在 Windows NT/2K/XP/Vista/7/2008 中,当使用 NTFS 分区时,回收站有个重要特性:它是以安全标识符(Security Identifiers,SID)来区别不同用户的回收站信息的。SID 为域或本地计算机中创建的每个账户分配的唯一 ID 字符串,因此可以通过 SID 来追溯哪个用户删除了相关文件。

2. 回收站的取证

在检查回收站之前,首先要确定用户启用了回收站。在 Windows 版本中,HKEY_LOCAL_MACHINE \ SOFTWARE \ Microsoft \ Windows \ CurrentVersion \ Explorer \ BitBucket 中的 NukeOnDelete 键值设为"0x00",就是启用回收站,设为"0x01"就是禁用回收站。

当然,如果在回收站属性里设置"不将文件移到回收站中,移除文件后立即将其删除"(如图 6.50 所示)或者使用"Shift+Delete",删除文件均不会保存在回收站中。

图 6.50　回收站的设置

(1) Windows 95/98/ME/NT/2K/XP 回收站文件分析

Windows 95/98/ME/NT/2K/XP 的回收站由回收站记录文件(INFO)和被删除文件

组成。其中 INFO2 文件头部占 20 字节，其后顺序排列着删除记录。在 Windows 95/98/ME 系统下每条删除记录长 280 字节，包括原始路径(260 字节)、索引号(4 字节)、删除日期(8 字节)等信息。在 Windows NT/2K/XP 系统下每条删除记录长 800 字节，与 FAT 文件系统的删除记录兼容，多出来的 520 个字节是原始路径的 UNICODE 编码。

INFO2 文件结构：首先是 INFO2 文件头，记录 INFO2 每个删除记录的长度。随后是每个删除记录。删除记录有着统一的格式，如表 6.21 所示。

表 6.21 Windows NT/2K/XP 系统 INFO2 文件结构

名　称	数据结构	长度(字节)	偏移量
INFO2 文件头	删除记录大小	4	绝对偏移 0x0C-0D
删除记录	以下以 0x10 为基点的相对偏移量		
	删除的文件名	可变长度	0x00～320 之间
	删除记录编号	4	0x108～10B
	回收站所在分区	4	0x10C～10F
	删除时间	8	0x110～117
	删除文件的物理大小	4	0x118～11B

(2) Windows Vista/7/2008 回收站文件分析

Windows Vista/7/2008 操作系统已经抛弃了 INFO2 文件保存删除文件信息的做法，而是为每个被删除文件建立一个删除记录。通过分析每个删除记录，可以了解文件的原始信息。

Windows Vista/7/2008 操作系统将删除文件信息保存在"%系统目录%\$Recycle.Bin\〈USER SID〉\"目录中。如图 6.51 所示，当一个文件被删除时，它将被进行两个操作。首先原始的删除文件被以"$R"开头重新命名，后面跟着随机生成的字符或数字组合，后缀名与原来文件一致。与此同时，生成一个以"$I"开头的文件，后面字符和数字组合以及后缀名与"$R"相同。以"$I"开头的文件为对应的以"$R"开头的文件的回收站记录文件。当回收站被清空时，两个文件会被同时删除。这样，每个删除文件都有自己的回收站记录文件。

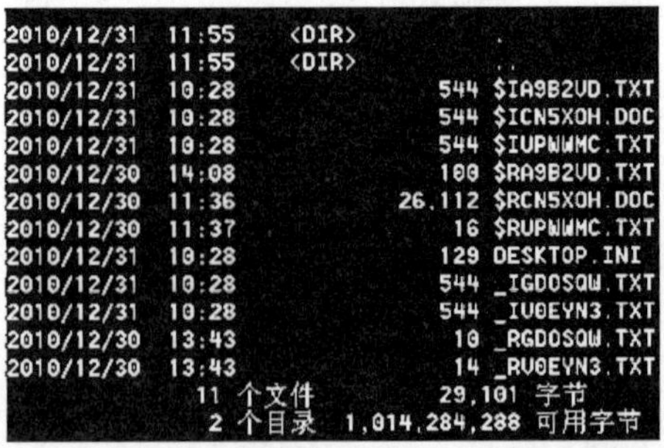
```
2010/12/31  11:55    <DIR>          .
2010/12/31  11:55    <DIR>          ..
2010/12/31  10:28               544 $IA9B2UD.TXT
2010/12/31  10:28               544 $ICN5XOH.DOC
2010/12/31  10:28               544 $IUPWWMC.TXT
2010/12/30  14:08               100 $RA9B2UD.TXT
2010/12/30  11:36            26,112 $RCN5XOH.DOC
2010/12/30  11:37                16 $RUPWWMC.TXT
2010/12/31  10:28               129 DESKTOP.INI
2010/12/31  10:28               544 _IGDOSQW.TXT
2010/12/31  10:28               544 _IV0EYN3.TXT
2010/12/30  13:43                10 _RGDOSQW.TXT
2010/12/30  13:43                14 _RV0EYN3.TXT
              11 个文件         29,101 字节
               2 个目录  1,014,284,288 可用字节
```

图 6.51 Windows Vista/7/2008 的回收站文件

开头以"$I"的回收站记录文件,它主要包含以下删除记录信息:被删除文件原始路径、被删除文件大小、被删除文件的删除时间(64 位 Windows 时间)。这些信息都是以 Unicode 编码存储。因为每一个被删除文件单独建立了一个回收站记录,因此 INFO2 中的编号便失去意义,不存在编号。每一个回收站文件的大小都是 544 字节。使用十六进制编辑器来查看其内部结构,如表 6.22 和表 6.23 所示。

表 6.22 Windows Vista/7/2008 回收站文件数据结构

Offset	0 1 2 3 4 5 6 7 8 9 A B C D E F		
00000000	01 00 00 00 00 00 00 00 00 66 00 00 00 00 00 00	.........f......	绝对偏移量 0x00~07(8 个字节)总是"01000000"。0x08 到 0x0F(4 个字节中)为删除记录逻辑大小。6600H = 26112D = 25 个字节
00000010	60 A9 DF 39 8F A8 CB 01 47 00 3A 00 5C 00 74 00	©β9.Ε.G.:.\.t.	
00000020	65 00 73 00 74 00 32 00 2E 00 64 00 6F 00 63 00	e.s.t.2..d.o.c.	
00000030	00 00 00 00 00 00 00 00 00 00 00 00 00 00 00 00	....	
00000040	00 00 00 00 00 00 00 00 00 00 00 00 00 00 00 00	....	
00000050	00 00 00 00 00 00 00 00 00 00 00 00 00 00 00 00	....	
00000060	00 00 00 00 00 00 00 00 00 00 00 00 00 00 00 00	....	
00000070	00 00 00 00 00 00 00 00 00 00 00 00 00 00 00 00	....	
00000080	00 00 00 00 00 00 00 00 00 00 00 00 00 00 00 00	....	
00000090	00 00 00 00 00 00 00 00 00 00 00 00 00 00 00 00	....	
000000A0	00 00 00 00 00 00 00 00 00 00 00 00 00 00 00 00	....	
000000B0	00 00 00 00 00 00 00 00 00 00 00 00 00 00 00 00	....	
000000C0	00 00 00 00 00 00 00 00 00 00 00 00 00 00 00 00	....	
000000D0	00 00 00 00 00 00 00 00 00 00 00 00 00 00 00 00	....	
000000E0	00 00 00 00 00 00 00 00 00 00 00 00 00 00 00 00	....	0x10~17 的 8 个字节是文件删除时间。以 64 位 Windows/FILETIME 时间格式表示这里为"60A9DF398FA8CB01" = 2010 年 12 月 31 日 10:05:41
000000F0	00 00 00 00 00 00 00 00 00 00 00 00 00 00 00 00	....	
00000100	00 00 00 00 00 00 00 00 00 00 00 00 00 00 00 00	....	
00000110	00 00 00 00 00 00 00 00 00 00 00 00 00 00 00 00	....	
00000120	00 00 00 00 00 00 00 00 00 00 00 00 00 00 00 00	....	
00000130	00 00 00 00 00 00 00 00 00 00 00 00 00 00 00 00	....	
00000140	00 00 00 00 00 00 00 00 00 00 00 00 00 00 00 00	....	
00000150	00 00 00 00 00 00 00 00 00 00 00 00 00 00 00 00	....	
00000160	00 00 00 00 00 00 00 00 00 00 00 00 00 00 00 00	....	
00000170	00 00 00 00 00 00 00 00 00 00 00 00 00 00 00 00	....	
00000180	00 00 00 00 00 00 00 00 00 00 00 00 00 00 00 00	....	
00000190	00 00 00 00 00 00 00 00 00 00 00 00 00 00 00 00	....	
000001A0	00 00 00 00 00 00 00 00 00 00 00 00 00 00 00 00	....	
000001B0	00 00 00 00 00 00 00 00 00 00 00 00 00 00 00 00	....	
000001C0	00 00 00 00 00 00 00 00 00 00 00 00 00 00 00 00	....	
000001D0	00 00 00 00 00 00 00 00 00 00 00 00 00 00 00 00	....	
000001E0	00 00 00 00 00 00 00 00 00 00 00 00 00 00 00 00	....	0x18~0x21F 为被删除的文件名
000001F0	00 00 00 00 00 00 00 00 00 00 00 00 00 00 00 00	....	
00000200	00 00 00 00 00 00 00 00 00 00 00 00 00 00 00 00	....	
00000210	00 00 00 00 00 00 00 00 00 00 00 00 00 00 00 00	....	

表 6.23 Windows Vista/7/2008 回收站记录的文件结构

数据结构	长度(字节)	偏 移 量
文件头	8	0x00
被删除文件大小	8	0x08~0xF
文件删除时间	8	0x10~0x17
被删除的文件名(全路径)	0~520	0x18~0x21F

目前,主流的取证工具,例如 Encase、FTK 都支持回收站文件的解析。但是由于操作系统的版本导致回收站的结构和运行机制都有所不同。因此还需要在理解回收站的结构和机制的前提下,利用相应的工具进行工作。

可以解析回收站文件的工具有 Encase、X-ways Forensics 等综合取证工具；还有 Rifiuti、RecycleReader 等。

工具使用

6.2.6 聊天应用取证

PC 上比较知名的即时通信平台包括 QQ、阿里旺旺、飞信等，国外知名的即时通信平台则包括 AIM、Skype、Yahoo! Messenger 等。即时通信是当前互联网最为流行的通信方式，这些系统的当前活跃用户都在 1 亿以上。在中国最流行的 QQ 聊天平台，注册用户已经超过 20 亿，同时在线用户基本上保持在 2 亿左右。即时通信应用发起于 PC 平台，占 PC 主导地位的 Windows 平台是最主要的分析对象。

在 PC 即时通信工具之外，近年来更为迅猛发展的领域是在手机端，发起于手机平台的微信、日本的 Line 以及风靡欧美的 Whatsapp 等都有着巨大的用户群。此外，还存在一个专门面向企业用户的即时通信工具服务市场，在基本的文字、文件、视频等通信功能之外，企业即时通信工具通过和邮件、计划任务、企业通讯录、白板等应用的整合，满足了企业用户对安全性、实用性的需求。

这里以 PC 即时通信为例，介绍即时通信应用的一般分析方法，这些方法可以扩展到手机和企业即时通信应用的分析上。

1. 即时通信的一般模型

大部分即时通信网络使用客户端-服务器模型如图 6.52 所示，服务器由服务提供者维护，用户下载指定的客户端（也可以是协议兼容的客户端），注册、登录并连接到服务器上。注册用户可以添加其他即时通信用户为好友，已经添加的好友保存在好友列表中，好友之间可以通过服务器或直接传递文字、文件、语音和视频信息，用户可以创建、加入特定的群组从

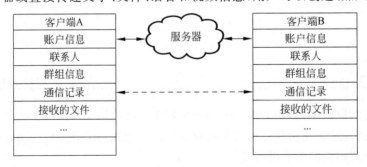

图 6.52 即时通信应用的一般模型

而在群组成员间发送信息。即时通信的一般模型如图 6.52 所示。

2. 即时通信应用数据结构

即时通信应用的功能模型有其一般性,数据结构同样具有相似性。下面以微软的 Skype[①] 即时通信程序为例说明其典型数据结构。Skype 程序是以语音通信为特色的,使用 P2P 的网络通信模式,可以和好友进行语音和视频聊天,当然也支持文字的聊天。Skype 应用数据的保存位置大致如下:

- XP 及以前:C:\Documents and Settings\[USERNAME]\Application Data\Skype\
- Vista 之后:C:\Users\[USERNAME]\AppData\Roaming\Skype\

在 Skype 数据目录下有一个 Share.xml 文件,其中保存有应用程序版本、默认登录用户、最后登录 IP、最后登录时间等信息。

具体用户的数据保存在下面以用户 ID 命名的子目录中,包括用户设置、用户好友、用户通信日志等各种数据,如图 6.53 所示。

图 6.53 Skype 用户数据目录

用户数据目录中有一个"config.xml"文件,包含了当前账号的配置和好友列表信息。目录中的其他文件都是 SQLite 数据库文件,数据库文件中最重要的是"main.db"文件。使用 SQLite Browser 工具打开数据库,可以看到各个表的结构和数据。我们可以大致列出部分表的用途和主要数据结构,如表 6.24 和图 6.54 所示。另外一些表的功能和结构请读者自行分析。

---

① QQ、微信等国产聊天应用多采用加密方式,分析起来较为困难。

表 6.24　Main.db 文件结构

序号	数据表	用途
1	Accounts	账号信息，包含用户 ID、姓名、邮箱、注册时间和国家等
2	Calls	好友语音通信记录，包括对方账号、开始时间、通话时长等
3	ContactGroup	联系人的分组记录信息
4	Contacts	联系人的信息，包括对方账号、姓名、国籍、备注等
5	Messages	消息记录，包括发送人、接收人、发送时间、内容等
6	Transfers	文件发送记录，包括对方账号、文件路径、文件名称、发送时间、接收时间等

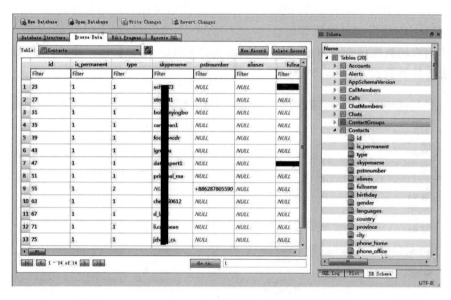

图 6.54　SKYPE "main.db" 数据库文件的部分结构和内容

在用户目录下的"chatsync"子目录中，里面有很多".dat"文件，这是以加密方式存储的聊天记录。

工具使用

Skype ChatSync 数据目录分析和解析工具能够对 Skype 聊天记录进行解析[①]，但是这个工具不支持 Unicode 的解码，有兴趣的读者可以阅读文章和源代码。

---

① http://itsecuritylab.eu/index.php/tag/read-skype-chatsync-files/

6.2.7 内存取证

计算机中所有程序的运行都是在内存中进行,其作用是用于暂时存放 CPU 中的运算数据,以及与硬盘等外部存储器交换的数据,内存反映了操作系统和应用程序最重要的状态信息,也就是"当前运行"状态信息,包括操作系统、运行的程序、活动网络连接、打开的文件句柄等等各类动态信息。木马程序出于隐藏的目的,可以对在线取证工具造假,为 API 或系统调用返回修改的数据,但其程序自身和数据结构在内存中是真实存在的。针对一些仅存在于内存中[1]、关机即消失的木马,内存取证是唯一的查证手段。内存取证是指对计算机中的物理内存(RAM)进行分析的技术。

1. 内存获取

在开始进行内存取证之前,需要对 Windows 的内存进行获取。内存获取是在现场进行的,根据案件和特定对象的不同,内存获取的机会也许只在特定的时间段存在。一般来说,在关机操作之后这一机会就会消失。国外有关于低温情况下内存数据获取和分析研究[2],但这只有在实验室和极端情况下才会使用。在实验室环境下,可以利用内存取证技术对某一恶意程序进行获取和研究,此时已经是可控条件下的分析现场,并非案发的实际现场。

市场上已经有不少内存获取的工具,比较知名的商业工具是来自 GMG 公司的 KnTTools[3] 和 MoonSols 公司的 DumpIt[4],也有很多的免费工具,而 Rekall 项目中的 Winpmem[5] 是目前唯一的开源 Windows 内存获取工具。Winpmem 在实际环境中运行非常稳定,该工具支持从 Windows XP SP2 到 Windows 8 之间的所有 32 和 64 位版本,输出格式支持原始镜像格式和 ELF 转储格式,而且可以同时获取页交换文件。下面以 Winpmem 为例演示实际的内存获取操作。

使用 Winpmem v1.6.2 唯一的开源内存获取工具,内置 32 位和 64 位系统的驱动,自动识别并加载运行。

工具使用

---

[1] http://www.malwaretech.com/2014/12/phase-bot-fileless-rootkit.html
[2] http://en.wikipedia.org/wiki/Cold_boot_attack
[3] http://www.gmgsystemsinc.com/knttools/
[4] http://www.moonsols.com/windows-memory-toolkit/
[5] http://www.rekall-forensic.com/docs/Tools/pmem.html

2. 内存分析

事实上内存取证的发展已经有相当长的一段历史了。2005 年电子数据取证研究工作组(DFRWS)首次提出针对内存取证的挑战[①],由此引出专门的内存取证工具 mempaser[②] 和 kntlist[③]。以这次挑战为界,之前提到的内存取证是将其作为一个巨大的数据块进行关键词的搜索和文件数据的挖掘,而之后则转向以内存中保存的数据结构作为重点进行分析。

遗憾的是 memparser 在闪亮出现之后随即消失于公众视野,而 kntlist 则保持着小众和贵族化的特点。内存取证的另外一个转折点来自于 2007 年 Volatility 开源项目的出现[④],Volatility 项目将取证和逆向界对内存取证感兴趣的开发人员聚集在一起,使得内存取证不仅出现在取证场景中,在很多安全、病毒和密码分析中也得到广泛的应用。经过几年的发展,Volatility 于 2011 年发布了 2.0 版本、2014 年 8 月发布 2.4 版本,基本成为内存取证工具的代名词。

工具使用

Volatility 是使用 Python 语言编写的,可以下载完整的源代码,也可以下载 Windows 下的独立可执行程序。根据发布页面的介绍,Volatility 支持几乎所有流行的操作系统发行版本,以及几乎所有的镜像格式。

Volatility 的使用示例如图 6.55 所示。

图 6.55　Volatility 的 imageinfo 识别镜像文件的操作系统信息

---

①　2005 年 DFRWS 电子数据取证挑战,http://www.dfrws.org/2005/challenge/
②　http://www.dfrws.org/2005/challenge/memparser.shtml
③　http://www.dfrws.org/2005/challenge/kntlist.shtml
④　Volatility 文档项目,https://code.google.com/p/volatility/wiki/VolatilityDocumentationProject

6.2.8 日志取证

Windows 系统在跟踪记录各种系统活动和软件功能时,会产生大量的数据文件,这种实时记录系统运行状态的文件,被称为日志。日志文件的取证在 Windows 取证方面起着重要的作用。

1. 事件日志

(1) 事件日志基本概念

事件日志(Event Log)是 Windows 系统中最基本的日志。它记录了操作系统、计算机软硬件甚至是安全方面的大量信息,传统认为事件日志主要包含系统日志、应用程序日志和安全日志三种。默认情况下,它们分别对应三个日志文件,在 Windows XP、2000、2003 中分别为 SysEvent.Evt、AppEvent.Evt、SecEvent.Evt,位于%WinDir%\system32\config 目录下;在 Windows 7、2008 及其以后版本为 System.evtx、Application.evtx、Security.evtx,位于%WinDir%\System32\winevt\Logs 目录下。

系统日志主要跟踪各种各样的系统事件,包括 Windows 系统组件出现的问题,比如跟踪系统启动过程中的事件、硬件和控制器的故障、启动时某个驱动程序加载失败等。

应用程序日志主要跟踪应用程序关联的事件,比如应用程序产生的装载 DLL(动态链接库)失败的信息将出现在日志中。

安全日志主要记录系统中与安全相关的事件信息,如登录上网、下网、改变访问权限以及系统启动和关闭。

(2) 事件日志的取证

一般情况下,我们可以利用事件查看器(Event Viewer)来对事件日志进行查看,事件查看器是事件日志进行管理的图形化工具,如图 6.56 所示。

图 6.56 用事件查看器查看 XP 中的事件记录

事件日志包含的主要信息有时间戳、系统名称、事件 ID、事件描述等,其中每一个事件 ID 代表一种状态,例如常见的安全日志中的登录事件 ID 的含义如表 6.25 所示。

表 6.25 常见登录事件 ID 对照表

事件 ID	说 明
528	用户成功登录计算机
529	用户使用系统未知的用户名登录,或已知用户使用错误的密码登录
530	用户账户在许可的时间范围外登录
531	用户使用已禁用的账户登录
532	用户使用过期账户登录
533	不允许用户登录计算机
534	用户使用不许可的登录类型(如网络、交互、远程交互)进行登录
535	指定账户的密码已过期
536	Net Logon 服务未处于活动状态
537	登录由于其他原因而失败
538	用户注销
539	试图登录时账户已被锁定。此事件表示攻击失败并导致账户被锁定
540	网络登录成功
682	用户重新连接了已断开的终端服务会话
683	用户在未注销的情况下断开终端服务会话

详细事件 ID 对照信息可到微软官方网站查阅。

在 Windows 2003 之后,安全日志引入了工作站的名称和系统 IP 地址,如图 6.57 所示,这对取证工作尤为重要。

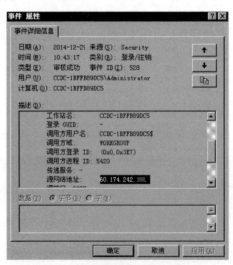

图 6.57 事件记录显示了 IP 地址

(3) 文件结构和恢复方法

事件日志一直保持着清晰、可识别特性的二进制结构,每个事件日志由一个头部信息和一系列事件记录组成。

① 事件日志文件头部

事件日志头部包含在有效事件日志文件的起始 48B 中。如果 .evt 文件没有被破坏,那么其头部信息如图 6.58 所示。

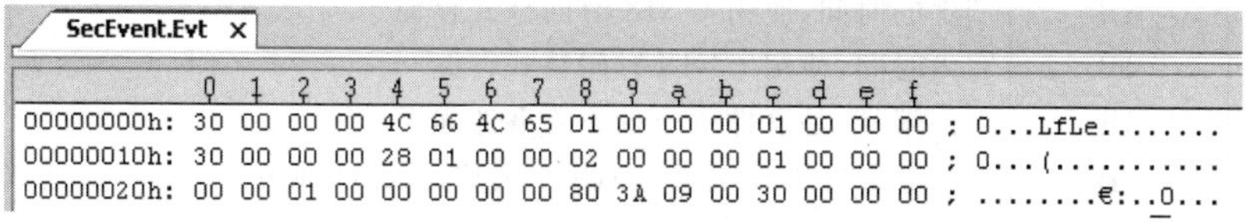

```
SecEvent.Evt  x
              0 1 2 3 4 5 6 7 8 9 a b c d e f
00000000h: 30 00 00 00 4C 66 4C 65 01 00 00 00 01 00 00 00 ; 0...LfLe........
00000010h: 30 00 00 00 28 01 00 00 02 00 00 00 01 00 00 00 ; 0...(...........
00000020h: 00 00 01 00 00 00 00 00 80 3A 09 00 30 00 00 00 ; ........€:..0...
```

图 6.58 事件日志头部

事件日志头部数据由 12 个独立的 DWORD 值组成,每个值记录的含义如表 6.26 所示。

表 6.26 事件日志头部结构

偏　　移	大　小	描　　　　述
0	4B	记录大小
4	4B	签名值(LfLe)
16	4B	.evt 文件中最早事件记录的偏移
20	4B	.evt 文件中下一条事件记录写入的位置偏移
24	4B	下一条事件记录的 ID
28	4B	最早事件记录的 ID
32	4B	.evt 文件的最大长度
40	4B	事件记录的保留时间
44	4B	记录的大小(与偏移 0 处的 DWORD 值相同)

可以看到,在偏移 4 的位置有一个特殊的值为"LfLe",这是日志文件头部信息中最重要的特征之一,它是 Windows 事件日志文件所特有的,可以认为该"LfLe"是事件日志文件的签名,它与事件记录相关联,且记录的大小会同时出现在头部结构的头尾部分。

② 事件记录结构

每一条完整的事件记录头部大小为 56B,整个长度为 244B(0xF4),与事件日志文件类似的,其签名值(LfLe)出现在事件记录的第二个 DWORD 值中,如图 6.59 所示。

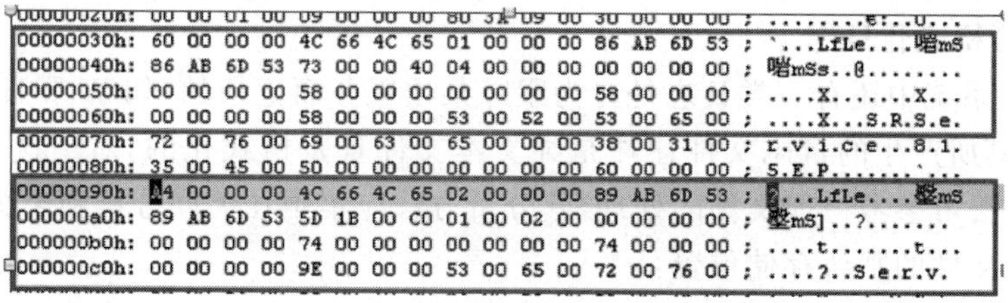

```
00000020h: 00 00 01 00 09 00 00 00 3A 09 00 30 00 00 00 ; .....€:..0...
00000030h: 60 00 00 00 4C 66 4C 65 01 00 00 00 86 AB 6D 53 ; `...LfLe....†«mS
00000040h: 86 AB 6D 53 73 00 00 00 40 04 00 00 00 00 00 00 ; †«mSs...@.......
00000050h: 00 00 00 00 58 00 00 00 00 00 58 00 00 00 00 00 ; ....X.....X.....
00000060h: 00 00 00 00 58 00 00 00 53 00 52 00 53 00 65 00 ; ....X...S.R.S.e.
00000070h: 72 00 76 00 69 00 63 00 65 00 00 00 38 00 31 00 ; r.v.i.c.e...8.1.
00000080h: 35 00 45 00 50 00 00 00 00 00 60 00 00 00 00 00 ; 5.E.P.....`.....
00000090h: A4 00 00 00 4C 66 4C 65 02 00 00 00 89 AB 6D 53 ; ¤...LfLe....‰«mS
000000a0h: 89 AB 6D 53 5D 1B 00 C0 01 00 02 00 00 00 00 00 ; ‰«mS]..À........
000000b0h: 00 00 00 00 74 00 00 00 00 00 74 00 00 00 00 00 ; ....t.....t.....
000000c0h: 00 00 00 00 9E 00 00 00 53 00 65 00 72 00 76 00 ; ....ž...S.e.r.v.
```

图 6.59 事件记录结构

事件记录的头部 56B 的数据结构信息如表 6.27 所示。

表 6.27 事件记录头部数据结构信息

偏 移	大小	描 述
0	4B	事件记录长度
4	4B	签名值(LfLe)
8	4B	记录号
12	4B	产生的时间,使用 UNIX 时间格式存储
16	4B	写入时间,使用 UNIX 时间格式存储
20	4B	事件编号,是事件源中唯一的事件标识
24	2B	时间类型(0x01＝错误；0x10＝失败；0x08＝成功；0x04＝信息；0x02＝警告)
26	2B	字符串数量
28	2B	事件类别
30	2B	保留的标识
32	4B	结尾记录编号
36	4B	字符串偏移；事件记录中描述字符串的偏移
40	4B	用户 SID 长度；用户 SID 的字节大小(如果是 0 则表示没有)
44	4B	记录中用户 SID 的偏移
48	4B	数据长度,该记录相关的二进制数据的长度
52	4B	数据的偏移

从上表可以看到,记录本身的实际长度在记录的第一个和最后一个 DWORD 中,有了这些信息,我们就可以对日志记录进行内容解析了。

③ 事件日志的搜索和恢复

由于事件日志存在非常明显的签名值(LfLe),且事件记录有明确的数据结构,我们可以利用该特征作为关键词定位事件日志的头部,对硬盘进行搜索,读取第一个 DWORD 值获取记录的长度,再根据长度就可以得到完整的事件记录了。这个方法适合事件日志文件搜索、未分配空间数据恢复、未知文件搜索等,且即使部分数据被覆盖,前 56B 的数据也提供了事件日志的大量重要信息。

但是事件日志是以循环缓存方式维护的,当新的事件记录被添加到文件中,旧的事件记录会被循环覆盖。事件日志的文件大小、保留时间等配置被保存在以下注册表键中：HKEY_LOCAL_MACHINE\SYSTEM\CurrentControlSet\Services\Eventlog\〈事件日志〉

2. Web 等格式化日志

Windows 系统中还有一类日志是专为跟踪某项服务而记录的,如 Web 日志、Ftp 日志、Vpn 日志等,其所产生的日志文件往往是纯文本文件且是格式化的,对于这类日志文件的提取和恢复方法可参考一般文件的处理,其分析方法应集中在关联分析和来源分析上。

常见日志文件的默认存储位置：

- Ftp 日志默认位置：\system32\logfiles\msftpsvcl

- IIS 日志默认位置：\system32\logfiles\w3svcl
- win_apahce 日志默认存储位置：由 apahce 配置文件 httpd.conf 的 Visualpath 值确定。

Web 日志作为 Web 服务器重要的组成部分，详细地记录了服务器运行期间客户端对 Web 应用的访问请求和服务器的运行状态。任何通过 http 对网站的访问行为都会被记录到 Web 日志中。因此，这类日志是案件取证尤其是黑客入侵类案件现场取证的最为重要的日志之一。

无论是 IIS、Apache，还是其他的 Web 服务，记录的日志格式大同小异，一般都记录了访问者的 IP 地址、访问时间、访问的页面、访问者的浏览器指纹信息、访问的方法、Get 方式提交的参数、服务器返回代码等等信息。本小节以最常见的 Windows 系统中提供 Web 服务的 IIS 为例，来说明此类日志的分析方法。

(1) IIS 日志的提取和恢复

IIS 日志的默认存储位置为\system32\logfiles\w3svcl，其中 I 为网站的 ID 号，但其详细准确的访问日志格式及保存路径应在 IIS 管理器配置中获得，如图 6.60 所示。

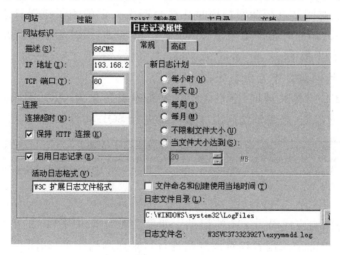

图 6.60 利用 IIS 配置读取日志相关信息

根据这个配置，可以到相应的目录中提取对应网站的日志文件，一般情况下，日志文件是以日期命名的文本文件。以下是一条完整的 IIS 访问日志：

192.168.1.66 - -[06/Sep/2012:20:55:05 +0800] "GET /index.html HTTP/1.1" 404 287 "-" "Mozilla/5.0 (Windows NT 6.1; rv:15.0) Gecko/20100101 Firefox/15.0"

其具体的解释为：

192.168.1.66：表示客户端 IP 地址；

[06/Sep/2012:20:55:05+0800]：访问时间及服务器所在时区；

GET:数据包提交方式为 GET 方式,常见的有 GET 和 POST 两种类型;

/index.html:客户端访问的 URL;

HTTP/1.1:协议版本信息;

404:Web 服务器响应的状态码。404 表示服务器上无此文件;

287:此次访问传输的字节数;

Mozilla/5.0 (Windows NT 6.1;rv:15.0) Gecko/20100101 Firefox/15.0:客户端浏览器和系统环境等信息。

由于该日志文件是纯文本文件,所以其提取和恢复可按照普通文件的电子数据提取和恢复方法进行,恢复关键词可依据上述字段信息展示的内容根据实际情况选取。

(2) IIS 日志的分析

由于 IIS 日志记录了所有通过 http 协议访问该网站的信息,所以详细对该日志进行分析,可以大致回溯访问者在一段时间内对该网站实施的行为。

以黑客入侵案件为例,如何从大量的访问记录中找出入侵者的 IP 地址呢?通过大量的分析,我们发现攻击者在对网站入侵时,向网站发起的请求中会带有特定的攻击特征,如利用 WEB 扫描器在对网站进行漏洞扫描时往往会产生大量 404 错误日志、在检测 web 中是否存在 SQL 注入漏洞时会产生大量"and 1=1"和"and 1=2"等正常情况下不会出现的日志条目。我们可以根据这些特征来对日志进行分析。常用的日志分析工具有 WebExplorer、弘连网钜日志分析系统、AN8 等。

① 查找"and 1="等关键词(空格等特殊字符串需转化为 URL 编码)。如果在日志信息中发现有这样的数据,表明该访问者在对网站进行 SQL 注入扫描,如图 6.61 所示。

date	time	s-sitename	s-ip	cs...	cs-uri-stem	cs-uri-query	s-p...	c...	c-ip
2013-01-04	07:32:37	W3SVC373323...	192.168.30.129	GET	/showcase.asp	id=8%20and%201=1	80	-	192.168.30.1
2013-01-04	07:32:45	W3SVC373323...	192.168.30.129	GET	/showcase.asp	id=7%20and%201=2	80	-	192.168.30.1

图 6.61 SQL 注入的痕迹

② 查找服务器响应代码为 404 的记录。如果发现大量访问 404 的信息,且这些记录都是连续的,则极有可能是入侵者在对该网站进行目录探测扫描等,如图 6.62 所示。

③ 直接查找后门脚本文件的连接记录。如果在网站网页文件分析中找到了黑客留下的后门文件,或者其他可疑的文件,则可直接在日志中查找这些文件的连接记录,这是锁定入侵者 IP 的最直接的方式,因为只有入侵者才了解这些可疑文件的位置和文件名,以及访问密码等信息,所以成功访问这些可疑文件(服务器返回代码为 200)的访问者就极有可能是入侵者。

其他 Web 日志或格式化日志文件的分析方法基本同上,但要注意根据记录信息的不同进行关联,依据案件相关的线索建模,最终找出日志记录的规律。

		[04/Sep/2012:17:16:29	+0800]	"GET	/data/backup/global.backup	HTTP/1.1"	404
-	-	[04/Sep/2012:17:16:29	+0800]	"GET	/data/backup/Copy%20of%20global.asa	HTTP/1.1"	404
-	-	[04/Sep/2012:17:16:29	+0800]	"GET	/data/backup/member	HTTP/1.1"	404
-	-	[04/Sep/2012:17:16:29	+0800]	"GET	/data/backup/members	HTTP/1.1"	404
-	-	[04/Sep/2012:17:16:29	+0800]	"GET	/data/backup/global.asa.bak	HTTP/1.1"	404
-	-	[04/Sep/2012:17:16:29	+0800]	"GET	/data/backup/orders	HTTP/1.1"	404
-	-	[04/Sep/2012:17:16:29	+0800]	"GET	/data/backup/global.asa.old	HTTP/1.1"	404
-	-	[04/Sep/2012:17:16:29	+0800]	"GET	/data/backup/global.asa.tmp	HTTP/1.1"	404
-	-	[04/Sep/2012:17:16:29	+0800]	"GET	/data/backup/billing	HTTP/1.1"	404
-	-	[04/Sep/2012:17:16:29	+0800]	"GET	/data/backup/memberlist	HTTP/1.1"	404
-	-	[04/Sep/2012:17:16:29	+0800]	"GET	/data/backup/dump	HTTP/1.1"	404
-	-	[04/Sep/2012:17:16:29	+0800]	"GET	/data/backup/global.asa.temp	HTTP/1.1"	404
-	-	[04/Sep/2012:17:16:29	+0800]	"GET	/data/backup/ftp	HTTP/1.1"	404
-	-	[04/Sep/2012:17:16:29	+0800]	"GET	/data/backup/accounts	HTTP/1.1"	404
-	-	[04/Sep/2012:17:16:29	+0800]	"GET	/data/backup/warez	HTTP/1.1"	404
-	-	[04/Sep/2012:17:16:29	+0800]	"GET	/data/backup/global.asa.orig	HTTP/1.1"	404
-	-	[04/Sep/2012:17:16:29	+0800]	"GET	/data/backup/web.config.bak	HTTP/1.1"	404
-	-	[04/Sep/2012:17:16:29	+0800]	"GET	/data/backup/conf	HTTP/1.1"	404
-	-	[04/Sep/2012:17:16:29	+0800]	"GET	/data/backup/config	HTTP/1.1"	404
-	-	[04/Sep/2012:17:16:29	+0800]	"GET	/data/backup/Config	HTTP/1.1"	404
-	-	[04/Sep/2012:17:16:29	+0800]	"GET	/data/backup/phpmyadmin	HTTP/1.1"	404

图 6.62 目录探测的痕迹

6.3 Mac OS 系统取证

苹果计算机与一般 PC 电脑的不同之处,主要表现在硬件架构、操作系统、文件系统和应用程序这四个方面。苹果最为特别的是 Mac OS 操作系统,已经形成了一个有别于 Windows 操作系统的生态圈。由于 Mac OS 操作系统和程序、数据格式的不同,使得其取证方法与常见的 Windows 系统的取证方法有一定区别。本节的教学目的是围绕苹果 Mac OS 系统中获取证据和分析证据的相关知识,详细阐述对 Mac OS 取证分析的方法和工具,以达到初步了解 Mac OS 系统取证的目的。

6.3.1 苹果计算机和 Mac OS 操作系统概述

苹果计算机的取证,应首先对苹果计算机有一个整体、全面的了解,要知道苹果计算机和常用的 Windows 计算机有哪些不同?这些不同之处对取证分析有哪些影响。只有全面了解苹果计算机和 Mac OS 操作系统,才能采用正确的方法,使用正确的工具完成对苹果计算机的取证,得到全面地分析结果。

1. Mac OS 操作系统简介

苹果计算机中使用的操作系统被称为 Mac OS,是一款专为苹果计算机设计开发的专用操作系统。Mac OS 不被允许安装或使用在所有非苹果公司的计算机或虚拟机中。每台苹果计算机在出厂之初,就已经预置了多语言的操作系统。用户仅需通过简单的设置,即可开始使用这个强大的操作系统。

从取证角度来说,Mac OS X 并没有 Windows 注册表这样的数据库来存储系统和应用程序的设置信息,而是将此类信息分别储存在钥匙圈、Property List 属性列表文件和 SQLite 数据库中,而不同程序的 Plist 文件或 SQLite 数据库文件中往往包含有嫌疑人的关键证据数据,需要重点关注。Mac OS 操作系统在文件的查看和管理上也与 Windows 有较大的不同,在 Windows 中用户往往是在"我的电脑"中的不同分区下查看文件,应用程序一般默认保存在"Program Files"下,存档文件则要去"我的文档"和其他不同位置去查看。而 Mac OS 操作系统中,则预定义了一些目录,并将各类文件进行归类存储。这些位置都包含有重点关注的各类数据,如表 6.28 所示。

表 6.28 用户数据存储位置

名 称	存 储 位 置
文稿	/Users/用户名/Documents
桌面	/Users/用户名/Desktop
应用程序	/Applications
下载和传送的数据	/Users/用户名/Downloads
视频	/Users/用户名/Movies
音乐	/Users/用户名/Music
图片	/Users/用户名/Pictures
邮件	/Users/用户名/Library/Mail
站点(如网站开发数据)	/Users/用户名/Sites
废纸篓(隐含)	/Users/用户名/.Trash
公共	/Users/用户名/Public
用户资源库(隐含)	/Users/用户名/Library(通常 10~20GB,包含大量有价值的数据)
共享	/Users/Shared
系统资源库	/Library

2. Mac OS 应用程序

苹果计算机中所有的应用程序都是 Mac OS 系统专用的,这些程序只能在 Mac OS 系统中运行。几年前,制约苹果计算机难以普及使用的最大问题就是应用程序缺乏,而且多数必须付费购买使用。但是从 Mac OS X 开始,苹果机上开始预置了很多的应用程序,中国用户经常使用的如 QQ、微信、阿里旺旺等即时通信工具都有了 Mac OS 版本,甚至微软公司也推出了 Mac OS 操作系统专用的 Microsoft Office。现在能够运行在 Mac OS X 操作系统下的应用程序已经非常多了,各种功能的应用程序可以轻易地找到,如图 6.63 所示。但也正因为如此,对取证来说,Mac OS 系统中下的数据类型也越来越复杂,需要取证的内容也越来越多。

由于苹果计算机 Mac OS 系统的封闭性、应用程序和相关文件的特殊性,造成 Windows 系统下的 Encase、X-Ways Forensics 等取证分析软件无法全面、彻底地解析 HFS 系统和应用程序包,以及文件的资源叉。因此对苹果计算机的取证,应当使用苹果机、Mac OS 系统和专用 Mac OS 取证分析软件才能够达到最佳的分析效果。

图 6.63　各种常用应用程序

工具使用

　　Mac OS 的综合取证工具有 Sumuri 公司的 Recon for Mac OS X、Blackbag[①] 公司的 BlackLight 和 MacForensicsLab[②] 公司的 MacForensicsLab。例如使用 Recon 对苹果计算机的取证能够缩短至几十分钟,甚至不了解 Mac OS 操作系统的人也能通过 Recon 进行自动化的取证,获取重要证据数据。

6.3.2　Mac OS 动态取证

　　Mac OS 动态取证是针对开机状态的 Mac OS 系统进行取证。其取证的注意事项和方法与 Windows 的取证方法截然不同。

场景应用

　　当案件现场发现一台苹果计算机时,苹果计算机正在运行中,取证人员可以直接操作该计算机;或该计算机处于休眠中,掀开显示器即返回运行状态。我们将此两种情况视为运行状态。

---

① https://www.blackbagtech.com/
② http://www.macforensicslab.com/

开机状态下的取证方法和注意事项与关机状态下不同,获取后的数据也有些许差异。因此在操作之前要充分考虑各种可能的发生情况以及应对方法。当案件现场发现苹果计算机如果正处于开机状态下,取证人员需要考虑到以下五个方面的问题。

- 当前账户登录状态,是否需要输入密码?
- 是否有可能启用了FileVault全盘加密?
- 是否正在连接局域网或互联网?
- 考虑采用何种方法固定证据?
- 选用何种工具固定证据?
- 固定哪些证据?

1. 当前用户登录状态

Mac OS 系统在每次用户登录、退出休眠、退出屏幕保护、进行某些超越权限操作的时候,都会要求用户输入密码。当出现输入密码的窗口时,没有正确的密码,任何人都无法继续使用该计算机。如果当前的苹果机没有要求输入密码,我们绝不能够认为这台苹果机没有设置密码,而是应该庆幸当前恰好是一个最佳的取证时机,要立刻使用有效的工具尽可能获取到尽可能多的数据。因为当前计算机随时都可能因为时间设置而退出当前状态,进入休眠状态或屏保状态,要求重新输入登录密码。

2. 充分考虑到 FileVault 加密问题

Mac OS 系统内置有 FileVault 加密。如果当前用户启用了 FileVault 加密,那么很有可能当前苹果机硬盘、连接的 USB 硬盘都有可能被加密。如果没有在解密状态下获取尽可能多的数据,那么一旦关机,没有口令则无法再次打开加密的计算机。因此,在苹果计算机运行状态下是可以成功获取加密数据的唯一机会。

3. 注意当前系统、程序和网络状态

苹果用户通常会使用 Apple ID 连接 iCloud、iTunes,或者运行 TeamViewer 等具有网络传输和远程管理功能的应用程序。用户甚至可以远程对计算机数据进行删除或擦除。为防止远程用户破坏当前系统证据,首先要断开所有的网络连接。当前网络的连接状态、各种程序的运行状态可以在 Finder 菜单栏右侧显示出来。参考图 6.64 可以了解,当前计算机连接至 Wi-Fi 无线网络,正在运行着 QQ 软件。

图 6.64 查看菜单栏图标

取证人员还需要清楚地认识到,并不是所有的应用程序都会显示在菜单栏顶端。用户完全可以根据自己的喜好,选择是否将程序图标或状态显示在菜单栏中。从图 6.64 中可以看到,如果用户选择了禁用"在菜单栏中显示 WiFi 状态",那么菜单栏中是不会出现联网状态的。必须要手工进入"系统和偏好设置",选择"网络",查看当前的网络连接状态。

4. 选用适用的取证方法

根据当前计算机正处于的状态,取证人员需要决定采用何种最佳的证据固定方法。根据不同取证工具功能,可以选用在线文件复制、在线硬盘镜像和在线数据提取三种方法。

在线文件复制,是在当前苹果计算机可以操作的前提下,利用专用工具对各种用户数据和程序数据进行安全固定的方法。利用此方法提取的所有文件,都应有取证工具生成的哈希校验值作为证据固定的依据。

在线硬盘镜像,是在当前苹果计算机可以操作的前提下,利用工具对整个卷、加密硬盘进行位对位证据固定的方法。利用此方法生成的证据文件,都应有取证工具生成的哈希校验值作为证据固定的依据。

工具使用

在线对 Mac OS 硬盘进行镜像可以使用系统自带的"磁盘工具"。

工具使用

Mac OS 内存获取,在 Windows 系统中,取证人员可以使用 Windows 系统下的专业内存取证工具如 SmartMFT、MoonSoles 等获取完整的内存镜像。在 Mac OS 系统中,可以使用免费工具如 OSXPMem[①]。

工具使用

动态信息获取,可以利用"Recon for Mac OS X"软件,能够尽可能多地获取 Mac OS 系统中的易消失数据,且可以确保获取数据的完整性。除了可以提取 Skype、Firefox、VirtualBox 等国外应用程序的易失数据,"Recon for Mac OS X"中文版还可以提取如飞信、阿里旺旺、QQ 浏览器等国内应用程序的历史记录。

开机状态下的苹果计算机取证能够获取到易失数据是其一个优点,但是从另一面来看,在开机状态下更需要取证人员有着丰富的经验才能避免改变 Mac OS 系统中的关键数据,

---

① http://www.rekall-forensic.com/downloads.html

而且更要牢记 Mac OS 和 Windows 系统有很多的不同,因此不能照搬 Windows 取证的方法和技术。

6.3.3 Mac OS 静态取证

Mac OS 静态取证是对于关机状态下的 Mac OS 系统取证,无论对苹果计算机还是 Windows 计算机来说,操作方法和注意事项基本相同,这里不再多赘述,重点阐述不同之处和需要特殊注意的问题。

1. 硬盘镜像

如果是用光盘启动,按下电源键后立刻按住 C 键,直至听到读取光盘的声音。如果用 USB 启动盘启动,按下电源键后按住 option 键,直至进入选择启动画面,选择所需的启动硬盘。如果希望进入目标硬盘模式,按下电源键后立刻按住 T 键,如图 6.65 所示。

图 6.65　按住 option 键进入启动盘选择界面

镜像使用"Paladin 启动盘"制作。

工具使用

2. 解析浏览器历史记录

Mac OS 系统下被经常使用的网页浏览器有 Safari、Firefox、Google Chrome、QQ 浏览器等。这些浏览器多数采用 SQLite 数据库格式保存浏览器历史记录。"QQ 浏览器 for Mac"历史记录就是通过 SQLite 数据库来保存浏览器历史记录,记录文件文件名为 History,保存于/Users/用户名/Library/Application Support/QQBrowser2/Default 目录下,如表 6.29 所示。

表 6.29　数据库 History 表结构

表单名称	描述
下载(downloads)	下载数据的网址、本地保存路径、开始和结束时间、大小
网址(urls)	访问过的网址、标题、次数和时间
访问时间(visits)	网址的访问时间
搜索词语(keyword)	链接的 ID,搜索的词汇
网址域名(segments)	访问网址的主域名

SQLite[①]是一款轻型的数据库,是 D. RichardHipp 用 C 语言编写的一个开源嵌入式数据库引擎,遵守 ACID 的关系型数据库的管理系统。SQLite 占用资源非常低,在嵌入式设备中,只需要几百 KB 的内存就够了。这种轻型的 SQLite 数据库可以支持高达 2TB 大小的数据库,每个数据库都可以单个文件的形式存在,以 B-Tree 的数据结构形式存储在硬盘上。SQLite 数据库支持 Windows、Linux、UNIX 等主流的操作系统,特别在 Mac OS、iOS 和 Android 系统中得到非常广泛的应用。

对于浏览器历史记录,取证人员可以使用一些免费的第三方工具查看 SQLite 数据库中的历史记录。

使用"SQLite Database Browser"2.0 B1 可以快速解析 QQ 浏览器数据库文件 History。

工具使用

Safari 浏览器的历史记录没有采用数据库的方式保存历史记录,而是采用了 Plist 文件格式。Safari 是苹果计算机 Mac OS X 操作系统中默认浏览器,使用了 KDE 的 KHTML 作为浏览器的计算核心。

Safari 版本 7.0.4 历史记录的保存位置:/Users/用户名/Library/Safari。历史记录文件名称为 History.plist,结构如表 6.30 所示。

表 6.30 History.plist 属性列表文件结构

名称	描述
主域名(WebHistoryDomains.v2)	访问网址的主域名
网址(WebHistoryDates)	访问过的网址、标题、次数和时间
标题(title)	网址的标题
访问日期(lastVisitedDate)	最后一次的访问日期
访问次数(visitCount)	访问次数统计

使用"Xcode"4.6(4H127)解析 plist 文件。

工具使用

---

① http://www.sqlite.org/fileformat.html

其他在 Mac OS 系统中需要关注的重要数据的保存位置,如表 6.31 所示。

表 6.31 一些重要数据保存位置

名 称	位 置	文 件 名
最近访问的文件	/Users/用户名/Library/Preferences	com.apple.recentitems.plist
通讯录	/Users/用户名/Library/Application Support/AddressBook/Sources/〈string〉/Metadata	*.abcdp
通讯录照片	/Users/用户名/Library/Application Support/AddressBook/Sources/〈string〉/Images	*.jpeg
系统版本	/System/Library/CoreServices	SystemVersion.plist
最后登录用户名	/Users/用户名/Library/Preferences	com.apple.loginwindow.plist
最后预览过的文件	/Users/用户名/Library/Preferences	com.apple.Preview.LSSharedFileList.plist
Dock 显示内容	/Users/用户名/Library/Preferences	com.apple.dock.plist
开机启动的程序	/Users/用户名/Library/Preferences	com.apple.loginitems.plist
微信登录 IP 和时间	/Users/用户名/Library/WechatPrivate/1.1/host	*.getdns2
QQ 账号和传送文件	/Users/用户名/Library/Containers/com.tencent.qq/Data/Library/Application Support/QQ	QQ 账户名
邮件	/Users/用户名/Library/Mail/V2	*.emlx
LinkedIn 账号	/Users/用户/Library/LinkedIn	LPARegistrationData.plist
Skype 聊天记录	/Users/用户名/Library/Application Support/Skype/账号	main.db
阿里旺旺账号	/Users/用户名/Library/Containers/com.taobao.aliwangwang/Data/Library/Application Support/AliWangwang/v3/profiles	账户名

6.3.4 小结

针对苹果计算机的取证,分析过程中,可以充分借助 Spotlight 和预览程序,对关注的内容进行搜索、过滤和查看。同时,应尽可能获取正在运行中的苹果计算机内存镜像,以便为后期解密、分析提供重要帮助。考虑到工作效率和数据分析的准确性,实际案件中取证人员也应借助一些智能化分析工具加速分析速度,节省案件分析时间,提升分析的准确率。

6.4 UNIX/Linux 取证分析

6.4.1 UNIX/Linux 操作系统简介

Linux[①] 操作系统是 UNIX[②] 系统家族中的一个优秀分支。自 Linus Torvalds 于 1991 年 10 月发布第一个版本以来，Linux 在嵌入式设备、超级电脑和服务器领域确立了其领先地位。在智能手机市场占据第一的 Android 系统是 Linux 系统的一个深度定制版本，而超级电脑中的 90%以上运行类 Linux 系统。

UNIX/Linux 处于活跃状态的发行版数量有数百个，每天还可能出现新的定制或者剪裁版本[③]。由于发行版数量的巨大，要概括介绍所有版本是不现实的，但是 UNIX/Linux 系统的一个好处在于所有发行版都会遵循 UNIX/Linux 的一些基本设计思想[④]。本节称做 UNIX/Linux 取证，内容上以 Linux 取证为主、兼顾 UNIX 的方式展开。一方面突出 UNIX 系统在架构、应用、思维和使用习惯上通用性；另一方面也是因为 Linux 系统在 UNIX 家族中的突出地位。

本节从 UNIX/Linux 系统基础开始，帮助取证人员找到 UNIX/Linux 系统下取证分析工作的切入点，掌握 UNIX/Linux 系统中常见目录结构、关键文件的位置及系统日志配置和存储等方面的内容。

6.4.2 Linux 发行版本

Linux 目前流行的发布版本有 Debian、Ubuntu、Fedora、RedHat Enterprise Linux、CentOS 及 OpenSUSE 等系统。

国产 Linux 操作系统，多数以 Linux 为基础进行二次开发。国产 Linux 目前常见的版本有：深度(Deepin)、红旗 Linux、银河麒麟、中标麒麟 Linux(原中标普华 Linux)、起点操作系统 StartOS、凝思磐石安全操作系统、共创 Linux 桌面操作系统等。

6.4.3 Linux 文件系统

1. Linux 文件系统简介

文件系统是操作系统最为重要的一部分，它定义了硬盘上储存文件的方法和数据结构。

---

① 维基百科 Linux 词条，http://zh.wikipedia.org/wiki/Linux
② 维基百科 UNIX 词条，http://zh.wikipedia.org/wiki/UNIX
③ Linux 发行版公告网站，http://distrowatch.com/
④ 《Linux/UNIX 设计思想》，2012 年，人民邮电出版社(http://book.douban.com/subject/7564417/)

UNIX 的发行版中常用的文件系统是 UFS 系列[1],但是每个厂商对其进行了一些私有的扩展,有不兼容的情况存在。Linux 文件系统其核心思想也是来自于 UFS。Linux 常用的原生文件系统主要有 Ext2、Ext3、Ext4、btrfs 及 ReiserFS 等,btrfs 可能逐步成为未来主流的 Linux 文件系统。此外,Linux 也兼容支持 Windows 系统的 FAT 及 NTFS。

文件系统都有内部的文件存取管理机制。NTFS 文件系统使用 $MFT 和 $Bitmap 两个核心的内部文件(也称为元文件)来管理文件,然而 Linux 操作系统的 Ext 文件系统则用 inode 和 SuperBlock 来管理文件。

(1) Superblock:记录此文件系统的整体信息,包括 inode/block 的总量、使用量、剩余量,以及文件系统的格式与相关信息等;

(2) inode:记录文件的属性,一个文件占用一个 inode,同时记录此文件的数据所在的 block 号码;

(3) Block:实际记录文件的内容,若文件太大时,会占用多个 block。

Linux 常用的文件系统是 Ext3、Ext4 和 btrfs 文件系统。

2. Linux 系统文件结构

系统文件结构指的是操作系统和应用如何组织和使用目录和文件的体系(如图 6.66 所示),自从 UNIX 系统被发明以来,其文件组织和使用结构就基本没有变化过。

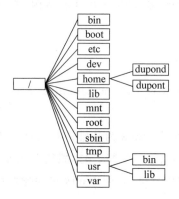

图 6.66　UNIX/Linux 系统典型目录结构

UNIX/Linux 采用约定俗成的方式使用这些知名的目录,如表 6.32 所示,在不同的发行版和系统中它们都具有类似的功能和权限设置,这里给出简单的说明[2]。

---

[1] Wiki 百科词条"UNIX 文件系统",http://en.wikipedia.org/wiki/UNIX_File_System
[2] 详细内容可参见《Linux 系统架构与目录解析》,http://book.douban.com/subject/3592797/

表 6.32　UNIX 一级目录说明

目录名称	文件/功能/说明
/bin	供所有用户使用的基本命令，cp、ls 等保存在该目录中
/boot	系统引导核心和配置文件等
/etc	系统和应用程序的配置文件，例如：/etc/passwd 保存的是用户信息
/dev	包含所有的系统设备文件
/home	普通用户的个人文件，每个用户有一个目录，用户在自己的目录里具有完整的权限
/lib	存放着系统最基本的共享链接库和内核模块
/mnt	用于挂载文件系统的地方
/root	系统超级用户的主目录
/sbin	供超级用户使用的命令，多是系统管理命令，如 fsck、reboot 等
/tmp	保存临时文件，所有用户可以在这里创建、编辑文件，但只有文件拥有者才能删除文件
/usr	静态的用户级应用程序
/var	动态的程序数据，目录中包括了一些数据文件，如系统日志等
/proc	存在于内存中的虚拟文件系统，开机情况下才有，里面保存了内核和进程的状态信息等

6.4.4　Linux 取证实战

1. Linux 硬盘数据获取

在开机取证的情况下，有时需要获取整个硬盘或分区的镜像以支持后续的详细数据分析工作，毕竟在开机情况下无法对删除的数据进行恢复，而且会有破坏已有数据的风险。此时，可以使用专业的取证工具，也可以使用 UNIX/Linux 系统内置的"dd"命令。"dd"命令的参数和用途非常多，这里列出一些和取证有关的选项和用法，详细用途可见相应的命令手册。

DD 命令可以精确地制作整个物理硬盘数据的镜像。因此，DD 生成的镜像格式成为电子数据取证领域众所周知的一种硬盘镜像格式，常称为原始数据镜像（Raw Image）或 DD 镜像。

常见的 dd 应用范例，如表 6.33 所示。

表 6.33　dd 命令选项功能描述

dd 选项	选项功能描述
if=〈文件名〉	输入文件名，默认为标准输入。如果要的是硬盘设备，则可能是/dev/sda
of=〈文件名〉	输出文件名，默认为标准输出。如果输出到一个硬盘设备，则可能是/dev/sdb
bs=bytes	一次读入/输出字节数，即指定一个块大小为 bytes 个字节。对大容量设备来说，一次读取数据块为 8192 字节时，具有更好的性能
conv=sync,noerror	sync：将每个输入块填充到输出中，不足部分使用空（NUL）字符填充。noerror：出错时不停止。这两个参数都是为了保证在读取出错时，输出设备的数据能够和输入对齐

(1) 将物理硬盘 sda 中的所有数据镜像为 mybigfile.img 文件

命令行：dd if=/dev/sda of=mybigfile.img bs=65536 conv=noerror,sync

(2) 将硬盘 sda 的分区 2 中的所有数据复制到硬盘 sdb 的分区 2

命令行：dd if=/dev/sda2 of=/dev/sdb2 bs=4096 conv=noerror

(3) 将硬盘 sdb 中的分区 2 的所有数据镜像为 partition.img

命令行：dd if=/dev/sdb2 of=partition.img bs=4096 conv=noerror

2. Linux 物理内存获取

Linux 系统早期可以通过/dev/mem 访问物理内存，然而在较新的 Linux 系统中，通过访问/dev/mem 实际上无法完全获取物理内存的数据。在 RedHat Linux 系统中，可以通过用 modprobe crash 来访问/dev/crash（相当于整个物理内存），即可用 dd 命令来直接获取物理内存。

目前比较常见的 Linux 系统环境下物理内存获取比较实用的工具是 LiME(Linux Memory Extractor)及 F-Response。

工具使用

LiME 是一个基于可加载的内核模块（LKM），支持对 Linux 及基于 Linux 设备（如 Android）系统的内存获取。该工具支持将内存镜像并保存至本地存储介质或通过网络传输至特定位置。LiME 可通过 https://github.com/504ensicslabs/lime 下载源代码，通常建议在相同的 Linux 版本下对源代码进行编译，然后将编译后的程序复制到移动硬盘或优盘中，在目标计算机上通过命令行加载模块，从而完成对物理内存的获取。

root@linux:/media/pendrive#insmod /media/pendrive/lime-3.7-trunk-amd64.ko
"path=/media/External_drive/physical_memory_dump.bin format=lime"

3. LVM 逻辑卷管理器

在国内某些特定类型的案件（如电信诈骗案）中，较多遇到涉案的服务采用的是 RedHat Enterprise Linux 或 CentOS 操作系统，往往这些系统在安装时默认采用 LVM2 进行硬盘管理。

LVM 逻辑卷管理器(Logical Volume Manager,LVM)，是 Linux 核心所提供的逻辑卷管理(Logical volume management)功能。它在硬盘的硬盘分区之上，又创建一个逻辑层，以方便系统管理硬盘分区系统。目前常见的版本有 LVM 和 LVM2，LVM 在常见的 Linux 服务器版本应用较多，此外也支持 HP-UX，IBM AIX，Solaris，OS/2 系统下使用。LVM2 已经广泛在 RedHat Enterprise Linux 系统上。LVM 的逻辑结构如图 6.67 所示。

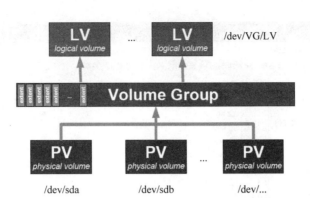

图 6.67　LVM 逻辑卷管理机制

在电子数据取证过程中，很多调查人员往往因为缺乏对 LVM 的了解，在使用计算机取证分析软件时，未进行正确的 LVM 设置导致无法正常识别 Linux 的文件系统，影响案件的正常开展。目前国内外支持 Linux LVM/LVM2 逻辑卷自动识别及解析的取证软件有 EnCase（如图 6.68 和图 6.69 所示）、FTK 和取证大师。

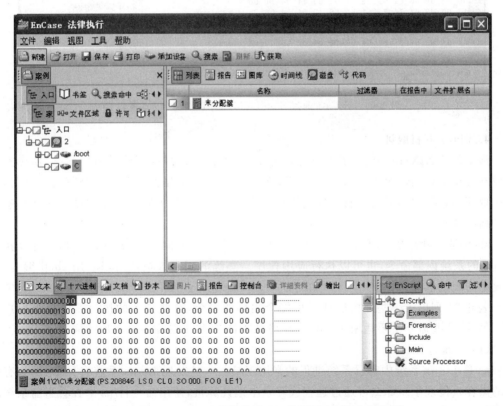

图 6.68　Linux LVM 逻辑卷无法正常识别（未做正确设置）

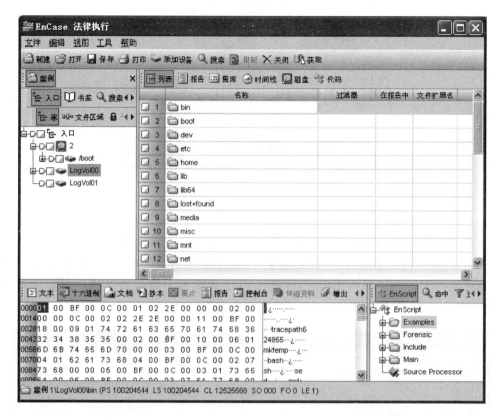

图 6.69　EnCase 通过 Scan LVM 自动识别出 LVM 逻辑卷

4. Linux 开机取证

涉案的 UNIX/Linux 系统以服务器为主,经常处于远程或不能关机的状态,所以经常需要在开机运行的情况下进行取证。UNIX/Linux 提供了强大的基于命令行的工具集,在开机取证的过程中如果可以有效地使用这些命令行工具,对于取证工作的进行往往具有事半功倍的效果。

shell 是一种命令解释器,它提供了用户和操作系统之间的交互接口。shell 可以执行 Linux 的系统内部命令,也可以执行应用程序。熟练的调查人员还可以利用 shell 编程,执行复杂的现场取证工作。

表 6.34 列出了一些开机取证时可能会用到的命令,有些指令的执行需要超级用户权限。另外,这些命令主要适用于 Linux 环境,UNIX 环境下的命令会有所不同。

(1) 系统进程

ps 是 Linux 系统中查看系统进程的常用工具。一旦发现 Linux 系统有异常(例如有可疑的黑客入侵现象),那么可通过远程或登录本地计算机,使用命令行 ps 来查看当前系统的所有运行进程情况,分析可疑进程。

表 6.34 Linux 开机取证常用命令

命 令	功 能 描 述
uname -a	查看内核/操作系统/CPU 信息
cat /etc/issue	查看操作系统版本
cat /proc/cpuinfo	查看 CPU 信息
hostname	查看计算机名
lspci	列出所有 PCI 设备
lsusb	列出所有 USB 设备
lsmod	列出加载的内核模块
env	查看环境变量
cat /proc/meminfo	查看内存和交换区情况
df -h	查看各分区使用情况
du -sh〈目录名〉	查看指定目录的大小
uptime	查看系统运行时间、用户数、负载
mount | column -t	查看挂载点的情况
fdisk -l	查看指定设备的分区情况
swapon -s	查看所有交换分区
dmesg	显示系统启动的过程信息
ifconfig	查看所有网络接口的属性
iptables -L	查看防火墙设置
route -n	查看路由表信息
netstat -antp	查看所有监听端口和建立的连接
netstat -s	查看网络统计信息
ps -ef	查看所有进程
top	实时显示进程状态
w	查看当前登录的活动用户
id〈用户名〉	查看指定用户的信息
last	查看用户登录日志
cut -d：-f1 /etc/passwd	查看系统所有用户
cut -d：-f1 /etc/group	查看系统所有组
crontab -l	查看当前用户的计划任务
service --status-all	列出所有系统服务

范例 1：命令"ps aux"列举系统所有进程（如图 6.70 所示）。

（2）用户登录信息

Linux 系统提供了"who"、"w"等命令查看用户登录信息。"who"命令主要用于查看当前登录的用户情况如图 6.71 所示；"w"也可以用于查看登录到系统的用户情况如图 6.72 所示，但是功能更加强大，除了可以显示当前用户登录的系统信息，还可以显示出这些用户正在调用的进程信息从而分析用户正在进行哪些活动，可以简单地理解"w"是"who"的增强版命令工具。

```
paladin@Paladin:~$ sudo ps aux
USER       PID %CPU %MEM    VSZ   RSS TTY      STAT START   TIME COMMAND
root         1  0.0  0.1   3656  2012 ?        Ss   18:29   0:01 /sbin/init
root         2  0.0  0.0      0     0 ?        S    18:29   0:00 [kthreadd]
root         3  0.0  0.0      0     0 ?        S    18:29   0:00 [ksoftirqd/0]
root         5  0.0  0.0      0     0 ?        S    18:29   0:01 [kworker/u:0]
root         6  0.0  0.0      0     0 ?        S    18:29   0:00 [migration/0]
root         7  0.2  0.0      0     0 ?        S    18:29   0:07 [watchdog/0]
root         8  0.0  0.0      0     0 ?        S<   18:29   0:00 [cpuset]
root         9  0.0  0.0      0     0 ?        S<   18:29   0:00 [khelper]
root        10  0.0  0.0      0     0 ?        S<   18:29   0:00 [kdevtmpfs]
root        11  0.0  0.0      0     0 ?        S<   18:29   0:00 [netns]
root        12  0.0  0.0      0     0 ?        S    18:29   0:00 [sync_supers]
root        13  0.0  0.0      0     0 ?        S    18:29   0:00 [bdi-default]
root        14  0.0  0.0      0     0 ?        S<   18:29   0:00 [kintegrityd]
root        15  0.0  0.0      0     0 ?        S<   18:29   0:00 [kblockd]
root        16  0.0  0.0      0     0 ?        S<   18:29   0:00 [ata_sff]
root        17  0.2  0.0      0     0 ?        S    18:29   0:08 [khubd]
root        18  0.0  0.0      0     0 ?        S<   18:29   0:00 [md]
```

图 6.70　Ps 命令查看系统所有进程

```
paladin@Paladin:/$ sudo who
paladin   tty6    2015-04-15 18:30
paladin   tty2    2015-04-15 18:30
paladin   tty3    2015-04-15 18:30
paladin   tty4    2015-04-15 18:30
paladin   tty5    2015-04-15 18:30
paladin   tty1    2015-04-15 18:30
paladin   tty7    2015-04-15 18:30
```

图 6.71　who 命令查看登录用户信息

```
paladin@Paladin:/$ sudo w
 04:41:15 up 10:11,  7 users,  load average: 0.00, 0.01, 0.05
USER     TTY      FROM              LOGIN@   IDLE   JCPU   PCPU WHAT
paladin  tty6                       18:30   10:10m  0.77s  0.68s -bash
paladin  tty2                       18:30   10:10m  1.01s  0.78s -bash
paladin  tty3                       18:30   10:10m  0.92s  0.87s -bash
paladin  tty4                       18:30   10:10m  0.88s  0.78s -bash
paladin  tty5                       18:30   10:10m  0.85s  0.79s -bash
paladin  tty1                       18:30   10:10m  0.33s  0.33s -bash
paladin  tty7                       18:30   10:10m 36.26s  0.02s /bin/sh /etc/xdg/xfce4/xinitrc -
```

图 6.72　w 命令查看登录用户信息

(3) 文件内容搜索(grep)

"grep"是 Linux 中很常用的一个命令,主要功能就是进行字符串数据的比对,支持使用正则表达式搜索文本,并将符合要求的字符串打印出来。"grep"可以对文件内容进行搜索比对,也可以应用在管道中,对其他工具的输出行进行过滤。取证过程中经常需要对文件内容进行查找和定位,所以掌握 grep 的用法对现场取证十分有帮助。

"grep"命令的格式大致如图 6.73 所示,可以设置多个选项参数(OPTION)(见表 6.35),使用指定的模式(PATTERN)在管道、输入或多个文件中继续匹配。

```
land@ubuntu:~$ grep
Usage: grep [OPTION]... PATTERN [FILE]...
Try 'grep --help' for more information.
land@ubuntu:~$
```

图 6.73　grep 命令的格式

表 6.35　grep 选项功能描述

grep 选项	选项功能描述
-c	只输出匹配行的计数
-i	匹配时不区分大小写
-n	显示匹配行和行号
-s	不显示不存在或无匹配文本的错误信息
-v	显示不包含匹配文本的所有行
-o	只显示正则匹配的文本
-r	递归查找所有子目录内容

grep 在现场取证实战中的用途非常广泛，下面是几个实例：

netstat -nap|grep 80　　　　＃ 查询监听 80 端口的进程
history -n | grep kill　　　＃ 查找命令行历史中执行过的 kill 指令，并显示行号

（4）文件查找（find）

"find"命令可用来在某一目录中递归查找具有指定特征的文件，是开机取证/调查过程中的常用命令。"find"命令可以和其他命令结合，在查找的同时完成复制等操作，节省调查员的时间。

在 Linux 系统中，"find"命令的一般形式为：

find [-H] [-L] [-P] [-D debugopts] [-Olevel] [path...] [expression]

"find"命令功能很强大、参数极其复杂，这里就不一一说明了。实战中可以从一些简单的命令开始使用，在需要复杂查找的情况下通过查询手册获得详细的指令参数。下面还是以一些例子来说明"find"命令的典型用途：

① ＃find /etc -name "passwd*" -exec grep "land" {} \;

在"/etc"目录下找出所有文件名以"passwd"开头的文件，然后通过"grep"命令找出其中"land"用户的信息。

② find . -name "[A-Z]*" -print

在当前目录及子目录中查找文件名以一个大写字母开头的文件

③ find . -perm 755 -print

在当前目录下查找文件权限位为"755"的文件，即文件属主可以读、写、执行，其他用户

可以读、执行的文件

④ #find /etc -user land -print

在/etc 目录下查找文件属主为"land"的文件

⑤ find /home/ -type f -mtime -1 -name " * .exe"

在"/home"目录中找出所有修改时间在 1 天内、扩展名为"exe"的文件

5. 可引导 Linux 取证光盘

与 Windows 操作系统不同的是，Linux 系统天生内置对硬盘文件系统的加载控制能力，通过命令 mount 即可以写保护（只读）方式来加载文件系统。因此诞生了不少基于 Linux 核心的取证系统光盘，如 DEFT、CAINE、PALADIN（见图 6.74 和图 6.75）、Linen 等。Linux 取证光盘可以支持大多数的基于 Intel 架构的硬件。

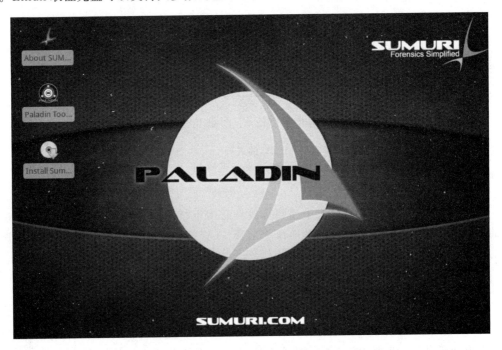

图 6.74　Paladin Linux 取证光盘

6.4.5　小结

要熟练掌握对 UNIX/Linux 系统的取证分析，必须先了解文件系统、LVM 逻辑卷管理器等基础知识，并掌握常用的命令行工具和专用工具的使用，这些信息均可帮助电子数据取证人员开展 UNIX/Linux 相关的调查。

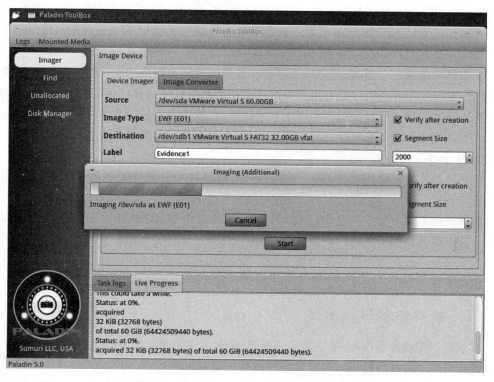

图 6.75　将源盘制作两份镜像副本（E01 格式）

6.5　移动终端取证[①]

移动终端，其典型代表是手机和平板电脑，近年来发展迅速。移动终端在方便人们商务办公和个人联系的同时，也为犯罪分子提供了便利。数字移动终端已经成为一种值得警惕的犯罪工具和对象。由于数字移动终端的运行机制不同于传统计算机设备，移动终端的取证对取证人员提出了新的挑战，已经成为目前取证工作中的一个难点。公安机关等执法部门急需有效的技术手段和方法来应对这种类型的犯罪活动。本节将阐述数字移动终端的基本常识，以及在这些设备上获取和分析电子数据的工具和技术。

6.5.1　移动终端概述

1. 移动终端的发展现状

随着科技进步和数字移动通信网络的普及，手机和平板电脑等移动终端已经成为人们

---

① 刘晓宇，李锦，刘浩阳等. 电子数据检验技术与应用. 北京：公安大学出版社，2015.

办公和联系的必备工具。根据统计,截至 2013 年 10 月,中国手机用户规模为 12 亿户左右,其中智能手机用户规模为 5.16 亿户。智能手机手机操作系统以苹果公司的 iOS 和谷歌公司的 Android 为主,两者占比分别为 67.74% 和 19.16%,总和超过 86%[①]。

基于移动终端的应用,已经将移动终端从简单的通话和短信功能,增加到社交、购物、支付、饮食、旅行等多种应用。物理世界中的社会功能都可以通过移动通信这个载体上以虚拟化的形式完成。移动终端在作为沟通工具的同时,也改变了人们的生活方式。可以这么说,"指尖上"的移动终端是未来社会的主要沟通媒介,融入社会生活的各个方面。

2. 移动终端的定义

移动终端指内嵌操作系统,具备运算、通信、存储等功能的体积小巧、可以便携的数字设备。

数字移动终端主要包括智能手机、功能手机、平板电脑、GPS、可穿戴设备、智能家居设备等。数字移动终端生产的厂商众多,产品纷纭复杂。无法简单以厂商或者产品加以区分。除功能手机使用各厂商专门开发的嵌入式系统之外,智能手机和平板电脑都内置有完整功能的操作系统。

6.5.2 移动终端取证概述

数字移动终端外形小巧,基本内置了通讯、蓝牙及其他无线模块。通过数字网络同其他设备进行通信。网络的连接和大容量的存储可以保存大量重要信息。例如通讯录、通话记录、短信这些侦查工作中极为重视的数据。除此之外,智能手机还存储有即时通信(例如QQ、微信)、上网记录、电子邮件、地理交通、网络交易、备忘录、待办事项、密码、照片、语音和视频等种种信息。这些信息都以二进制的格式保存在移动终端中。大数据时代已经到来,许许多多的犯罪活动混杂其中。因此国家执法部门对电子数据分析方面的技术需求就显得更加迫切,移动终端取证是电子数据取证的重要发展方向。

1. 移动终端取证的特点

数字移动终端可以成为重要的电子数据来源,许多执法人员由于不具备相关知识,并没有意识到这一点。因此在工作中并没有有效地保护这些设备和电子数据。针对移动终端的取证还要考虑到移动终端的特点:

(1) 数据的动态性

取证的前提是保证数据的原始性和完整性,通常需要执行原始介质的位对位复制。但是数字移动终端的存储是动态的(哈希校验值实时改变),而且各厂商产品的存储方式也不尽相同。相对于计算机设备,数字移动终端及其中的电子数据,更容易被影响和篡改。从而导致证据丢失、线索中断。例如:手机在取证的过程中有呼入电话,可能会导致之前的通话记录被自动删除。同时由于移动终端的数据存储于 NAND 中,类似于内存。数据始终处于

---

① CNIT-Research(中国 IT 研究中心):《中国手机地图市场监测报告》,2013 年 10 月份

动态变化中。这就无法对存储计算校验值以保证数据原始性。

（2）系统的封闭性

对于数字移动终端取证软件的基本要求是可识别、可处理存储空间。在电子数据取证中，这一步骤是必不可少的。计算机设备的存储介质一般都是单独部件，可以移动。但是移动终端的存储一般固化在主板上，集成度要高于计算机存储介质。对于移动终端的取证，除了 Android、Ubuntu 等少数移动终端操作系统是开源的之外，其他的操作系统都是厂商私有系统，其系统运行方式和数据存储方式不公开。目前尚无可靠的只读设备来保证获取移动终端存储时，数据不会被修改。因为要获取物理内存数据，就必须对移动终端的保护机制进行破解。例如 iOS，通过系统的封闭来保证安全性，取证 iOS 设备必须进行越狱才能获取物理内存。对 iOS 设备进行"越狱"，直接就修改了系统和用户分区。

（3）存储方式的不统一

移动终端的更新换代速度很快，每个月都会有新的移动终端发布，旧的移动终端退市。新旧设备并存于市场之中。这些设备的存储方式都不尽相同，数据通信方式也各有规则。即使同一厂商发布的不同产品，甚至同一型号的产品（例如各种定制机），都会在存储方式上有所不同。除此之外，山寨机的模仿程度越来越高，山寨机的外形、重量、操作界面都与真机没有差别，但是内部主板和操作系统却截然不同。手机的软件也同样存在此种情况，不同版本的软件在数据存储上可能会有较大的变化，例如运行在 iOS 6 上的微信和 iOS 7 上的微信存储格式截然不同。

因此，移动终端的取证具有"取"与"证"分离的特点。在传统计算机取证中，"取"作为"证"的一个环节。而在移动终端取证过程中，"取"是最大的障碍，一旦突破"取"，基本上所有的数据都一览无余，只需要进行深层次的挖掘即可，如表 6.36 所示。

表 6.36 移动终端取证与计算机取证的区别[①]

移动终端取证	计算机取证
移动操作系统	传统操作系统
动态存储	静态存储
集成存储 MB-GB 级	存储规模 GB-TB 级
动态内存镜像	位对位镜像

移动终端的特点给移动终端的取证设置了障碍，使得移动终端的取证难度远远超过传统的计算机取证。移动终端生产厂商不断提高的安全机制也对于移动终端取证造成困难，越来越多的应用程序也可能会让取证人员忽略一些数据。同时不同厂商的专业工具对同一手机获取的数据甚至不一致，没有一种工具能够完美地支持所有的移动终端。保证数据原始性和完整性这一"铁律"也在移动终端取证中受到挑战。

---

① 米佳，刘浩阳.数字移动设备取证方法研究.湖南高等警官学报，2007 年第 2 期.

2. 移动终端取证的原则

在新的取证环境下,计算机取证中的一些规则在保证证据效力的前提下,进行了一些修改。按照业界普遍认可的 ACPO(Association of Chief Police Office 英国首席警官协会)原则[①],能够指导我们在移动终端取证中规范取证流程,保证证据的可信。ACPO 原则认为:

(1) 取证人员不能采取任何可能会改变介质中数据的行为。

(2) 特殊情况下,取证人员需要访问原始介质,必须有能力进行此操作,并且能够解释每一步操作。

(3) 取证人员的取证过程应当被审计或者记录,第三方机构可以根据记录重现整个取证过程。

(4) 取证人员应当遵守法律法规。

移动终端取证也普遍认可这一原则。但是有一点不同,在传统介质取证过程中,通过利用只读设备或者对介质镜像,可以保证介质的原始性。但是在移动终端取证领域,没有只读设备,也无法对动态存储进行镜像并校验。因此在遵循 ACPO 规则的前提下,目前公认的关于移动终端的取证是接受不影响证据效力的有限修改,或者排除受到修改的数据,能够保证证据链的真实性,对系统功能进行必要的修改是允许的。同时这些过程受到严格监督并记录在案。这也是目前世界各国司法机构认可的一个准则。

6.5.3 移动终端取证基础知识

数字移动终端取证的着眼点并不是它的形态和型号,而是其中保存的数据,而数据是与设备类型、操作系统和数据存储方式有关的。因此必须要了解数字移动终端的类型、操作系统和数据存储方式的相关知识。

1. 移动终端的分类

移动终端从功能、系统应用角度出发,主要分为以下三种类型:

(1) 功能终端

在 iOS、Android、Windows Phone 等智能移动操作系统未面世前,很多非 PDA 类型的设备以手机为主,这类设备称为功能移动终端,也叫功能手机(Feature Phone)。功能手机的平台是封闭性嵌入式系统(Java 平台和 brew 平台为代表)。各厂商独立开发,运行方式和存储方式不向外公开。其存储器容量较小且类型为 ROM。它的运算能力远不如智能手机,功能手机的应用,仅仅限于打电话、收发短信,还可以运行一些 Java 应用程序。功能机主要厂商有 Nokia、Motorola、Philips、Samsung、LG 等。

(2) 智能终端

智能终端,指具有独立的移动操作系统,可通过安装应用软件、游戏等程序来扩充设备功能,运算能力及功能均优于传统功能手机和 PDA。智能终端以智能手机(Smart Phone)、

---

① ACPO: Good Practice Guide for Digital Evidence Version Five, 2011 年 10 月

平板电脑为主。智能终端的操作系统主要有谷歌的 Android(安卓)系统、苹果的 iOS 系统、微软的 Windows Phone 系统、诺基亚的 Symbian(塞班)系统、黑莓公司的 Blackberry 系统、三星的 Bada 系统和其他一些嵌入式 Linux 系统。

目前终端市场上，智能终端占据主流，由于智能终端制造技术的进步和成本的降低，功能机占据的份额越来越少。同时智能操作系统的市场份额逐步集中到 iOS 和 Android 上面。

① iOS

史蒂夫·乔布斯领导的苹果公司设计的第一款 iOS 产品是 iPod。iPod 尽管是一款音乐播放设备，但是具有日历、照片和视频功能。在 iPod 的基础上，苹果公司又开发出来了 iPhone 和 iPad。目前，苹果公司并不对外共享 iOS 许可，因此 iOS 只存在于苹果公司的设备中。搭载 iOS 操作系统的苹果设备以运行效率高、界面美观著称。主要产品为 iPhone 和 iPad。iOS 的同步工具是 iTunes。

② Android

Android 是一种基于 Linux 的自由及开放源代码的操作系统，主要应用于智能终端，如智能手机和平板电脑，由 Google 公司和开放手机联盟领导及开发。尚未有统一中文名称，中国大陆地区较多人称为"安卓"或"安致"。

目前，Android 以其开放性，逐渐扩展到平板电脑及其他领域上，如电视、数码相机、游戏机等。2013 年的第四季度，全世界采用这款系统的设备数量已经达到 10 亿台。Android 已经成为 iOS 的强有力的竞争对手。

③ Windows Phone

微软公司对于手机操作系统市场一直很看好，曾经推出 Windows Mobile 系统，Windows Mobile 包括 Pocket PC、SmartPhone 以及 Pocket PC Phone 三大平台体系。但是微软公司在智能设备上的策略一直是混乱的，例如微软公司在 Windows Mobile 之后，发布了 Windows Phone 7 系统，并且跟诺基亚合作进行深度开发。在意识到 Windows Phone 7 的技术架构并不足以抵抗 iOS 和 Android 后，微软公司又推出了 Windows Phone 8 系统，Windows Phone 8 采用和 Windows 8 相同的 Windows NT 内核，但是却无法与 Windows Phone 7 的应用兼容。这种架构的不稳定性直接导致了微软公司在智能终端市场的份额长久以来无法提升。

④ BlackBerry

BlackBerry OS 是由 Research In Motion 公司为其智能手机产品 BlackBerry 开发的专用操作系统。这一操作系统具有多任务处理能力，并支持特定的输入装置，如滚轮、轨迹球、触摸板以及触摸屏等。BlackBerry 平台最著名的莫过于它处理邮件的能力。BlackBerry 手机和平板电脑在国内的占有率很低。

⑤ Symbian

Symbian 系统是 32 位的操作系统，具备实时性、多任务的、多线程、低功耗、内存占用少等特点。曾经 Symbian 操作系统占据智能手机市场 70% 以上的份额，是当之无愧的霸主。但是由于 Symbian 操作系统的高度复杂和诺基亚的故步自封，Symbian 在功能上逐渐输给了 iOS 和 Android。2012 年 5 月 27 日，诺基亚宣布，彻底放弃继续开发塞班系统。但是市场的 Symbian 系统手机存量较大，在实际取证应用中还是经常能够遇到 Symbian 手机。

2013 年第四季度智能设备统计数据，Android 和 iOS 占比最大，分别为 67.74% 和 19.16%，其总和超过 85%；其余的 Windows Phone、Symbian 和其他操作系统分别占比 5.12%、4.85% 和 3.13%。

除了上述智能终端操作系统外，还有一些新兴的操作系统，例如三星 bada、Ubuntu、Firefox 等系统。但是这些操作系统在功能上还不完善，还不构成对于 iOS 和 Android 的实质威胁。

(3) 山寨机

山寨机是特指 2003 年开始在中国内地设计制造生产的一类仿制名牌或杂牌、小品牌的手机，这些手机没有自己的技术，完全靠零部件组装产品的手工作坊类的小工厂制作的手机[①]。其外形通常都与一些知名一线品牌的热门产品极其相似，又没有正式的品牌，甚至有些是打 Sunyericcsun、NOKIR、SAMSING 这样的擦边球品牌。山寨机的特点是成本低，出货量大，不遵守技术标准和规则。这一切给取证工作带来了很大的困扰。

在功能机时代，山寨机使用的芯片主要为 MTK、展讯等芯片。例如 MTK 平台采用的是 Nucleus OS。在智能手机时代，山寨机的芯片已经能够支持 Android 操作系统，除了零部件有所不同外，山寨机的操作系统目前已经基本为 Android 操作系统。

移动终端领域的激烈竞争，使得技术落后的或者生产效率低下的厂商纷纷出局，在经历了几年的市场洗牌后，移动终端的操作系统，特别是手机的操作系统，已经逐步统一到 iOS、Android，其他操作系统的份额逐步萎缩，少数系统彻底消失。这也使移动终端取证工作的重心向 iOS 和 Android 倾斜，在几年的技术积累后，移动终端的取证有了重大突破。对于 iOS、Android 等操作系统的取证有了比较成熟的方法。本文重点将对 iOS 和 Android 移动操作系统的取证加以介绍。

2. 移动通信技术

1973 年 3 月，摩托罗拉公司的 Martin Cooper 教授在纽约街头，使用第一款真正意义的移动电话 DynaTAC 给他的竞争对手——美国电报电话公司（AT&T）贝尔实验室主管 Joel S. Engel 教授打了第一个电话，标志移动通讯时代的到来。移动电话必须依托相应的通信技术协议来传输数据。通信技术协议大致分为：

(1) 第一代移动通信技术(1G)

初创时代的移动通信，制式很多，例如 NMT、AMPS、TACS，基本是波分复用方式，属于模拟通信，通话质量不高，保密性差。第一代移动通信技术的代表是"大哥大"。我国已经

---

① 百度知道：山寨机

于 2001 年 12 月 31 日正式关闭模拟移动电话网。

(2) 第二代移动通信技术(2G)

第二代移动通信技术有 GSM、CDMA、TDMA 等。2G 主要以数字电路交换为主要传输手段,速度更快、质量更好。同时随着制造技术的进步,移动电话趋于小型化。2G 技术还增加了新的电信服务 SMS(短信)和 GPRS 数据业务。尽管现在通信技术发展很快,但是 2G 技术仍然占据了重要地位。

(3) 第三代移动通信技术(3G)

由于技术和利益关系,3G 标准在国际上无法统一。我国的三大通信运营商使用了三种不同的 3G 技术。中国移动使用 TD-LTE;中国联通使用 WCDMA;2G 到 3G 的转换过程中,还出现了 CDMA2000 1X 这类的 2.5G 技术。CDMA2000 2X 主要为中国电信使用。3G 相对于 2G,主要在数据传输和保密性上有了较大提高。

(4) 第四代移动通信技术(4G)

4G 技术支持 100Mbps～150Mbps 的下行网络带宽,也就是 4G 意味着用户可以体验到最大 12.5MB/s～18.75MB/s 的下行速度。这是当前主流移动 3G(TD-SCDMA)2.8Mbps 的 35 倍,中国联通 3G(WCDMA)的 25 倍。2013 年 12 月 4 日,工业和信息化部向中国联通、中国电信、中国移动正式发放了 4G 牌照,中国移动、中国电信、中国联通三家均获得 TD-LTE 牌照,此举标志着中国电信产业正式进入了 4G 时代。

移动通信技术具体到手机本身,是由手机的基带芯片负责的。基带芯片是对数据进行编码,发射给基站,或对接收到的基带信号进行解码。基带芯片主要利用通信协议进行编码解码,类似 CPU,数据还是存储在手机的存储器中。因此基带芯片,也就是移动通信技术仅仅是作为手机通信方式的一个参照,以此判断手机的功能和数据类型。极少数的案例中,通过攻击基带芯片劫持手机,这需要对基带进行分析,不过这需要相当强的通信知识。

3. 移动终端的接口

接口是连接移动终端和计算机(或充电器)的纽带。移动终端通过接口传输数据或者充电。手机刚刚诞生的时代,接口的标准不统一,每个厂家为了保护知识产权,都使用了不同接口,甚至是同一厂家的移动终端,也使用不同接口。比如最初的 iPad,固执的使用火线接口(1394A)。USB 接口具有普及率广和热插拔的优势,逐步取代了其他接口成为计算机(充电器)端的标准接口,而移动终端的,还是由各厂商自行定义,但是现在已经逐步统一为 30-pin(苹果 iPhone4s 之前设备)、Lightning(苹果 iPhone 5、5S、5C)、Micro-USB(安卓)。

4. 移动终端的存储

针对数字移动终端进行获取和分析,就不能不了解这些设备的存储方式。数字移动终端中的数据通常存放在内部存储和外部存储中。对于取证人员,内部存储中的数据是最为关键的、也是最难以获取的。因为出于保护自己知识产权的考虑,数字移动终端厂商会对其产品设计进行一些非常规的存储方式,乃至采取加密存储技术。因此对于从数字移动终端上获取可利用的数字证据,必须了解数据在数字移动终端上的处理和存储方式,需要特殊的工具和技术。

移动终端利用两种存储介质来保存内部数据：内部存储通常分为 ROM（Read Only Memory，只读存储器）和 RAM（Read Access Memory，随机访问存储器）。易失性存储（RAM）作为内存使用；RAM 用于系统加载、执行程序、保存动态数据。RAM 在重新启动后不会保存数据。RAM 中可能会包含重要数据，例如用户名、密码、密钥、进程和应用程序数据[①]。

非易失性存储器使用的是 NAND 作为数据存储使用。NAND 本质上还是闪存（Flash），因此单位存储密度高、读写很快。ROM 包含操作系统和基本功能需要的软件，其空间除操作系统文件被保护之外，其余空间也可用于存储数据。RAM 被用来存储用户数据和软件，一旦断电，数据就会消失。

NAND 的存储方式与硬盘驱动器类似，在设备关闭或重启后数据仍然存在。但是 NAND 没有机械部分，由完全的存储芯片和电路组成。NAND 适合于存储连续的数据，如图片、音频或个人电脑数据。NAND 基于页（典型的页在 512～2048 字节）读取，iPhone4 由于存储增大，页大小为 8192 字节。NAND 写入时需要先擦除后写入。这是因为 NAND 闪存阵列分为一系列的区块（block），一个块由若干页组成，这些区块是 NAND 器件中最小的可擦除实体。写入时先擦除一个区块，就是把所有的位（bit）设置为"1"（而所有字节（byte）设置为 0xFF）。存储时，基于页进行写入，将已擦除的位从"1"变为"0"。因此，NAND 最小的存储实体是页。

NAND 存储单位：
- 读（页）。
- 写（页）。
- 擦除（区块）。

在物理架构上，移动终端往往受到体积的制约，因此其存储要求小巧而精密。手机等移动终端的 NAND 和 RAM 被放置在同一个部件上，称为 MCP（multi-chip package，多芯片封装）技术，如图 6.76 所示。

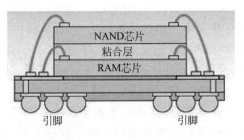

图 6.76 MCP 封装结构

[①] 林远进,吴世雄,刘浩阳等.电子数据勘查取证与鉴定(数据恢复与取证).北京：公安大学出版社,2012.

除了内部存储外,移动终端还支持外部存储,外部存储包括其支持的各种存储卡,例如 Android 设备大部分支持外置 TF 卡(MicroSD)。这些存储卡基本采用与计算机介质相同的文件系统,因此取证方法也相同,此章不再赘述。

5. 移动终端的编码[①]

移动终端的编码方式大多与计算机设备的编码类似。移动终端的编码主要为以下几种:

(1) ANSI——普通 ASCII 编码;

(2) UNICODE——UNICODE 标准编码;

(3) UCS2——手机和 SIM 卡中的数据大多采用 UCS2 编码,特别是中文手机更是如此;

(4) UTF-8——UTF-8 格式的编码;

(5) 7-BIT——手机和 SIM 卡采用的一种编码方式,将正常的 8 位编码按照 7 位重新编码。有些英文手机采用这种编码;

(6) ISDN/Telephone Numbering——是欧洲电联制定的一种编码方式,用于对电话号码编码,例如把 13916619034 编码成 3119669130F4。

6.5.4 移动终端的取证原理

1. 移动终端的取证模型[②]

通信协议私有和存储格式不公开是移动终端取证的最大困难。即使取证人员能够通过目视方法看到其中的数据,因为不知道如何通信以导出数据,无法对其中的数据进行深层次的分析。近年来,对于厂商的私有通信协议的解析取得了突破,大部分手机都能够通过一定连接方式进行数据的获取和传输,这就为移动终端的数据分析提供了很好的条件。

在此基础上,移动终端取证人员可以通过多种取证方法和工具的有机结合使用,面对复杂的取证工作可以游刃有余。在 2007 年,Sam Brothers(十位计算机取证或移动终端取证专家),根据取证的对象不同和复杂程度,提出移动终端取证技术模型[③],如图 6.77 所示。

图 6.77 移动终端取证技术模型

这个模型的目的是让取证人员根据不同的情况,选用不同的工具对移动终端进行取证。这个模型从下到上,方法和工具越来越专业,同时难度更高,成本更大。

---

① 刘浩阳. 数字移动设备取证方法研究. 湖南:湖南公安高等专科学校学报,2007.
② 刘浩阳. 物理和芯片级取证技术. 江西:计算机犯罪调查技术峰会,2014.
③ Sean Morrissey. iOS Forensic Analysis for iPhone, iPad and iPod Touch. Apress,2010.

第一级：人工获取。移动终端的勘验方法在专业化的工具和软件出现之前，是使用目视的方法来取证。这种方法任何一个执法人员都能胜任，但是这一方法有着极大的缺陷：

(1) 目视方法的前提是对于移动终端或其中的应用程序具有访问权限，例如手机的解锁密码、软件的登录账号。如果不具有权限，数据将无法被访问到。根据非法证据排除原则，严禁采取暴力手段强迫嫌疑人提供密码，由此获取的数据属于无效的"非法数据"。

(2) 目视方法仅仅适用于有限数据或者目标数据确定的移动终端。智能手机存储的信息数据量庞大且类型多样，通过目视方法无法快速地定位到有效信息，同时也无法进行高效的关联、比对。更无法获取全部数据，包括隐藏的和删除的数据。

目视方法的优势是检查门槛低。还有一个优势是总会有工具或者软件无法提取的移动终端，为了固定证据，只能采取目视方法进行取证。目视方法现在有一些辅助工具，可以利用照相机进行拍照或者摄像机进行摄像。例如翻拍台，如图 6.78 所示。

第二级：逻辑分析。通过连接线（通常为 USB）、蓝牙、WiFi 等方式与取证专用硬件或软件连接。硬件或软件工具调用通信协议与移动终端的处理器联系，处理器在获取设备文件发送回去。逻辑分析能够恢复文件系统中的活动文件和目录，包括通讯录、通话记录、短信、上网信息、照片、电子邮件等。但是不能恢复在未分配空间的数据，这就决定了只有未删除数据才能被提取，同时逻辑分析获取的数据量往往取决于移动终端是否越狱。目前，大多数移动终端取证工具都是基于逻辑分析的，大部分的取证人员也在从事着逻辑分析工作。

第三级：物理分析又称为"十六进制分析"。相比较前两个分析，它提供了更多数据给取证人员。物理分析也需要物理连接，例如 JTAG 或者 ISP。

(1) JTAG(Joint Test Action Group，联合测试行动小组)是一种国际标准测试协议(IEEE 1149.1 兼容)，原先设计的目的主要用于芯片内部测试。现在多数的高级器件都支持 JTAG 协议，如 DSP、FPGA 器件等。标准的 JTAG 接口是 4 线：TMS、TCK、TDI、TDO，如图 6.79 所示分别为模式选择、时钟、数据输入和数据输出线。但是移动终端制造商的 JTAG 却各有定义，而且不对外公开。

图 6.78 ZRT-2 可视化取证设备

图 6.79 某主板的 JTAG 定义

(2) ISP(In System Programming,系统编程)指用户具有在自己设计的线路板上为重构逻辑而对逻辑器件进行反复编程改写的能力。ISP 是一种工业标准。ISP 技术无须改动印制电路板,且在不取下器件的情况下,可直接在芯片上对系统设计进行修改和编程。从而使硬件设计变得像软件设计一样易于修改。在 ISP 技术支持下,硬件的功能还可以随时进行重构或升级。如图 6.80 所示,某芯片 ISP 针脚定义。

JTAG 和 ISP 分析直接与处理器联系,或者注入特殊的程序,利用程序接管系统的控制权。通过位对位复制的方式来获取数据的原始镜像。生成的镜像是二进制形式,要求取证人员拥有二进制分析的专业知识,这种分析方法,原则上说设备中的任何类型的数据都能够被恢复。JTAG 和 ISP 对于操作手法要求非常高,焊点出现问题会对移动终端造成不可逆的损坏。

第四级:芯片分析(chip-off)。芯片分析是将存储芯片脱离手机,直接对芯片本身的电路和协议进行分析,获取其原始镜像或者相关数据的技术。首先通过精密拆焊台或者热风枪将手机存储芯片拆焊下来,然后清理芯片表面的焊锡,并通过植珠模型,在芯片每个金属触点上植上锡球,然后将芯片安装到芯片读取设备上。

这种方法比人工获取、逻辑分析、物理分析更具挑战。由于芯片分析面对类型多样的芯片、大量原始二进制数据和芯片拆卸损坏的风险,因此对取证人员的知识体系要求比较高,芯片分析的时间也很长。芯片分析已经成功地在国内实战中取得了成功的案例(见图 6.81)。

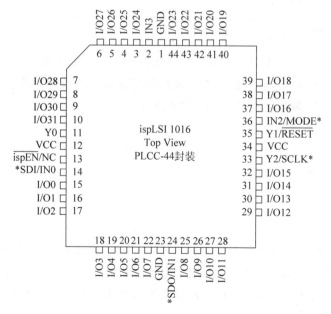

图 6.80　ISP 针脚定义

图 6.81　手机芯片数据读取设备

第五级:微码读取。通过分析芯片上的物理电平门限值,取证人员可以将 0 和 1 转换为 ASCII 字符。微码读取仅仅在理论和试验阶段上进行探讨,离实战应用还有很大距离,目前基本上没有取证工具可以对移动终端进行微码读取。

2. 移动终端取证常识

无论是何种操作系统的移动终端设备,在进行数据提取和数据分析操作之前,都会有很多障碍产生,要想最终成功地对这些移动终端完成取证操作,则需要取证工作人员首先对这些障碍进行扫清。这就是获取移动终端的访问权限。在对移动终端进行取证之前,首先要了解关于权限的常识:

- 解锁(Unlock):很多运营商为了限制用户在购买自己的合约手机之后,使用其他运营商的 SIM 卡,对出售的手机加上了网络锁,只能使用指定运营商的 SIM 卡,这就是"网络锁"。解锁就是指去除运营商对手机等设备的网络锁,从而使用任意其他运营商的 SIM 卡和手机号码。解锁针对的设备是有网络锁的 iOS 设备,比如 AT&T 的 iPhone 或者 3G 版的 iPad。
- 越狱(Jailbreak):利用系统漏洞将 iPhone/iPad 设备中的操作权限做出更改,突破苹果官方的限制。越狱后的 iOS 设备不能通过 iTunes 升级,否则会被锁定。
- Root:存在于 Android 系统中,超级用户一般命名为 root。root 是系统中唯一的超级用户。获取 root 权限意味着拥有系统中所有的权限。

越狱和 root 对于取证来说,也是非常重要的。越狱或 root 后,可以访问到用户目录以外的目录,例如系统目录,可以获取更多的信息。

6.5.5 移动终端取证的流程

移动终端取证借鉴了传统计算机取证的流程。但是由于移动终端具有集成度高、数据动态化等特点,在取证的各个流程中,针对不同情况,会有不同的取证方法。按操作系统分类,以 iOS 和 Android 为例,移动终端的取证流程基本分为以下流程:

(1) IOS 系统取证基本流程(见图 6.82)

图 6.82 iOS 设备取证的一般模型

对 iOS 设备进行数据提取,首先要保证取证平台安装有 iTunes;其次,在取证工具识别 iOS 设备的过程中,设备的屏幕要保证屏幕锁已经打开,否则会导致软件无法识别 iOS 设备。当设备被识别到之后,取证工具就可以借助于 iTunes,以提取设备中文件系统备份的形式来完成数据提取操作,并在之后对提取到的数据做分析。

(2) Android 系统取证基本流程(见图 6.83)

目前大部分取证工具对 Android 终端进行的取证操作遵循这个步骤:当手机终端与取证工作站连接之后,首先启动相应的软件平台,然后激活相应的数据提取向导来连接手机终

图 6.83 Android 终端取证的一般模型

端,当目的终端被软件检测到之后,即可根据软件所提示的步骤进行权限获取操作,权限获取完成之后,即可进行数据提取操作。

提取完手机中的数据之后,手机取证工具会对重要数据进行自动分析展示,有的手机取证工具会对提取到的所有数据进行归类整合,以方便取证人员在提取到的所有数据中做更深入的数据分析,使得最终的取证操作达到更好的效果。

具体来说,移动终端取证的流程有以下注意事项:

1. 现场勘验阶段

由于数字移动终端的特殊性,对于发现的数字移动终端,要采取不同于传统计算机犯罪现场勘验的手段进行处理。这一阶段的操作人员主要为侦查人员或者现场勘验人员,他们的专业知识相对有限,因此提取和封存时需要注意以下事项:

(1) 首先确认获取的目标设备对于执法人员是安全的。某些案件中,手机是作为引爆器使用的。

(2) 执法人员必须了解智能设备的数据恢复首先依赖于 SQLite 数据库文件的存在与否,因此,当待取证的移动终端经过了刷机操作,恢复出厂设置或者因为其他一些不可预估的操作而导致这些数据对应的数据库遭到破坏或者重置时,所有的信息,包括现有数据和已删除数据都会丢失。因此,基于 SQLite 数据库的移动终端删除数据恢复,最重要的前提就是数据库文件本身未遭到破坏;其次,删除数据的恢复需要考虑到数据库被写入的频率。例如一个用户使用 Android 终端接收短信息,并将之删除,且之后接收短信息的频率很高,导致已删除信息在 SQLite 数据库中所占用的自由区最终被分配用来存储新的数据,使得原有被删除信息覆盖多次。因此,站在取证角度,待检手机终端在没有进行手机取证操作之前,应将其放置在手机信号屏蔽箱中,如果没有相应的信号屏蔽设备,则在手机取证操作之前,待检手机应当采取关机处理,取证过程中应当将手机 SIM 卡移出,将手机本身和 SIM 卡分别做取证操作,避免在待取证过程中,手机接收新的数据进入,从而最大限度地保持手机初始状态不发生改变。

(3) 在移动终端取证中,有一个不可忽视的问题,就是移动终端如同计算机一样,只是人类的一种工具。如果不加以佐证的话,将无法将移动终端与使用人联系起来。也就是虚拟信息与物理身份需要证据来关联。取证人员即使从移动终端中提取了所有数据,但是无法证明嫌疑人是这部移动终端的使用者。那么证据就与嫌疑人失去关联。因此需要通过物证、书证形式来证明嫌疑人与移动终端的关系。例如,讯问嫌疑人"这是你的手机吗?",如果嫌疑人承认,那么需要在笔录中记录,如果嫌疑人否认,就需要记录手机存放的位置、状态。

例如在其家中、车中，那就使手机与嫌疑人的关联度大大增加。

（4）在提取移动终端之前，需要确认是否需要提取指纹（如果设备锁定，指纹可以辅助确定锁定密码）、DNA等传统证据。

（5）如果步骤3不需要执行，应首先进入"设置"中，将"自动锁定"和"密码"（或"图形锁"）取消。如果是安卓设备，需要将"调试模式"打开。这些步骤都会引起数据改变，但是这些数据改变不足以影响移动终端数据的客观性。这些设置需要记录每一步的步骤，包括设备的状态描述、更改动机和更改的结果，以备日后法庭质证需要。

（6）移动终端大多都具备网络数据传输功能。控制移动终端后，根据需要决定是否对其进行信号屏蔽。因为由于侦查需要，很多嫌疑人被控制后，还需要利用其移动终端与其关系人（例如同伙）进行联系。这些都需要记录在案并向取证人员说明。需要着重指出的是，如果在控制设备时，有可能此移动终端会被远程锁定或者擦除（例如iPhone的"找回我的iPhone"功能）。如果有这种可能，那么需要立刻屏蔽信号。

（7）在提取数字移动终端时，必须同时提取与其配套的电源、充电器、与计算机的连接设备、配套的光盘。

（8）数字移动终端需要电能维持其运行，必须留意其当前使用的电池的电量，如果电量过低，应当给予充电。

（9）应向其使用者询问解锁口令、PIN码、PUK码，应用程序的功能等相关信息。注意搜寻与其相关的SIM卡、存储卡等介质。

（10）移动终端的检查重点还有同步过的计算机设备，这些计算机上往往保存有同步数据，例如通讯录、短信等。一旦手机损坏或者数据丢失，通过同步数据，还可以获得很多重要信息。

（11）需要提取其他与电子数据相关的证据。例如写在纸片上的密码。

（12）封存和运输时应注意防震、防水、防静电、信号屏蔽和持续供电。

2. 检验鉴定阶段

（1）确认设备是否关机。设备有可能处于待机状态或恢复模式。应当了解这些模式的机制。防止处理不当，导致数据丢失。如果设备已经关机，原则上不允许重新开机，因为重新开机数据被覆盖的可能性较大。除非其他方法都无法获取数据，才允许开机进行人工检索。

（2）保证设备电量能够满足取证需要，最好使用连接线为设备持续充电。因为某些取证工作需要设备"越狱"，而如果电量过低，越狱有可能失败，导致移动终端无法启动。

（3）取证移动终端的全部过程时，除非有必要，都应该对移动终端进行信号隔离，例如信号屏蔽盒或者开启主动屏蔽设备，如图6.84所示，防止通信数据覆盖之前的信息。如果没有此类设备，将设备设置为"飞行模式"。

（4）移动终端的安全机制首先是开机密码或者图形锁。需要询问现场勘验人员或者侦查人员是否了解或记录密码或者图形锁。如果无法知道开机密码和图形锁，iPhone 4以下

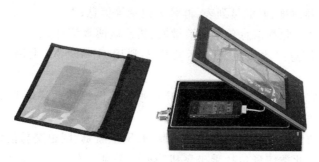

图 6.84　信号屏蔽袋和屏蔽盒

版本的苹果手机和 Android 手机可以使用工具软件获取密码或者图形锁。

（5）获取移动终端的数据并按照以下顺序进行分析：系统信息、使用信息、通信信息（通话记录和短信）、社交信息（QQ、微信等）、交通地理信息（GPS、基站等）。

6.5.6　移动终端取证实战

移动终端的取证对象是手机中的电子数据以及这些电子数据呈现出来的行为。这些电子数据反映出移动终端使用者通过移动终端所建立的关系网络以及所做的各种过往历史行为。这其中就包含了电话簿、通话记录、短信记录、第三方应用程序用户数据等，也包含了被删除的数据，如图 6.85 所示。

图 6.85　移动终端取证的基本对象

移动终端取证需要了解设备的类型、型号；数据存储的物理方式（存储介质）、逻辑方式（文件系统）以及文件结构，并且能够将非结构化数据解码为可视化数据。

目前移动终端取证可以获取以下（但不限于）信息：

（1）网络即时通信信息。此类信息包括 QQ、微信、飞信、易信、陌陌等信息。支持提取联系人、聊天记录、群信息、群成员列表、群聊天记录等信息；

（2）微博类信息。此类信息包括新浪微博、腾讯微博等信息；

（3）上网记录信息。此类信息包括使用人利用 GPRS、3G 上网方式保存的浏览记录等；

（4）电子邮件信息。此类信息包括使用人通过手机等移动终端收发电子邮件保存的信息；

（5）网络交易信息。此类信息包括网络购物、网上缴费、网银交易信息；

（6）交通信息。此类信息包括乘坐飞机、动车、轮船、汽车等公共交通工具的登记和乘坐记录；

（7）地理位置信息。某些软件，例如地图、导航工具，记录使用人的 GPS 移动信息。还有 WiFi 的位置信息；

（8）日程信息；

（9）就医问诊信息；

（10）设备和账户信息。此类信息包括使用人保存的文档、账户等信息；

（11）机身存储删除数据的恢复；

（12）WiFi、蓝牙连接记录；

（13）用户行为信息。包括搜索痕迹、运行痕迹、文档打开编辑痕迹、打印痕迹、视频播放痕迹、输入法的动态字典、备忘录等等；

（14）照片、语音和视频。使用 iPhone 拍照的照片内嵌有 GPS 信息；

（15）交友婚介信息；

（16）传统三类通信信息。此类信息包括通讯簿、通话记录、短信（彩信）；

（17）其他对于侦查和取证工作有利的信息。

1. iOS 取证

苹果的移动终端除了 iPhone 和 iPad 外，还有 iPod、iPod Shuffle、iPod nano、iPod touch。对于移动终端的取证，iPhone 和 iPad 是主要的目标。

（1）iOS 设备的连接：

iOS 设备以 iPhone 为例。iPhone 的管理工具除了官方的 iTunes 之外，还有众多的第三方管理工具，例如 iFunBxo、iToos 等。这些工具对于系统目录和用户目录的显示都做了一些调整。因此使用命令行的方式来访问 iOS 设备是了解 iOS 系统结构的最佳方法：

① 首先要求 iPhone 设备已经越狱，安装 Cydia、OpenSSH、MobileTerminal 程序。

② 建立无线连接。保证获取设备和被获取设备在同一局域网内。同时知道双方的 IP 地址。例如获取设备为 MACBOOK（IP 地址为 192.168.1.5），被获取设备为 iPhone 5（IP 地址为 192.168.1.4）。

③ 在获取设备上运行终端程序，对于大多数越狱手机来说，root 默认的密码为"alpine"。在终端程序中输入"ssh root@192.168.1.4"。运行"cd /"后回到根目录。再运

行"ls -l"就可以看到整个目录结构了(见图 6.86)。

```
haoyang-de-iPhone:~ root# cd /
haoyang-de-iPhone:/ root# ls -l
total 570
lrwxr-xr-x   1 root admin       30 Jan 18 13:10 Applications -> /var/stash/Applicat
ions.505I80/
drwxrwxr-x   2 root admin       68 Aug 14 13:47 Developer/
drwxrwxr-x  20 root admin      918 Jan 18 14:05 Library/
drwxr-xr-x   3 root wheel      102 Aug 14 15:50 System/
lrwxr-xr-x   1 root admin       11 Feb  9 23:12 User -> /var/mobile/
drwxr-xr-x   2 root wheel     2006 Jan 18 13:44 bin/
drwxr-xr-x   2 root admin       68 Sep  8  1994 boot/
drwxrwxr-t   2 root admin       68 Aug 14 13:06 cores/
dr-xr-xr-x   3 root wheel     1239 Feb  9 23:12 dev/
lrwxr-xr-x   1 root admin       11 Oct 13 13:39 etc -> private/etc/
-rwxr-xr-x   1 root admin   557856 Jan 18 13:07 evasi0n7*
-rw-r--r--   1 root admin        0 Jan 18 13:08 evasi0n7-installed
drwxr-xr-x   2 root admin       68 Mar  9  1991 lib/
drwxr-xr-x   2 root admin       68 Jan  2  1970 mnt/
drwxr-xr-x   4 root wheel      136 Oct 23 15:18 private/
drwxr-xr-x   2 root wheel     1326 Jan 18 13:41 sbin/
lrwxr-xr-x   1 root admin       15 Oct 13 13:39 tmp -> private/var/tmp/
drwxr-xr-x   9 root wheel      374 Jan 18 13:11 usr/
lrwxr-xr-x   1 root admin       11 Oct 13 13:39 var -> private/var/
haoyang-de-iPhone:/ root#
```

图 6.86　root 目录

(2) 文件系统

iOS 的文件结构类似于 UNIX/Linux。由于 iOS 设备普遍没有使用外置存储,均在电路上固化存储,因此其文件结构都使用了 HFSX 文件系统。

HFSX 文件系统是 HFS+文件系统的变形,二者唯一的不同是 HFSX 区分大小写。例如"DalianWangan"和"dalianwangan"是截然不同的两个名字,都是合法的。

iOS 中,分区可以分为硬盘和子区块(Slice),子区块类似于 Windows 操作系统的分区,用于建立文件系统。/Private/etc/fstab 文件记录了文件系统。

fstab 内容:

/dev/disk0s1s1 / hfs ro 0 1
/dev/disk0s1s2 /private/var hfs rw 0 2

fstab 说明 iPhone 中只有一个硬盘 disk0,挂载了 Disk0s1s1(只读的 HFX 卷);disk0s1s2(可读写的 HFX 卷),系统分区是 disk0s1s1,这个卷挂载在"/"目录下,用于存放 iOS 的操作系统文件和系统应用程序(例如 MobileMail, MobileSafari)的。数据分区是 disk0s1s2,这个卷挂载在"/private/var"目录下,主要存储第三方应用程序和下载的文件。从此可以得知,除非越狱,否则系统分区(disk0s1s1)不会增加数据,因此系统分区

(disk0s1s1)其中的信息,对于取证的意义不大。而数据分区(disk0s1s2)其中的数据对于取证是信息丰富的数据库。

iOS 文件系统可以使用 WinSCP(Windows 系统)或者 Fugu(Mac OS X)工具查看。

需要注意的是,早期的 iOS 设备可以镜像,最新的 iOS 设备已经无法进行镜像。

(3) iOS 文件目录

iOS 文件目录包括多个目录,每个目录的作用都不同,如表 6.37 所示。

表 6.37 iOS 文件目录结构

目 录 名 称	描 述
Application	链接至 /var/stacsh 目录
etc	链接至 /private/etc
Tmp	含一个链接
User	含一个链接
Var	链接至 /private/var
Damaged files	可能包含前次越狱的痕迹
Bin	包含一个可执行命令,Launchctl
Cores	空目录
Dev	空目录
Developer	空目录
Library	总与 OS X 系统一同存在,包含系统插件和设置 Application support:蓝牙型号和 PIN 码 Audio:包含音频插件 Caches:空目录 File systems:空目录 Internet Plug-Ins:空目录 LaunchAgents:空目录 LaunchDaemons:空目录 Managed Preferences:链接至 Mobile 目录 Printers:空目录 Ringtones:包含系统预装的铃声 Updates:空目录 Wallpaper:包含一些 PNG 文件和缩略图(无证据价值)
private	包含 etc 和 Var 目录 etc:包含 fstab, master.passwd, passwd 文件(同时包含 master 和 passwd:same) Var:空
Sbin	包含命令行程序
System	包含系统设置等,如 /System/Library/CoreServices/SystemVersion.plist:固件版本
Usr	包含更多的命令行程序和时区数据

其中 Private/var/mobile 中保存了大量用户数据,是取证值得重点关注的目录,如表 6.38 所示。

表 6.38 Private/var/mobile 目录结构

路径	说明	数据类型
Private/var/mobile/Library/Preferences	系统和用户设置	Plist
Private/var/mobile/Library/Carrier Bundles	carrier.plist:运营商信息	Plist
Private/var/mobile/Library/Caches	数据缓冲信息,例如 com.apple.mobile.installation.plist 保存的是 iOS 设备系统程序和用户程序。其中用户应用程序的 Container 指向 Private/var/mobile/Application	Plist
Private/var/mobile/Application	用户应用程序。每个应用程序都有一个唯一标识,此标识在任何设备上都是一样的	Plist;SQLite
Private/var/mobile/Library/AddressBook	联系人和联系人头像	SQLite
Private/var/mobile/Library/Calendar	日历	SQLite
Private/var/mobile/Library/ConfigurationProfiles	系统功能控制信息,例如是否允许摄像头开启	SQLite
Private/var/mobile/Library/Cookies	互联网 cookies	Plist
Private/var/mobile/Library/DataAccess	邮件账户设置信息	Plist
Private/var/mobile/Library/Keyboard	系统输入法用户词典	Dat
Private/var/mobile/Library/Logs	日志文件	
Private/var/mobile/Library/Mail	电子邮件信息,其中的账户信息指向邮件存放位置。Metadata.plist 记录了邮箱发送的最后时间	Plist;emlx
Private/var/mobile/Library/Maps	地图信息 Bookmarks.plist Directions.mapsdata-History.mapsdata Mapsdata 使用 UTF8 编码	Plist;mapsdata
Private/var/mobile/Library/Mobileinstallation	UninstalledApplications.plist 记录了曾经卸载过的程序	Plist
Private/var/mobile/Library/Notes	便签,可以与 gmail 同步	Plist
Private/var/mobile/Library/Safari	safari 浏览器信息。Bookmarks.db(收藏夹) SearchEngines.plist(搜索引擎)	Plist;SQLite

续表

路　径	说　明	数据类型
Private/var/mobile/Library/SMS	短信和彩信	SQLite
Private/var/mobile/Library/Voicemail	语音留言信息	SQLite
Private/var/mobile/Library/WebKit	SQLite 数据库：Gmail 账户信息、缓存邮件	
Private/var/mobile/Media/DCIM	拍摄的相片	jpeg
Private/var/mobile/Media/PhotoData	其他的相片信息和缩略图	
Private/var/mobile/Media/iTunes_Control	iTunes 同步的音乐和视频	
Private/var/mobile/Media/Books	iBookstore 和同步的书籍、PDF	
Private/var/root/Library/Caches/locationd	GPS 定位信息。Consolidated.db 文件记录了近期 GPS 定位信息	Plist；SQLite
Private/var/networkd	应用程序的网络使用信息。netusage.sqlite	SQLite
Private/var/wireless/Library/Databases	应用程序的硬盘占用信息。DataUsage.sqlite	SQLite

在 iOS6 之后，另一个更为重要的通话记录数据从 Private/var/wireless/Library 目录下转移 Private/var/Wireless 目录下保存，如表 6.39 所示。

表 6.39　Private/var/Wireless 的通话记录目录结构

路　径	说　明	数据类型
Private/var/wireless/Library/CallHistory	通话记录	SQLite

(4) 文件数据格式

① plist 文件

属性列表(Property List)文件是一种用来存储串行化后的对象的文件。属性列表文件的文件扩展名为.plist，因此通常被称为 plist 文件。plist 在 OS X 系统一般用于存储配置信息。Apple 提供了"Property List Editor"应用程序(作为 Apple Developer Tools 的一部分)，它是一个树状的查看器与编辑器，并可以处理二进制格式的 plist。

② SQLite

SQLite，是一款轻型的数据库，是遵守 ACID 的关系型数据库管理系统，它的设计目标是嵌入式的。它占用的资源非常少，在嵌入式设备中，可能只需要几百"K"的内存就够了。

它能够支持 Windows/Linux/UNIX 等等主流的操作系统,同时能够跟很多程序语言相结合,比如 Tcl、C♯、PHP、Java 等,还有 ODBC 接口,同样比起 Mysql、PostgreSQL 这两款开源世界著名的数据库管理系统来讲,它的处理速度比他们都快。SQLite 目前最新版本是 SQLite 3。iOS 和 Android 都使用 SQLite 作为系统和应用程序的数据库使用。

plist 文件和 SQLite 数据库都可以存储数据,但是基于 SQLite 数据库的数据存储更适合进行信息数目比较大的数据存储,并且查看调用也更加迅速和方便。这也就是为什么在众多第三方手机 APP 应用程序中,程序开发者倾向于使用 SQLite 数据库来存放短信息、通话记录、即时聊天记录等内容的原因。但是 plist 文件也有其重要的作用,plist 文件通常被用来存放一些相对比较固定的信息,例如在 IOS 版 QQ 中,QQFriendList.plist 用来存储好友的昵称、真实姓名、QQ 号码、签名以及性别、年龄等信息,如图 6.87 所示。

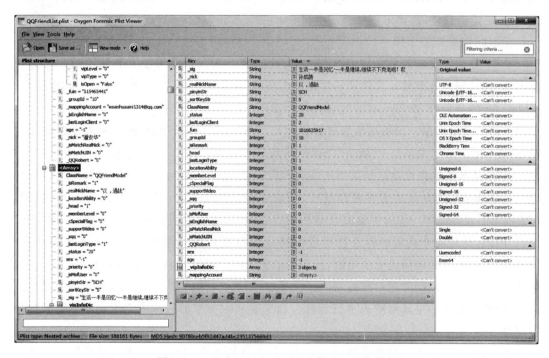

图 6.87　QQFriendList.plist 文件中记录的信息

将 QQFriendList.plist 与存储有 QQ 聊天记录的 QQ.db 数据库联合进行查找,就可以确定每一条聊天记录所涉及的对象,使得对 QQ 聊天记录的解析展示得更好。

(5) 时间格式

iOS 一般使用两种时间格式:

① C/UNIX 时间(UNIX epoch),或称 POSIX 时间,是 UNIX 或类 UNIX 系统使用的时间表示方式。是从协调世界时(UTC)1970 年 1 月 1 日 0 时 0 分 0 秒起至现在的总秒数

(不包括闰秒)。

② OS X 时间，相对于 C/UNIX 时间(UNIX epoch)，唯一的不同是从协调世界时(UTC)2001 年 1 月 1 日 0 时 0 分 0 秒起至现在的总秒数(不包括闰秒)。因此与 C/UNIX 时间(UNIX epoch)相差 31 年。

在解析 iOS 的时间时，OS X 时间可以利用 C/UNIX 时间的工具进行解析，换算时增加 31 年即可。需要注意的是，换算时需要将协调世界时(UTC)加上 8 小时转换成中国标准时间(UTC+8)。

(6) 取证实例

文件中提取的元数据通过碰撞、比对，可以获得更多信息，这就是个数据挖掘的过程。例如通过照片中的时间戳和微信中的时间戳，可以知道这张照片发送给了谁；通过照片中的 GPS 定位信息，可以确定移动的基本轨迹。

① iOS 取证准备工作

首先，要确定设备的型号和 iOS 版本，以便选择合适的取证方法和取证工具。尽管设备名称一致，但是其型号却决定了它具备什么功能，例如 iPhone 4 分别有联通版和电信版；iPhone 5S 的 A1528 和 A1530 的区别为是否支持 4G。简易的方法是查看设备背面的编号，上网查询其设备类型。设备在使用过程中，iOS 可能会有多次升级，如果设备处于开机无锁状态，在"设置"→"关于"→"版本"中就能看到 iOS 版本。

其次，iOS 系统在设计之初就特别强调其高安全性的特点，运行在 iOS 系统中的每一个应用程序都必须拥有合法的签名和授权，并被分配了独立的内存空间。类似于沙箱机制，iOS 系统不允许任何一款软件突破自身的运行空间，把自己的进程运行到其他程序的空间中去，因此，这种安全机制的存在使得任何蠕虫病毒或者木马均无法在 iOS 系统中存活。但同时，取证工具的使用也受到限制，获取的数据有限。同时，当设备被屏幕密码锁闭，并且无法知道密码时，则需要先对屏幕密码进行破解，而破解屏幕密码就必须先要求设备越狱之后，才能利用相应的工具对密码进行解除。那么要获取完整的数据有两个前提：越狱和绕过屏幕密码。

再次，很多取证工具需要借助 iTunes 工具，因此需要将 iTunes 升级为适用版本。如果版本不对，计算机将无法识别移动终端。

最后，准备适合的取证工具。移动终端的多样性使得开发一种适用于全部系统的数字证据分析工具非常困难。很多软件只能针对一种或者几种数字移动终端分析。对于其他的数字移动终端就无能为力。而且对于相同手机操作系统的取证软件，其识别的内容、分析的结果也不尽相同。因此有必要将多种软件结合使用、交叉验证。目前公认的具有针对数字移动终端取证的取证软件有 Celebrite、Oxygen Forensic、XRY、DC4500、SafeMobile 等。

② 取证实例

a. 通信信息

通信信息除了通讯录、通话记录、短信，还有新型的 QQ、微信、陌陌等网络通信工具。通信信息中包含重要的线索，是重点取证的对象。通信信息工具一般使用 SQLite 和 Plist 来存储信息。以通话记录为例，通话记录文件的存储位置在/private/var/wireless/Library/CallHistory/（以 iPhone5 iOS7.04；iPhone3GS iOS6.1.3 为例）中，文件名为"Call_history.db"。mobile/Library/Callhistory 目录中。存储形式为 SQLite3 数据库文件格式。可以使用 SQLite Database Browser 程序查看。通话记录一般设置为 100 条，超过 100 条后，旧的数据将被删除。某些软件可以扩展通话记录的条数，例如 KuaiDial 可以将通话记录保存 10000 条。

通话记录的数据库基本有 6 个表（见图 6.88），通话记录数据库中，对于取证最为有用的两个表是"_SqliteDatabaseProperties"和"call"，"_SqliteDatabaseProperties"记录的是配置信息，"call"中记录的是通话记录信息，包括电话号码、通话时长、拨入拨出标识等重要信息。使用开源工具 SQLite Database Browser 来查看"Call_history.db"数据库的内容，如图 6.88、表 6.40 和表 6.41 所示。

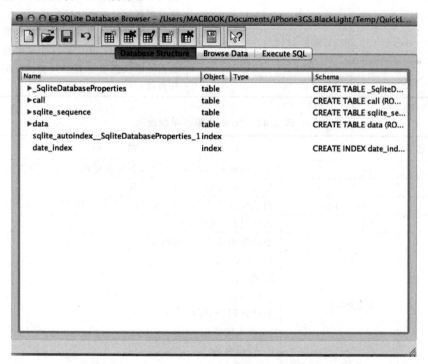

图 6.88　利用 SQL Database Browser 查看数据库内容

表 6.40 "_SqliteDatabaseProperties"表重点字段说明

列　　名	值	说　　明
call_history_limit	100	通话记录保存的数量，一般为 100 条
timer_lifetime	6240	通话记录总时间，以秒数表示。这里是 1 小时 44 分钟
_UniqueIdentifier	EA400B8A-3319-46B5-9FA8-697D2D4C65D9	iPhone 的 UUID（UUID 是 Universally Unique Identifier 的缩写，通用唯一识别码，有可能在升级 iOS 改变）
_ClientVersion	11	数据库版本标识 12：iOS 7 11：iOS 6 ……（略）
timer_last	120	最后一个电话通话时间（以秒数计）
timer_outgoing	2100	拨出的电话通话总时间（以秒数计，网络设置还原后重新计算）
timer_ingoing	4140	拨入的电话通话总时间（以秒数计，网络设置还原后重新计算）
timer_all	6240	拨入与拨出的电话通话总时间（以秒数计，网络设置还原后重新计算）
timer_last_reset	232345655.1842	通话时间状态被重置到目前的间隔时间（以秒数计，与 data_last_reset 非常接近）
data_last_reset	232345655.1942444	数据传输状态被重置到目前的间隔时间（以秒数计）

表 6.41 "call"表重点字段说明

列　　名	值	说　　明
ROWID	40	唯一标识，自增，从 1 开始，不会重复，除非还原设置
address	10010	对方电话号码或 FaceTime ID
date	1365661061	通话时间（UNIX 时间格式，2013 年 4 月 11 日 17:41）
duration	80	通话时长（以秒计）
flags	5(iOS6.1.3)	通话标识(iOS7 之前版本) 4：拨入 5：拨出 ……（略） 通话标识(iOS7) 0：呼入电话 9：呼出电话 ……（略）

续表

列　名	值	说　明
id	−1	通讯录标识,如果为−1,表示通讯录中无此联系人数据或者是拨入电话
country_code	460	MCC;Mobile CountryCode,移动国家码,MCC 的资源由国际电联(ITU)统一分配和管理,唯一识别移动用户所属的国家,共 3 位,中国为 460
network_code	00	MNC;Mobile NetworkCode,移动网络码,共 2 位,中国移动 TD 系统使用 00,中国联通 GSM 系统使用 01,……
read	1	read=0 未接电话;read=1 已接电话

b. 地理信息

Private/var/root/Library/Caches/locationd 目录下的 consolidated.db 文件中保存了大量的地理位置信息。consolidated.db 存储的 iOS 设备联络过的一定时间内的基站信息。这些信息,可以对用户的位置进行定位,如图 6.89 所示。

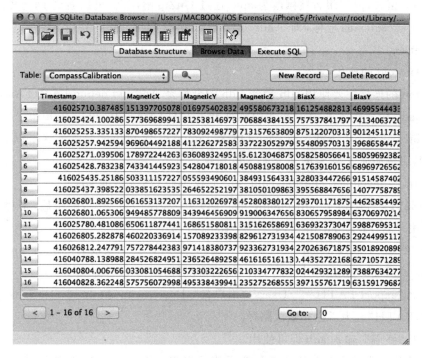

图 6.89　consolidated.db 内容

iOS 摄像头拍摄的照片和视频也保存了 GPS 定位信息。例如照片的 EXIF 信息中内嵌 GPS 数据。通过分析照片,可以判定使用人在特定时间所处的位置。照片存储在"Private/

var/mobile/Media/DCIM/"下的目录中,目录一般以"100APPLE"、"101APPLE"命名。照片以"IMG_000X.jpg"命名,每拍摄一张照片,文件名中的数字递增。当删除图片后再次拍摄时,不会使用已经删除照片的文件名。

2. Android 取证

相对于 iOS 平台的封闭,Android 平台的优势主要在于"开放性"。Android 平台允许任何移动终端厂商加入到 Android 联盟中来。显著的开放性可以使其拥有更多的开发者,提供更多的用户应用。"开放性"随之带来的缺点也显而易见,就是 Android 系统更新速度很快,多种系统版本共存导致了安卓的"碎片化"。除了官方版本之外,众多的个性化分支(称为 Mod、固件或者 ROMs)被众多的业余爱好者在官方版本的基础上进行再次开发,增加功能、提高效率。这些情况增加了 Android 系统的复杂性,对于取证工作也设置了众多的障碍。使得 Android 取证成为一种"见招拆招"的非固定模式的取证工作。

Android 安装包(APK)是安卓应用程序的安装包。APK 是类似 Symbian Sis 或 Sisx 的文件格式。通过将 APK 文件直接传到 Android 应用环境中直接执行即可安装。APK 文件其实是 zip 格式,但后缀名被修改为 apk,通过 UnZip 解压后,可以看到 Dex 文件,Dex 是 Dalvik VM executes 的全称,即 Android Dalvik 执行程序,并非 Java ME 的字节码而是 Dalvik 字节码。

(1) Android 的连接

Android 的连接主要使用 adb 命令,adb 的全称是 Android debug bridge(Android 程序调试桥)。adb 命令包含在 Android 的软件开发套件(sdk)中。可以在 http://developer.android.com/sd 网站上下载。有 Mac OS X、Linux 和 Windows 版本。这里以 Mac OS X 10.9 为例,讲解如何安装 SDK 并运行 adb 命令:

① http://developer.android.com/sdk 下载 Mac OS X 版的 sdk。

② 下载的文件类似于"adt-bundle-mac-x86_64-20131030.zip",解压后,将目录复制到"/User/"用户名"/Documents/",更名为"Android SDK"。

③ 在"终端"中输入"open -a TextEdit.bash_profile"。如果没有".bash_profile"文件,则输入"touch.bash_profile"建立此文件,然后再次打开它。

④ 输入"export PATH="/Users/"用户名"/Documents/Android SDK/sdk/platform-tools/":$PATH"。为了建立默认路径。

⑤ 重启"终端",输入 adb 即可使用。

⑥ 需要拷贝文件之前确认是否具有可执行权限。需要在 adb shell 终端下 chmod -R 777 目录名。然后退出 adb shell(exit 命令),使用 adb pull〈远程路径〉〈本地路径〉拷贝文件。

⑦ 使用 Adb 命令进行操作。

(2) 文件系统

Android 的系统分区使用了多种文件系统。除了熟知的 EXT、FAT 文件系统,还使用了一种特殊的文件系统:Yaffs2 文件系统。

Android 采用 Yaffs2 作为 MTD NAND Flash 文件系统,源代码位于 fs/yaffs2/目录下。Yaffs2 是一个快速稳定的应用于 NAND 和 NOR Flash 的跨平台的嵌入式设备文件系统,同其他 Flash 文件系统相比,Yaffs2 能使用更小的内存来保存其运行状态,因此它占用内存小。Yaffs2 的垃圾回收非常简单而且快速,因此能表现出更好的性能。Yaffs2 在大容量的 NAND Flash 上的性能表现尤为突出,非常适合大容量的 Flash 存储。

但是随着移动终端存储容量的不断增大,Yaffs2 文件系统的综合性能,尤其是数据稳定性上要远落后于 Ext4,因此越来越多的移动终端的文件系统使用了 Ext4。

(3) 时间格式

Android 系统使用的时间格式大多为 UNIX/C 时间格式。少数应用程序的数据可能使用其他数据格式。

(4) 文件数据格式

Android 相对 iOS,文件数据格式较为简单,只使用 SQLite 数据库保存数据。

考虑到对用户隐私信息的安全保护,在 Android 系统中,当数据库需要记录用户个人数据时,一些常用的应用 App 对数据库也并非不采取任何加密措施。例如 Android 版微信的聊天记录数据库,其采用了具有加密措施的 SQLCipher 数据库对用户数据进行保护。SQLCipher 是一个在 SQLite 的基础之上进行编译扩展的开源数据库,其增加了对数据库加密功能。对 SQLCipher 数据库的访问加入了数据库密钥验证功能,用户在连接该数据库时,必须先验证密钥,验证通过之后,才可以连接到该数据库,并且可以使用标准的 SQLite 数据库访问语句来访问 SQLCipher 数据库。

在 Android 系统中,存储通讯录、通话记录、短信息、QQ 聊天记录、微信聊天记录的 SQLite 数据库保存路径如表 6.42 所示。

表 6.42 Android 文件系统中各数据库的存放路径

信息种类	数据库名	提 取 路 径
电话簿及通话记录	contact2.db	/data/data/com.android.providers.contacts/databases/contacts2.db
短信	mmssms.db	/data/data/com.android.providers.telephony/databases/mmssms.db
QQ	〈QQ 号码〉.db	/data/data/com.tencent.mobileqq/databases/〈qq 号码〉.db

(5) 取证实例

由于 Android 是开源操作系统,其文件格式公开,因此只要能够对于 Android 设备进行 root 后,就能够访问到所有的配置文件和数据库。

① 通话记录和通讯录

标准 Android 设备的通话记录和通讯录数据是以 sqlite 数据库形式来存放的,文件一般存放在"\data\data\com.android.providers.contacts"路径下,数据库的名称是 contacts2.db,如表 6.43~表 6.46 所示。由于 Android 系统的开放性,定制机或者第三方 Mod 可能会将通话记录和通讯录数据库保存到其他地方。例如小米、三星等手机。

表 6.43 sqlite_sequence 表①

列　　名	值	说　　明
calls	1019	call 表最大值,表示通话最大数量
raw_contacts	992	raw_contacts 表最大值,表示通讯录的最大值
contacts	992	contacts 表的最大值,表示通讯录的最大值
groups	1	groups 表最大值,表示分组的最大值
mimetypes	13	记录类型的最大值
data	2500	data 表的最大值,表示通讯录所有信息的最大值

其中 calls 表中记录的是通话记录;groups 表中记录的是联系人分组;contacts 和 raw_contacts 表中记录的是通讯录中联系人的具体信息;data 表中是以联系人为单位的所有信息的顺序排列,mimebitype 表中是记录的类型;data 表和 mimebitype 表可以说明联系人的信息记录的所有信息(包括记录类型)。

表 6.44 calls 表的重要字段说明(通话记录)

列　　名	值	说　　明
_id	508	唯一标识,自增,从 1 开始,不会重复,除非还原设置
number	041188058330	电话号码
date	1358591677410	UNIX/C 时间格式(以毫秒为单位),电话呼入、呼出时间。2013 年 1 月 19 日 18:34:37 GMT+8
duration	90	通话时长(以秒为单位)。90 秒
type	1	通话记录的类型: 1:呼入 2:呼出 ……(略)
new	1	通话是否被识别
name	大连网安	通讯录姓名

---

① 存储着数据库中重要表的最大值,对于取证工作有着重要的指导意义。

续表

列　名	值	说　明
numbertype	2	号码类型 自定义＝0 TYPE_HOME = 1 TYPE_MOBILE = 2; TYPE_WORK = 3; ……（略）
contactid	322	通讯录序列号（ID）
normalized_number	＋86041188058330	按 E164 编码规则的编码的电话号码。由以下几个部分组成（不同部分之间可以用"-"、"."或空格等连接）： ENUM＋国家码（1～3 位数字）-地区码（n 位数字）-电话号码（15-n 位数字）

表 6.45　contacts 表重要字段说明

列　名	值	说　明
_id	1	唯一标识,自增,从 1 开始,不会重复,除非还原设置
name_raw_contact_id	1	对应 raw_contact 表中的 id
photo_id	12	对应 photo_lookup 表中的 id
send_to_voicemail	0	是否为语音邮件,1 为是,0 为否
times_contacted	0	通话时间,如果没有通话为 0
last_time_contacted	1359607405206	最后一次通话时间
has_phone_number	1	表示联系人是否有电话号码,1 为至少一个,0 为没有
number_count	2	通讯次数
company	网安支队	公司名称
nickname	[Null]	昵称

表 6.46　raw_contacts 表的重要字段说明

列　名	值	说　明
_id	1	唯一标识,自增,从 1 开始,不会重复,除非还原设置
account_name	[Null]	账户名,例如 google 账户
account_type	[Null]	账户类型,例如"com.google"
deleted	0	删除标志。0：正常；1：删除。当同步时,此数据才被删除
contact_id	1	对应 contact 表的 id
times_contacted	0	通话时间,如果没有通话为 0
last_time_contacted	1359607405206	最后一次通话时间
display_name	大连网安	姓名

续表

列　　名	值	说　　明
display_name_alt	大连网安	姓名缩写
sort_key	DA大LIAN连WANG网AN安	拼音
sort_key_alt	DA大LIAN连WANG网AN安	拼音简写

② 账号

账号信息保存在"\data\data\com.android.providers.contacts\database"的 contacts2.db 数据库中的 account 表中,如表 6.47 所示。

表 6.47　Account 表重要字段说明

列　　名	值	说　　明
account_name	myaccount1	账号名称
account_type	com.evernote	所属应用

3. 山寨机的取证

山寨机的种类繁多,开发方案多样。导致了它的文件系统没有统一标准。在取证过程中需要根据实际情况进行手动分析。以 MTK 芯片的山寨机为例:

MTK 6235/6238/6228/6230 等较高端平台用 NAND Flash 架构。NAND Flash 无法直接寻址,不能直接运行软件,要加载到 RAM 中才能运行。实际上是 NAND Flash+SDRAM 架构。以 512Mb+256Mb(64MB+32MB)为例,如图 6.90 所示。

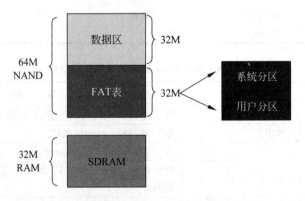

图 6.90　MTK 6235/6238/6228/6230 分区

可以看到,无论是 NorFlash 还是 NAND Flash,MTK 都是使用一种 FAT 文件格式的变形,将 FAT 区放置在分区的最后(而不是传统的最前)。如果知道这一点,只需要将 FAT 分区表按正确格式放置回分区的最前端,并且对于其他的配置进行正确修改,就能够顺利地重构文件系统。但是难点是其他配置会根据不同手机有变化,这些配置较难确定。

6.5.7 小结

本节通过移动终端的发展历程、现状,结合实战详细阐述了移动终端的存储原理和结构,取证的原则和流程。通过具体数据的分析讲解了移动终端取证的技术要点。

6.6 网络电子数据取证

电子数据取证的对象除了各种运行各种操作系统的计算机设备之外,还有一个重要的对象是网络数据。网络电子数据具有种类复杂,处于动态等特点。其取证的方法与操作系统的取证方法截然不同,其重点是对不同的网络电子数据进行提取和解码。目的是为了获得信息和线索。网络电子数据取证主要分为两部分:一种是在线取证,是针对获得权限的服务器进行电子数据的分析,目的是提取证据;一种是在线侦查,是针对线索进行深入发掘,通过网络应用扩大线索,寻找目标,在线侦查的一种称呼为"人肉搜索",境外的侦查部门称为公开资源情报计划(Open Source Intelligence),简称OSINT,是一种情报搜集手段,主要从各种公开的信息资源中寻找和获取有价值的情报。本节分别从这两方面讲解网络电子数据取证。

6.6.1 网站服务器取证

近年来,围绕网络的犯罪形式可以说是层出不穷,网络色情、网络赌博、网络传销、网络侵权、网络诈骗等很多犯罪形式和网站服务器的取证有一定关联。网站服务器的取证的基本流程为:

(1) 分析前台网站服务器的配置文件,找到网站服务文件所在的目录(DocumentRoot)和全部代码;需要注意的是 ServerName 需与涉案服务器一致,IP 地址和端口和前期侦查一致;导出网站应用的所有代码文件;

(2) 通过分析网站服务器文件的配置,找出网站数据库类型、IP 地址以及数据库的访问用户名、密码等,导出数据库中的所有数据;

(3) 利用仿真的方式或者使用提取的网站代码和数据库构建模拟网站服务器,注意需要设置同样的主机名、数据库连接关系等;

(4) 使用同样的方式导出后台管理服务器的代码和数据库中的所有数据,并搭建后台仿真或模拟网站;

(5) 通过登录前台界面,模拟用户操作行为,确定与之相关联的网站程序和模块。例如在网络传销案件中,使用前台页面,模仿用户对产品销售的管理方法,进行一次产品销售操作,找出所有关联的网站程序和模块,分析这一过程中产品销售记录详细数据表以及上下线利润分配模式;

（6）通过登录后台管理界面，确定并分析后台管理数据。例如在网络传销案件中，分析后台用户业绩统计报告页面程序，得到用户统计业绩、返利、分红等相关数据表及其详细计算方法等；

（7）综合分析网站数据，查清网站结构、人员组织架构、涉案资金流转等情况。例如在网络传销案件中，综合前后台的各种数据以及业绩计算程序算法等，弄清实际传销模型、涉案金额、涉案人员、上下线层级关系等。

Apache 是当今使用最多的网站服务器软件，是 Apache 软件基金会[①]发布的一款开源 Web 服务器软件，可以在大多数操作系统中运行。

UNIX/Linux 的发行版众多，每个平台上的配置和运行情况可能会有所不同，这里是以 Ubuntu 14.04 系统下 Apache 2.4.7 为例来说明的。Apache 也可以运行在 Windows 平台上，其配置文件、日志等分析方法类似。

(1) Apache 状态和配置

进入系统之后，可以使用查看网络连接或者查看进程的命令来确定是否有 Apache 服务运行、服务端口是多少。在 Ubuntu 操作系统中，也可以使用"apachect1 status"命令来查看服务的运行情况。下面的示例中，可以看到 Apache 的版本号、编译时间、PHP 的版本号、当前时间、服务运行时间、服务负载、各个具体进程的状态等，如图 6.91 所示。

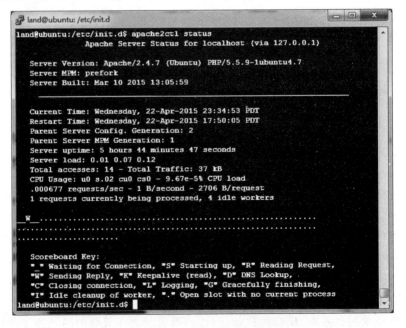

图 6.91　Apache 服务的状态

---

① Apache 软件基金会网站，http://www.apache.org

作为服务，一般可以在"/etc/init.d/"目录中找到控制脚本，其中可以看到 Apache 配置文件所在的目录。UNIX/Linux 一般会使用默认配置，Ubuntu 中的 Apache 的配置目录在"/etc/apache2"，该目录下的内容大致如图 6.92 所示。

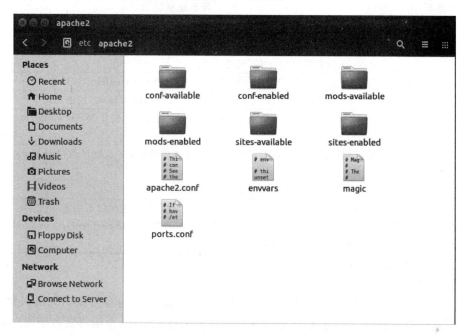

图 6.92　Apache2 配置目录的内容

图 6.92 是 Apache 配置目录的典型内容，目录下的各项内容说明如表 6.48 所示。

表 6.48　Apache 配置目录内容说明

目录内容	目录内容说明
apache2.conf	Apache 服务的配置文件，其他配置文件都是从这里引用的
envvars	Apache 服务运行的环境变量
magic	mime_magic 模块的配置文件，通过查看文件的一些内容判断 MIME 类别
ports.conf	一般会定义 Apache 服务侦听的端口
sites-*	sites-available 目录中包含所有网站的配置，sites-enabled 目录中则仅包含所有处于激活状态的网站
modes-*	Modes-available 目录中包含所有本地可用的模块，modes-enabled 目录中仅包含所有处于激活状态的模块
conf-*	conf-available 目录中包含所有用户配置，但可能未激活；conf-enabled 目录中包含所有激活（当前使用）的配置

目录中 Apache 服务的配置文件为"apache2.conf"，通过这个文件的"Include"语法，可以引用以上目录中的其他配置文件，综合形成网站的整体配置。这些文件采用 Apache 的

配置文法①,文件中几个主要的配置选项如表 6.49 所示。

表 6.49　Apache 主要配置选项

配置项	配置选项说明
ServerRoot	Apache 应用配置的根目录。服务器配置、日志文件等可能保存在这个目录下
〈VirtualHost〉	定义虚拟主机及其绑定的域名、IP 地址、端口等,位于"sites-＊"目录中,一个 Apache 服务器可定义多个虚拟主机
ServerName	定义网站和虚拟主机的名称、端口,一般用于"〈VirtualHost〉"段中
DocumentRoot	定义网站和虚拟主机的根目录,一般用于"〈VirtualHost〉"段中
〈Directory〉	定义网站中使用的目录及其访问特性,该定义可能位于"sites-＊"或"conf-＊"目录中
CustomLog	定义网站访问日志所在的位置以及采用的格式,格式也可由"LogFormat"语句定义
ErrorLog	定义网站错误日志所在的位置以及采用的格式
Include	包含其他配置文件内容,"apache2.conf"可能会包含如下的配置文件:"mods-enabled/＊.conf"、"mods-enabled/＊.load"、"conf-enabled/＊.conf"和"sites-enabled/＊.conf"和"ports.conf"

(2) Apache 日志

网站日志是服务器的重要组成部分,记录了用户对服务器内容每次访问的具体情形。通过对网站日志的分析,可以获得服务器和各个页面的使用情况,也能得到各个用户对网站的使用情况,所以在网站取证的案件中,日志分析非常普遍。

当浏览器请求服务器时,服务器可能会记录如下格式的访问日志:

```
192.168.160.1 --[25/Apr/2015:01:37:56 -0700] "GET / HTTP/1.1" 200 3594 "-" "Mozilla/5.0 (Windows NT 6.1; WOW64) AppleWebKit/537.36 (KHTML, like Gecko) Chrome/41.0.2272.118 Safari/537.36"
```

Apache 日志的格式可由"LogFormat"或"CustomLog"语句明确定义,Apache 日志的缺省日志格式定义为:"LogFormat "%h %l %u %t \"%r\" %>s %O \"%{Referer}i\" \"%{User-Agent}i\"" combined",这里面"combined"是日志的内部格式名称,所以日志共分成 9 个字段②:

① "127.0.0.1"(%h);远程主机的 IP 地址,表明访问网站的对象。如果客户端或者服务器端设置了代理,这里可能是代理服务器的地址。这是最重要的分析对象,标明了客户端请求的来源 IP 地址。

---

① Apache 2.4 网站服务器文档,http://httpd.apache.org/docs/2.4/
② Apache 日志配置文法和说明,http://httpd.apache.org/docs/2.4/mod/mod_log_config.html#customlog

② "-"(%l)：远程主机的登录名，需要 identd 服务支持，网站端需要激活"mod_ident"模块，否则返回"-"占位符。

③ "-"(%u)：这个位置用于记录浏览者进行身份验证时提供的名字。如果访问的内容无须认证，则可能返回"-"。

④ "[3/Apr/2015:01:37:56+0800]"（%t）：请求的时间戳，时间最后的"+0800"表示服务器位于 UTC 之后 8 小时的时区，也就是东 8 时区。时间是分析的主要因素，必须注意使用时区信息进行时间调整。

⑤ "GET / HTTP/1.1"(%r)：客户端请求，这里包括请求的方法（GET，还有 POST、HEAD 等更多请求方法，具体可参见维基百科①）、请求的资源（即网站 URL，这里是网站根目录）和请求使用的协议（HTTP/1.1）。这一项和请求的资源有关，是主要分析和过滤对象，同时对请求方法的分析也很重要。

⑥ "200"(%>s)：请求最终返回的状态编码。它可以告诉我们请求是否成功，或者遇到了什么样的错误。"200"表示服务器已经成功的响应浏览器的请求，一切正常。（以 2 开头的状态码表示成功，以 3 开头的状态码表示由于各种不同的原因用户请求被重定向到了其他位置，以 4 开头的状态代码表示客户端存在某种错误，以 5 开头的状态代码表示服务器遇到了某种错误，详细信息可参见维基百科②。）

⑦ "3594"(%O)：服务器返回的字节数，包括协议头部在内。如果客户端请求在中途放弃，则可能返回 0。

⑧ "-"(%{Referer}i)：客户端指定请求"uri"的源地址，也就是当前请求是从哪个页面链接过来的，对取证分析很有帮助。

⑨ "Mozilla/5.0 (Windows NT 6.1; WOW64) AppleWebKit/537.36 (KHTML, like Gecko) Chrome/41.0.2272.118 Safari/537.36"(%{User-Agent}i)：客户端浏览器标识，其中有引擎、兼容性、版本等各种信息，随着浏览器、版本的不同会有所区别。通过浏览器标识也能做一定的过滤和筛选。

网站日志的取证和分析在实战中非常普及，网站应用和日志规模视具体案情而有所不同。在实际应用中有攻击分析视角、统计分析视角以及特征和关联视角等多种不同的分析方法③。

6.6.2 IP 地址的取证

IP 地址是指互联网协议地址（Internet Protocol Address，又译为网际协议地址），是 IP Address 的缩写。IP 地址是 IP 协议提供的一种统一的地址格式，它为互联网上的每一个网

---

① HTTP 协议的请求消息，http://zh.wikipedia.org/wiki/超文本传输协议
② HTTP 协议返回的状态信息，http://zh.wikipedia.org/wiki/HTTP 状态码
③ 网站日志分析的几个视角，http://blog.forensix.cn/2014/04/web-log-analysis-several-views/

络或每一台主机分配一个逻辑地址,以此来忽略物理地址的差异。

IP 地址就像是网络上的门牌号,用以区分网络上不同的网络设备,目前,IP 地址由 Inter NIC 分配给各国使用后,由当地网络运营商负责维护和分配。由于当前的网络设备数量远远大于 IP 地址数量(尤其是中国大陆),所以各地运营商大量采取动态分配 IP 地址方式,及随机分配不同的 IP 地址给连入网络的设备,不连入网络的设备及时收回 IP,所以要确定一个 IP 地址对应哪一个网络设备,需要首先确定该 IP 的使用时间。

1. IP 地址的获取

需要特别明确的是,一个 IP 地址对应一个网络设备,而不是一个人。网络犯罪案件中,获取 IP 地址往往是虚实结合点,所以千方百计获取 IP 地址线索是侦办涉网案件的关键点。

(1) 查看本机 IP 地址

在 Windows 的大部分主机上,可以采用 ipconfig 命令获取本机所有与 IP 相关的信息,如图 6.93 所示。

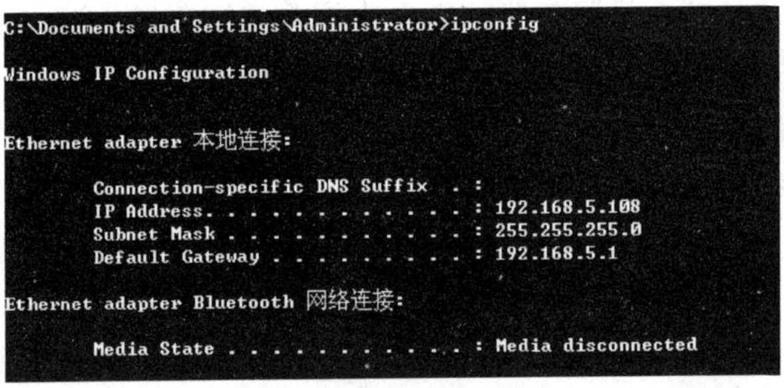

图 6.93 在 Windows 主机上查询本机 IP 地址

在 Mac OS 及类 UNIX 的主机上可以使用 ifconfig 等命令获取本机 IP 地址等详细信息,如图 6.94 所示。

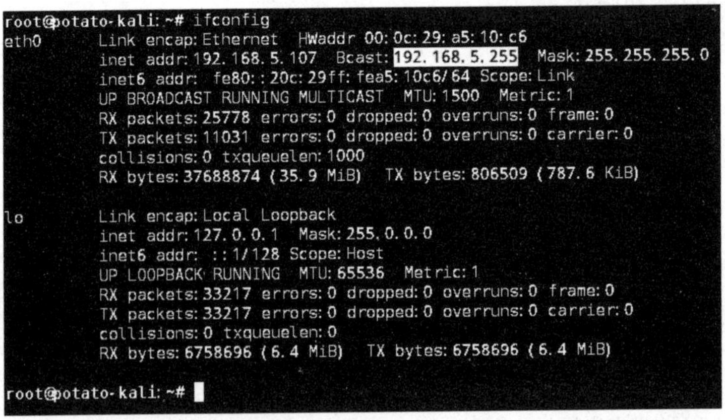

图 6.94 在 UNIX * 主机上查询本机 IP 地址

在连入互联网的内网主机可以通过访问 www.ip.cn 等网站获取本地网络的公网 IP 地址,如图 6.95 所示。

图 6.95　查询局域网主机公网 IP 地址

(2) 调查相关网络设备或服务器的留存资料

通过查询存储型路由器、交换机等网络设备,获取主机的 IP 地址。在可以接触到服务器的情况下,可以直接从服务器端查询对象的访问 IP 地址。

(3) 从相关网络服务商调阅 IP 日志资料

在获取对象的某些网站用户名、QQ 号、人人网等虚拟网络账号后,可按照相关的证据调取规定,到相应的网络服务应用商处调取对应的登录 IP 地址资料。

2. 调查 IP 地址

获取了对象的 IP 地址后,就需要对 IP 地址的使用人、用途、是否涉案等进行定性。围绕 IP 地址的调查技巧有很多,主要有以下几种:

(1) 使用 nslookup 查询 IP 的用途

很多互联网上的网络系统可以通过一个数字的 IP 地址或一个完全合格域名(Fully Qualified Domain,缩写为 FQDN)来确定,FQDN 是网络系统的一个文本名称,便于用户能很容易记住它,其作用类似电话簿上与电话号码对应的名称,通过 nslookup 等命令查询某个 IP 地址的 FQDN,可以洞察该 IP 地址的系统用途或位置,如图 6.96 所示。

从图 6.96 可以看出,IP 地址 173.194.127.144 对应的 FQDN 为 hkg03s13-in-f16. 1e100.net,而域名 1e100.net 正是 google 公司所有,由此判断 173.194.127.144 是 google

```
C:\Documents and Settings\Administrator>nslookup 173.194.127.144
Server:  google-public-dns-a.google.com
Address:  8.8.8.8

Name:    hkg03s13-in-f16.1e100.net
Address:  173.194.127.144

C:\Documents and Settings\Administrator>_
```

图 6.96　使用 nslookup 查询 IP

公司的其中一个服务器 IP。

值得注意的是，不是所有的域名服务器都允许被查询，应更换多个域名服务器进行查询，或者通过第三方 nslookup 工具进行查询。

(2) 使用 Tracert 跟踪 IP 路由

Tracert 命令通过发送一个 TTL 数据包，监听返回的 ICMP 超时消息来判断其路由路径。这种方法最大的好处是可以获得最后到达目的 IP 的路由地址，从而判断出目的 IP 的真实属地和运营商。

(3) 利用端口扫描判断 IP 所属网络设备的类型

一个端口代表一个服务，而有些服务是一些操作系统所特有的（默认的），例如端口 3389 是 Windows 服务器远程桌面的默认端口，端口 22 是类 UNIX 系统的远程 SSH 端口，端口 1723 是 VPN 服务的默认端口，一些网络服务还可通过端口返回指纹信息，通过端口开放情况可以大致判断该 IP 所属主机的存活、安装的操作系统、开放的服务等情况。但是需要注意的是，在有些国家，未经授权的情况下进行端口扫描是违法的。

(4) 利用网络搜索综合判断 IP 性质

利用各大搜索引擎对 IP 地址进行搜索，根据搜索结果对 IP 地址进行综合判断。例如一个无法判断属地城市的 IP 地址，如果多次出现在百度某个城市的贴吧，则该 IP 极有可能就属于这个城市；利用 cn.bing.com 搜索引擎加"IP：X.X.X.X"语法可以搜索出在这个 IP 地址上曾经出现过的网页；如果 IP 地址多次出现在某些代理发布站上，则这个 IP 地址极有可能为代理地址。

6.6.3　路由器的取证

路由器作为连接网络节点的关键设备，不仅会记录一般数据传输的路由信息，同时也会记录一些关键的 IP 地址或 MAC 地址的访问信息，因此在网络犯罪案件的侦查取证中，路由器也是一个不可忽略的网络设备。

企业级的路由器一般带有日志功能，只需要提取日志即可进行分析。一般家庭或小型企业使用的路由器均不带日志存储功能，这就需要在路由器断电之前进行取证，否则断电或重启路由器后，一些重要的数据，如路由表、监听的服务、当前使用的密码等重要的数据信息就会丢失，达不到取证的效果。

6.6.4 MAC 地址相关的取证

MAC(Media Access Control)地址,或称为物理地址、硬件地址,用来定义网络设备的位置。MAC 地址采用十六进制数表示,共六个字节(48 位),形如"01-23-45-AB-CD-EF"。其中,前三个字节是由 IEEE 的注册管理机构 RA 负责给不同厂家分配的代码(高位 24 位),也称为"编制上唯一的标识符",例如 00-50-53 代表 Cisco 公司;后三个字节(低位 24 位)由各厂家自行指派给生产的适配器接口,称为扩展标识符,MAC 地址实际上就是适配器地址或适配器标识符,具有全球唯一性。

1. 查询本机网卡 MAC 地址

一般情况下,在网卡的商业标签上可以找到其 MAC 地址,在开机状态下,可以通过 ifconfig、wincfg、ipconfig /all 等命令以及查询注册表等方式获取本机中的网卡 MAC 地址。

2. 通过 arp 命令查询局域网中网络设备的 MAC 地址

每台计算机都存有一个记录 MAC 地址与 IP 地址对应关系的 ARP 表,如果 ARP 表中的远程计算机没有活动连接,那么在大多数系统中这个表每 30 秒更新一次。ARP 表可看作是用于包含系统最近 30 秒内与之会话的计算机 MAC 地址与 IP 地址的对应关系表。使用 arp 命令可列出计算机 ARP 表的内容,如图 6.97 所示。

图 6.97 利用 arp 命令查询路由表

3. 查询网络应用软件记录的 MAC 地址

正因为网卡的 MAC 地址具有全球唯一性,而且是针对终端而不是网络,所以很多网络软件商将其记录并作为识别终端用户的特征值,在调查取证过程中,可以通过这些软件商调取相关的 MAC 地址,并通过多家查询进行比对分析。

6.6.5 VPN 的取证

1. VPN 的基本知识

VPN 是虚拟专用网络(Virtual Private Network)的简称,是指在公用网络上建立私有网络进行加密通信,在企业网络中有广泛应用。VPN 网关可通过对数据包的加密和数据包目标地址的转换实现远程访问。

2. VPN 的分类和特点

VPN 有多种分类方式,按协议分类共有三种,分别为 PPTP、L2TP 和 IPSec,其中 PPTP 和 L2TP 协议工作在 OSI 模型的第二层,又称为二层隧道协议;IPSec 是第三层隧道协议。

(1) PPTP(Point to Point Tunneling Protocol),称为点到点隧道协议。它是在 PPP 协议的基础上开发的一种新的增强型安全协议,支持通过密码验证协议(PAP)、可扩展认证协议(EAP)等方法来增强其安全性,其提供服务的端口号默认为 1723。PPTP 控制连接数据包包括一个 IP 报头、一个 TCP 报头和 PPTP 控制信息。PPTP 将原来 Ethernet 数据包先封装成 PPP packet,再由 GRE 封装,通过 Internet 传送至接收端,当身份认证协议选择 MS-chap 以及 MS-chapv2 的时候,ppp payload 将被加密,如图 6.98 所示。

IP header	GRE header	PPP header	PPP payload

图 6.98 PPTP 结构

(2) L2TP(Layer Two 2 Tunneling Protocol)即第二层隧道协议,它结合了微软的 PPTP 以及 Cisco 的 L2F 协议。L2TP 将 PPP 分组进行隧道封装并在不同的传输媒体上传输。PPTP 要求互联网络为 IP 网络。L2TP 只要求隧道媒介提供面向数据包的点对点的连接。L2TP 可以在 IP 帧中继永久虚拟电路(PVCs)、X.25 虚拟电路(VCs)或 ATM VCs 网络上使用。它与 PPTP 的最大区别在于支持的应用线路更多,且结合了 L2F 和 PPTP 的各自优点,扩展了 PPP 模型,成为 IETF 有关二层隧道协议的工业标准。但 L2TP 本身并不提供数据加密,它依赖于 IPSec 对数据进行加密。

L2TP 首先将原始用户数据的 IP 报文经过 PPP 封装,然后链路层将 PPP 帧进行 L2TP 封装,将其封装成 UDP,并继续封装成可以在 Internet 上传输的 IP 报文,此时的结果就是 IP 报文中有 PPP 帧,PPP 帧中还有 IP 报文,但两个 IP 地址不同,里面的 IP 头部是私有地址(原地址为 L2TP 服务器动态分配的地址,目的地址为虚拟局域网的服务器地址),外层 IP 头部的原 IP 是客户端的原始地址,目的 IP 是 L2TP 服务器的地址,至此完成客户端数据封装,然后通过 L2TP 隧道将报文发送到 L2TP 服务器,L2TP 服务器收到封装的 IP 报文,发现外层 IP 头部的目的地址是指定自己的,然后 L2TP 服务器解封装报文,得到里面的 IP 报文,然后根据 IP 头部的目的 IP 地址将数据包发送到内网局域网服务器。

从上述 L2TP 的封装过程可以看出 L2TP 通常以 UDP 报文的形式发送。L2TP 服务端通常开放的是 UDP 的 1701 端口,但是这个端口仅用于初始的隧道建立过程中。L2TP 隧道发起方任选一个任意空闲的端口向接收方的 1701 端口发送报文;接收方收到报文后,也任选一个任意空闲的端口,给发送方的指定端口回送报文。至此,双方的端口选定,并在隧道保持连通的时间段内不再改变。也就是说,当一个 L2TP 协议的 VPN 建立连接后,其通信的端口往往并不是 1701，如图 6.99 所示。

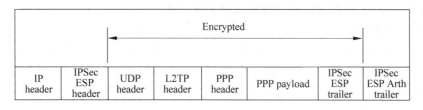

图 6.99　L2TP 结构

从图 6.99 可以看出 L2TP 本身没有加密，其加密 VPN 的数据封装是在原始 L2TP 数据连接的 IP 头部后面加入 ESP 字段的，所以这是一种传输模式的 IPSEC 隧道。

（3）IPSec(IP Security)是 IETF IPSec 工作组为了在 IP 层提供通信安全而制定的一套协议族。它包括安全协议部分和密钥协商部分。安全协议部分定义了对通信的安全保护机制；密钥协商部分定义了如何为安全协商保护参数，以及如何对通信实体的身份进行鉴别。IPSec 安全协议给出了封装安全载荷（Encapsulated Security Payload，ESP）和鉴别头（Authentication Header，AH）两种通信保护机制。其中 ESP 机制为通信提供机密性和完整性保护；AH 机制为通信提供完整性保护。IPSec 协议往往用于对 L2TP 类型的 VPN 进行数据加密。

由于 VPN 可通过服务器、硬件、软件等多种方式实现，可为企业提供安全的虚拟私有网络，具有成本低，易于使用的特点而被互联网用户广泛使用。

3. 当前国内 VPN 市场的现状

当前市场上的 VPN 运营商均有自己定制的 VPN 连接器，用户只要运行这样的连接器程序，可以自由选择商家提供的 VPN 线路，还可以自由选择 PPTP、L2TP、IPSec 等协议进行连接，目前市场占有率较大的有"91VPN"、"万能网络变换器"等，手机 VPN 客户端有"鲨鱼加速器"等。

VPN 用户类型主要有三种：一是游戏玩家等用户为了网络加速，选择与游戏服务器等目标服务器距离较近、速度较快的 VPN 服务器；二是大型跨地域企业单位为了远程办公和信息安全连接公司内部网络；三是违法犯罪分子为了逃避公安机关打击而使用 IPSec 等协议的加密 VPN 从事涉网违法犯罪，或为了逃避国家防火墙的监测浏览境外非法网站，给公安机关溯源带来较大困难。

2008 年，正式颁发 IP-VPN 业务牌照。名为 IPSec VPN 的中国"国内互联网虚拟专用网"增值电信业务许可证自其诞生之日起即以 MPLS VPN 为发展方向，导致 VPN 市场无规可循，实际上是在"灰色运营"。

4. VPN 调查取证方法和技巧

由于 VPN 的通信是加密的，且可通过 VPN 网关连入公网，所以 VPN 可以作为代理服务器上网。近年来，随着公安机关打击涉网违法犯罪力度的逐步加大，越来越多的涉网违法犯罪嫌疑人为了逃避公安机关的打击,在上网过程中使用 VPN 代理来隐藏真实的 IP 地址,给公安机关及时发现、定位犯罪嫌疑人带来极大难度。

(1) 端口扫描确定 VPN

由于大多数 VPN 服务开放的端口为 1723(L2TP 隧道端口为 1701,连接端口随机),且不易修改,所以取证人员在遇到可疑 IP 地址时,可先对该 IP 地址进行端口扫描,识别 1723、1701 等端口是否开放来确认该 IP 地址所属网络设备是否开放了 VPN 服务和 VPN 协议类型。

(2) 巧妙利用搜索引擎查找 VPN 提供商

当前,网上提供 VPN 服务的企业较多,他们提供这些 VPN 之前大多需要发布 VPN 服务器的 IP 资料信息,取证人员可通过互联网搜索发现这些 IP 的归属,找到该 VPN 的提供商,再从这些提供商处调取连接日志资料。

例如,我们可以使用"x.x.x site:taobao.com"等 google 搜索语法查找在淘宝上是否有我们要找的 vpn 销售资料,如图 6.100 所示。

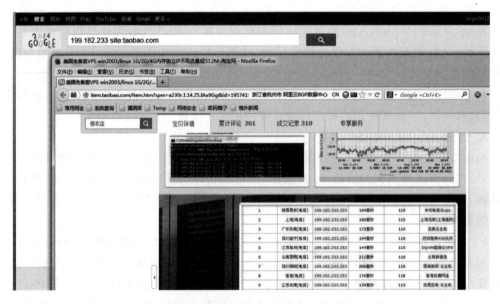

图 6.100　利用 google 语法查找 VPN 信息

(3) 调取 VPN 服务器日志资料

在可以接触到 VPN 服务器的情况下,应尽快调取 VPN 日志资料。默认情况下,主流的微软自带的 VPN 日志记录了客户端 IP、连入时间、客户端机器名等信息。默认存储位置为:"％WinDir％\system32\LogFiles\IN 年月.log",如图 6.101 所示详细信息由"路由及其远程访问"进行配置。具体分析方法可参照 6.1.7 日志分析章节。

图 6.101　VPN 服务器配置和日志信息

6.6.6　获取网络数据流信息

在经过充分的法律授权情况下，取证人员可以使用网络嗅探的方式来截获网络中传输的数据信息，并通过对不同协议的解析，从而达到监控的目的。网络嗅探最常用的是"中间人攻击"。以 ARP 欺骗嗅探为例，ARP 欺骗嗅探是"中间人攻击"的一种。进行 ARP 欺骗嗅探，需要执行以下步骤，如图 6.102 所示。

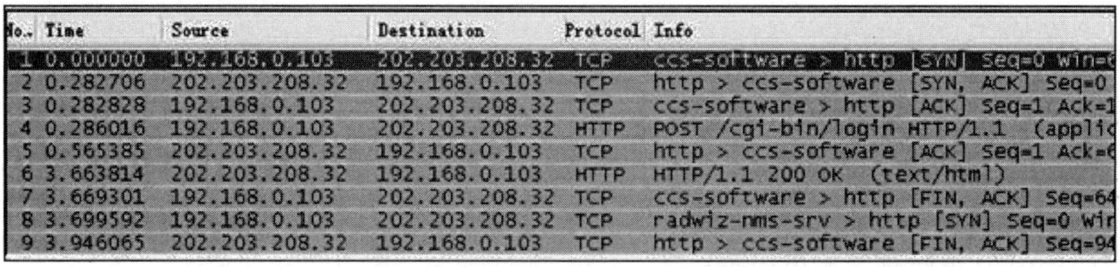

图 6.102　使用 wireshark 进行网络嗅探

（1）网卡设置为混杂模式（promiscuous），使得在这种模式下工作的网卡能够接收到一切通过它的数据，而不管实际上数据的目的地址是不是它。

（2）利用 ARP 欺骗目标 PC，是目标 PC 认为嗅探网卡是目的网卡。在传输过程中交换机和计算机需要查询 ARP 表。因此攻击者只要可以改变目标的 ARP 表就能实现攻击,从而将数据引导到自己的机器上。ARP 欺骗可以使用的工具有 cain 或者 ettercap。

(3) 利用嗅探软件,例如 Wireshark、Tcpdump 等工具通过网卡截获数据。

(4) 分析数据。

6.7 密码破解

常用的密码大概有几十种之多,最为人熟知的密码有 Windows 开机密码(包括 LMhash 和 NTLMhash)、Office 密码、MD5 密码、WinRAR 密码。如果愿意,你可以自行定义一个加密方式来保护自己的文件。

密码破解是随着密码应运而生的,无论是出于恢复合法数据的目的,还是窥探他人隐私的心理,密码破解这项技术的针对目标就是各种各样的加密方式。二者从诞生之日起就处于针锋相对的地步。究竟是密码这个盾结实,还是密码破解这个矛锋利,从来就没有一个定论。对于电子数据取证来说,密码是离真相最近的金钥匙,破解了密码就意味着案件的重大突破,从而可以挖掘出重要的线索。

6.7.1 BIOS 密码破解

1. 清除 CMOS SYSTEM 开机密码

打开机箱,把电池取下、正负极短接,给 CMOS 放电,清除 CMOS 中的所有内容(当然也就包括密码),然后重新开机进行设置。

注意:品牌机的 CMOS 清除跳线可能和兼容机有差别,必须参照品牌机的说明书来解决问题。

2. 破解 CMOS SETUP 密码

方法 1:进入系统,然后在 DOS 下面启动 DEBUG,输入以下代码清除 SETUP 密码。

_ o 70 16
_ o 71 16
_ q

方法 2:利用第三方工具例如 Cmospwd,它支持 Acer、AMI、AWARD、COMPAQ、DELL、IBM、PACKARD BELL、PHOENIX、ZENITH AMI 等多种 BIOS,在 DOS 下启动该程序,CMOS 密码就会显示出来。

6.7.2 操作系统类加密的破解

以 Windows 为例介绍此类加密的破解,取证实践中,Windows 登录密码是制约取证人员进一步在线取证、仿真分析的瓶颈,只有获得了 Windows 管理员权限或者破解了 Windows 登录口令,取证人员才可以进一步对系统中的数据进行分析、虚拟仿真,发现更多的有价值信息。目前解决 Windows 登录密码问题主要有以下几种方法：

1. Windows 密码重置

现在对于 Windows 的用户密码重置已经有了很多工具，例如这里推荐使用的 Active Password Changer(APC)，在网上能够很容易找到其英文或者汉化版本，它能够完美支持清除 Windows 2000/XP/2003/Vista/Win7/2008/Win8 用户密码，同时支持 32 位及 64 位版本操作系统。由于 APC 不能够直接运行在需要清除密码的 Windows 操作系统下，所以现在主要使用的有 PE 版及 DOS 版，两者使用方式基本相同。APC 支持手动选择 Windows 操作系统所在的分区或者自动搜索存在 SAM 文件的所有硬盘和分区，搜索到对应的 SAM 文件后，APC 便可以向用户返还可以进行密码重置的用户名及描述，如图 6.103 是 DOS 版的 APC 运行界面，选定想要重置的用户密码后，APC 便可以进入并修改 SAM 文件中的用户密码属性，将密码清除。

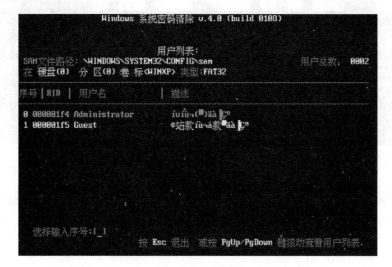

图 6.103 Active Password Changer 密码重置

使用"Active Password Changer" PE 版或 DOS 版 v.4.0。

工具使用

2. Windows 密码绕过

通过重置 Windows 密码的方法取得 Windows 管理员账户的控制权，但是此种方法的不足是造成原始登录密码的清空,并在一定程度上破坏了用户数据的原始性,所以在取证工作中,还有另外一种 Windows 用户密码破解手段:Windows 密码突破。

美国 Kryptos Logic 公司的 Konboot 启动盘产品是一种全新的 Windows 密码绕过方法,该工具利用虚拟 Bios 的方式,仅需几秒即可获得 Windows 管理员权限,无须密码即可登录 Windows 账户,不会对现有系统造成更改。使用时,先利用光盘引导系统,如图 6.104 所示。

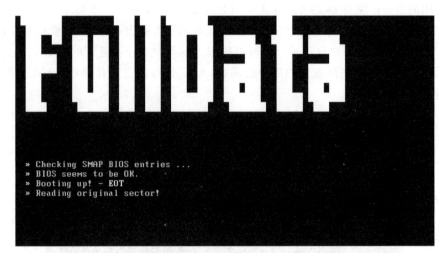

图 6.104　Windows 密码突破工具启动界面

几秒之后,目标计算机 Windows 正常进入启动界面。启动结束后,在登录窗口中,无须输入任何密码,按回车键即可进入系统。该工具目前支持的 Windows 版本有:Microsoft Windows XP、Vista、7、8、8.1、Server 2003、2008 各版本(同时支持 32 位和 64 位)。

6.7.3　文件类加密的破解

Microsoft Office 是目前在各行各业中使用最为广泛的办公软件,在各类案件中经常遇到涉及加密的 Word、Excel 文档。Office 从发展至今已经有了很多的版本,目前常见的版本主要有 Office 97、Office 2000~2003、Office 2007、Office 2011~2013 版。从各自版本的加密强度来分,可以分为以下三类:

(1) Office 97 至 2003 版本,此版本文件扩展名为 *.DOC,可通过暴力破解原始密码,或通过彩虹表方式快速破解。

(2) Office 2007,此版本文件扩展名为 *.DOCX,无法使用彩虹表或雷表进行破解,可通过暴力方式破解简单密码,或通过 GPU 加速方式进行高速破解。但是破解非常复杂的密码需要高性能 GPU 的集群运算,且需要大量的时间。

(3) Office 2011~2013 版,此版本文件扩展名为 *.DOCX,破解方式和 Office 2007 版本方式相同。但是由于此版本加密算法比 2007 版本复杂一倍,因此破解时间也比 2007 版本更长。

文件类加密,一般使用软件进行自动解密。例如俄罗斯 Passware 软件公司是一个研究各类密码破解、恢复技术的专业软件公司,其代表产品 Passware Kit 支持对 200 种以上的加密文件的破解和密码恢复,相比于其他解密软件,Passware Kit 具有效率高、成功率高、使用简单、设置灵活的特点,在国际市场上广受欢迎。此方法对于其他如 ZIP、RAR、PDF 等各类加密文件的破解同样适用。

6.7.4 浏览器类密码的破解

当前很多浏览器为了更好的用户体验都提供了自动表单功能,用户在浏览器中特定网页上面输入的用户账户及密码,都可以被浏览器记录并加密存储在浏览器程序文件夹中,这样当下次再进入这个网页时,浏览器就能够自动填写相应的账户密码。这一功能大大地方便了用户,在另一方面也为电子数据取证调查工作提供了更多的数据。

OS Forensics 是由 PassMark Software 公司开发的一款计算机数据综合分析软件,除了能够做到对浏览器中残留的网络历史记录、下载记录等数据的解析,还能够对浏览器的加密数据库进行解密,适用的浏览器包括 Internet Explorer(4.0 版~10.0 版)、Mozilla Firefox(所有版本)、Google Chrome、Safari、Opera 和 SeaMonkey。除了对浏览器类密码解密之外,OS Forensics 还支持 Windows 用户账户密码获取、彩虹表以及 Office 文档解密。

使用"OS Forensics"查看用户在浏览器中特定网页上面输入的用户账户及密码。

实战操作

6.7.5 移动设备类密码的破解

1. WiFi 密码破解

WirelessKeyView 也是由 NirSoft 开发的另一工具,专门用于快速查看 Windows 本地存储的 WiFi 无线网络密码,使用同 WebBrowserPassView 类似,运行主程序之后,软件自动从系统中提取所保存的 WiFi 账户和密码,如图 6.105 所示。

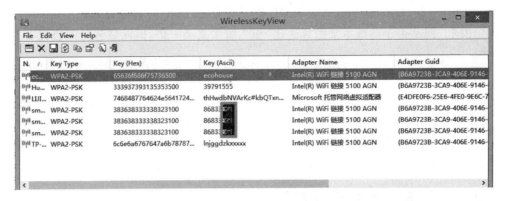

图 6.105　WirelessKeyView 查看主机 WiFi 密码

使用 WirelessKeyView 查看主机 WiFi 密码。

实践操作

2. MD5 密码破解

md5online.net 是一个可以破解 MD5 密码的免费网站。如果遇到某些 MD5 密码，可以尝试利用该网站进行破解，如果无法破解，再利用其他软件，或 GPU 分布式密码破解的方法进行暴击破解。此类站点较多，可以日常多加关注，找到最强的破解网站。

使用 md5online.net 网站对一个网站密码的 MD5 哈希值：51f2b7b14433aa22c67d1f4fc18943cd 进行解密。

实践操作

6.8　Office 文件取证

Microsoft 公司开发的 Office 系列软件是目前最流行的办公软件。占据了办公软件类 74.4% 的市场份额。Office 文件是格式化的二进制数据，之中包含了众多的信息，这些重要的数据如何正确提取，一直是数字取证的一个难题。而 Microsoft 公司为了垄断市场，阻止合理竞争，一直对 Office 格式进行保密。为了能够解析 Office 文件其中的数据，获取证据，必须了解 Office 的文档格式。

6.8.1 Office 文件结构

Office 系列中 Word 97～2007、Excel 97～2007、PowerPoint 97～2007 使用微软的复合文档结构。他们的后缀名分别为 doc、xls、ppt，Office 2007～2010 系列又增加了使用 XML（Extensible Markup Language，可扩展标记语言）技术的 docx、xlsx、pptx 格式。Office 97～2007 文件使用复合文档结构来存储数据。

微软复合文档（Compound Binary File）是微软公司制定的文件格式，广泛应用于 Word、Excel、PowerPoint 等办公文档中，微软使用"OLE2 Storage File Format"来建立复合文档。复合文档可以包含文本、图形、声音、视频、电子表格数据等各种信息，这也正是复合的含义。由于复合文档的包容性，Windows 的 Thumbs.db 和腾讯 QQ 的聊天记录文件都使用了复合文档结构。微软在 2008 年公开了 Office 2003～2007 系列的官方文档，但是某些的重要部分仍然保密(本文将会解析)。但是这种保密，也在某种程度上保护了其中的关键数据，使得这些数据的可信度极高。

复合文档由虚拟流（Visual Streams）组成，复合文档的物理结构描述的是虚拟流的分配和存储方式。复合文档由固定大小的扇区（Sector）组成，扇区大小由文件头中参数指定默认是 512 字节。第一个扇区为文件头。扇区编号由 0 开始，如图 6.106 所示。

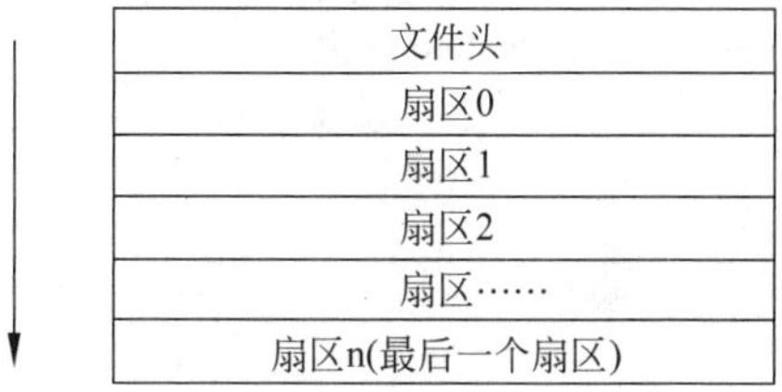

| 文件头 |
| 扇区0 |
| 扇区1 |
| 扇区2 |
| 扇区…… |
| 扇区n(最后一个扇区) |

图 6.106　复合文档的结构

扇区编号与扇区地址的转换公式为：扇区地址＝(扇区编号＋1)×0x200，这是因为复合文件文件头占用 512 字节，同时起始扇区号为 0，以 512 字节(0x200)为扇区。

即使数据在硬盘上以碎片形态存在，但是在逻辑上，还是以线性的虚拟流形式来首尾连接。尽管物理和虚拟结构上，数据都是以线性方式存放的，扇区和虚拟流的单位都是 512 字节。但是二者是有着截然不同的区别的：扇区是数据存储的单位，不需要知道数据的内容和指向，而只需要按扇区大小来堆叠数据流。而虚拟流不但包含了数据流，还包含了属性信息和结构信息，通过这些信息，将分布在各个扇区中的数据逻辑组织在一起，使得扇区使用更加灵活。可以说，物理上的扇区是死的，而逻辑上的虚拟流则是活的。

复合文档类似一个小型的文件系统，按照虚拟流的不同类型，复合文件的结构分为几部分：文件头(Header)、扇区分配表(FAT)、主扇区分配表(DIF)、短流扇区分配表(minifat)、目录流(Directory)、数据流。

目录流是复合文件最基本的数据流之一，某些资料称作存储(Storage)，描述了复合文件的目录结构信息。Office 系列中，Office 文件的属性都保存在 SummaryInforamtion 和 DocumentSummaryInformation 两个目录流指向的数据流中。这也是分析 Office 内嵌信息的关键。

6.8.2 Office 文件取证

1. 提取文档信息

Office 的文档信息记录了文档编辑作者、创建时间、修改时间、编辑时长、打印时间等重要信息。即使文档被加密，文档信息也仍然会以明文方式保存。相对于保存在分区中的文件属性信息容易被干扰和篡改。Office 文档内嵌的信息不为人知，这无疑对取证工作有着重要的现实意义。

微软的复合文档的结构仅仅是一个框架。从目录流开始，其中的目录除了根目录（Entry Root），其他的都可以自行定义。例如，Office 文档信息主要保存在 SummaryInforamtion 和 DocumentSummaryInformation 两个数据流中。

Summary Information 的结构微软官方文档中没有提及，经过实验验证，其结构字段解释如下，如表 6.50 所示。

表 6.50 Summary Information 结构

Summary Information 结构	偏移量	长度（字节）	说明
Summary Info 头	0x00	2	固定值 0xFFFE（大端表示），代表小端字节顺序
	0x02	2	固定值 0x0000
	0x04	2	操作系统版本。低位为系统类型，高位为系统版本。例如 05 01：05 代表 Windows Server 2003，Windows XP，Windows 2000 系列，01 代表 Windows XP
	0x06	2	操作系统类型 0：win16 1：Mac 2：Win32
	0x08	16	CLid，通常为 0
	0x18	4	格式标识符（FMTID）的数目
FMTID	0x1C	16	以小端表示的格式标识符（Format Identifiers，FMTID），FMTID 由 UUID.LIB 定义。详见格式标识符表
	0x2C	4	第一个属性相对于 Summary Information 起始的相对偏移，也就是第一个属性起始点位置

续表

Summary Information 结构

	偏移量	长度(字节)	说　明
属性声明	0x30	4	属性总长度
	0x34	4	属性数量
	0x38	4	第一个属性 ID,例如 0x00000001＝代码页
	0x3C	4	第一个属性相对偏移量(相对于属性声明起始地址)
	……		
	0x##	4	第 n 个属性 ID,例如 0x00000001＝代码页
	0x##	4	第 n 个属性相对偏移量(相对于属性声明起始地址)
第一个属性	0x##	4	属性类型
	0x##	4	这里取决于属性类型,如果属性类型＝0x1E,则属性值是可变长度。如果属性类型＝0x02 或者 0x13,属性值是 4 个字节
	0x##	可变长度	属性值
……	……	……	

由于 Summary Information 和 Document Summary Information 的首两个字节总是固定值 0xFFFE(大端表示),因此可以在十六进制编辑工具中查找 0xFEFF(小端表示),间隔为 0x40,就可以找到这两个数据流了。表 6.51 为 Summary Information 的属性表。

表 6.51　Summary Information 的属性表

Summary Information({f29f85e0-4ff9-1068-ab91-08002b27b3d9})的属性表

属性名称	属性 ID	属性类型
代码页(Codepage)	0x00000001	0x02
标题(Title)	0x00000002	0x1E
主题(Subject)	0x00000003	0x1E
作者(Author)	0x00000004	0x1E
关键词(Keywords)	0x00000005	0x1E
备注(Comments)	0x00000006	0x1E
模板(Template)	0x00000007	0x1E
上次保存者(Last Saved By)	0x00000008	0x1E
修订次数(Revision Number)	0x00000009	0x1E
编辑时间总计(Total Editing Time)	0x0000000A	0x40
打印时间(Last Printed)	0x0000000B	0x40
创建时间(Create Time/Date)	0x0000000C	0x40
修改时间(Last Save Time/Date)	0x0000000D	0x40
页数(Page Count)	0x0000000E	0x03
字数(Word Count)	0x0000000F	0x03

续表

Summary Information({f29f85e0-4ff9-1068-ab91-08002b27b3d9})的属性表		
属 性 名 称	属性 ID	属 性 类 型
字符数(Character Count)	0x00000010	0x03
缩略图(Thumbnail)	0x00000011	0x47
创建程序(Creating Application)	0x00000012	0x1E
安全(Security)	0x00000013	0x03
Loacle ID	0x80000000	0x13

其中：

(1) 作者是文档创建者，上次保存者指的是最后一次修改者的作者名。例如，A 在自己计算机上创建了文档，A 将文档给了 B，B 在自己计算机上修改后保存。那么作者仍然是 A，而上次保存者则是 B。如果在 Office 首次运行时没有指定，那么这些字段将是"计算机名"(保存在注册表中)。

(2) 修订次数是调用文档保存命令的次数。

(3) 文档保存时间在创建时建立，随后将不会被更改。

(4) 缩略图(Thumbnail)则是针对剪贴板，提供数据的暂存。

(5) 安全(Security)标识了文档的安全保护。0：不需要；1：询问是否只读；4：强制只读；8：不显示注释。例如一个测试文档的属性信息(图 6.107)，对应的是文件结构的字段。

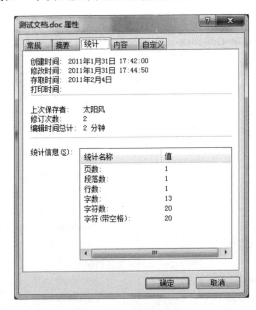

图 6.107　测试文档属性

注意：创建时间和修改时间为内嵌时间。而存取时间与访问时间一致，是从硬盘分区表中获取的。同时每次在 Office 中打开属性，查看统计，就会对当前的字数进行重新统计，字数和字符数的相应数值都会相应调整。

2. Office 临时文件

Office 在编辑时，会在后台产生若干临时文件。文件名的命名方式是～WLK＃＃＃.doc，如果文件正常关闭，这个临时文件将会被删除。如果文件被非正常关闭，这个临时文件将会被保留在硬盘中。因此，当源文件被删除或者移除后，可以搜索相应的临时文件。临时文件的格式与源文件一致，可以通过 Unicode 编码查看，如图 6.108 所示。

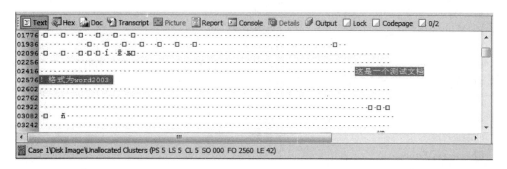

图 6.108　Office 临时文件的内容

3. 2007-2010 XML 结构分析

Word/Excel/PowerPoint 2007-2010 的格式采用了 XML（可扩展标记语言）结构，同时仍然对于传统的 Word 2003 结构进行支持。实际上，尽管 Word/Excel/PowerPoint 2007-2010 的后缀是"docx"、"xlsx"和"pptx"，但是它们是压缩文件包。通过解压缩工具例如 WinRAR，就可以浏览内部的结构。以 Word 2007 的 docx 文档为例（见图 6.109）。

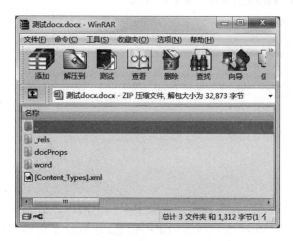

图 6.109　Word 2007 的 docx 文档

Word 目录中存放的是文档正文,使用 Unicode 编码,Word 中插入的图片放置在 word\media 目录中。DocProps 目录的 core.xml 和 app.xml 中存放的是文档属性(见表 6.52)。

表 6.52 文档属性

属 性	说 明
title	标题
subject	主题
creator	作者
company	单位
Keywords	关键词
lastModifiedBy	上次保存者
Revision	修订次数
Created	创建时间(64 位 Windows 时间格式,GMT)
Modified	修改时间(64 位 Windows 时间格式,GMT)
pages	页数
words	字数
Characters	字符数
CharactersWithSpace	带空格的字符数
lines	行数
Application	创建程序
DocSecurity	安全

以一个测试文档.docx 为例(图 6.110):

```
<?xml version="1.0" encoding="UTF-8" standalone="yes" ?>
- <cp:coreProperties xmlns:cp="http://schemas.openxmlformats.org/package/2006/metadata/co
    xmlns:dcmitype="http://purl.org/dc/dcmitype/" xmlns:xsi="http://www.w3.org/2001/XMLSche
    <dc:title>这是一个测试文档,使用docx格式</dc:title>
    <dc:subject />
    <dc:creator>USER</dc:creator>
    <cp:keywords />
    <dc:description />
    <cp:lastModifiedBy>USER</cp:lastModifiedBy>
    <cp:revision>2</cp:revision>
    <dcterms:created xsi:type="dcterms:W3CDTF">2011-02-04T09:29:00Z</dcterms:created>
    <dcterms:modified xsi:type="dcterms:W3CDTF">2011-02-04T09:31:00Z</dcterms:modified>
  </cp:coreProperties>
```

图 6.110 测试文档.docx 的结构

6.8.3 小结

针对 Office 文件的调查,长久以来一直集中于其中的内容搜索或者恢复。这类技术目前已经非常成熟。但是 Office 文件内嵌的诸多信息,却被经常忽略。这些信息由于不可篡改性,往往具备很高的证据效力。通过 Office 文件内嵌信息的分析,可以获取诸多不为人注意的重要信息,能够为网络案件的侦查提供重要帮助。

6.9 数字图像取证

6.9.1 数字图像取证简述

数字图像,指的是数字化的图像。数字图像广泛地使用在计算机应用和网络传输中。数字图像由种类繁多的输入设备和技术生成,例如数码相机、扫描仪、手机、图像处理工具等。数字图像格式包括 BMP、GIF、JPEG、PNG 等。

数字图像的取证主要针对图像本身元数据(meta data),通过对元数据的提取和分析,来证明图像的真实性和完整性。由于数字图像的种类繁多,本节仅针对 EXIF 类的数字图像的取证进行讲解。

6.9.2 数字图像取证与声像资料取证的区别

声像资料主要通过内容的分析,声音、影像的真实性取证。而数字图像取证主要针对的是数字图像的电子数据。这些数据中往往包含了数字图形的多种属性和配置信息,能够为电子数据取证提供重要信息。

6.9.3 数字图像的文件命名规律

照相机文件系统命名规则(Design rule for Camera File system[①],DCF)是日本电子工业发展协会(JEIDA)制定的,用于定义数字照相设备保存文件命名规则的一个标准。主要定义了目录结构、命名方式、文件格式等。DCF 标准最新版本是 2.0。

文件格式,DCF 标准定义其存储介质必须为 FAT12、FAT16、FAT32 或 exFAT 格式的存储器。DCF 定义保存的文件为只读属性,防止文件被恶意篡改。

DCF 定义数字照相设备保存的文件必须在名为"DCIM"(Digital Camera Image)目录下。可以包含多个子目录,命名格式可以为"123ABCDE",命名规则为 3 位数字(100~999)加上 5 位字母。目录中的图像文件的命名方式为"前缀+ADCD1234.JPG"。前缀可能为""DSC_","DSC0","DSCF","IMG_"/"MOV_",or "P000""。

- Root(根目录)
  - DCIM(目录名)
    - 100ABCDE(子目录)

---

① http://www.jeita.or.jp/japanese/standard/book/CP-3461B_J/

- ABCD0001.JPG
- ABCD0002.JPG
- ABCD0003.TIF
- ABCD0003.THM(缩略图文件)
- ABCD0004.WAV
- ABCD0005.JPG
- ABCD0005.WAV
- ...
- ABCD9999.JPG
- README.TXT
- ...
- 999ABCDE(a DCF directory)
  - ABCD0001.JPG
  - ..etc

例如一个iPhone手机中的图片目录(见图6.111)。

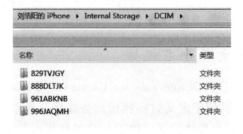

图6.111 iPhone手机中的图片存储目录

6.9.4 数字图像的格式(EXIF)

1. EXIF简介

可交换图像文件格式(Exchangeable Image File Format,EXIF)是由日本电子工业发展协会(JEIDA)制定的一项标准,目前最新的版本是2.3[①](CP-3451C)。这项标准定义了由数字设备拍摄或制作的图形、音频的元数据信息。EXIF应用于JPEG、TIFF、RIFF、WAV、MOV等文件中,但是不适用于JPEG2000、PNG、GIF图形文件。

EXIF记录了数码设备在拍摄中附加的各种信息。这些信息存储在图像文件的头部,以各种参数形式保存。主要包括拍摄时的光圈、快门、ISO、日期时间等信息,还包括设备名称、型号、GPS等重要信息。

---

① http://www.jeita.or.jp/japanese/standard/book/CP-3451C_E/

对于取证有用的信息主要有：

（1）时间信息：数字设备拍摄或者记录时，保存在元数据中的拍摄时间、修改时间等时间信息；但是不记录时区信息。

（2）图像信息：高度和宽度、分辨率、压缩率等信息。

（3）设备参数：包括摄像机的品牌、型号、拍摄参数。

（4）地理信息：全球卫星定位信息（GPS）。

（5）缩略图：可以有 JPEG，RGB TIFF，YcbCr TIFF 三种格式的缩略图。

除此之外，还可能会有版权信息、关键词。

如果一个嫌疑人使用照相设备拍摄照片，可能会在图像中嵌入 EXIF 标准信息。EXIF 信息中保存的设备信息可以确定拍摄设备，GPS 信息可以确定拍摄地点。这无疑都是非常有用的信息。

2. JPEG 文件解析

以最常用的 JPEG 文件为例。JPEG 图像存储格式是一个比较成熟的图像有损压缩格式，虽然一张图片经过转化为 JPEG 图像后，一些数据会丢失，但是，人眼是很不容易分辨出来这种差别的。也就是说，JPEG 图像存储格式既满足了人眼对色彩和分辨率的要求，又适当去除了图像中很难被人眼所分辨出的色彩，在图像的清晰与大小中 JPEG 找到了一个很好的平衡点，因此 JPEG 在互联网和计算机应用得到了极大的普及。EXIF 实际是在文件文件头信息中增加了有关拍摄信息的内容和索引图等信息的 JPEG 图像格式。目前，大多数电子设备的 JPEG 图像格式都遵守 EXIF 格式。

JPEG 以"0xFF＊＊"表示 JPEG 信息数据段，被称为"应用标记"，一般为 0xFFE0-0xFFEF 之间。JPEG 文件以十六进制"0xFFD8"开始，以"0xFFD9"结束。"0xFFD8"表示 SOI(Start of image 图像开始），"0xFFD9"表示 EOI(End of image 图像结束）。这两个特殊的标志没有附加的数据，而其他的有些图像使用 JFIF(JPEG File Interchange Format，JPEG 文件交换格式）来存储图像。JFIF 使用 APP0(0xFFE0) 标记来保存照相机的配置信息和缩略图。目前，广为流行的 EXIF 也使用应用标记来插入数据，但是 EXIF 使用 APP1 (0xFFE1)标记来避免与 JFIF 格式的冲突，如表 6.53 所示。

表 6.53 JPEG 数据结构

SOI 标记	APP1 标记	APP1 数据域（TIFF 格式）	其他标记	其他数据
FFD8	FFE1	数据长度(2 字节)＋数据(N 字节)	……	……

JPEG 图像文件从 SOI(0xFFD8)标记开始，表明它是一个 JPEG 文件。后跟着 APP1 标记(0xFFE1)，表明它符合 EXIF 规则。所有 EXIF 数据都被存储在 APP1 数据域中。APP1 数据域（EXIF data area）的前两个字节表明数据域的长度。在后面跟随的是 APP1

的数据。其中第一个部分是一个特殊的数据，它用来标识是否是 EXIF，其值是 ASCII 字符"EXIF"和两个 0x00 字节的组合字符串。在 APP1 标记域的后面是其他的 JPEG 标记和具体的 EXIF 数据。EXIF 使用 TIFF[①] 格式来存储数据。

3. TIFF 格式

(1) TIFF 头结构

TIFF 格式中前 8 个字节是 TIFF 头。其中最开始的前 2 个字节定义了 TIFF 数据的字节顺序。如果这个值是 0x4949="II" 的话，就表示 EXIF 以小端字节顺序保存数据。如果是 0x4D4D="MM"，则表示以大端字节顺序来保存数据。随后的两个字节是一个 2 字节长度的固定值 0x002A。如果数据使用小端字节顺序存储，则这两个字节的数据排列为"0x2A00"。如果是大端字节顺序存储则是"0x002a"。TIFF 头的最后的 4 个字节是到第一个 IFD(Image File Directory，图像文件目录)的偏移量。这个偏移量是指从 TIFF 头("II"或者"MM")开始，到下一个 IFD 为止的长度的字节数。通常地第一个 IFD 是紧挨着 TIFF 头出现的，因此这个偏移量的值是"0x00000008"，如表 6.54 所示。

表 6.54 TIFF 头结构

字节顺序标志	固 定 值	到第一个 IFD 的偏移量
"II"or "MM"	0x002a	0x00000008

(2) IFD：图像文件目录

TIFF 头之后，就是第一个 IFD 图像文件目录(Image File Directory)。它包含了图像元数据的基本信息。其中两个字节，表示在 IFD 中有多少个目录项(directory entry)。目录项在其之后顺序排列。在最后一个目录项之后，有一个 4 个字节大小的数据保存着下一个 IFD 的偏移量。如果这个值是"0x00000000"，则表示它是最后一个 IFD 并且关闭 IFD。

目录项(每个项目大小为 12 字节)的结构为，2 个字节是一个组件代码，代表数据的类型。2 个字节表示数据的格式，4 个字节表示组件的数量，4 个字节保存数据的值或者数据值的偏移量。

在 EXIF 格式中，IFD 顺序排列，第一个 IFD 是 IFD0(主图像 IFD)，它连接到 IFD1(缩略图 IFD)，一般 IFD 连接在此结束。但是 IFD0/IFD1 不包含任何的数码相机的信息例如快门速度，焦距等。IFD0 总是包含一个特殊的标签 EXIF 偏移量(0x8769)，它表示到 EXIF 子 IFD 的偏移量。EXIF 子 IFD(见表 6.55)也是一个 IFD 格式化的数据，它包含了数码相机的信息。

---

① http://partners.adobe.com/asn/developer/PDFS/TN/TIFF6.pdf

表 6.55　EXIF 子 IFD 结构

目录项的数量	2 字节			
项目 0(12 字节)	组件代码(2 字节)	数据类型(2 字节)	组件数量(4 字节)	数据或者偏移量(4 字节)
项目 1(12 字节)	组件代码(2 字节)	数据类型(2 字节)	组件数量(4 字节)	数据或者偏移量(4 字节)
……	……			
项目 N-1(12 字节)	组件代码(2 字节)	数据类型(2 字节)	组件数量(4 字节)	数据或者偏移量(4 字节)
到下一个 IFD 的偏移量	4 字节			

6.9.5　EXIF 分析

EXIF 分析见图 6.112 和图 6.113。

图 6.112　显示 EXIF 信息的图片

```
Offset    0  1  2  3  4  5  6  7   8  9 10 11 12 13 14 15
00000000 FF D8 FF E1 3F FE 45 78  69 66 00 00 4D 4D 00 2A   ÿØÿá?þExif..MM.*
00000016 00 00 00 08 00 0B 01 0F  00 02 00 00 00 06 00 00   ................
00000032 00 92 01 10 00 02 00 00  00 0E 00 00 00 98 01 12   .'...........˜..
00000048 00 03 00 00 00 01 00 01  00 00 01 1A 00 05 00 00   ................
00000064 00 01 00 00 00 A6 01 1B  00 05 00 00 00 01 00 00   .....¦..........
00000080 00 AE 01 28 00 03 00 00  00 01 00 02 00 00 01 31   .®.(...........1
00000096 00 02 00 00 00 06 00 00  00 B6 01 32 00 02 00 00   .........¶.2....
00000112 00 14 00 00 00 BC 02 13  00 03 00 00 00 01 00 01   .....¼..........
00000128 00 00 87 69 00 04 00 00  00 01 00 00 00 D0 88 25   ..‡i.........Ð.%
00000144 00 04 00 00 00 01 00 00  06 86 00 00 07 A8 41 70   .........†...¨Ap
00000160 70 6C 65 00 69 50 68 6F  6E 65 20 36 20 50 6C 75   ple.iPhone 6 Plu
00000176 73 00 00 00 00 48 00 00  00 01 00 00 00 48 00 00   s....H.......H..
00000192 00 01 38 2E 31 2E 31 00  32 30 31 35 3A 30 36 3A   ..8.1.1.2015:06:
00000208 30 32 20 31 38 3A 34 31  3A 35 36 00 00 20 82 9A   02 18:41:56.. ‚š
00000224 00 05 00 00 00 01 00 00  02 56 82 9D 00 05 00 00   .........V‚....
00000240 00 01 00 00 02 5E 88 22  00 03 00 00 00 01 00 02   .....^ˆ"........
00000256 00 00 88 27 00 03 00 00  00 01 00 28 00 00 90 00   ..ˆ'.......(....
00000272 00 07 00 00 00 04 30 32  32 31 90 03 00 02 00 00   ......0221......
00000288 00 14 00 00 02 66 90 04  00 02 00 00 00 14 00 00   .....f..........
00000304 02 7A 91 01 00 07 00 00  00 04 01 02 03 00 92 01   .z'...........'.
00000320 00 0A 00 00 00 01 00 00  02 8E 92 02 00 05 00 00   .........Ž'.....
00000336 00 01 00 00 02 96 92 03  00 0A 00 00 00 01 00 00   .....–'.........
00000352 02 9E 92 04 00 0A 00 00  00 01 00 00 02 A6 92 07   .ž'..........¦'.
00000368 00 03 00 00 00 01 00 05  00 00 92 09 00 03 00 00   ..........'.....
00000384 00 01 00 18 00 00 92 0A  00 05 00 00 00 01 00 00   ......'.........
00000400 02 AE 92 14 00 03 00 00  00 04 00 00 02 B6 92 7C   .®'..........¶'|
00000416 00 07 00 00 03 7A 00 00  02 BE 92 91 00 02 00 00   .....z...¾''....
00000432 00 04 39 37 31 92 92 00  00 04 39 37                ..971''....97
```

图 6.113 例图的数据内容

查看数字图像的 EXIF 信息既可以使用系统自带的工具，例如"照片查看器"（属性），又可以使用 EXIF View 等专用工具。

工具使用

6.10 病毒和恶意代码取证

恶意代码是电子数据取证的功能性分析中遇到频率最多的文件之一，其中内嵌的丰富信息，由于不可篡改，有着很高的证据效力。但是这类文件的封闭性，这些信息不容易被解析和分析。本节的教学目的是通过介绍恶意代码的分析技术，以达到深入学习恶意代码取证的目的。

6.10.1 恶意代码简介

恶意代码也可以称为 Malware，随着网络和计算机技术的快速发展，恶意代码的传播速度也已超出人们想象，特别是人们可以直接从网站获得恶意代码源码或通过网络交流代码。很多编程爱好者把自己编写的恶意代码放在网上公开讨论，发布自己的研究成果，直接推动了恶意代码编写技术发展。

1. 恶意代码类型

目前网络上流行的恶意代码及其变种层出不穷,攻击特点多样化。主要有以下几种类型,如表 6.56 所示。

表 6.56 恶意代码类型

恶意代码名称	类型及主要特征
计算机病毒	需要宿主;可自动复制
蠕虫	独立程序;可自动复制;人为干预少
恶意移动代码	由轻量级程序组成;独立程序
后门	独立程序或片段,提供入侵通道
特洛伊木马	一般需要宿主;隐蔽性较强
Rootkit	一般需要宿主;替换或修改系统状态
组合恶意代码	上述几种技术的组合以增强破坏力

2. 恶意代码取证特点

(1) 高度的加密性和隐蔽性;

(2) 证据的可靠性,封闭结构使得证据效率大为提高。

6.10.2 恶意代码取证技术

对恶意代码进行取证,实际就是对恶意代码进行分析,了解代码的行为意图,掌握其特征信息,为下一步的恶意代码检测、预防和清除提供依据。分析恶意代码可分为静态分析和动态分析两类。现有的沙箱技术和 HIPS 技术能自动化地去截获代码的操作行为,如修改注册表、篡改文件等,但是自动化的检测分析系统还是无法取代传统的手工分析,因为恶意代码可能具备有反分析的功能,如定时条件触发、虚拟环境检测等技术。

1. 静态分析技术

静态分析技术是指在不执行二进制程序的条件下进行分析,如反汇编分析,源代码分析,二进制统计分析,反编译等,属于逆向工程分析方法。静态分级技术主要分为以下几类:

(1) 静态反汇编分析,是指分析人员借助调试器来对已代码样本进行反汇编出来的程序清单上根据汇编指令码和提示信息着手分析。最常用的反汇编分析工具有"IDA Pro"。

(2) 静态源代码分析,在拥有二进制程序的源代码的前提下,通过分析源代码来理解程序的功能、流程、逻辑判定以及程序的企图等。

(3) 反编译分析,是指经过优化的机器代码恢复到源代码形式,再对源代码进行程序执行流程的分析。

2. 动态分析技术

对于有些恶意代码采用了加壳、变形等技术,增加了静态分析技术难度,动态分析技术成为研究热点。动态分析技术是指恶意代码执行的情况下利用程序调试工具对恶意代码实

施跟踪和观察,确定恶意代码的工作过程对静态分析结果进行验证。动态分析技术主要分为以下几类:

(1) 系统调用行为分析方法

正常行为分析常被应用于异常检测之中,是指对程序的正常行为轮廓进行分析和表示,为程序建立一个安全行为库,当被监测程序的实际行为与其安全行为库中的正常行为不一致或存在一定差异时,即认为该程序中有一个异常行为,存在潜在的恶意性。

恶意行为分析则常被误用检测所采用,是通过对恶意程序的危害行为或攻击行为进行分析,从中抽取程序的恶意行为特征,以此来表示程序的恶意性。

(2) 启发式扫描技术

启发式扫描技术是为了弥补被广泛应用的特征码扫描技术的局限性而提出来的。其中启发式是指"自我发现能力或运用某种方式或方法去判定事物的知识和技能"。

6.10.3 恶意代码分析实例

以动态分析为例,讲解恶意代码分析实例:

(1) 虚拟环境介绍

Vmware Workstation 10.0.0:恶意代码具有很强的破坏性和传播性,为了系统的安全,所以实例的分析均在虚拟机下进行。所用虚拟机版本为 10.0.0 build-1295980。

Microsoft Windows 7 旗舰版 6.1.7601 Service Pack 1 Build 7601:所用操作系统为 Windows 7 64 位旗舰版,并打了微软发布的补丁。

(2) 取证软件介绍

Autoruns:查看哪些程序被配置为在系统启动和您登录时自动启动。Autoruns 也可向您显示注册表和文件位置的完整列表,应用程序可在此配置自动启动设置。

Filemon:此监视工具使您可以实时查看文件系统的所有活动。

Handle:此易用命令行实用工具将显示哪些进程打开了哪些文件,以及更多其他信息。

ListDLLs:列出所有当前加载的 DLL,包括加载位置及其版本号。2.0 版将打印已加载模块的完整路径名。

Process Explorer:找出进程打开了哪些文件、注册表项和其他对象,已加载哪些 DLL 等信息。这个功能异常强大的实用工具甚至可以显示每个进程的所有者。

Process Monitor:实时监视文件系统、注册表、进程、线程和 DLL 活动。

Regmon:此监视工具使您可以实时查看注册表的所有活动。当我们通过静态分析无法取得有用的信息时,这可能是因为代码被加密或变形处理,动态分析技术就必不可少。

TCPView:是查看端口和线程的。只要木马在内存中运行,一定会打开某个端口,只要黑客进入你的电脑,就有新的线程。

以上软件选自微软系统工具套装(Windows Sysinternals Suite[①]),所以安全性和

[①] http://technet.microsoft.com/en-us/sysinternals/bb842062

Windows 系统兼容性都很高,在动态分析软件时,可以有效地检测到进程的运行状态,文件的生成修改情况和网络通信 IP 和端口的连接状态。

笔记本电脑里发现木马,里面很有可能保存着黑客配置的上线信息,将木马文件提取到我们准备好的虚拟机环境中进行动态分析。

场景应用

① 准备工作

干净的虚拟机 Windows 7 系统,关闭系统自动升级功能。准备好监测工具:Process Monitor、TCPView 和 Autoruns 三个工具。使用 Autoruns 查看当前系统原始启动项,以便后面比对使用,打开 Process Monitor 和 TCPView 监测软件,确认功能正常。

② 开始运行木马分析

手工双击运行 Server.exe 木马程序,可以在 Process Monitor 中查看到 Server.exe 的工作流程(见图 6.114~图 6.124)。

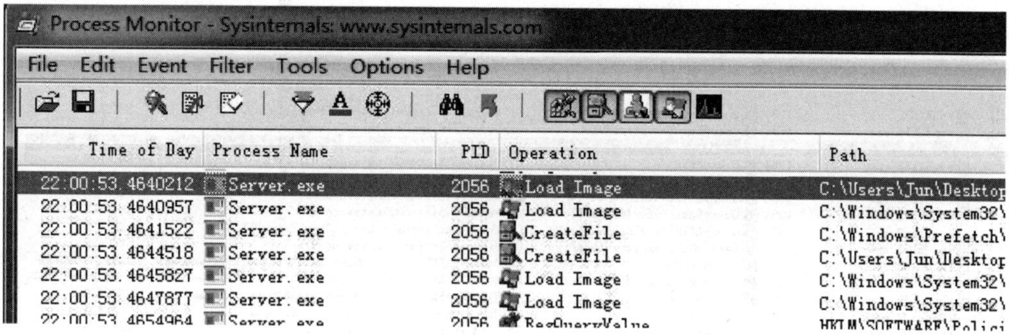

图 6.114 启动 Server.exe 进程 PID 为 2056

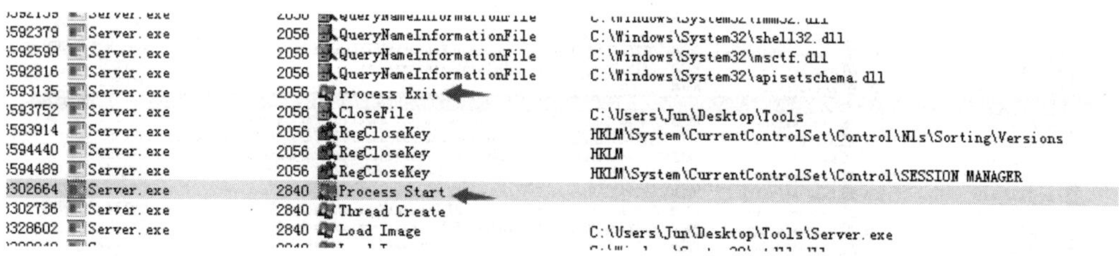

图 6.115 进程 2056 退出,同路径进程 2840 启动

图 6.116　进程 2840 创建 SetupDll.DLL 文件到用户临时目录

图 6.117　进程 2840 启动 rundll32.exe 进程 PID1384

图 6.118　进程 1384 加载 SetupDll.Dll 文件

图 6.119　进程 1384 创建 netsvcop.dll 文件到系统目录

图 6.120　进程 1384 创建 SvcnameTest 服务启动项

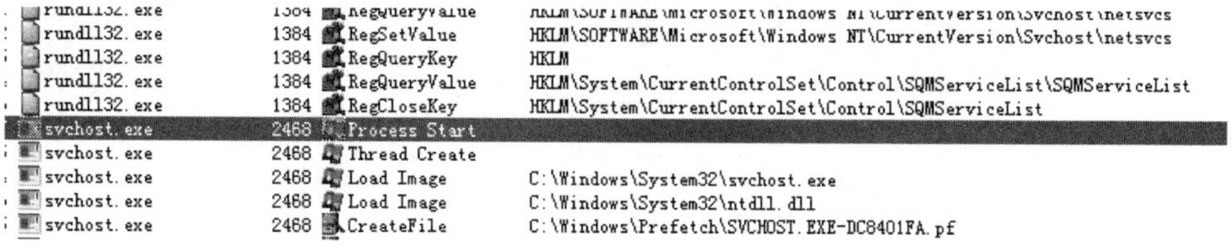

图 6.121　Svchost.exe 进程 PID2468 运行

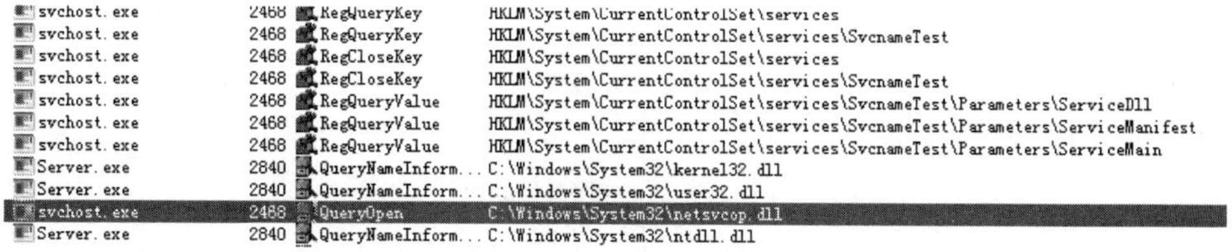

图 6.122　确认进程 2468 为新创建的 svcnametest 服务

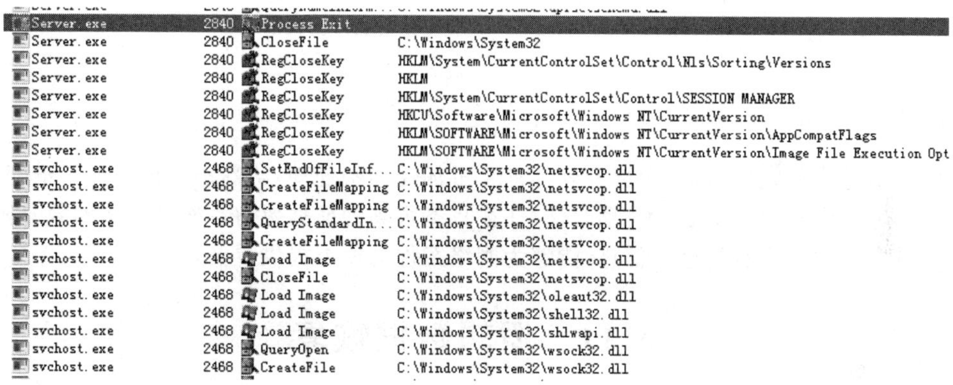

图 6.123　进程 2840 退出，进程 2468 加载 netsvcop.dll

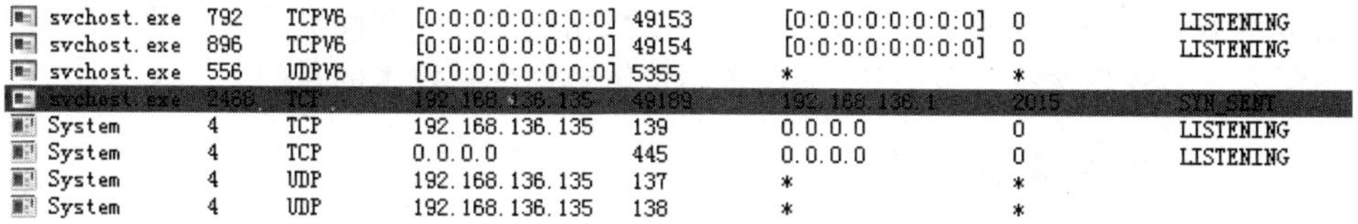

图 6.124　TCPView 查看 2468 进程 TCP 连接 192.168.136.1 的 2015 端口

通过监控到的信息，我们知道了木马安装的过程和安装后连接的 IP 地址。

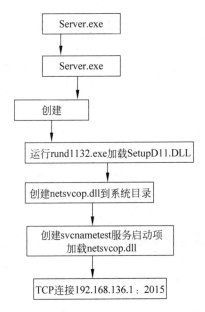

图 6.125 Server.exe 木马安装运行流程图

6.10.4 小结

针对恶意代码软件调查，大部分软件都经过加壳加密处理，给静态分析增加了难度。但是被加密过的代码信息由于不可篡改性，往往具备很高的证据效力。通过动态加载分析，可以获取诸多不为人注意的重要信息，能够为网络案件的侦查提供重要帮助。

6.11 逻辑数据恢复

逻辑数据恢复是电子数据取证中使用频率最高的技术之一，也是电子数据取证工作中的一项基础技术，是后期数据分析的基础。本节的教学目的是通过详细阐述电子数据取证工作中最常遇到的系统级数据恢复方法、文件级数据恢复方法和硬盘录像机数据恢复方法，以达到深入学习逻辑数据恢复方法、掌握常用逻辑数据恢复技术的目的。

6.11.1 系统级数据恢复

系统级数据恢复主要是对基于文件系统的数据恢复，主要包括分区恢复和 RAID 恢复两个方面。一个物理硬盘通过分区表（只有一个分区时可以没有分区表）划分成若干逻辑分区（也称卷或逻辑盘），在分区的基础上建立目录，通过目录进行文件管理，分区表损坏就不能定位逻辑盘，但是每个分区的开头有其特征，根据这些特征可以定位分区，进而恢复分区表，即使是重新分区后，也能根据分区起始特征找到先前的分区。在本节的分区恢复部分主要介绍 Windows 平台下 FAT 和 NTFS 文件系统的恢复，FAT 文件系统通过 FAT 表、根目录、数据簇等管理存储空间，NTFS 文件系统则通过簇、MFT 等管理存储空间，通过分析文件系统的数据结构特征可以进一步提高数据恢复技术。

1. 分区恢复

在本书第 2 章中介绍了 MBR、DBR、FAT 等分区相关信息的恢复原理，这里就不再重复。本部分主要介绍在电子数据取证中，如何利用工具软件计算、快速找到并恢复出被删除、故意损坏或刻意隐藏的逻辑分区。在对取证目标进行分区恢复之前，首先要做的依然是保护好现场，标记好硬盘连接在主板的几号硬盘接口上、硬盘上的跳线状态等信息，然后在硬盘只读设备保护下，制作硬盘的位对位镜像文件，之后的分区恢复将在镜像文件上进行。下面以常见的 MBR 结构下的分区恢复为例，讲解分区表、DBR 等恢复的方法和步骤。

（1）重建分区表

如果分区表受到破坏而丢失分区信息，可以通过查找分区并将其写入分区表区域来恢复分区。不同分区格式具有不同的特征，比如 FAT32 分区起始特征为 EB58904D，在相对偏移 1CH～1FH 字段标识该分区的 LBA 地址，在相对偏移 20H～23H 字段标识该分区的总扇区数，分区首扇区以“55AA”结尾，NTFS 分区起始特征为 EB52904E，在相对偏移 1CH～1FH 字段标识该分区的 LBA 地址，在相对偏移 26H～2FH 字段标识该分区的总扇区数，分区首扇区以“55AA”结尾。如图 6.126 所示是一块硬盘 NTFS 分区首扇区数据，该分区 LBA 地址为3F 00 00 00，总扇区数为 EA 06 C8 06 再加 1，即为 EB 06 C8 06，该 NTFS 分区在 MBR 中的分区表数据如图 6.127 所示，其中 01BEH～01CDH 为该 NTFS 分区在分区表内的数据信息。

Offset	0	1	2	3	4	5	6	7	8	9	A	B	C	D	E	F	
0000007E00	EB	52	90	4E	54	46	53	20	20	20	20	00	02	08	00	00	ëR▮NTFS .....
0000007E10	00	00	00	00	00	F8	00	00	3F	00	FF	00	3F	00	00	00	.....ø..?.ÿ.?...
0000007E20	00	00	00	00	80	00	80	00	EA	06	C8	06	00	00	00	00	....▮.▮.ê.È.....
0000007E30	00	00	0C	00	00	00	00	00	6E	80	6C	00	00	00	00	00	........n▮l.....
0000007E40	F6	00	00	00	01	00	00	00	BE	94	48	2C	B2	48	2C	50	ö.......¾▮H,²H,P
0000007E50	00	00	00	00	FA	33	C0	8E	D0	BC	00	7C	FB	B8	C0	07	....ú3À▮Ð¼.|û¸À.
0000007E60	8E	D8	E8	16	00	B8	00	0D	8E	C0	33	DB	C6	06	0E	00	▮Øè..¸..▮À3ÛÆ...
0000007E70	10	E8	53	00	68	00	0D	68	6A	02	CB	8A	16	24	00	B4	.èS.h..hj.Ë▮.$.´
0000007E80	08	CD	13	73	05	B9	FF	FF	8A	F1	66	0F	B6	C6	40	66	.Í.s.¹ÿÿ▮ñf.¶Æ@f
0000007E90	0F	B6	D1	80	E2	3F	F7	E2	86	CD	C0	ED	06	41	66	0F	.¶Ñ▮â?÷â▮ÍÀí.Af.
0000007EA0	B7	C9	66	F7	E1	66	A3	20	00	C3	B4	41	BB	AA	55	8A	·Éf÷áf£ .Ã´A»ªU▮
0000007EB0	16	24	00	CD	13	72	0F	81	FB	55	AA	75	09	F6	C1	01	.$.Í.r.▮ûUªu.öÁ.
0000007EC0	74	04	FE	06	14	00	C3	66	60	1E	06	66	A1	10	00	66	t.þ...Ãf`..f¡..f
0000007ED0	03	06	1C	00	66	3B	06	20	00	0F	82	3A	00	1E	66	6A	....f;. ..▮:..fj
0000007EE0	00	66	50	06	53	66	68	10	00	01	00	80	3E	14	00	00	.fP.Sfh....▮>...
0000007EF0	0F	85	0C	00	E8	B3	FF	80	3E	14	00	00	0F	84	61	00	.▮..è³ÿ▮>....▮a.
0000007F00	B4	42	8A	16	24	00	16	1F	8B	F4	CD	13	66	58	5B	07	´B▮.$...▮ôÍ.fX[.
0000007F10	66	58	66	58	1F	EB	2D	66	33	D2	66	0F	B7	0E	18	00	fXfX.ë-f3Òf.·...
0000007F20	66	F7	F1	FE	C2	8A	CA	66	8B	D0	66	C1	EA	10	F7	36	f÷ñþÂ▮Êf▮ÐfÁê.÷6
0000007F30	1A	00	86	D6	8A	16	24	00	8A	E8	C0	E4	06	0A	CC	B8	..▮Ö▮.$.▮èÀä..Ì¸
0000007F40	01	02	CD	13	0F	82	19	00	8C	C0	05	20	00	8E	C0	66	..Í..▮..▮À. .▮Àf
0000007F50	FF	06	10	00	FF	0E	0E	00	0F	85	6F	FF	07	1F	66	61	ÿ...ÿ....▮oÿ..fa
0000007F60	C3	A0	F8	01	E8	09	00	A0	FB	01	E8	03	00	FB	EB	FE	Ã ø.è.. û.è..ûëþ
0000007F70	B4	01	8B	F0	AC	3C	00	74	09	B4	0E	BB	07	00	CD	10	´.▮ð¬<.t.´.»..Í.
0000007F80	EB	F2	C3	0D	0A	41	20	64	69	73	6B	20	72	65	61	64	ëòÃ..A disk read
0000007F90	20	65	72	72	6F	72	20	6F	63	63	75	72	72	65	64	00	error occurred.
0000007FA0	0D	0A	4E	54	4C	44	52	20	69	73	20	6D	69	73	73	69	..NTLDR is missi
0000007FB0	6E	67	00	0D	0A	4E	54	4C	44	52	20	69	73	20	63	6F	ng...NTLDR is co
0000007FC0	6D	70	72	65	73	73	65	64	00	0D	0A	50	72	65	73	73	mpressed...Press
0000007FD0	20	43	74	72	6C	2B	41	6C	74	2B	44	65	6C	20	74	6F	Ctrl+Alt+Del to
0000007FE0	20	72	65	73	74	61	72	74	0D	0A	00	00	00	00	00	00	restart........
0000007FF0	00	00	00	00	00	00	00	00	83	A0	B3	C9	00	00	55	AA	........▮ ³É..Uª

图 6.126　NTFS 分区首扇区数据

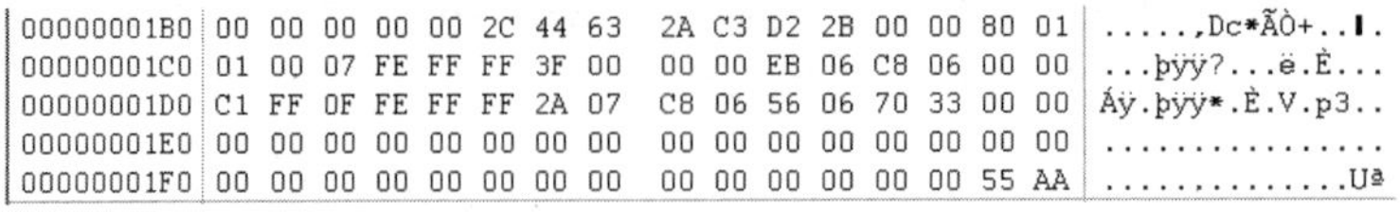

```
00000001B0  00 00 00 00 00 2C 44 63  2A C3 D2 2B 00 00 80 01   .....,Dc*ÃÒ+..I.
00000001C0  01 00 07 FE FF FF 3F 00  00 EB 06 C8 06 00 00      ...þÿÿ?..ë.È...
00000001D0  C1 FF 0F FE FF FF 2A 07  C8 06 56 06 70 33 00 00   Áÿ.þÿÿ*.È.V.p3..
00000001E0  00 00 00 00 00 00 00 00  00 00 00 00 00 00 00 00   ................
00000001F0  00 00 00 00 00 00 00 00  00 00 00 00 00 00 55 AA   ..............Uª
```

图 6.127　MBR 分区表数据

(2) DBR 修复

下面就以常见的 FAT32、NTFS 分区为例讲述 DBR 恢复的方法。

① FAT32 分区 DBR 修复

FAT32 格式分区的 DBR 虽然比 FAT16 的 DBR 中的 BPB 参数复杂一些,但是基本恢复思路与 FAT16 格式分区的 DBR 恢复思路相似。某 FAT32 分区的 BPB 参数如图 6.128 所示,BPB 参数说明如表 6.57 所示。

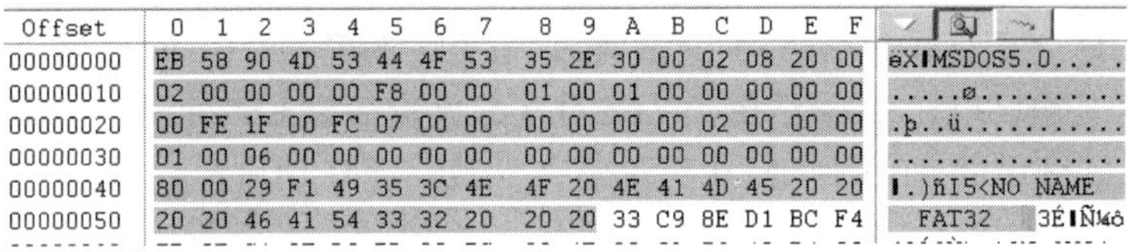

```
Offset     0  1  2  3  4  5  6  7   8  9  A  B  C  D  E  F
00000000  EB 58 90 4D 53 44 4F 53  35 2E 30 00 02 08 20 00   ëX.MSDOS5.0...
00000010  02 00 00 00 00 F8 00 00  01 00 01 00 00 00 00 00   .....ø..........
00000020  00 FE 1F 00 FC 07 00 00  00 00 00 00 02 00 00 00   .þ..ü...........
00000030  01 00 06 00 00 00 00 00  00 00 00 00 00 00 00 00   ................
00000040  80 00 29 F1 49 35 3C 4E  4F 20 4E 41 4D 45 20 20   €.)ñI5<NO NAME  
00000050  20 20 46 41 54 33 32 20  20 20 33 C9 8E D1 BC F4     FAT32   3ÉŽÑ¼ô
```

图 6.128　FAT32 分区 BPB 参数

表 6.57　FAT32 分区 BPB 参数说明

偏移	长度	说明	备注
0BH	2	每扇区字节数:512;记录扇区大小;Windows 系统下都是 512	不用修改
0DH	1	每簇扇区数:如 8;记录着簇大小,即由多少个扇区组成一个簇	需要计算
0EH	2	保留扇区数:如 32;FAT32 中基本上都是 32	需要计算
10H	1	FAT 数:2;FAT 表的个数,一般为 2	不用修改
11H	2	引导记录:0;早期的根目录最大所能容纳的目录项目数,未使用,填入 0	不用修改
13H	2	扇区数(小于 32MB):0;FAT32 下已经没有这么小的分区了,这一项不再使用	不用修改
15H	1	介质描述符(十六进制):F8(硬盘)、其他的均为不同类型的软盘	不用修改
16H	2	每 FAT 扇区数:0;FAT32 不使用,填入 0	不用修改
18H	2	每磁道扇区数:63;逻辑参数	一般不用修改
1AH	2	磁头数:255;逻辑参数	一般不用修改
1CH	4	隐含扇区:指从 0 至 DBR 扇区数	参考分区表确定
20H	4	扇区数(超过 32MB):该分区的扇区总数	参考分区表确定
24H	4	每 FAT 扇区数:FAT32 下每 FAT 表占用的扇区数	需要计算
28H	2	标记:0	不用修改
2AH	2	版本:0	不用修改

续表

偏移	长度	说　　明	备　　注
2CH	4	引导目录第一簇：根目录在 DATA 区的起始簇的位置，是所有文件和目录的入口	需要计算
30H	2	FS 信息扇区：1，DBR 占用的扇区数	不用修改
32H	2	备份引导扇区：6，FAT32 保留了系统隐含扇区，并对 DBR 做了备份，该备份保存在逻辑第 6 个扇区，DBR 损坏时可以用它来进行恢复	不用修改
34H	12	保留：0，未使用	不用修改
40H	1	BIOS 设备（十六进制，HD=8x）：80	不用修改
41H	1	（未使用）：0	不用修改
42H	1	扩展引导标记(29H)：29H	不用修改
43H	4	卷序列号（十六进制）：随机序号	不用修改或随意填写
47H	11	卷标：FAT32；每个逻辑驱动器都有一个卷标，由用户指定，只是一个标识	不用修改
52H	8	文件系统：FAT32；明码形式的文件系统格式	不用修改

从 BPB 参数来看，FAT32 分区的 BPB 很大一部分都是固定值，只有每簇扇区数、保留扇区数、每 FAT 表扇区数、引导目录第一簇等少量参数需要按实际情况进行计算。需要修改的参数主要有以下 4 个方面。

- 0DH：每簇扇区数。每簇扇区数不仅决定着 FDT 中文件目录的首簇号的簇大小，而且 FAT 表中的簇链记录的簇必须与 DBR 指定的簇大小相配合，才能最终确定文件目录本身在数据区域中占用的扇区，即数据实际存储的位置。该值是一个重要且变化的参数，必须根据实际情况进行计算，该值的正确与否，将直接影响数据恢复的成败。假设簇大小为 X 个扇区，FAT 表大小为 FAT 个扇区，数据区大小为 DATA 个扇区，可以通过下面这个公式计算得到每簇扇区数：

$$X = \frac{DATA}{\frac{FAT \times 512}{2} - 2}$$

对 X 向 2 的指数值就近取整，就得到了 BPB 表中的每簇扇区数。FAT32 可能的簇大小非常有限，都是 2 的指数值，如 1，2，4，8，16，32 和 64，也可以直接将数值逐个写入测试。

- 0EH~0FH：DOS 保留扇区数。该值是 DBR 至 FAT1 的扇区数，按实际值填入，一般为 32 或者其他值。
- 24H~27H：每 FAT 占用的扇区数。由 FAT1 至 FAT2 的实际扇区数即可得到 FAT 表长度，按实际计算值填入。根据 FAT 表起始扇区的前 8 个字节特征"F8 FF FF 0F FF FF FF FF"，找到 FAT1 和 FAT2 的起始扇区。
- 2CH~2FH：引导目录第一簇的位置，即根目录首簇。根目录首簇的计算既可以通过根目录的特定特征，如使用回收站目录"RECYCLED"来进行查找，也可以使用偏移量 0BH 的卷标属性值来进行查找，因为卷标占用了根目录下的第一个文件目录项，通过它可以很快找到根目录首簇的位置。

FAT32 分区 DBR 的恢复一般比 FAT16 分区 DBR 恢复要容易一些，因为 FAT32 分区的保留扇区一般为 32，并且在第 6 扇区有一个 DBR 备份，如果备份没有遭到破坏，只需将 DBR 备份复制到 DBR 扇区即可。

② NTFS 分区 DBR 修复

NTFS 分区不是通过 FAT 和 FDT 来管理分区，而是通过元文件来管理分区，NTFS 分区的 DBR 参数与 FAT16 和 FAT32 分区的 DBR 参数不同。通常情况下，在 NTFS 分区中间或者结尾部分有 DBR 的备份，只需将其复制到 DBR 扇区即可。如果没有 DBR 的备份，也同样可以通过复制正常 NTFS 分区的 DBR，并对其参数进行了修改的方法来修复 NTFS 分区的 DBR。首先介绍一下 NTFS 分区 BPB 参数，某 NTFS 分区的 DBR 的参数部分如图 6.129 所示，BPB 参数说明如表 6.58 所示。

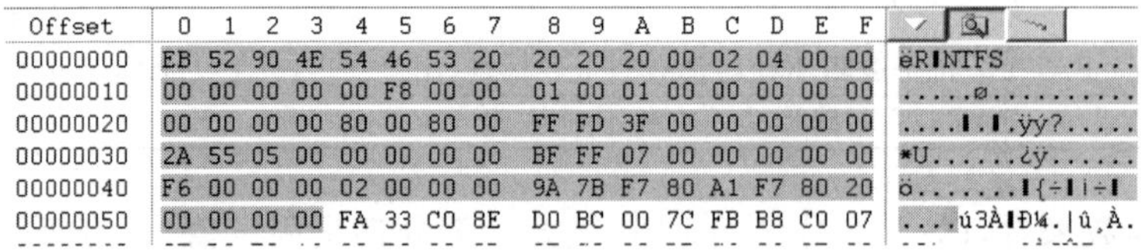

图 6.129 NTFS 分区 BPB 参数

表 6.58 表 NTFS 分区 BPB 参数说明

偏移	长度	说明	备注
0BH	2	每扇区字节数：512；记录扇区大小；Windows 系统下都是 512	不用修改
0DH	1	每簇扇区数：如 8；记录着簇大小，即由多少个扇区组成一个簇	需要计算
0EH	2	保留扇区数：总是 0	不用修改
10H	3	总为 0	不用修改
13H	2	NTFS 未使用，为 0	不用修改
15H	1	介质描述符（十六进制）：F8（硬盘）、其他的均为不同类型的软盘	不用修改
16H	2	总为 0	不用修改
18H	2	每磁道扇区数：63；逻辑参数	一般不用修改
1AH	2	磁头数：255；逻辑参数	一般不用修改
1CH	4	隐含扇区：指从 MBR 至 DBR 扇区数	参考分区表确定
20H	4	NTFS 未使用，为 0	不用修改
24H	4	总为 80 00 80 00	不用修改
28H	8	扇区总数：分区大小	参考分区表确定
30H	8	$MFT 的开始逻辑簇号	需要计算
38H	8	$MFTMirr 的开始逻辑簇号	需要计算
40H	4	每个 MFT 记录的簇数；如果是负数，就表示 2 个扇区	需要计算
44H	4	每个索引的簇数；如果是负数，就表示 2 个扇区	需要计算
48H	8	卷标和分区逻辑序列号	不用修改
50H	4	检验和，为 0	不用修改

下面从 4 个方面阐述 NTFS 分区 DBR 参数计算方法：

0DH：每簇扇区数。通常参照微软默认设置即可。微软系统在格式化 NTFS 分区时对每簇扇区数的默认设置如表 6.59 所示。如图 6.129 所示，NTFS 分区 DBR 中，分区容量为 2048MB，0DH 参数值为 4。

表 6.59 表 NTFS 分区默认簇大小

分 区 大 小	每簇扇区数	默认簇大小
512MB 或更小	1	512 字节
513MB～1024MB	2	1024 字节（1KB）
1025MB～2048MB	4	2048 字节（2KB）
2049MB 以上	8	4096 字节（4KB）

30H～37H：$MFT 的开始逻辑簇号。通过查找 $MFT 的特征字节来定位该文件位置，其起始 4 个字节为"46 49 4C 45"，如图 6.130 所示。

图 6.130 $MFT 的特征字节

通过特征字节"46 49 4C 45"进行查找，在分区中能够找到两处扇区起始位置具有特征字节的区域。由于 $MFTMirr 只是 $MFT 的部分备份（前 16 个记录）而不是完全备份，因此 $MFT 较 $MFTMirr 要大，通过比较两个区域的大小，大的是 $MFT，小的是 $MFTMirr。一般 $MFT 在 $MFTMirr 之前，但也有可能在 $MFTMirr 之后。图 6.130 所示 $MFT 开始字节位置为 2AA95000H 扇区，2AA95000H 除以 200H 得到扇区位置为 1554AA，该分区每簇扇区数为 4，1554AA 除以 4 得到逻辑簇号为 5552A，在 DBR 中低位在前，高位在后，因此 DBR 中 30H～37H 值为 2A55050000000000，如图 6.129 所示。

40H～43H：每个 MFT 记录的簇数。在找到 $MFT 后，相邻两个 $MFT 的特征字符之间的扇区数按照簇大小换算成簇数就是一个 MFT 记录所占用的簇数。这个参数是带符号数，当每个 MFT 记录的大小小于每簇扇区数时，该参数就要用字节数来计算，这时每个 MFT 记录的簇数的计算方法为：$2^{-1 \times 每个MFT记录的簇数} = 每个\ MFT\ 记录的字节数$。图 6.131 所示 $MFT 特征字节与图 6.130 $MFT 特征字节相差 400H，即 1024 字节，为 2 个扇区，而该分区每簇扇区数为 4，经过计算，每个 MFT 记录的簇数为十进制数值"−10"，换算为十六进制为"F6H"，因此每个 MFT 记录的簇数为"F6000000"。

Offset	0 1 2 3 4 5 6 7 8 9 A B C D E F	
2AA95400	46 49 4C 45 30 00 03 00 45 0F 40 00 00 00 00 00	FILE0...E.@....
2AA95410	01 00 01 00 38 00 01 00 58 01 00 00 00 04 00 00	....8...X.......
2AA95420	00 00 00 00 00 00 00 00 04 00 00 00 01 00 00 00	....
2AA95430	02 00 00 00 00 00 00 00 10 00 00 00 60 00 00 00	....
2AA95440	00 00 18 00 00 00 00 00 48 00 00 00 18 00 00 00	........H.......
2AA95450	F8 CD 19 F7 F8 1C D0 01 F8 CD 19 F7 F8 1C D0 01	øÍ.÷ø.Ð.øÍ.÷ø.Ð.
2AA95460	F8 CD 19 F7 F8 1C D0 01 F8 CD 19 F7 F8 1C D0 01	øÍ.÷ø.Ð.øÍ.÷ø.Ð.
2AA95470	06 00 00 00 00 00 00 00 00 00 00 00 00 00 00 00	....
2AA95480	00 00 00 00 00 01 00 00 00 00 00 00 00 00 00 00	....
2AA95490	00 00 00 00 00 00 00 00 30 00 00 00 70 00 00 00	........0...p...

图 6.131 ＄MFT 特征字节

44H～47H：每个索引的簇数。与每个 MFT 记录的簇数的计算方法相似，先通过索引的特征字节"49 4E 44 58"进行查找，按照字符串或者十六进制查找均可，两个索引之间的扇区数按照簇大小换算成簇数就是一个索引所占用的簇数。这个参数与上面的每个 MFT 记录的簇数相似也是带符号数，当每个索引的大小小于每簇扇区数时，该参数就要用字节数来计算，这时每个索引的簇数的计算方法为：$2^{-1 \times 每个索引的簇数}$＝每个索引的字节数。索引特征字节如图 6.132 所示。

Offset	0 1 2 3 4 5 6 7 8 9 A B C D E F 10	
3FFE9800	49 4E 44 58 28 00 09 00 97 0D 40 00 00 00 00 00 00	INDX(...I.@.....
3FFE9811	00 00 00 00 00 00 00 40 00 00 00 E8 04 00 00 E8 0F	.......@...è...è.
3FFE9822	00 00 00 00 00 00 11 00 05 00 D0 01 00 00 00 00 00	..........Ð.....
3FFE9833	00 00 00 00 00 00 00 00 00 00 00 00 00 00 00 00 00	....
3FFE9844	00 00 00 00 00 00 00 00 00 00 00 00 00 00 00 00 00	....
3FFE9855	00 00 00 04 00 00 00 00 00 04 00 68 00 52 00 00 00	...........h.R..
3FFE9866	00 00 05 00 00 00 00 00 05 00 F8 CD 19 F7 F8 1C D0	..........øÍ.÷ø.Ð
3FFE9877	01 F8 CD 19 F7 F8 1C D0 01 F8 CD 19 F7 F8 1C D0 01	.øÍ.÷ø.Ð.øÍ.÷ø.Ð.
3FFE9888	F8 CD 19 F7 F8 1C D0 01 00 90 00 00 00 00 00 00 A0	øÍ.÷ø.Ð.........
3FFE9899	8C 00 00 00 00 00 06 00 00 00 00 00 00 00 08 03	Í...............

图 6.132 索引的特征字节

使用 WinHex(V17.2)。

工具使用

WinHex 是一款 Windows 下的十六进制编辑软件，功能强大，有着完善的分区管理功能和文件管理功能，能自动分析分区链和文件簇链，而且能够编辑物理硬盘、逻辑硬盘或内存的任一扇区或字节，该软件的取证版本称为 X-Ways Forensic。WinHex V17.2 的主界面如图 6.133 所示。

图 6.133　WinHex V17.2 主界面

在分析和修复 MBR 分区表参数时,使用"分区表(模板)"功能,即可以查看该硬盘 MBR 中的分区表信息。图 6.134 为物理驱动器 HD0 的 MBR 的参数信息。

分区表的参数可以直接在这里进行修改,参数计算方法在 2.10 节中已经介绍,这里就不再重复。

在分析和修复 DBR 参数时,使用"引导扇区(模板)"功能,即可以查看分区 1 的 DBR 中 BPB 参数。图 6.135 为分区 1 的 DBR 中 BPB 参数信息。

可以通过直接修改 BPB 参数表内的参数值进行 DBR 修复,BPB 参数的计算方法在前面已经介绍过了,这里就不再重复。

利用 WinHex 辅助修复 MBR、DBR 具有事半功倍的效果,不仅能够快速定位 MBR、DBR 的位置,而且利用 WinHex 的模板管理功能,既能直接定位相关参数位置,防止误操作,又能核验参数是否合法,从而有效提高分区恢复的效率。

2. RAID 恢复

本书 2.10 节中已经介绍了 RAID 恢复的技术原理,本部分就不再重复。在电子数据取证中,对 RAID 进行数据恢复操作时,首要的就是保护现场,标记好原盘的盘序,尽量不要对原盘进行操作,一般就只在做原盘完整镜像时对原盘进行一次读操作,然后在镜像的基础上

Offset	标题	数值
0	Master bootstrap loader code	B3 C0 8E D0 BC 00 7C FB 50 07
1B8	Windows disk signature	2AC3D22B
1B8	Same reversed	2BD2C32A
Partition Table Entry #1		
1BE	80 = active partition	80
1BF	Start head	1
1C0	Start sector	1
1C0	Start cylinder	0
1C2	Partition type indicator (hex)	07
1C3	End head	254
1C4	End sector	63
1C4	End cylinder	1023
1C6	Sectors preceding partition 1	63
1CA	Sectors in partition 1	113772267
Partition Table Entry #2		
1CE	80 = active partition	00
1CF	Start head	0
1D0	Start sector	1
1D0	Start cylinder	1023
1D2	Partition type indicator (hex)	0F
1D3	End head	254
1D4	End sector	63
1D4	End cylinder	1023
1D6	Sectors preceding partition 2	113772330
1DA	Sectors in partition 2	862979670
Partition Table Entry #3		
1DE	80 = active partition	00
1DF	Start head	0
1E0	Start sector	0
1E0	Start cylinder	0
1E2	Partition type indicator (hex)	00
1E3	End head	0
1E4	End sector	0
1E4	End cylinder	0

图 6.134 物理驱动器 HD0 的 MBR 中分区表信息

进行 RAID 恢复操作。对 RAID 进行恢复时,主要是在确定起始扇区、条带大小、盘序、校验方向、同步异步等信息的基础上进行 RAID 重组。下面就以一个由 3 块物理硬盘组成的 RAID5 来讲解如何进行 RAID 恢复。

首先将 3 块物理硬盘去 RAID 化,从服务器的硬盘槽位中取出硬盘,并按照槽位顺序对硬盘进行编号,然后将每块硬盘做成位对位的硬盘镜像文件。3 块物理硬盘的镜像文件分别以服务器硬盘槽位中的顺序命名为"1.img"、"2.img"、"3.img",即"1.img"为硬盘 1,"2.img"为硬盘 2,"3.img"为硬盘 3。

(1) RAID 起始扇区的分析方法

RAID 起始扇区是指 RAID 内的数据在每块物理硬盘上的起始位置。通常情况下,

Offset	标题	数值
7E00	JMP instruction	EB 52 90
7E03	File system ID	NTFS
7E0B	Bytes per sector	512
7E0D	Sectors per cluster	8
7E0E	Reserved sectors	0
7E10	(always zero)	00 00 00
7E13	(unused)	00 00
7E15	Media descriptor	F8
7E16	(unused)	00 00
7E18	Sectors per track	63
7E1A	Heads	255
7E1C	Hidden sectors	63
7E20	(unused)	00 00 00 00
7E24	(always 80 00 80 00)	80 00 80 00
7E28	Total sectors	113772266
7E30	Start C# $MFT	786432
7E38	Start C# $MFTMirr	7110766
7E40	FILE record size indicator	-10
7E41	(unused)	0
7E44	INDX buffer size indicator	1
7E45	(unused)	0
7E48	32-bit serial number (hex)	BE 94 48 2C
7E48	32-bit SN (hex, reversed)	2C4894BE
7E48	64-bit serial number (hex)	BE 94 48 2C B2 48 2C 50
7E50	Checksum	0
7FFE	Signature (55 AA)	55 AA

图 6.135　分区 1 的 DBR 中 BPB 参数

RAID 起始扇区也就是物理硬盘的起始扇区，即 0 号扇区，但是如果 RAID 配置信息和管理信息写在物理硬盘的前部时，RAID 的起始扇区就不会在物理硬盘的头部，找到 RAID 起始扇区是分析 RAID 结构的第一步。如图 6.136 所示，使用 WinHex 在同一屏幕中并列显示 3 块物理硬盘的第一个扇区。

上图可以看到这三块物理硬盘 0 号扇区都有引导程序、分区表、结束标志等信息，分区表中使用了 1 个分区表项，那么可以初步判定 0 号扇区就是该 RAID5 的起始扇区，在后面分析 RAID 的其他结构信息时还要做进一步的验证。

（2）RAID 条带大小的分析方法

条带也称为块大小，是 RAID 处理数据的基本单元，分析条带大小是恢复 RAID 数据至关重要的一个环节。分析条带大小大部分是依靠文件系统结构进行辅助分析计算。这里就

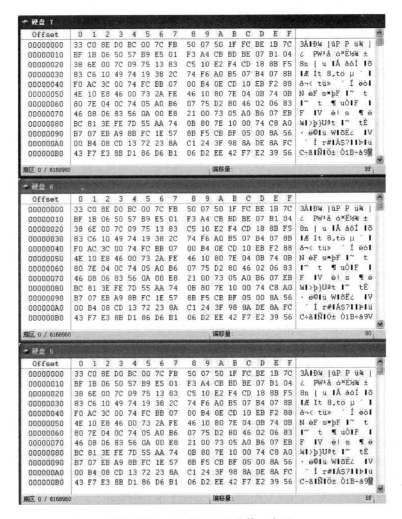

图 6.136 3 块物理硬盘的第一扇区

讲解常用的 Windows 系统下,NTFS 文件系统的 RAID 条带大小分析方法。在 NTFS 文件系统中,$MFT 文件是一个最大的元文件,可以利用这个文件来分析 RAID 条带大小。利用$MFT 分析 RAID 条带大小分两种情况:一种是$MFT 文件中有文件记录号,例如 Windows XP、Windows 2003、Windows Vista、Windows 2008 等系统格式化的 NTFS 分区;另一种是$MFT 文件中没有文件记录号,例如 Windows 2000、Windows NT 等系统格式化的 NTFS 分区。

① $MFT 文件中有文件记录号的情况

首先找到每块物理硬盘中的$MFT 文件记录,并且保证找到的文件记录在每块物理硬盘的同一扇区,然后查看这些文件记录的文件记录号,如图 6.137 所示。物理硬盘在同一扇区的文件记录号分别为 65、1,两个记录号两两之间的差是 64,这就说明该 RAID 条带大小是 64 个文件记录的大小,而每个文件记录为 2 个扇区,所以条带大小为 128 扇区。

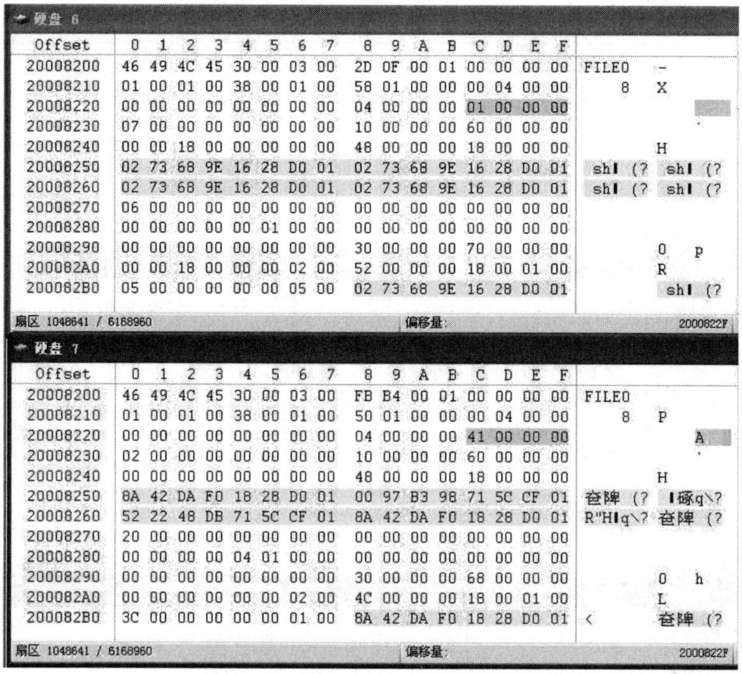

图 6.137　$MFT 同扇区文件记录号

② $MFT 文件中没有文件记录号的情况

如果 $MFT 文件中没有文件记录号,就不能通过上面的方法来判断 RAID 条带大小,RAID 级别不同,条带大小分析方法又分为两种情况:一种是不含校验的 RAID,主要是指 RAID0,对于这种 RAID 的条带大小分析没有固定方法,但是 RAID 条带大小一定是 2 的 N 次方,通过分区信息、文件系统信息等可以辅助分析出 RAID 条带大小;另一种情况是包含校验的 RAID,主要是指 RAID4、RAID5、RAID6、RAID5EE 等,对于这种情况,就可以借助校验条带进行分析,首先利用 $MFT 中的文件记录进行判断,在一块物理硬盘中找到一个校验条带的开始扇区,记住这个扇区号,继续往后找,后面会有连续的一些校验扇区,直到出现正常数据的扇区,校验开始扇区到正常数据开始扇区之间的扇区数就是一个条带的大小。

对于物理硬盘数为奇数的 RAID5,同一条带组中正常数据的条带数就是偶数,数量为偶数的相同数值经过异或运算结果一定是 0,$MFT 的头标志"46 49 4C 45"经过异或运算后就是四个"00",这就很容易辨认,如图 6.138 所示。

而对于由偶数物理硬盘组成的 RAID5,同一条带组中正常数据的条带数就是奇数,数量为奇数的相同数值经过异或运算结果一定还是原数值,$MFT 的头标志"46 49 4C 45"经

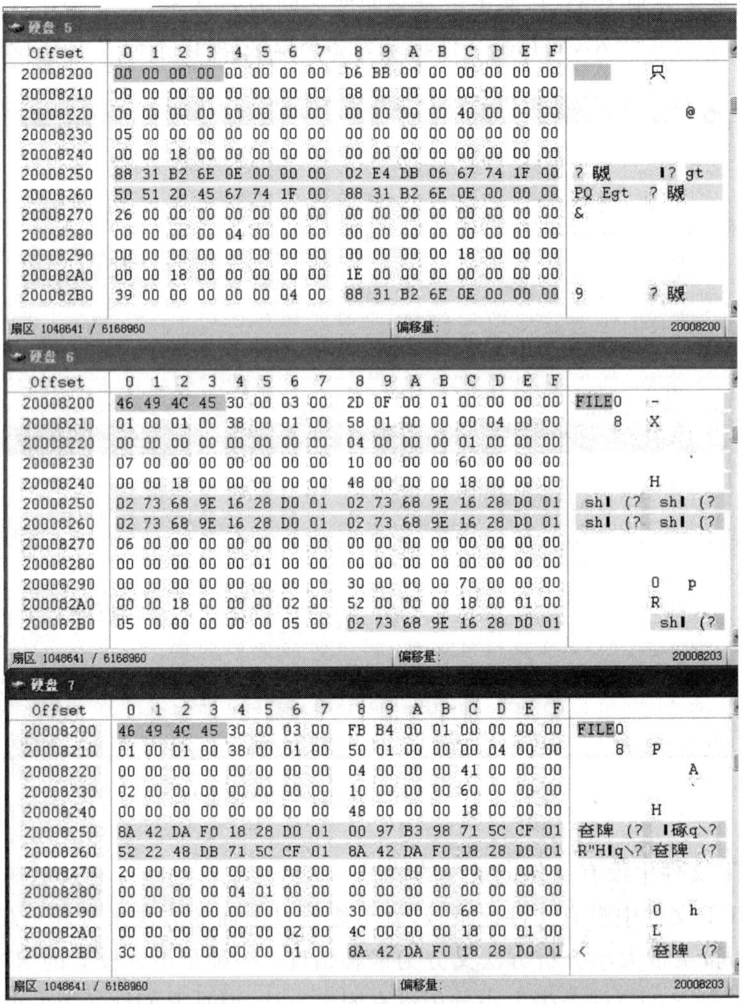

图 6.138 3 块物理硬盘 RAID5

过异或运算后还是"46 49 4C 45",这就不易判断了,这时就需要通过具体分析文件记录中的每个属性值是否正确或合法来进行判断了,例如 10H 中的时间值是否合乎常规、30H 属性中的文件名是否正常、80H 属性中的 Run List 结构是否正确等,都能够分析出哪个扇区是校验扇区。

(3) RAID 成员盘盘序的分析方法

盘序的分析方法也很多,这里介绍借助 $MFT 文件记录判断盘序的方法。借助 $MFT 文件记录判断盘序的方法也分有文件记录号和没有文件记录号两种情况。如果 $MFT 的文件记录中有文件记录号,那么记录号从小到大排列的顺序基本就是盘序了,但是 RAID5 还要涉及数据的方向,文件记录号从小到大排列的顺序仅可作为参考。

如果 $MFT 的文件记录中没有文件记录号,盘序判断就比较复杂,特别是对于 RAID5 来说,需要先判断出校验方向,然后再用物理硬盘中的校验块反推出该物理硬盘上第一个校验块所在的扇区,进而分析出 RAID5 中物理硬盘盘序,具体方法将在 RAID5 校验方向的分析方法部分进行介绍。

(4) RAID5 校验方向的分析方法

RAID5 的校验方向分为"左"和"右"两个方向,如图 6.139 和图 6.140 所示,对于校验块从最后一块物理硬盘开始,依次往前面的物理硬盘中排列的称为"左结构",对于校验块从最前面一块物理硬盘开始,依次往后面的物理硬盘中排列的成为"右结构"。如果在已经分析出 RAID 起始扇区、条带大小、盘序的情况下,只需找到每块物理硬盘上的校验块,然后比照图 6.139 和图 6.140,就很容易可以确定校验方向是"左"还是"右"了。

1号盘	2号盘	3号盘
		P1
	P2	
P3		

图 6.139　左结构的 RAID5

1号盘	2号盘	3号盘
P1		
	P2	
		P3

图 6.140　右结构的 RAID5

如果只确定了 RAID 起始扇区和条带大小,没有确定盘序的情况下,就需要通过反推确定校验的方向,进而确定盘序。如图 6.141 和图 6.142 所示,假设有两个分别由 3 个物理硬盘构成的 RAID5,RAID 起始扇区都是物理硬盘的 0 号扇区,条带大小都是 16 个扇区,校验方向一个是左结构,一个是右结构,逻辑盘为 MBR 结构,分区格式为 NTFS。

	硬盘1	硬盘2	硬盘3
1号条带(0~15 扇区)	MBR		P
2号条带(16~31 扇区)		P	
3号条带(32~47 扇区)	P		
4号条带(48~63 扇区)			P
5号条带(64~79 扇区)		P	
6号条带(80~95 扇区)	P		
7号条带(96~111 扇区)			P
8号条带(112~127 扇区)		P	
9号条带(128~143 扇区)	P		

图 6.141　左结构的 RAID5 示意图

	硬盘 1	硬盘 2	硬盘 3
1 号条带(0~15 扇区)	P	MBR	
2 号条带(16~31 扇区)		P	
3 号条带(32~47 扇区)			P
4 号条带(48~63 扇区)	P		
5 号条带(64~79 扇区)		P	
6 号条带(80~95 扇区)			P
7 号条带(96~111 扇区)	P		
8 号条带(112~127 扇区)		P	
9 号条带(128~143 扇区)			P

图 6.142 右结构的 RAID5 示意图

由于 RAID 开始位置是物理硬盘的 0 号扇区,因此必定有一块物理硬盘的 0 号扇区是 MBR 扇区(也可能有两块物理硬盘 0 号扇区有 MBR,另一个是校验),对于左结构来说,0 号扇区是 MBR 的物理硬盘一定是 RAID 的 1 号盘;对于右结构来说,0 号扇区是 MBR 的物理硬盘一定是 RAID 的 2 号盘。但是从物理硬盘前部的条带往往无法分析出校验条带,这就要利用 \$MFT 区域进行分析。通过搜索或者 BPB 计算,可以找到每块物理硬盘中的文件记录,并可利用前面讲过的方法,在文件记录区域找到校验条带。

假设在图 6.141 的硬盘 1 中 132 号扇区发现校验扇区,那么 132 号扇区所在条带就是校验条带,然后利用在硬盘 1 中找到的校验扇区号对条带大小与盘数的乘积取余,即

$$132 \ \text{MOD}(16 \times 3) = 36$$

计算的结果等于 36,也就是说 36 号扇区一定是校验,从图 6.141 可以看到 36 号扇区位于 3 号条带,所以硬盘 1 的 3 号条带是该盘的第一个校验条带,那么 1 号条带和 2 号条带只能是数据条带了,而 0 号扇区又是 MBR,所以硬盘 1 一定是 1 号盘,该 RAID5 就只能是左结构了,然后在硬盘 2 和硬盘 3 中找到某个校验扇区,用取余的方法算出它们的第一个校验块所在的位置,根据首个校验条带的位置先后就能确定它们的盘序了。

再看图 6.142,这个 RAID5 中硬盘 2 的第一个扇区是 MBR,可以到它的文件记录区域找一个校验扇区,假设为 121 号扇区。计算该盘第一个校验块所在位置的方法:

$$121 \ \text{MOD}(16 \times 3) = 25$$

计算的结果等于 25,这个值的含义是 25 号扇区一定是校验,从图 6.142 可以看到 25 号扇区位于 2 号条带,所以硬盘 2 的 2 号条带是该盘的第一个校验条带,那么 1 号条带和 3 号条带只能是数据条带了,而 0 号扇区又是 MBR,所以硬盘 2 一定是 2 号盘,该 RAID5 就只能是右结构了,然后再去硬盘 1 和硬盘 3 中找到某个校验扇区,用取余的方法算出它们的第一个校验块所在的位置,也就能确定它们的盘序了。

(5) RAID5 数据同步与异步的分析方法

RAID5 的数据方向分为同步和异步。如图 6.143 和图 6.144 所示,对于每个条带组内的数据块均由低号盘向高号盘依次写入的数据块排列方向称为"异步";对于每个条带组内的第一个数据块首先写入校验块所在物理硬盘的下一物理硬盘中,其余数据块再依次写入的数据块排列方向称为"同步"。

1号盘	2号盘	3号盘	4号盘
1	2	3	P
4	5	P	6
7	P	8	9
P	10	11	12

图 6.143　异步结构的 RAID5 示意图

1号盘	2号盘	3号盘	4号盘
1	2	3	P
5	6	P	4
9	P	7	8
P	10	11	12

图 6.144　同步结构的 RAID5 示意图

下面就以一个左结构的 RAID5 为例,讲解 RAID5 数据同步与异步的分析过程。图 6.145 为某左结构 RAID5。

1号盘	2号盘	3号盘	4号盘
		数据块 A	P
数据块 B	数据块 C	P	数据块 D
数据块 E	P	数据块 F	数据块 G
P	数据块 H		

图 6.145　左结构 RAID5

① 从"数据块 A"入手。查看"数据块 A"的末尾扇区的数据、"数据块 B"和"数据块 D"开始扇区的数据,如果"数据块 A"末尾扇区的数据能够与"数据块 B"开始扇区衔接,那么该 RAID 属于异步结构,如果"数据块 A"末尾扇区的数据能够与"数据块 D"开始扇区衔接,那么该 RAID 属于同步结构。

② 从"数据块 C"入手。如果从"数据块 A"上看不出数据衔接性,还可以从"数据块 C"入手分析。查看"数据块 C"的末尾扇区的数据、"数据块 D"和"数据块 F"开始扇区的数据,如果"数据块 C"末尾扇区的数据能够与"数据块 D"开始扇区衔接,那么该 RAID 属于异步结构,如果"数据块 C"末尾扇区的数据能够与"数据块 F"开始扇区衔接,那么该 RAID 属于同步结构。

③ 从"数据块 D"入手。如果从"数据块 C"上也看不出数据衔接性,还可以从"数据块 D"入手分析。查看"数据块 D"的末尾扇区的数据、"数据块 E"和"数据块 B"开始扇区的数据,如果"数据块 D"末尾扇区的数据能够与"数据块 E"开始扇区衔接,那么该 RAID 属于异

步结构,如果"数据块 D"末尾扇区的数据能够与"数据块 B"开始扇区衔接,那么该 RAID 属于同步结构。

④ 从"数据块 E"入手。如果从"数据块 D"上依然看不出数据衔接性,还可以从"数据块 E"入手分析。查看"数据块 E"的末尾扇区的数据、"数据块 F"和"数据块 H"开始扇区的数据,如果"数据块 E"末尾扇区的数据能够与"数据块 F"开始扇区衔接,那么该 RAID 属于异步结构,如果"数据块 E"末尾扇区的数据能够与"数据块 H"开始扇区衔接,那么该 RAID 属于同步结构。

数据同步与异步分析一般都是作为分析 RAID5 的最后一步,这个结构分析完了,RAID5 的完整结构就完全分析结束了,之后就可以借助 WinHex 等工具开始重组数据了。

使用 Raid Reconstructor(V4.32)分析 RAID 结构。

工具使用

Raid Reconstructor 是 Runtime 公司开发的专业 RAID 数据重组工具。该软件最大的特点就是能够实现 RAID 结构的分析。打开 Raid Reconstructor,其界面如图 6.146 所示。

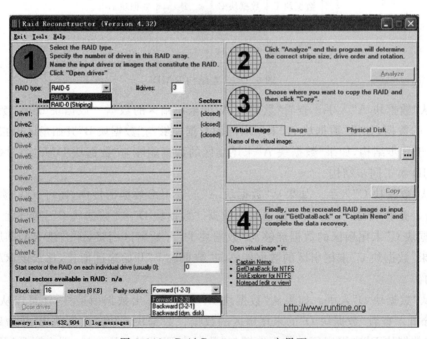

图 6.146　Raid Reconstructor 主界面

这款软件最多支持 14 块 RAID 成员盘的 RAID0 和 RAID5 的分析，RAID5 的结构能支持"Forward(1-2-3)"（右异步）、"Backward(3-2-1)"（左异步）和"Backward(dyn. disk)"（左同步）三种，但是不支持右异步，用法很简单，可以实现 RAID 结构信息的分析和镜像文件的生成。如图 6.147 所示，为经过 Raid Reconstructor 分析推荐出的可能组合结果。

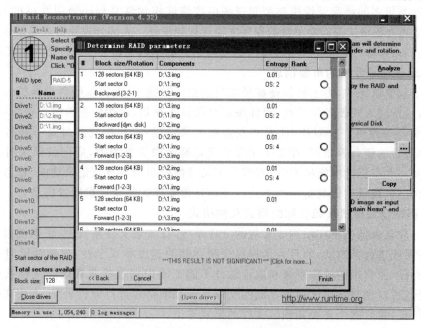

图 6.147　Raid Reconstructor 分析结果

但是由于该软件对 RAID 结构分析有一定误差，其分析结果可作为参考，并辅以手工分析。分析完成后，就可以按照分析的结果将 RAID5 的数据块按顺序生成完整的镜像了，然后就可以用这个做好的镜像硬盘或镜像文件进行进一步的数据恢复或分析了。

场景应用

2014 年 5 月，河北省公安厅在对一起网络虚拟投资诈骗案中虚假期货交易平台服务器进行取证时，其服务器均采用了 RAID5，而且盘序混乱，通过 RAID 恢复技术，将 12 台服务器的 50 余块硬盘进行重组，从中提取、固定了大量虚假期货交易信息和真实资金流向信息等关键证据。

6.11.2　嵌入式硬盘录像机数据恢复

硬盘录像机也是一种智能系统，分为嵌入式和通用式两种，其中嵌入式的多采用 Linux 操作系统，文件系统使用 Linux、UNIX 或自定义的文件系统格式，也有用 FAT32 文件系统的;而通用式的硬盘录像机多采用 Windows 操作系统,文件系统多使用 FAT32 或 NTFS 格式。由于通用式硬盘录像机应用范围极小,而且数据恢复与常规 Windows 系统硬盘恢复类似,这里就不做阐述了,这里重点以当前被广泛使用且取证需求较大的嵌入式硬盘录像机的数据恢复为重点进行讲解。

这些种类繁多的硬盘录像机类型和视频格式造成视频恢复程序通用性难度的加大,几乎每种类型和视频格式都需要单独的程序来实现视频恢复。大部分视频格式都是标准 H.264 格式演变过来的,每个厂家或产品系列在 H.264 格式的基础上加了一些特殊的格式或标志。

1. 记录硬盘录像机的重要信息

在电子数据取证中,为了提供硬盘录像机数据恢复效率,在提取硬盘录像机时要记录必要的信息,对于嵌入式硬盘录像机,要详细记录摄像头视角、录像机视频线连接顺序与状态,做到摄像头与录像机一一对应,注意查找隐藏的录像设备,扣押物品时要一并将录像机电源、现场中闲置的硬盘等扣押,在关闭录像机或切断录像机电源前,应记录录像机的当前时间信息以及与北京标准时间的差值,查看并记录录像机是否有日志记录功能、日志功能是否开启、录像方式、视频存储与备份的方式以及循环覆盖模式等录像机配置信息。

2. 分析硬盘录像机视频存储的格式及帧格式

大部分硬盘录像机都在使用非常规的文件系统,在常规文件系统上,根据视频录像的特点,对文件系统进行了改动,而且为了提高视频存储的速度和安全性,视频存储时多以帧的形式进行存储,而常用的操作系统和取证软件不能正确识别这些非常规的文件系统和视频帧,因此要通过对硬盘录像机视频存储的文件系统和帧格式进行分析研究,查明文件系统和视频帧的特征,然后逐个将视频帧以文件的形式导出。

3. 硬盘录像机视频碎片重组和通道分离

硬盘录像机为了便于快速检索和回放,会将摄像头的时间信息、通道信息等放在视频文件中,在对硬盘录像机进行数据恢复时,要在视频帧的碎片中找到视频通道信息、时间信息以及视频帧长度信息等,根据这些信息找到需要恢复的视频通道的特定时段的视频帧,并将视频帧碎片重组成视频文件。

下面以大立某款嵌入式硬盘录像机为例,对其硬盘文件格式和视频帧结构进行分析。经分析,该款硬盘录像机文件系统第一扇区结构如 6.148 所示,文件系统以"DALI240.R"为开头标志,在 40H 有通道标志。

```
Offset    0  1  2  3  4  5  6  7   8  9  A  B  C  D  E  F
00000000  44 41 4C 49 32 36 34 30  00 52 00 00 00 00 00 00   DALI2640.R......
00000010  00 00 00 00 00 00 00 00  00 00 00 00 00 00 00 00   ................
00000020  00 00 00 00 00 00 00 00  00 00 00 00 00 00 00 00   ................
00000030  00 00 00 00 00 00 00 00  00 00 00 00 00 00 00 00   ................
00000040  00 00 00 00 00 00 00 43  48 20 30 31 00 00 00 00   .......CH 01....
```

图 6.148 大立硬盘录像机文件系统头部特征

如图 6.149 所示,视频帧是以"55 AA AA 55"为起始标志的,在帧头部偏移 04H~07H 处的"00 00 00 00"为上一视频帧的时间长度信息,在帧头部偏移 0CH 位置的"00"代表该帧视频是 1 通道,在帧头部偏移 0EH 的"01"为帧类型标志,帧类型如表 6.60 所示,在帧头部偏移 10H～13H 处的"19 9D 0C 9A"为该视频帧的起始时间,为 2000-1-1 00:00:00 以后的绝对秒数,在帧头部偏移 14H～17H 处的"00 00 05 0C"为本视频帧的时间长度信息。

表 6.60 帧类型

帧 类 型	标志内容
I 帧	00H
P 帧	01H
B 帧	02H
音频帧	03H

```
Offset      0  1  2  3  4  5  6  7  8  9  A  B  C  D  E  F
000000100  55 AA AA 55 00 00 00 00 19 9D 0C 9A 00 01 01 46  UªªU.....I..F
000000110  19 9D 0C 9A 00 00 05 0C 41 9A 7C 7D 82 7C 15 DA  .I..I...A|}I|.Ú
000000120  5D 57 59 04 19 52 B8 26 AF 21 04 D6 1B 18 A6 D2  ]WY..R¸&¯!.Ö..¦Ò
000000130  71 7D 57 55 27 04 18 66 79 88 25 EF B5 D4 66 4A  q}WU'..fy‰%ïµÔfJ
000000140  D7 D5 AC 75 2A E1 8F 1C E3 F3 C0 9E 25 E0 05 19  ×Õ¬u*á..ãóÀž%à..
```

图 6.149 视频帧头部特征

通过上面的分析基本弄清了大立某款嵌入式硬盘录像机硬盘文件系统和视频帧的特征信息,根据这些特征就可以在硬盘上查找并恢复被删除的视频,但是如果仅仅依靠手工进行分析和导出,其工作量可想而知,因此可以利用 WinHex 的脚本编程功能,制作一个脚本程序,实现这种硬盘录像机硬盘视频的查找、恢复和导出。

不管是何种硬盘录像机,只要分析出视频文件的格式,找到视频文件头标志和视频帧标志,以及帧标志对应的通道、时间、帧长度和帧类别信息,我们就可以用 Winhex 的脚本编程实现对视频帧进行合并,变成能连续播放的视频文件,实现对视频内容的提取和恢复。

6.11.3 小结

数据恢复技术作为电子数据取证的基础技术,经历了较长时间的摸索和探究,其技术日渐成熟,但是随着新型数据存储技术的不断应用,数据恢复只有紧靠存储技术发展,根据数据存储的特性,有针对性地进行数据结构研究,才能更有效地解决各种案件的电子数据取证需要。

6.12 硬 件 修 复

如果保存数据的存储介质(如硬盘、U 盘等)出现了物理故障,不能正常地被计算机系统识别和访问,在这种情况下对故障介质进行修复的过程就是物理修复。本节主要讲解硬盘固件故障修复、物理故障修复和芯片级故障修复的方法,以达到深入学习硬件修复技术和方法的目的。

6.12.1 硬盘固件的修复

传统硬盘是机、电、磁一体化的复杂系统,相同的故障现象可能是固件故障造成,也可能是物理故障引起,只有准确判断故障原因,才能选择合适的修复方法,提高数据恢复的成功率。因此在拿到故障硬盘进行数据恢复之前,一定要做好准备工作,获取尽可能多的信息,以帮助确定故障诊断的思路。硬盘故障大体判定思路为:首先看硬盘各扇区能否被

EnCase、WinHex 等软件正常读取,如果可以,则硬件、固件故障无法形成主导影响,或者不存在硬盘、固件故障,按逻辑恢复处理即可;如果无法正常读取扇区,则要检查硬盘是否有异响,如果有则可能是硬件故障或固件故障,或者二者都有,需要进一步诊断;如果没有异响,则可以尝试按固件故障处理。对于硬盘固件故障一般通过清空 G-list 表与重置 SMART、刷新 FlashROM、替换固件模块、热交换等 4 种方式对硬盘的固件进行修复,使其能够正常工作。

由于固件区数据较为敏感,其中某些固件数据对于硬盘操作与用户数据是唯一的,因此在拿到一块硬盘进行固件修复之前首先要做的就是备份硬盘的 Flash ROM、固件区模块、固件区磁道等资源,以便于固件修复操作出错时便于回滚。下面就介绍硬盘固件修复的 4 种常用方法。

1. 清空 G-list 表与重置 SMART

在硬盘固件中,硬盘运行发现缺陷时就要随时添加到 G-list 表中,SMART 值作为硬盘的状态参数也需要经常进行实时更新,G-list 模块与 SMART 模块由于频繁读写成为固件区最容易损坏的部分,而这两个模块的修改不会对用户数据区产生严重影响。因此清空 G-list 表与重置 SMART 可以作为固件修复的首要方法之一,使用这一方法的时候,有的硬盘清空 G-list 后可能会导致部分用户数据无法访问,但总体来说影响不大。

2. 刷新 Flash ROM

硬盘 Flash ROM 内容部分出错或者更换的电路板 Flash ROM 与盘面固件区版本不一致,会造成硬盘读写效率下降、运行变慢、不稳定等问题,这时一般通过刷新 Flash ROM 的方法恢复硬盘正常运行。刷新 Flash ROM 时,Flash ROM 模块的固件版本必须与盘面固件区固件版本完全一致,如果电路板的 Flash ROM 与盘体不兼容可能会导致硬盘初始化时敲头,所以刷新 Flash ROM 的前提条件是要有原硬盘的 ROM 内容备份。

在刷新 Flash ROM 时,如果硬盘电源不稳定、数据线松动、误写入匹配性太差的 ROM (非相同硬盘家族等)、执行写入后断电太快,可能会造成 ROM 刷新失败。刷新 ROM 失败时,如果 ROM 集成在主控芯片内部,则会成为永久故障,无法再次刷新,这时只能将 ROM 芯片吹焊下来,使用 ROM 编程器重新尝试进行覆写。

3. 固件区测试与修复

如果清空 G-list 表与重置 SMART、刷新 Flash ROM 的方法不起作用,可以通过检测硬盘固件模块是否存在错误,对盘面固件区进行进一步测试。如果固件模块中有错误,可以从本地的硬盘固件库中找到相应的固件模块,替换覆写错误模块。模块替换要非常谨慎,在覆写该模块前,可以将光标移到该模块上,程序会提示该模块的重要性(本硬盘唯一、本型号唯一、本家族唯一、不重要等),据此衡量确定是否覆写该模块。对损坏模块的修复切记只覆写损坏的模块,而不要用另一块硬盘的固件覆写全部固件区(所有磁道或所有模块)。

4. 热交换

如果固件区模块无法替换或者覆写不成功,可以考虑使用热交换的方法进行修复,热交换是用故障盘的电路板与好盘的盘体重组出一个正常的硬盘,在保持通电的状态下,再将好盘盘体与故障盘盘体互换,借此跳过故障盘盘面固件区的读写,而使硬盘内的数据能够正常读取。热交换的成功与否常常受固件版本、磁头映射图、区域分配表、译码表等因素的影响,成功率有限。

使用 PC-3000 for UDMA(V5.1.0.2554)进行硬盘固件修复。

工具使用

PC-3000 for UDMA 是俄罗斯 ACE 实验室研究开发的一款硬盘修复工具,该软件能够模仿工厂模式对硬盘进行维修。下面以型号为 WDC WD5000AAKX-753CA1 的西数硬盘为例,介绍固件修复的方法。

(1) 清理 SMART 和 G-list 表时,将硬盘与 PC-3000 板卡正确连接,运行 PC-3000 程序,然后选择正确的品牌和系列,成功识别硬盘家族后,启动西部数据硬盘专用程序,如图 6.150 所示,通过 Test 菜单中的 Clear S.M.A.R.T 选项可对 SMART 属性进行重置。

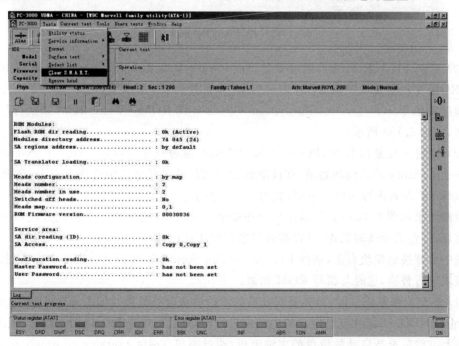

图 6.150　PC-3000 重置 SMART

如图 6.151 所示，通过菜单 Tests→Defect list→Erase defect list→G-list 来执行清空 G-list 表操作。

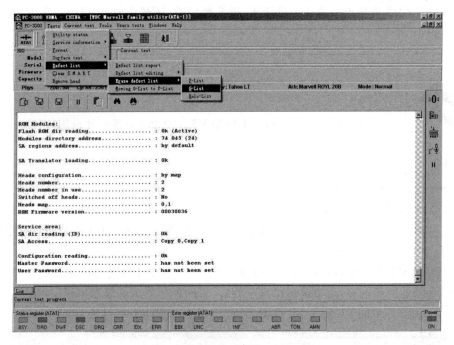

图 6.151　PC-3000 清空 G-list 表

（2）刷新 Flash ROM 时，通过菜单 Tests→service information→Work with ROM→Read ROM 来执行读取硬盘 ROM 内容的操作，如图 6.152 所示。

通过菜单 Tests→service information→Work with ROM→Write ROM 来执行写 ROM 的操作，如图 6.153 所示。

（3）检测并修复固件时，PC-3000 for UDMA 通过菜单 Tools→Utility extensions→Modules directory 读取模块目录，在读取到的模块目录中任意选中模块上右击，选择"Start SA checking"开始进行固件区检测，如图 6.154 所示。

检测结果如图 6.155 所示，检测后会在每个模块的 ID 前出现一个彩色方块，其中绿色表示完好，红色表示读取错误，可以据此对错误模块进行替换。

选中要替换的模块右击，选择 Rewrite module from DB，可以从数据库中查找到合适的硬盘模块进行替换，这时与覆写 ROM 相似。

（4）热交换修复固件时，首先要对好盘的原始模块进行备份。如图 6.156 所示，通过菜单 Tools→HDD→Standby 将好盘的主轴电机停转，好盘的电路板保持加电状态，接到故障盘盘体上。然后重新启动故障盘的主轴电机，通过菜单 Tests→service information→Work with service area→Reading modules 备份故障盘固件。

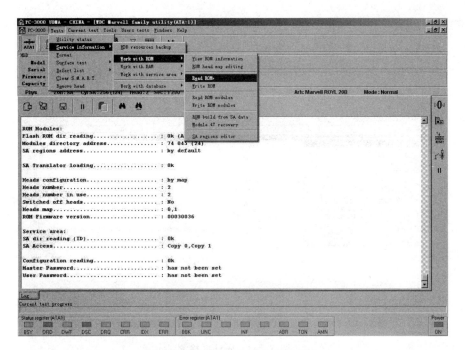

图 6.152　PC-3000 执行读 ROM

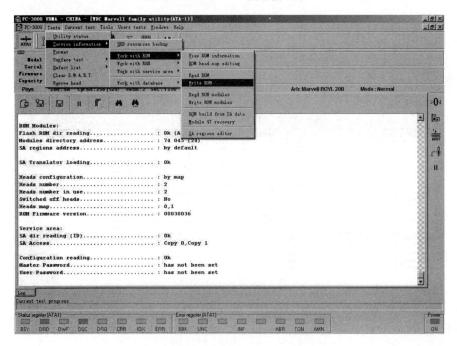

图 6.153　PC-3000 执行写 ROM

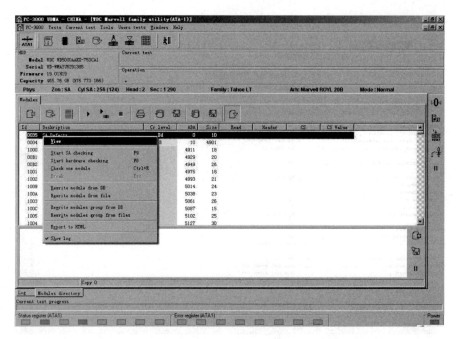

图 6.154　固件区检测

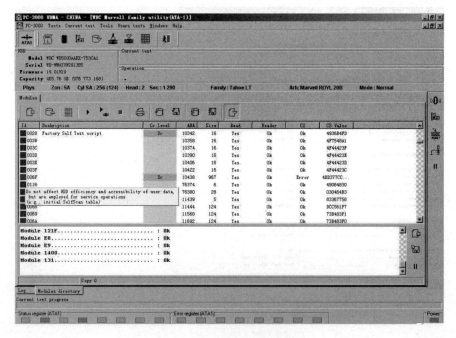

图 6.155　模块检测结果

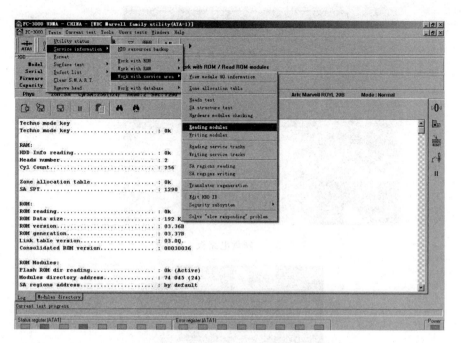

图 6.156　备份故障盘固件

然后还原电路板,将先前提取的故障盘必要固件模块覆写到好盘并重建译码表。将好盘断电再加电,重新启动 PC-3000,将主轴电机停转,好盘电路板保持加电状态,接到故障盘盘体上,再启动主轴电机,查看故障盘数据。最后通过 PC-3000 的 Data Extractor 工具,尝试恢复用户数据。

6.12.2　硬盘物理故障修复

在第 2 章已经介绍过,硬盘的物理故障主要包括电路板故障、磁头组件故障、主轴电机故障、盘片故障等方面。这些硬盘物理故障通常通过电路板故障修复和开盘修复两种方式进行解决。

1. 电路板故障修复

硬盘电路板故障一般出现于供电部件、接口部件、缓存部件、BIOS、电机驱动芯片等部位。如图 6.157 所示,电路板易出现故障的部件。

对于电路板不同部位的故障,采取不同的方法处理。对于电路板上的电阻、电容、二极管、三极管、场效应管等元件出现故障,如果具有一定的电路维修知识,可以通过测量电阻和电压,找到受损元件,更换成相同型号元件即可。如果仅为了恢复硬盘内的数据,在不掌握电路知识的情况下,也可以采取使用相同型号电路板替换故障硬盘电路板的方法使硬盘正常工作,进而提取、恢复硬盘内的数据。如图 6.158 和图 6.159 所示,某硬盘的盘标、电路板型号。

278 电子数据取证

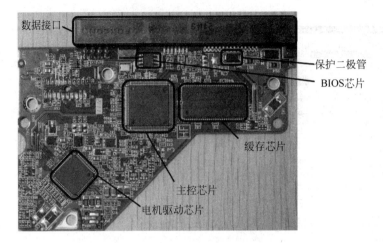

图 6.157　硬盘电路板上的元件

图 6.158　硬盘盘标

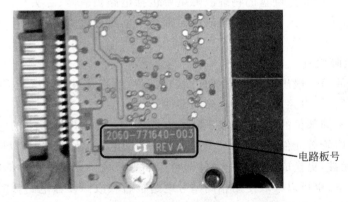

图 6.159　电路板号

只有相互兼容的电路板替换后才有可能正常使用,但是很多硬盘的电路板上都有一颗 BIOS 芯片,每块 BIOS 芯片内都有一些独立的信息,这些信息必须与硬盘盘片上的固件相匹配,这时只有把故障硬盘电路板上的 BIOS 芯片换到新替换的电路板上,硬盘才能正常识别。

2. 硬盘开盘修复

硬盘磁头组件、电机组件出现故障时,由于其在硬盘的内部,只能选择开盘修复的办法进行解决。对于硬盘的磁头组件和主轴电机故障都是无法进行修理的,解决的办法就是更换一套无故障的磁头组件,或者将硬盘盘片拆换到备件盘中,然后用其将盘片上的数据读取出来。

更换磁头组件或拆卸、安装硬盘盘片都需要将硬盘盘腔打开,这是一项很精细的工作,操作时需要专业的环境和各种工具,以更换硬盘磁头为例,讲解硬盘开盘修复。

1) 硬盘开盘所需的环境和工具

硬盘在工作时,盘腔内的盘片在主轴电机的带动下高速旋转,磁头悬浮在盘片之上,与盘片之间的距离只有零点几微米,这就要求硬盘盘腔内没有灰尘颗粒,避免盘片被划伤。因此,在硬盘开盘时,也必须在一个保证具有足够洁净度的洁净间或洁净台内操作。

对于封闭空间内的洁净度,如表 6.61 所示,以单位体积所含的尘粒数作为评判标准,定出各种等级。

表 6.61 无尘等级

等级	每立方米(每升)空气中大于等于 0.5μm 的尘粒数	每立方米(每升)空气中大于等于 0.5μm 的尘粒数
100 级	≤35×100(3.5)	0
1000 级	≤35×1000(35)	≤250(0.25)
10000 级	≤35×10000(350)	≤2500(2.5)
100000 级	≤35×100000(3500)	≤25000(25)

硬盘开盘操作需要在洁净度达到 100 级的环境内进行。在使用洁净间进行开盘操作前,要提前开启洁净间的循环过滤设备,待洁净间内空气洁净度达到 100 级后,方可开始进行开盘操作。如图 6.160 所示,洁净间通常分为缓冲区、风淋区、洁净操作区三部分。

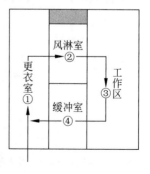

图 6.160 洁净间示意图

工作人员更换好专用的连体洁净服,戴好口罩、帽子、手套,将全身包裹,经过风淋室风淋去除衣服上的灰尘颗粒后,进入洁净操作区,防止人体皮屑、灰尘颗粒等污染洁净间内的环境。洁净间内的洁净设备通过将有尘埃的空气抽出去,并将过滤装置过滤过的洁净空气吹进洁净间的方式,使洁净间内保持一个相对无尘的环境。

有了开盘的环境,还需要准备必要的工具,如图 6.161 所示,硬盘开盘使用的工具一般有平口螺丝刀、十字螺丝刀、T 系列(六角)螺丝刀(包括 T8、T6、T5、T4 等型号)、镊子、尖嘴钳、壁纸刀、皮老虎、开盘机、盘片套筒、磁铁吸附器等。

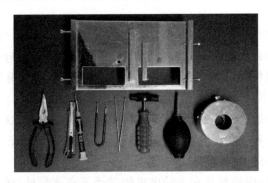

图 6.161　螺丝刀、镊子、尖嘴钳、壁纸刀、皮老虎、磁铁吸附器、开盘机、盘片套筒

2) 硬盘开盘更换磁头组件

在开盘更换磁头组件的数据恢复过程中,寻找能够匹配的备件盘也是一个相对重要的环节,匹配的备件盘,具备更换磁头技巧和丰富经验的开盘人员是确保开盘成功并恢复故障盘数据的关键。下面以西部数据 3.5 英寸硬盘为例,讲解硬盘开盘更换磁头组件的具体步骤:

(1) 根据硬盘型号、属系、代号、产地、出厂日期、组件配置参数(DCM)、标识字母等信息,找到与故障盘磁头组件最接近的备件盘。如图 6.162 所示为西部数据 3.5 英寸硬盘标签信息,其中 DCM: DHNNHTJAGB 为组件配置参数,第 1 个字母代表电机、第 2 个字母代表基座、第 3 个字母代表磁头锁定器、第 4 个字母代表音圈电机下部的磁铁、第 5 个字母代表盘片介质磁密度、第 6 个字母代表磁头组件、第 7 个字母代表前置放大器、第 8 个字母代表音圈电机上部的磁铁、第 9 个字母代表磁头分离器。通常情况下,更换磁头组件需要找 DCM 第 5、6、7 位一致的硬盘。

图 6.162　西部数据 3.5 英寸硬盘磁头组件兼容信息

（2）找到备件盘后，将故障盘和备件盘送入洁净间之前，要将其表面进行清洁处理，清除硬盘表面、电路板以及缝隙内的尘土，然后将其通过传递窗送入洁净间内，将故障盘和备件盘分别固定在开盘机的两个硬盘卡位内，拧下硬盘盘盖上的螺丝，打开硬盘盘盖后，可以看到硬盘内的结构布局，如图 6.163 所示。

图 6.163　西部数据 3.5 英寸硬盘盘腔内的结构布局

（3）拆除前置信号处理器。在磁头臂侧面的磁头芯片旁边，延伸出一根电缆，电缆末端与一块小电路板相连，这就是该硬盘磁头组件的前置信号处理器，将小电路板上的两个螺丝拧掉，然后用镊子轻轻撬一下，把这块小电路板移到旁边就可以了。

（4）拆除磁头臂限位器。在磁头臂尾部的末端有一个限位器，用来限制磁头臂的移动范围，避免磁头移出盘片。直接拔掉磁头臂尾部末端的磁头臂限位器即可。

（5）拆出磁头组件。音圈电机上下各有一块永磁铁，先用磁铁吸附器吸附到上部磁铁上，拧掉磁铁上的两颗固定螺丝，然后再用尖嘴钳夹住磁铁的后端，小心用力将其拿出。该磁铁磁力非常强，在拿取的过程中一定注意不要让磁铁接触盘片。将磁头移出盘片边缘后，要用小塑料块保持两个磁头处于分离状态，切勿使其相互接触。将磁头移出盘片后，就可以拆卸磁头组件了，示例中的西部数据硬盘磁头臂中间没有固定螺丝，只需用镊子夹住磁头臂轻轻往上提，就可以把磁头组件拿下来了。拆出的磁头组件如图 6.164 所示。

图 6.164　拆出的磁头组件

(6) 拆出备件盘的磁头组件。重复步骤(3)～(5),将备件盘的磁头组件拆下。

(7) 把备件盘的磁头组件装入故障盘中。按照磁头组件的过程与拆卸磁头组件的过程相反,用镊子夹住备件磁头组件,将备件磁头组磁头臂轴的圆孔与盘体的圆柱对齐,放进故障盘盘腔中,然后轻轻将磁头推入盘片边缘,轻轻转动主轴电机,并在磁头臂末端轻轻用力,将磁头推回到磁头启停区的位置,装回磁头限位器,再把前置信号处理器的小电路板放到原来位置并拧好螺丝,最后就可以盖上硬盘盘盖,拧上螺丝。这样就完成了更换硬盘磁头组件的工作。

(8) 提取硬盘内的数据。将硬盘磁头组件更换成功后,由于手工拆卸磁头组件毕竟达不到工厂内的安装标准,会导致硬盘上或多或少会产生一些坏扇区,因此更换过磁头组件的硬盘最好不要直接连接在操作系统上读取数据,而要用 PC-3000 等专业工具连接更换完磁头组件的硬盘,检测硬盘是否能够识别,如果能够正常识别再采用物理镜像或者直接提取数据的方法制作镜像或提取重要数据。

场景应用

2012 年 7 月,河北省衡水市公安局破获的一起重大非法经营案中,犯罪嫌疑人为毁灭证据,将一重要电脑的硬盘投入池塘中。经过对该硬盘进行开盘清洗和盘片移植,成功将硬盘盘片内的数据进行了镜像,从中发现大量涉案账目信息。

6.12.3 芯片级物理故障修复

芯片级存储介质物理故障主要是由于接口故障、供电故障、晶振故障、主控芯片故障、闪存芯片故障等原因造成的。下面就以 U 盘这种最常遇到的芯片级存储介质的物理故障修复为例,讲解芯片级存储介质物理故障修复的方法和步骤。

对于 U 盘的常见的几种故障可以用补焊、替换晶振、替换主控芯片、替换存储芯片等方法修复。U 盘结构如图 6.165 所示。

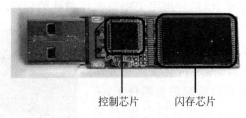

图 6.165 U 盘内部结构

1. 补焊

补焊主要用于焊脚脱落的情况，U 盘经常会因为掉落到地上而导致接口的焊脚脱焊或者晶振的焊点脱离，处理这些情况时可以拆掉 U 盘外壳，用电烙铁进行补焊。

2. 替换晶振

晶振怕摔，U 盘掉落到地上，很容易造成晶振损坏，这时只要更换相同频率的晶振即可。

3. 替换主控芯片

主控芯片损坏的处理方法是更换一个好的与原主控芯片型号一致的主控芯片。主控芯片的型号一般都标识在芯片表面。

4. 替换闪存芯片

有时候 U 盘电路板上的元器件损坏比较严重，无法修复，为了恢复数据，可以找一个同型号的备件 U 盘，把故障 U 盘上的闪存芯片用热风枪拆焊下来，将其安装到备件 U 盘上，进而恢复 U 盘内的数据。

5. 直接提取闪存芯片的数据

如果实在无法找到相应的元器件或者主控芯片、备件 U 盘时，可以考虑把故障 U 盘的闪存芯片用热风枪拆焊下来，通过 PC-3000 Flash 或效率源 Flash 等专业工具，直接提取闪存芯片内的数据，经过分析重组，进而恢复 U 盘内的数据。这一方法也适用于 SD 卡、SM 卡、MMC 卡、记忆棒、SSD 固态硬盘等采用 NAND 闪存芯片的芯片级存储介质的物理修复。

6.12.4 小结

随着违法犯罪嫌疑人反侦查意识的日益强烈，电子数据存储介质受损情况也越来越多，存储介质的物理修复的需求也日渐强烈，通过最为可靠的物理修复技术，修复受损的存储介质，为逻辑数据提取、恢复、分析提供强有力的技术保障。

6.13 数据库取证[①]

电子数据取证技术发展到今天，已经具备了较为成熟的理论和完善的知识体系。但是由于计算机的应用范围非常广泛，专业领域的电子数据取证技术还在不断研究中，例如数据库、图形图像的取证技术。数据库取证技术作为电子数据取证的分支，主要针对数据库发现、固定和分析涉案数据。由于数据库的类型多样和技术封闭，数据库取证技术的相关经验和工具一直很缺乏，处于比较低层次的发展阶段。随着大数据时代的到来，社会生活的数据纷纷都采取数据库形式来存储，其中保存了众多敏感数据。数据库已经成为电子数据的重

---

① 刘晓宇，李锦，刘浩阳等. 电子数据检验技术与应用. 北京：公安大学出版社，2015.

要载体,数据库取证成为电子数据取证发展的一个新的方向。本节以 MS SQL Server 这种运用广泛的数据库为例,重点讲解数据库的运行机制,学习掌握数据库的管理和重构方法,并能够根据实际情况提取其中的重要数据。

6.13.1 数据库的概念

数据库(DataBase)是按照一定数据结构来组织、存储和管理数据的仓库。数据库中的数据按一定的数据模型进行组织、描述和存储。

6.13.2 主流数据库介绍

1. Access

Access 是由微软发布的关系型数据库,它包含在 Microsoft Office 套件中。Access 简单易用,在管理个人数据时得心应手。缺点是无法处理大量的数据,安全性也很低。

2. MS SQL Server

Microsoft SQL Server 是微软面对企业级应用开发的关系型数据库。它的数据管理效率高,能够支持所有 Windows 系统,是目前中小型网站主要使用的数据库。SQL Server 主要的版本有 MS SQL Server 2000、2005、2008、2012 和 2014。

3. MySQL

Oracle 的 MySQL 是开源的关系型数据库,小巧但性能强大。它搭配 PHP 和 Apache 可组成良好的开发环境。MySQL 也是中小型网站主要使用的数据库。

4. Oracle

Oracle 又名 Oracle RDBMS。是甲骨文(Oracle)公司的一款关系型数据库管理系统。Oracle 采用的是并行服务器模式,是大型网站的数据库首选。在效率、安全性和大数据支持方面具备优势。

5. SQLite

SQLite 是轻量的关系型数据库。SQLite 可以在一个文件中存储数据信息,可以做到跨平台使用,是目前移动设备使用较多的数据库。

6. PostgreSQL

PostgreSQL 是世界上可以获得的功能最全面的开放源码的关系型数据库,它提供了多版本并发控制,支持多种开发语言(包括 C、C++、Java、perl、tcl 和 python)。

6.13.3 结构化查询语句

SQL 语言(Structured Query Language,结构化查询语言)是一个综合的、通用的关系数据库语言,其功能包括查询、操纵、定义和控制。SQL 语言是目前应用最为广泛的数据库查询语言之一。结构化查询语句的基本语法如下:

(1) 数据查询语言(DQL,Data Query Language)

也称为"数据检索语句",用以从表中获得数据。保留字包括 SELECT、WHERE、ORDER BY、GROUP BY 和 HAVING。这些 DQL 保留字常与其他类型的 SQL 语句一起使用。SELECT 是 DQL(也是所有 SQL)用得最多的保留字。

(2) 数据定义语言(DDL)

其语句包括动词 CREATE 和 DROP。在数据库中创建新表或删除表(CREAT TABLE 或 DROP TABLE),为表加入索引等。

(3) 数据操作语言(DML:Data Manipulation Language)

保留字包括 INSERT、UPDATE 和 DELETE。它们分别用于添加、修改和删除表中的行。也称为动作查询语言。

这三类语言是 SQL 语言使用最多的语言应用。除此之外,SQL 语言还有事务处理语言(TPL)、数据控制语言(DCL)、指针控制语言(CCL)。

6.13.4 数据库存储结构

数据库存储结构又分为逻辑存储结构和物理存储结构。数据的逻辑结构基于数据库本身,是从逻辑的角度(即数据间的联系和组织方式)来观察数据,分析数据,与数据的存储位置无关。数据的物理结构是指数据在计算机中存放的结构,即数据的逻辑结构在计算机中的实现形式,所以物理结构也被称为存储结构。

1. 逻辑存储结构

所谓逻辑存储结构是指数据的组织形式或数据之间的联系。如果用 D 表示数据,用 R 表示数据对象之间存在的关系集合,则将 DS=(D,R)称为数据结构。例如,设有一个电话号码簿,它记录了 n 个人的名字和相应的电话号码。为了方便地查找某人的电话号码,将人名和号码按字典顺序排列,并在名字的后面跟随着对应的电话号码。这样,若要查找某人的电话号码(假定他的名字的第一个字母是 Y),那么只需查找以 Y 开头的那些名字就可以了。该例中,数据的集合 D 就是人名和电话号码,它们之间的联系 R 就是按字典顺序的排列,其相应的数据结构就是 DS=(D,R),即一个数组。

2. 物理存储结构

物理存储结构是基于操作系统的数据文件,包括数据文件和日志文件,以及这些文件的存储位置和变化。数据文件是每个数据库保存数据的基础,用来存储具体的数据,一般采取特定格式或者压缩技术进行存储。某些数据库只有一个数据文件,例如 Access;企业级数据库可以采用多个数据文件。数据对象,例如表、索引等,被存储这些数据文件中。

(1) MS SQL Server 数据库的数据文件在物理存储结构上分为主数据文件和次要数据文件。MS SQL Server 数据库至少有一个主要数据文件,可以有多个次要数据文件以存放不适合在主要数据文件中放置的数据。主数据文件的扩展名为".mdf",次要数据文件的扩展名为".ndf"。

（2）Oracle 数据库物理存储结构是主要由三种类型的文件组成：数据文件、日志文件和控制文件，另外还包括一些参数文件。其中：数据文件的扩展名为".DBF"；日志文件的扩展名为".LOG"；控制文件的扩展名为".CTL"。除此之外，还有一些辅助文件，包括归档日志文件、初始化参数文件、口令文件、警告文件、服务器进程跟踪文件、后台进程跟踪文件。

3. 数据文件结构

不同的数据库的数据文件结构不同，这些文件结构很少为外人所知。以 MS SQL Server 数据库为例，讲解数据文件的基本结构。

（1）区（Extents）：管理硬盘空间的基本单位。一个区由 8 个物理上连续的页（即 64 KB）组成。这意味着 SQL Server 数据库中每 MB 有 16 个区。

为了使空间分配更有效，SQL Server 不会将所有区分配给包含少量数据的表。SQL Server 有两种类型的区如图 6.166 所示。

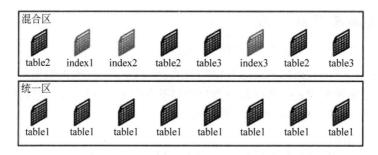

图 6.166　MS SQL Server 两种区类型

① 混合区，最多可由八个对象共享。区中八页的每页可由不同的对象所有。

② 统一区，由单个对象所有。区中的所有 8 页只能由所属对象使用。

通常从混合区向新表或索引分配页。当表或索引增长到 8 页时，将变成使用统一区进行后续分配。如果对现有表创建索引，并且该表包含的行足以在索引中生成 8 页，则对该索引的所有分配都使用统一区进行。

（2）页（Page）：MS SQL Server 数据文件最基本的存储单位为页（page）在 MS SQL Server（见图 6.167）中，页的大小为 8KB。这意味着 MS SQL Server 数据库中每 MB 有 128 页。每页的开头是 96 字节的标头，用于存储有关页的系统信息。此信息包括页码、页类型、页的可用空间以及拥有该页的对象的分配单元 ID。数据文件中的页按顺序编号，文件的首页以 0 开始。数据库中的每个文件都有一个唯一的文件 ID 号。若要唯一标识数据库中的页，需要同时使用文件 ID 和页码。

在数据页上（图 6.168），数据行紧接着标头按顺序放置。页的末尾是行偏移表，对于页中的每一行，每个行偏移表都包含一个条目。每个条目记录对应行的第一个字节与页首的距离。行偏移表中的条目的顺序与页中行的顺序相反。

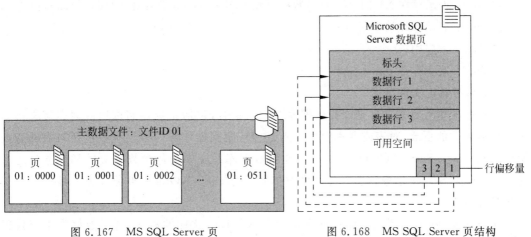

图 6.167　MS SQL Server 页　　　　图 6.168　MS SQL Server 页结构

（3）数据行（data row）的基本结构如图 6.169 和表 6.62 所示。

| 1 | 2 | 3 | 定长列数据 | 4 | 5 | 6 | 7 | 变长列数据 |

图 6.169　数据行物理结构

表 6.62　数据行物理结构说明

信息	说明	助记符	长度（byte）和计算公式
1	状态 A	TagA	1
2	状态 B	TagB（Server2005/08 未使用）	1
3	固定长度数据结束位	Fsize	2
定长列数据	固定长度数据	Fdata	Fsize-4
4	列数量	Ncol	2
5	NULL 位图	Nullbits	ceil(Ncol/8)
6	行中存储可变列数	VarCount	2
7	变长列的偏移矩阵	VarOffset	2 * Varcount
可变长数据	可变长度数据	VarData	VarOffset[VarCount]−(Fsize+8−4+Ceil(Ncol/8)+2*VarCount)

数据行按照各列的创建顺序，首选存储固定长度列的数据，然后是可变长度列的数据。

其中状态 A 存储了数据行属性信息（从左至右 Bit76543210）为如下说明：

① bit0：版本信息，在 SQL Server 2005/08 总是为 0；

② bit1：3 位值：0＝（主记录 primary record）；1＝（转移记录 forwarded record）；2＝（转移桩 forwarding stud）；3＝（索引记录 index record）；4＝（溢出数据）；5＝（ghost 索引记录）；6＝（ghost 数据记录）；

③ bit4：表示存在 NULL 位图（在数据行里 SQL2005/08 总存在 NULL 位图），恒为 1；

④ bit5：表示存在可变长列；

⑤ bit6：未启用；

⑥ bit7：表示存在 ghost 记录。

(4) 事务日志文件结构①

数据库的事务日志文件是操作数据库的记录集合，包括系统存储过程或数据定义语言对系统表所做的更改、对表或者索引的插入、更新、删除操作等内容。但不包括对表的查询操作。MS SQL Server、Oracle 之类的企业级数据库系统中均包含数据文件和事务日志文件。MS SQL Server 事务日志文件的推荐扩展名为".ldf"，Oracle 事务日志文件的推荐扩展名是".log"。

Access、Foxpro 这类的桌面数据库并没有事务日志这样的概念，这些数据库中仅仅包括数据。因此在取证时，无法根据日志文件判断对数据的操作行为。

以 MS SQL Server 为例，MS SQL Server 可以有多个事务日志文件，但是在逻辑上，SQL Server 把事务日志文件划分为多个 VLF(Virtual Log File)，即虚拟日志文件。每个事务日志可以包含 4~16 个 VLF。SQL Server 根据事务日志文件的大小决定虚拟日志文件的数量和大小，如图 6.170 所示。

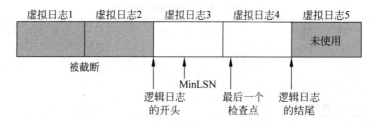

图 6.170　MS SQL Server 事物日志逻辑结构

事务日志是一种回绕的文件，当针对数据库对象所做的任何修改保存到数据库之前，相应的日志首先被记录到日志文件，这个记录会被按照先后顺序记录到日志文件的逻辑末尾，并分配一个全局唯一的日志序列号(Log Sequence Number,LSN)，LSN 是按照顺序排列，如果 LSN2>LNS1，说明 LSN2 是在 LSN1 之后发生的。假设有一个数据库，它的物理事务日志包含一个分成四个虚拟日志。当创建数据库时，逻辑日志文件从物理日志文件的始端开始。新日志记录被添加到逻辑日志的末端，然后向物理日志的末端扩张。若进行截断操作，虚拟日志中最小恢复日志序列号（MinLSN）之前的日志记录会被删除。

当逻辑日志的末端到达物理日志文件的末端时，新的日志记录将回绕到物理日志文件

---

① MSDN 事务日志物理体系结构 http://msdn.microsoft.com/zh-cn/library/ms179355(v=sql.90).aspx

的始端,如图 6.171 所示。

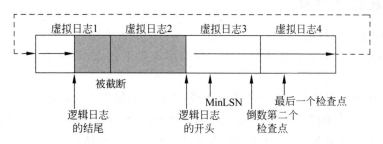

图 6.171 MS SQL Server 事物日志记录方式

(5) 时间格式

数据库使用不同的方式记录时间。在 MS SQL Server 2005 之前的数据库内部用两个 4 字节的整数存储 DateTime 数据类型的值。第一个整数表示日期,而第二个整数表示时间。

DateTime 是从基准日期 1900 年 1 月 1 日开始的计算日期的整数的。第一个整数表示该日期之前或之后的天数。因此,DateTime 数据类型仅仅支持由 4 位范围整数表示的日期。这就意味着 DateTime 字段的一个日期必须处于 1735 年 1 月 1 日到 9999 年 12 月 31 日之间。第二个整数存储了 1900 年 1 月 1 日 00:00:00 后的 1/300 秒单位的数字。这就意味着时间是以毫秒为单位存储的,精确到 3.33 毫秒。

MS SQL Server 还使用 SmallDateTime 来存储时间。SmallDateTime 数据类型类似于 DATETIME,只是它的值长度有限,因此精度低于 DateTime。SmallDateTime 值是用两个 2 字节存储的。第一个整数表示日期,而第二个整数表示时间。

与 DateTime 数据类型一样,SmallDateTime 数据也是相对于基准日期 1900 年 1 月 1 日计算的整数。但是,整数仅仅表示在基准日期之后的天数,而不包括之前的日期。这就意味着 SmallDateTime 字段中的日期必须处于 1900 年 1 月 1 日到 2079 年 6 月 6 日之间。SmallDateTime 值中的第二个整数存储 1900 年 1 月 1 日 00:00:00 之后的分钟数。时间并不包括秒数。

可以通过以下语句来转换时间(例如 datetime 的值为 39143)。

```
DECLARE @today datetime
SELECT @today = 39143
SELECT @today
```

解析的时间为"2007-03-04 00:00:00.000"。SQL Server 2008 增加了新的 datetime 数据类型。它们包括 Date、Time、DateTime2 以及 DateTimeOffset 类型。

6.13.5 数据库取证

1. 数据库取证的特点

数据库取证是一个全面复杂的过程。数据库有以下特点,对取证工作提出了更高的要求:

(1) 数据库不像文件系统和操作系统那样,类型相对较少。数据库种类众多、架构各不相同。从桌面用户使用的 Access 到专业化的 MS SQL Server、MySQL 乃至处理能力更强的 Oracle、NoSQL 类数据库,这些数据库在取证工作中都会接触到,因此需要了解这些数据库的基本操作和系统架构。

(2) 不同数据库之间有着较大的差异,大部分的取证工具并不支持企业级数据库。巨大的数据量会导致取证工具停止工作或者运行效率低下。而专业的数据库工具却不具备取证工具的数据保护和审计功能,使用这些工具可能在使用中无意识的篡改数据库中的数据。

2. 数据库取证的层次

如何在大量的数据中快速、有效的提取出与案件相关的电子数据。这需要具备专业技能的取证人员配合数据库管理工具和数据挖掘工具一起进行,未来会有专业的数据库取证工具来辅助取证工作。数据库取证按照先易后难的标准,可以分为以下四个层次:

层次一:针对运行中的服务器,获取数据库数据文件,服务器和系统的日志、trace 记录等信息。

层次二:能够熟练地导入导出数据,重构数据库运行环境。例如某些财务软件,通过重构数据库,可以利用软件的前端应用程序,以图形化的方式呈现数据。

层次三:使用结构化查询语句对数据库中的数据进行挖掘。如果数据量很大,就需要熟练掌握数据挖掘技术,例如分析一个城市某个时间的全部话单,利用数据库查询比使用图形化的关联分析工具效率要高得多。

层次四:恢复数据库的删除数据或者日志,对其进行分析,这在黑客入侵案件中尤为有用。数据库作为高价值目标,已经成为黑客攻击目标的首选,黑客入侵复制走数据(俗称"脱库")后,往往会通过删除数据库日志来清除入侵痕迹。

3. 企业级数据库的取证目标

在普通用户眼中,大部分的数据库都是类似的,不管是桌面级数据库还是企业级数据库,都是有一个表或者多个表构成的,具备查询功能的数据组合。但是在取证人员眼中,数据库取证不仅关心数据库中保存的数据,更关注数据库的审计信息、日志信息等动态信息,需要通过完整的证据链来证明发生了什么。在这一点上,企业级数据库一般具备着完善的账户审计和日志功能。在遭到入侵之后,可以提供更多的信息以追溯入侵者的痕迹。但是往往这些数据处于动态之中,取证人员在数据库的操作上又不具备丰富的经验。因此取证人员在进行取证之前,应当首先确认电子数据获取目标。获取目标不仅限于数据库本身,作为载体的操作系统往往也能提供重要信息,如表 6.63 所示。

表 6.63 数据库取证目标

获 取 目 标	说　　明
数据库基本信息	包括数据库的类型、版本、存储位置等
易丢失数据	包括操作系统、数据库、内存和文件缓存中的信息
事物跟踪记录	数据库审计机制下跟踪信息的所有记录
数据库日志文件	记录数据库的操作信息,可以实现数据的恢复或者事务的回滚
数据库错误日志	记录数据库的错误信息,例如数据库重启、恢复、错误记录
操作系统日志	操作系统本身的审计日志,例如安全日志、应用程序日志等
数据库控制信息(Oracle)	包含维护和取证数据库一致性的信息
数据库数据文件	记录所有数据,例如表、索引
数据库临时表	记录临时数据、临时存储过程和操作
防火墙或入侵检测系统日志	架设在数据库服务器前的防火墙或入侵检测系统(IDS)是保护数据库的第一道屏障,如果有入侵行为发生,防火墙或 IDS 日志会保存有相关记录

4. 数据库取证的准备工作

(1) 工具准备

数据库取证在遵守取证规范和流程同时,也应当针对自身数据动态性和操作复杂性的特点,有针对性地准备相应的工具。目前,并没有专用的数据库取证工具。因此,目前的数据库取证仍然依靠个人分析与工具的结合使用。除了取证工具,数据库本身的命令和第三方管理工具,一样能达到获取固定证据的目的。数据库取证一般需要准备以下设备或工具:

① 镜像设备或工具;

② HASH 值计算工具;

③ 取证工具,例如 Encase、FTK,用于提取、分析操作系统的数据;

④ 数据库管理和维护工具。例如 SQLDiag、PSSDIAG/SQLDiag Manager、SqlNexus 等;

⑤ 一台运行相同数据库版本的计算机设备。用于重构数据库环境,恢复数据库。利用 SQL Server Management Studio 工具或者 ApexSQL Log 工具分析数据库数据。也可以利用 Fn-dblog、DBCC 等功能分析配置信息。

(2) 取证策略

桌面级数据库一般采取关机复制镜像,然后对镜像进行分析策略。这种方式可以确保桌面级数据库的元数据不会被篡改。

企业级数据库一般安装在服务器上,基本上要求 24×7 的运行,无法通过关机复制硬盘的策略来进行分析,同时入侵痕迹很有可能在内存中保留,因此关机进行检查是不明智的。如果入侵活动正在采取毁灭证据等不可逆的操作,当迅速地切断网络连接,使服务器处于离线状态,同时停止服务器上的入侵者运行的破坏性的程序进程。

需要注意的是，取证人员不能重新启动数据库，避免数据库为了实现日志和数据的一致性，自动按照活动事务日志回滚，会导致操作记录丢失。

6.13.6 数据库的在线取证

一般来说，只有企业级数据库始终处于在线状态。企业级数据库的专业化程度较高，操作复杂。一般的取证人员并不熟悉数据库的操作，因此企业级数据库的取证，一直是空白。在企业级数据库的取证中，建议采用以下步骤进行流程（以 MS SQL Server 2008 R2 为例）：

1. 确定取证目标的状态

（1）确定数据库的状态。包括系统是否还能够正常运行、能否使用原先的口令登录、数据库运行正常等、是否修改了配置。

① 确定服务器类型

MS SQL Server 是 Winsock 应用程序，它使用 Winsock 库通过 TCP/IP 进行通信。MS SQL Server 一旦启动就在特定端口上监听链接请求。MS SQL Server 的默认端口是 1433（可修改）。因此可以通过远程扫描开启 1433 端口来确定是否安装有 SQL Server。Oracle 的默认端口为 1521。

② 确定配置是否正常

MS SQL Server 入侵的典型特点是往往需要开启 xp_cmdshell。在 MS SQL Server 2005 之后"xp_cmdshell"默认是关闭的。Windows 系统允许使用"xp_cmdshell"命令运行 SQL 查询语句。"xp_cmdshell"被开启后，入侵者可以利用此命令运行 SQL 语句。"查看 xp_cmdshell 是否被开启是判断数据库是否被入侵的一个重要标志。xp_cmdshell"是否被开启可以用以下命令查看如图 6.172 所示。

Select * from sys.configurations

configuration_id	name	value	minimum	maximum	value_in_use	description
64	16387	SMO and DMO XPs	1	0	1	1	Enable or disable SMO and DMO X...
65	16388	Ole Automation Pro...	0	0	1	0	Enable or disable Ole Automation P...
66	16390	xp_cmdshell	0	0	1	0	Enable or disable command shell
67	16391	Ad Hoc Distributed ...	0	0	1	0	Enable or disable Ad Hoc Distribute...
68	16392	Replication XPs	0	0	1	0	Enable or disable Replication XPs

图 6.172 查询 xp_cmdshell 配置项

如果 value_in_use 值为"1"，代表 xp_cmdshell 被开启。

（2）确定系统账户和数据库账户的状态。包括是否有新的账户被加入，现有账户是否被提高权限。注意要配合跟踪系统日志和数据库日志来确定账户被加入或者提权的时间。通过以下语句查看数据库账户的建立和修改情况（见图 6.173）。

Select * from sys.database_principals where type = 'S' or type = 'U' order by create_date, modify_date

按照账户建立日期和修改日期列出系统中属性为 SQL 用户（'S'）和 Windows 用户（'U'）。在 MS SQL Server 2005 之前，只存储日期，没有时间，在 MS SQL Server 2008 之后，存储日期时间，自动格式化为北京标准时间。

	name	principal_id	type	type_desc	default_schema_name	create_date	modify_date
1	dbo	1	S	SQL_USER	dbo	2003-04-08 09:10:19.600	2003-04-08 09:10:19.600
2	guest	2	S	SQL_USER	guest	2003-04-08 09:10:19.647	2003-04-08 09:10:19.647
3	INFORMATION_SCHEMA	3	S	SQL_USER	NULL	2008-07-09 16:19:59.477	2008-07-09 16:19:59.477
4	sys	4	S	SQL_USER	NULL	2008-07-09 16:19:59.477	2008-07-09 16:19:59.477
5	MACBOOKPRO0A4E\MACBOOK	8	U	WINDOW...	MACBOOKPRO0A4...	2014-03-28 16:08:27.153	2014-03-28 16:08:27.153
6	##MS_PolicyEventProcessingLogin##	5	S	SQL_USER	dbo	2014-03-30 14:54:14.410	2014-03-30 14:54:14.410

图 6.173 查询数据库账户

（3）确定关键数据库和表。关键数据库指的是用于存储服务信息的用户数据库，而不是系统数据库。关键的表是数据库中存储重要信息的表，可能会包含配置信息、用户账户和重要数据。通过查看关键数据库或者表，可以确定数据库的数据是否被删除或者篡改。

从直观的角度出发，我们可以观察到 MS SQL Server 由若干数据库构成，如表 6.64 所示。

表 6.64 MS SQL Server 数据库结构

数据库类别	数据库名称	数据库描述
系统数据库	master	master 数据库记录 SQL Server 系统的所有系统级信息。主要包括实例范围的元数据、端点、链接服务器和系统配置设置以及记录了所有其他数据库的存在、数据库文件的位置以及 SQL Server 的初始化信息
	model	提供了 SQL Server 实例上创建的所有数据库的模板
	msdb	主要由 SQL Server 代理用于计划警报和作业
	tempdb	tempdb 系统数据库是一个全局资源，可供连接到 SQL Server 实例的所有用户使用，并可用于保存显式创建的临时用户对象、SQL Server 数据库引擎创建的内部对象，行版本数据等
用户数据库	db1/db2	用户自行定义，一般是取证的重点

可以通过以下命令确定表结构，如图 6.174 所示。

USE 数据库名
go
sp_tablecollations 表名
go

use 数据库名如图 6.175 所示。

go

	colid	name	tds_collation	collation
1	2	Name	0x0408D00000	Chinese_PRC_CI_AS
2	3	CardNo	0x0408D00000	Chinese_PRC_CI_AS
3	4	Descrlot	0x0408D00000	Chinese_PRC_CI_AS
4	5	CfTp	0x0408D00000	Chinese_PRC_CI_AS
5	6	CfId	0x0408D00000	Chinese_PRC_CI_AS
6	7	Gender	0x0408D00000	Chinese_PRC_CI_AS
7	8	Birthday	0x0408D00000	Chinese_PRC_CI_AS
8	9	Address	0x0408D00000	Chinese_PRC_CI_AS
9	10	Zip	0x0408D00000	Chinese_PRC_CI_AS
10	11	Dirty	0x0408D00000	Chinese_PRC_CI_AS

图 6.174 查询表结构

```
select top 100 * from 表名
go
```

	Na...	CardNo	Descriot	CtfTp	CtfId	Gender	Birthday	Address	Zip
1	陈...			OTH	010-116321	M	19000101	北京市海淀区苏州街3...	100080
2	贾...			GID	0282	M	19000101	河北省石家庄栾城县城...	051430
3	李...			OTH	010-125321	F	19000101	北京市海淀区蓝靛厂南...	100097
4	张...			OTH	010-130321	F	19000101	北京市三环东路11号北...	100029
5	曹...			OTH	010-142321	F	19000101	北京市丰台区定安东里...	100007
6	杨...			OTH	010-186321	F	19000101	北京市朝阳区大屯路风...	100101
7	戴...			OTH	021-044321	M	19000101	上海金桥出口加工区云...	201206
8	赵...			OTH	021-127321	M	19000101	上海市虹口区银欣路38...	200008
9	朱...			OTH	021-151321	F	19000101	上海莘庄光华路968号	201108
10	邬...			OTH	021-166321	F	19000101	上海市徐汇区虹桥路80...	200030
11	孙...			OTH	021-215321	M	19000101	上海市浦东新区张江中...	201210
12	王...			OTH	021-224321	F	19000101	上海市嘉定区封浜宝园...	201812

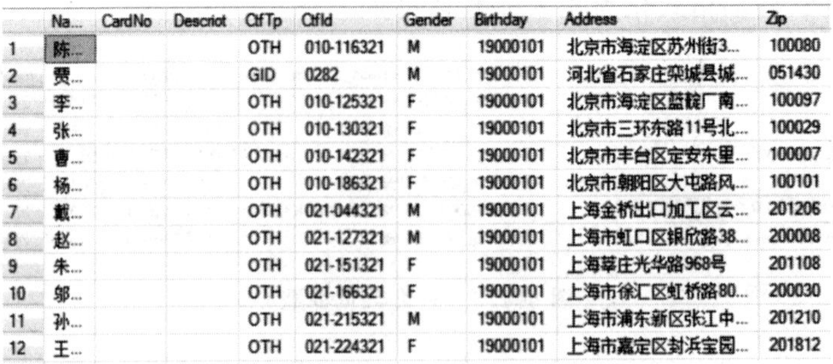

图 6.175　查询表内容

2. 获取数据库基本信息

不同厂家数据库的操作方法不同，即使同一厂家的数据库，不同版本的操作方法也有区别。通常一个操作系统中只有一个数据库，但是也会有多个数据库共存于一个系统中。取证人员应当了解目标系统中数据库的基本信息，包括类别、版本、文件目录等信息。

(1) 查询版本

MS SQL Server 数据库版本的查询方法：在查询界面中运行"Select @@VERSION"(适用于 MS SQL Server 6.5 以上版本)，如图 6.176 所示。

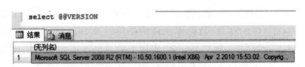

图 6.176　查询数据库版本

获取的信息为"Microsoft SQL Server 2008 R2 (RTM) - 10.50.1600.1 (Intel X86) Apr 2 2010 15:53:02 Copyright (c) Microsoft Corporation Enterprise Edition on Windows NT 6.1 〈X86〉 (Build 7601: Service Pack 1) (Hypervisor)"。其中不但有数据库的信息，还包括了操作系统的信息。

Oracle 数据库版本的查询方法：用客户端连接到数据库，执行 select * from v$instancs，查看 version 项。

(2) 查看数据库文件的保存位置

MS SQL Server 查看数据库文件的保存位置方法，如图 6.177 所示。

```
sp_helpdb 数据库名
```

例如"sp_helpdb rujia"

	name	db_size	owner	dbid	created	status	compatibility_level
1	dlwatest	2.81 MB	MACBOOKPRO0A4E\MACBOOK	10	04 14 2014	Status=ONLINE, Updateability=READ_WRITE, UserAcc...	100

	name	fileid	filename	filegroup	size	maxsize	growth	usage
1	dlwatest	1	C:\Program Files\Microsoft SQL Server\MSSQL10.MSS...	PRIMARY	2304 KB	Unlimited	1024 KB	data only
2	dlwatest_log	2	C:\Program Files\Microsoft SQL Server\MSSQL10.MSS...	NULL	576 KB	2147483648 KB	10%	log only

图 6.177　查询数据文件保存位置

sp_helpdb 是数据库引擎存储过程(Database Engine Stored Procedures)的语句。

3. 获取易丢失的数据

数据库取证时,数据库所在操作系统往往处于运行状态,其内存中保存了大量系统和数据库的缓存信息。如果允许联机检查,应当迅速利用工具对内存进行镜像,提取操作系统和数据的缓存数据。数据库的缓存信息有两种:一种为数据库直接管理的内存区域,这个区域可以通过数据库管理命令来进行分析或提取。另外一种为操作系统为数据库系统管理提供的缓冲,这种信息较难提取,可以利用内存取证工具来获取分析。例如可以通过数据库进程 ID 来获取数据库在内存中的运行空间。

在 MS SQL Server 中。Plan Cache 对象提供用于监视 SQL Server 如何使用内存来存储对象(例如存储过程、即席和准备的 Transact-SQL 语句以及触发器)的计数器。可同时监视 Plan Cache 对象的多个实例,每个实例代表一个要监视的不同类型的计划。通过跟踪 plan cache 数据,可以获取内存中的数据。

查看 plan cache 数据的 SQL 语句脚本(见图 6.178)

```
USE Master
GO
SELECT
UseCounts, RefCounts,CacheObjtype, ObjType, DB_NAME(dbid) as DatabaseName, SQL
FROM syscacheobjects
ORDER BY dbid,usecounts DESC,objtype
GO
```

	UseCounts	RefCounts	CacheObjtype	ObjType	DatabaseName	SQL
243	2	1	Parse Tree	View	NULL	CREATE VIEW sys.schemas AS SELECT s.name, schema...
244	2	1	Parse Tree	View	NULL	CREATE VIEW sys.schemas AS SELECT s.name, schema...
245	2	1	Parse Tree	View	NULL	CREATE VIEW sys.schemas AS SELECT s.name, schema...
246	2	1	Parse Tree	View	NULL	CREATE VIEW sys.schemas AS SELECT s.name, schema...
247	2	1	Parse Tree	View	NULL	CREATE VIEW sys.schemas AS SELECT s.name, schema...
248	2	1	Parse Tree	View	NULL	CREATE VIEW sys.schemas AS SELECT s.name, schema...
249	2	1	Parse Tree	View	NULL	CREATE VIEW sys.credentials AS SELECT co.id AS cre...
250	2	1	Parse Tree	View	NULL	create function sys.fn_helpcollations ( ) returns table as ...
251	2	1	Parse Tree	View	NULL	create function sys.fn_helpcollations ( ) returns table as ...
252	2	1	Parse Tree	View	NULL	CREATE VIEW sys.server_sql_modules AS SELECT objec...
253	2	1	Parse Tree	View	NULL	CREATE VIEW sys.identity_columns AS SELECT object_id...
254	2	1	Parse Tree	View	NULL	CREATE VIEW sys.dm_exec_connections AS SELECT * ...
255	2	1	Parse Tree	View	NULL	CREATE FUNCTION sys.dm_exec_sql_text(@handle varbin...
256	1	1	Extended Pr...	Proc	NULL	xp_fileexist
257	1	1	Extended Pr...	Proc	NULL	xp_sqlagent_monitor

图 6.178　查询 plan cache 数据

4. 跟踪记录

通常 MS SQL Server 实例安装后会开启一个默认跟踪(Default Trace)，这个跟踪会记录引起级别较高的重要信息。跟踪(trace)记录保存了数据库的各类操作信息，以便用户能根据文件内容来解决各种故障。跟踪记录的存在与用户是否设置跟踪策略有关。取证人员可以通过对跟踪记录的分析来发现信息。例如，取证人员可以通过跟踪记录的 SPID、Transaction ID 等信息，找到进行动作的用户，并跟踪这个用户所做的所有操作来发现篡改和删除。SQL Server Profile 是跟踪记录的图形化工具。跟踪记录保存在 MS SQL Server 安装目录的 log 目录下（例如 C:\Program Files\Microsoft SQL Server\MSSQL10.MSSQLSERVER\MSSQL\Log），图 6.179 是以"log_##.trc"的文件形式存在。

图 6.179　查询 trace 状态

确认 trace 是否被开启使用以下代码：

Select * from sys.configurations where name like '%trace%'

5. 获取数据库数据文件

数据库的数据文件是保存数据的主要载体，也是取证工作的主要目标。应当对数据的数据文件及其关联文件（例如日志），进行符合司法要求的获取。如果数据库无法离线，需要始终处于联机状态，应当使用备份功能，将数据库数据保存在备份文件（MS SQL Server 为"bak"文件），但是即使采用"完整备份"模式，也仅备份数据库本身，而不备份日志（虽然仅仅备份少量日志用于同步）；如果数据库处于离线状态，建议对整个硬盘空间进行物理镜像。无论哪种方式获取，都需要对获取的文件或镜像计算哈希校验值（MD5 或者 SHA-1）。

数据文件不允许直接在源服务器上进行取证，这样可能会导致数据被篡改。在获取数据文件后，应当重构数据库环境。在新的数据库环境中还原数据库，再进行取证。

数据库备份脚本：

```
go
USE master
go
BACKUP DATABASE dlwatest
TO DISK='d:\dlwatest.bak'
WITH init
go
```

6. 获取数据库日志和操作系统日志

数据库日志包括事务日志、错误日志、代理日志和控制日志；操作系统日志包括应用程序日志、安全日志、系统日志、IIS 日志。表 6.65 对日志进行分析，定位可疑行为。

表 6.65　数据库日志

名　　称	保 存 路 径	文　件　名
事务日志	Program Files\Microsoft SQL Server\MSSQL10_50.实例名\MSSQL\Data	Ldf
错误日志	Program Files\Microsoft SQL Server\MSSQL10_50.实例名\MSSQL\LOG	ERRORLOG.#(#为数字)
代理日志	Program Files\Microsoft SQL Server\MSSQL10_50.实例名\MSSQL\LOG	SQLAGENT.#
系统日志	%SYSTEMROOT%\Windows\system32\config\	SysEvent.Evt
应用程序日志	%SYSTEMROOT%\Windows\system32\config\	AppEvent.Evt
安全日志	%SYSTEMROOT%\Windows\system32\config\	SecEvent.Evt
IIS 日志	%SYSTEMROOT%\system32\logfiles\	ex+年末两位+月+日.log

(1) 获取事务日志

需要注意的是,企业级数据库系统出于性能上的考虑,会将用户的改动存入缓存中,又根据先写日志原则(Write Ahead Log),这些改变会立即写入事务日志,但不会立即写入数据文件。直到数据库的检查点发生,才会将已提交完成的事务所修改的数据从缓存中写入数据文件。所以取证人员对活动事务日志进行在线联机收集和分析,需要注意这些已经发生但仍未作用到数据库硬盘实际数据上的修改操作,以获取更多的线索和证据信息。

需要注意的是,为了获取日志、trace 文件而将数据库"断开连接"、备份数据库、日志等行为会导致事务日志截断,之前的事务日志灭失。

查看事务日志: dbcc log(dlwatest)(见图 6.180)。

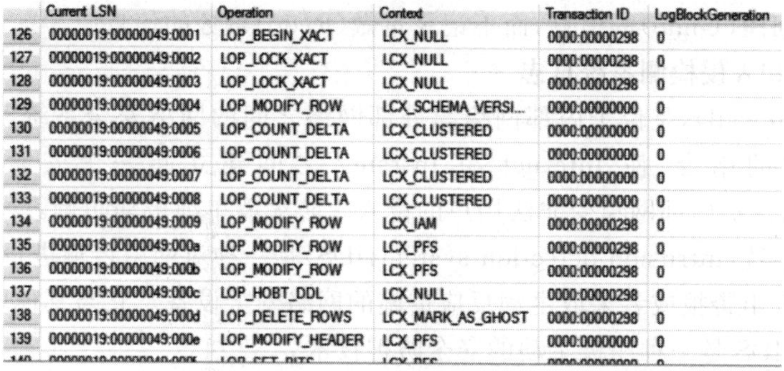

	Current LSN	Operation	Context	Transaction ID	LogBlockGeneration
126	00000019:00000049:0001	LOP_BEGIN_XACT	LCX_NULL	0000:00000298	0
127	00000019:00000049:0002	LOP_LOCK_XACT	LCX_NULL	0000:00000298	0
128	00000019:00000049:0003	LOP_LOCK_XACT	LCX_NULL	0000:00000298	0
129	00000019:00000049:0004	LOP_MODIFY_ROW	LCX_SCHEMA_VERSI...	0000:00000000	0
130	00000019:00000049:0005	LOP_COUNT_DELTA	LCX_CLUSTERED	0000:00000000	0
131	00000019:00000049:0006	LOP_COUNT_DELTA	LCX_CLUSTERED	0000:00000000	0
132	00000019:00000049:0007	LOP_COUNT_DELTA	LCX_CLUSTERED	0000:00000000	0
133	00000019:00000049:0008	LOP_COUNT_DELTA	LCX_CLUSTERED	0000:00000000	0
134	00000019:00000049:0009	LOP_MODIFY_ROW	LCX_IAM	0000:00000298	0
135	00000019:00000049:000a	LOP_MODIFY_ROW	LCX_PFS	0000:00000298	0
136	00000019:00000049:000b	LOP_MODIFY_ROW	LCX_PFS	0000:00000298	0
137	00000019:00000049:000c	LOP_HOBT_DDL	LCX_NULL	0000:00000298	0
138	00000019:00000049:000d	LOP_DELETE_ROWS	LCX_MARK_AS_GHOST	0000:00000298	0
139	00000019:00000049:000e	LOP_MODIFY_HEADER	LCX_PFS	0000:00000000	0

图 6.180　查看事务日志

DBCC 是 MS SQL Server 提供的一组控制台命令,功能很强大,掌握一些必要的语句,对操作数据库有不少帮助。

但是在大容量日志恢复模式下,删除动作可能不会被记录。同时在数据库关闭后,事务日志会被修改,有可能导致删除记录丢失。因此需要在数据库在线状态下备份日志。

日志备份脚本：

```
go
USE master
go
BACKUP LOG dlwatest
TO DISK='d:\dlwatest.bck'
WITH init
go
```

(2) 获取错误日志和代理日志

MS SQL Server 的错误日志文件 Error.Log 记录了一个进程成功完成与否，包括备份和还原操作，批处理命令或其他脚本和进程。MS SQL Server 每次重新启动，都会产生一个新的错误日志，原来的错误日志备份下来。MS SQL SERVER 错误日志记录为 ERRORLOG.♯（♯为数字）。错误日志默认保留最近的 7 个。除此之外，MS SQL Server 还有代理日志，文件名为 SQLAGENT.♯（♯为数字）。这些日志在数据库活动状态下无法获取，需要将数据库停掉后获取。

7. 分析数据库临时表

TempDB 是一个全局数据库，存储内部和用户对象还有临时数据、对象。MS SQL Server 数据库系统的临时数据库是其 TempDB 数据库，在一个 MS SQL Server 数据库中，只有一个 TempDB。Oracle 数据库系统的临时数据库在其 temp 表空间中。系统临时数据库的数据保存在物理硬盘上，而不是存放在内存中，不过这是暂时的，不是永久存储的，每次重新启动都会导致以前数据的丢失。取证人员可以通过 SQL 命令来联机收集和分析系统临时数据库中数据。系统临时数据库操作的事务也会记录在日志中，但临时数据库的日志仅仅记录事务回滚（Undo）的信息，而不记录重做（Redo）事务的信息。

8. 防火墙和入侵检测系统日志

防火墙（Firewall），是位于内部网络与外部网络之间的网络安全系统。它是一种计算机硬件和软件的结合，使 Internet 与 Intranet 之间建立起一个安全网关（Security Gateway），从而保护内部网免受非法用户的侵入。防火墙单纯被动防御。

入侵检测系统（intrusion detection system，IDS）是一种对网络传输进行即时监视，在发现可疑传输时发出警报或者采取主动反应措施的网络安全设备。它与其他网络安全设备的不同之处在于，IDS 是一种积极主动的安全防护技术。

无论是防火墙还是入侵检测系统，都实时记录网络数据传输情况。按照不同的策略将需要注意的情况记录在日志文件中。二者的日志都是默认开启的。

在实践中，可以利用数据库管理和维护工具来进行批量获取。例如 SQL Server Management Studio、SQLDiag、SQLNexus、Log Explorer 等。对于日志和 trace 记录，可以利用 SQLDiag 工具来批量获取以下信息。SQLDiag 是微软提供的一款用于获取数据库动态信息的工具。默认情况下，"sqldiag"工具必须被 Windows 管理员权限来运行。

SQLDiag 这个工具可以收集的信息有：
（1）Windows 事件日志
（2）SQLSERVER ErrorLog，以及 SQL 配置信息，一些重要运行信息
（3）SQL 曾经产生的 DUMP 文件
（4）服务器系统配置信息
（5）同时包含有系统和 SQL 性能计数器的性能日志
（6）服务器端 Trace

SQLDiag 工具默认安装在：C:\Program Files\Microsoft SQL Server\100\Tools\Binn（MS SQL Server 2008 R2）。

你可以使用另外两个 SQLDiag 自带的 XML 配置文件 SD_General.xml 和 SD_Detailed.xml，这两个 xml 文件跟 SQLDiag.exe 在同一目录下。应当使用命令"SQLdiag.exe/I〈configure_file〉/O〈output_directory〉"将结果转储到外置存储中，而应当保存在本地。

SQLDiag 必须在对数据库进行修改操作（例如备份数据库或日志）之前运行，才能获得数据库当前重要信息。

6.13.7 数据库离线取证

数据库离线取证技术，是指目标数据库处于非活动状态，通过分析其元数据（Metadata）或者重构数据库环境，来分析数据库内容的技术。数据库静态取证技术主要分为以下层次：

（1）对于直接可读的数据库，例如 Access、SQLite。可以直接分析其属性信息或者查看、查询其中数据。这种层次对于取证人员的要求最低。

（2）企业级数据库中并不是结构化数据，通过取证工具直接可视。对于企业级数据库的取证需要重构数据库环境，方可通过结构化查询语言对其内容进行查询。数据库重构是取证人员的必备技能，一般来说，数据库经过重构后，就可以顺利地查询数据。

（3）某些应用程序，例如 ERP（Enterprise Resource Planning 企业资源计划系统）、财务软件，数据的存储都是建立在企业级数据库上的，对这些软件的分析，不但需要重构数据库环境、还需要重构软件应用环境。这种层次不但要求取证人员有数据库相关知识，对于应用程序的架构和使用也要熟悉。

（4）数据库的信息被删除，需要恢复。这种情况需要根据数据库的特性来人工分析。这需要对数据库元文件进行数据恢复和提取。对于取证人员的要求很高。

一般来说，企业级数据库的离线取证需要注意以下问题：

（1）数据库的环境重构

重构数据库环境，可以使用两个办法重构数据库环境：一是使用复制盘，直接在复制盘上进行环境重构；二是使用虚拟机，在虚拟机中重构数据库环境。二者都不会影响到数据库文件的原始性。

数据库重构需要注意使用的数据库最好与源数据库的版本一致，或者版本高于源数据库以做到向下兼容。例如 MS SQL Server 2008 和 MS SQL Server 2008 R2 就是两个不同的数据库，MS SQL Server 2008 的版本号是 10.00.1600.1；MS SQL Server 2008 R2 的版本号是 10.50.1600.1。后者向下兼容前者。如果在 MS SQL Server 2008 上恢复 MS SQL Server 2008 R2 的数据库备份，将会产生错误。

某些情况下，数据库文件只有 MDF 文件，LDF 文件被人为删除或者损坏。例如黑客入侵案件中，为了销毁入侵痕迹，入侵者往往会直接删除 LDF 文件消除日志。这就需要掌握只有 MDF 文件的数据库还原。

只有 MDF 文件的数据库还原首选需要确定数据库文件的版本。较新版本的 SQL Server 创建的数据库，不能附加或还原到较早的版本。这个限制仅仅是因为无法知道新版本中有关文件格式的变化。如果将 MDF 文件导入一个错误版本的数据库中，出现出错信息。

（2）利用 SQL 提取数据

通过数据环境重构，数据库恢复到可用状态，数据库中的内容就可以正常读取了。这些内容往往是重要线索的来源。通过大数据的碰撞比对，可以关联出需要的信息。数据库是重要的载体，而 SQL 语句则是工具。

例如，在一个网络诈骗的案例中，犯罪嫌疑人虚构了一个著名在线购物网站的页面，诱导网民访问，网民输入用户名密码后，用户名密码就会被保存在数据库中。通过 SQL 语句，可以迅速地过滤出被害者的名单、访问地址、访问时间，如图 6.181 所示。

图 6.181 虚假购物网站的 BuyerData 表查询

6.13.8 小结

在大数据时代,数据库在各个方面会广泛应用。从最简单的存储有各种数据的表格到海量存储公众信息的大型数据库系统,这些数据库中蕴藏着丰富的信息。相对于非结构化数据,结构化的数据库在运行效率上占有优势,可以迅速有效地提取出对于侦查有效的数据或证据。

6.14 系统环境仿真取证

电子数据取证,按照取证的环境区分,可以划分为静态取证和动态取证。

静态取证是普遍使用的取证方式,是对"文件级"的电子数据的获取和分析,属于被动的取证方法。静态取证的缺点是无法获取"活动"的数据进行获取和分析。如果在现场发现实时运行的计算机设备,采用的是动态取证方法。

动态取证强调数据的实时获取,是主动的取证方法。动态取证利用工具实时获取或者监控运行的系统信息,提取有效数据,缺点是需要非常了解目标系统、针对取证环境要预先配置,对取证人员和工具要求较高。

电子数据取证人员,尤其是检验鉴定人员,更希望能够"实时"查看系统运行环境,以了解犯罪行为和直接后果,便于查找犯罪证据。这种模拟系统环境的取证称为"系统环境仿真取证"。系统环境仿真取证通过虚拟机技术实现对物理介质的迁移和转换,并在虚拟系统环境中实现对电子数据的动态取证分析。它集中了静态取证和动态取证的方法,将仿真技术运用于电子数据取证中,将静态的介质或者镜像,在写保护的前提下仿真启动,模拟出真实的系统启动环境。虽然无法获得现场内存中的数据,但是能够复现嫌疑人的系统状态。系统环境仿真对于黑客犯罪的侦查尤为有用。

6.14.1 虚拟机技术

虚拟机是利用虚拟化技术,将虚拟机中间层添加到宿主计算机系统与虚拟机系统之间,模拟实现处理器、内存管理单元、输入输出系统等计算机必备系统。对于用户,不需要增加硬件,就可以虚拟出一台功能完善的计算机。从应用程序的角度来看,应用程序都在某一特定的指令体系(instruction set architecture,ISA)或操作系统上运行,根本感知不到是运行在一台虚拟机上还是在一台实体计算机。目前全球主流虚拟化厂商有 VMware、Citrix、HyperV、OpenStack 等。

虚拟机技术分为完全虚拟化(fullvirtualizatio)和准虚拟化(paravirtulizatio)两种类型。二者的区别在于客体的操作系统指令体系(ISA)和宿主的操作系统指令体系(ISA)是否相同。对于电子数据取证,采用完全虚拟化技术的系统虚拟化方式具有很好的兼容性,而 VMware 属于采用完全虚拟化技术的虚拟机。

6.14.2 系统环境仿真取证原理

目前大部分的,系统环境仿真取证软件都是基于 VMware 虚拟机技术的。VMware 可以将系统镜像、物理存储介质和虚拟机进行虚拟化,可以实现物理机到虚拟机(P2V)、虚拟机到虚拟机(V2V)、镜像到虚拟机(I2V)的迁移。

虚拟机的镜像方式分为热镜像和冷镜像方式。其中,热镜像也叫做实时镜像或联机镜像,在源存储机制的操作系统运行状态下对源存储介质进行迁移转换。由于在转换期间 Converter Standalone 代理进程直接安装运行在开机状态下的源计算机中,使源存储介质系统的内存状态、网络状态和文件结构发生改变,对原始数据的唯一性和完整性造成破坏。因此生成的虚拟机不是源计算机的精确副本,只能作为在线取证使用,无法作为系统环境仿真使用。

冷镜像使用 Windows 预安装环境和 Converter Standalone 应用程序的光盘重新引导源计算机。冷镜像在转换期间源存储介质上不会发生任何更改,因此可以创建精确的镜像。利用冷镜像是系统环境仿真使用的主要技术。采用 Converter Standalone 的冷镜像技术能够保证原始硬盘的真实性和电子数据的完整性,符合电子取证的要求,可以作为现场取证的手段之一。

6.14.3 系统环境仿真取证实战

系统环境仿真支持基于硬盘的镜像和基于卷的镜像。基于卷的镜像是将卷从源存储介质复制到宿主计算机。源存储介质的卷在宿主计算机的虚拟机上会转换为基本卷。基于卷的镜像可在文件级别或块级别执行。基于硬盘的镜像会复制所有硬盘的所有扇区,为所有类型的基本硬盘和动态硬盘创建源存储的副本,并保留所有卷元数据,宿主计算机的虚拟机接收的分区类型、大小和结构与源存储介质完全相同。

目前,系统环境仿真取证软件,国外主要有 VFC 和 Liveview,国内美亚柏科、盘石等公司也有产品,对于国内的修改版的操作系统仿真比较有优势。某些系统环境仿真取证软件还增加了操作系统登录口令绕过功能。

系统环境仿真取证软件在虚拟驱动时,利用 VMware 的 Converter Standalone 组件会将源存储介质或逻辑卷镜像,并将该数据传输至目标虚拟硬盘来创建目标虚拟机。整个取证过程中,要利用写保护设备,防止虚拟机误写入数据。某些系统环境仿真取证软件在启动虚拟系统后,取证人员可以对仿真起来系统进行初步检查,例如日期和时间、硬盘分区情况、操作系统和版本、桌面文件、常用文件等信息一目了然,能够为取证人员提供最直观的系统情况(见图 6.182)。

系统环境仿真技术也有它的局限性:一是存储介质本质上还是静态存在,在取证中需要重新引导,如要获取正在运行的内存中的数据,只能在现场取证中进行获取,仿真后是无法提取到现场数据的;二是系统环境取证软件对于某些特殊的硬件驱动无法识别(如阵列

图 6.182 Liveview 仿真

卡的驱动)。同时也不是所有系统或者版本的登录口令能够绕过,需要利用密码破解技术破解登录口令才能进入虚拟系统中。

思 考 题

1. 对于取证目标的时间检查,需要注意哪些方面?
2. 复制文件的 M-A-C 时间是如何变化的?
3. C/UNIX 时间格式的"C9 8E 89 19"解析出来的时间是什么?
4. 访问时间具有完全的证据效力吗? 为什么?
5. Windows Vista 之后的用户目录是什么?
6. 休眠文件保存的路径和文件名是什么?
7. 国内外常见的浏览器有哪些(请列举出至少 4 个)?
8. 浏览器都具有哪些共同特点,记录了哪些数据信息?
9. 通过对浏览器进行数据分析,可了解哪些用户网络行为?
10. 注册表的组织结构分为哪三个部分?
11. 注册表的取证方法分为哪几种?
12. 安装信息在注册表中的哪个键值?
13. 电子邮件常用的三个编码标准是什么?

14. Windows 95/98/ME/NT/2K/XP 和 Windows Vista/7/2008 的回收站有什么不同？
15. 内存分析的主要工具是什么？
16. 事件日志主要分为哪几种？都有什么作用？
17. IIS 日志的默认保存位置是什么？
18. Mac OS 动态取证时应注意哪些问题？
19. Mac OS 硬盘镜像时，如何进入目标磁盘模式？
20. 常见的 Linux 发行版本都有哪些？
21. Linux 系统下的磁盘及分区命名与 Windows 系统有什么差异？
22. Linux 原生支持的文件系统都有哪些？
23. 请利用 GREP 语法查找监听 23 端口的进程。
24. 移动终端取证介质的涵盖范围是什么？
25. 移动终端取证与计算机取证的区别是什么？
26. 移动终端取证的原则是什么？
27. 移动终端的主要操作系统有哪些？
28. 移动终端的编码是什么？
29. 移动终端的取证流程是什么？
30. 移动终端的取证内容是什么？
31. 实际连接并访问一个 Android 设备，列出其目录结构，浏览其通话记录数据库。
32. Linux 下，Apache 的配置目录是哪个？
33. 查询"8.8.8.8"的 IP 信息。
34. 突破 Windows 登录密码的方式有哪几种？
35. Windows 和 Linux 下查询 MAC 地址的命令是什么？
36. Word 文档格式的元数据通常包含哪些信息？
37. 数字图像包含的数据有哪些（请列举出 3 种以上）？
38. 恶意代码有哪些种类（请列举出 3 种以上）？
39. RAID5 的校验方向有哪些？
40. NTFS 分区默认簇大小有哪几种？
41. 嵌入式硬盘录像机大多采用什么样的操作系统和文件系统？
42. 硬盘固件修复的常规方法有哪些？
43. 硬盘开盘的环境要求是什么？
44. 请列出主流数据库。
45. SQL 语言应用最多的三类语言是什么？
46. 数据库取证的层次有哪些？
47. 虚拟机的镜像方式分为哪几种？各自有什么特点？

第 7 章

电子数据勘验和检查

本章学习目标

- 电子数据勘验和检查的基础知识
- 网络犯罪现场和传统犯罪现场的区别
- 电子数据勘验检查与鉴定检验的联系和区别
- 电子数据勘验和检查的原则
- 电子数据现场勘验的基本流程
- 提取易丢失数据的方法
- 在线分析的原则
- 固定证物的方法
- 勘验笔录的制作

勘验、检查是刑事诉讼法规定的重要侦查[①]手段。勘验、检查产生的笔录是刑事诉讼法规定的证据类型[②]之一。因此勘验、检查是在刑事诉讼过程中利用侦查手段固定犯罪证据的过程。目前,犯罪现场留存的电子设备和电子数据越来越多,电子数据勘验、检查已经成为侦查破案重要环节之一。这项工作做得充分,可以为案件的侦办打下良好基础,否则会导致关键证据灭失,造成不必要的周折和损失。

7.1 电子数据勘验和检查概述

世界各国警方都对勘验和检查高度重视,制定了符合本国现实要求的勘验和检查规范和方法。作为网络犯罪最为猖獗和电子数据取证技术最为发达的美国,很早就开始着手制定相应的电子数据勘验和检查规则。经过多年的学术探讨,综合了多方的意见,美国司法部 2001 年颁布了《计算机犯罪现场勘验——初始响应指南》,目前已经更新到第二版[③],是指导所有执法人员(无论是专业的还是非专业的)进行电子数据勘验和检查的权威手册。英国首席警官协会(Association of Chief Police Officers,ACPO[④])也颁布了《计算机证据实践指导

---

① 《中华人民共和国刑事诉讼法》第二编第二章第四节"勘验、检查"。
② 《中华人民共和国刑事诉讼法》第一编第五章第七条"勘验、检查、辨认、侦查实验等笔录"。
③ Electronic Crime Scene Investigation: A Guide for First Responders, Second Edition
④ http://www.acpo.police.uk,ACPO 已经改组为 NPCC(National Police Chiefs' Council)

第二版》①,对电子数据勘验和检查提出指导意见。

我国公安部于 2005 年颁布了《计算机犯罪现场勘验与电子证据检查规则》;目的在于规范公安机关计算机犯罪勘验和检查程序,保证计算机犯罪勘验和检查的规范性、提取证据的真实性、客观性和完整性,防止因为过程不合法而导致最终结果不能被法庭采信或者结果错误。以准确、及时查明犯罪事实,惩罚犯罪分子,保护公民合法权益。随着网络犯罪与传统犯罪的逐渐融合,这一规则已经普遍适用于保存有电子数据的所有犯罪现场的勘验和检查。

《计算机犯罪现场勘验与电子证据检查规则》规定,电子数据现场勘验和检查,应当由县级以上公安机关网络安全保卫部门负责组织实施。必要时,可以指派或者聘请具有专门知识的人参加,电子数据勘验和检查不得少于二人。勘验现场和检查时,应当邀请一至两名与案件无关的公民做见证人。电子数据现场勘验和检查指挥员应当由具有计算机犯罪现场勘验专业知识和组织指挥能力的人民警察担任。重大、特别重大案件的勘验和检查工作,指挥员由案发地公安机关负责人担任。必要时,上级公安机关可以直接组织指挥电子数据现场勘验和检查工作。

根据我国刑事诉讼法关于证据的规定,"勘验、检查、辨认、侦查实验等笔录"属于法定的证据形式。因此,电子数据勘验和检查生成的笔录可以作为证据使用。

电子数据勘验和检查按照工作对象和环境的区分,分为现场勘验、远程勘验②、证物检查。

7.1.1 网络犯罪现场和传统犯罪现场的区别

在传统犯罪中犯罪嫌疑人会留下指掌纹、足迹、DNA、凶器等痕迹和物证。这些痕迹物证是侦查办案的依据之一。

在网络犯罪中,犯罪嫌疑人使用计算机、网络、手机等智能终端设备时在虚拟空间中也会留下相关的犯罪痕迹和侦查线索,与传统犯罪现场相比,遗留的线索和证据材料多是以电子数据的形式存在。这些电子数据容易被修改或删除,并且不易找到其改变的痕迹。网络犯罪现场与传统犯罪现场的区别。

1. 现场范围不同

传统犯罪现场的范围一般与犯罪行为的物理活动范围一致,如入室盗窃、交通肇事、杀人现场等。因此传统犯罪现场的范围比较好确定。

网络犯罪现场由于可能是一台计算机、一台手机、一个局域网甚至一个大型网络,可能会涉及多个地域。犯罪嫌疑人的物理活动范围和涉案电子设备的物理地址有可能是分离的,比如嫌疑人在国内,网络赌博、网络色情的服务器托管地在国外的情况。

---

① Electronic Crime Scene Investigation: A Guide for First Responders, Second Edition
② 由于网络环境的虚拟性,有理论认为远程勘验是一种特殊的现场勘验形式。

2. 勘验检查主体不同

传统犯罪现场勘查的人员,一般由刑侦部门指挥员、侦查人员、刑事技术人员和发案地区民警、巡警或单位内保人员组成。

网络犯罪现场勘验的人员,按照案件分工和管辖不同,由网安部门指挥员、电子数据勘验人员和具有网络技术特长的专家组成,其他警种部门为辅。

随着电子数据越来越多的在传统犯罪现场出现,传统犯罪现场和网络犯罪现场对于电子数据的需求基本统一,电子数据已经成为重要的线索和证据来源。因此,任何类型的犯罪现场,可能都会进行电子数据勘验和检查。其参与的部门会包括网安部门、刑侦部门和其他业务警种部门。

7.1.2 电子数据勘验检查和鉴定检验的联系和区别

电子数据勘验检查和鉴定检验是侦查办案不可或缺的重要手段,是公安机关打击各种犯罪活动,侦破各种案件的线索和证据来源。电子数据勘验检查和鉴定检验具备以下共同点:

(1) 二者的法律地位相同,都是法律认可的诉讼证据。根据《中华人民共和国刑事诉讼法》[①]关于"证据"的规定:"勘验笔录"和"鉴定意见"具备相同的证据效力。重"鉴定意见"、轻"勘验笔录"的倾向是不可取的,因为现场勘验不但可以获得第一手的线索利于侦破,更会固定最有价值的证据以利于法律诉讼。

(2) 二者同样遵循物质交换(转移)原理[②]。电子数据勘验检查和鉴定检验使用的技术和原理与鉴定检验基本一致,都是电子数据取证技术。

电子数据勘验检查和鉴定检验在证据效力和技术的同一性,使得我国的执法部门出现这样的现象:具备专门电子数据取证技术的人员数量较少,一般由隶属于一个部门,因此他们参与到整个案件侦破活动中。即参加到侦查活动中,又从事鉴定和检验工作。这就是所谓的"自勘自鉴"、"自鉴自侦"。这不但违反了相关执法程序,还不可避免的影响到司法公正。应当明确电子数据勘验检查和鉴定检验的区别:

1. 二者的任务不同

从实践角度讲,电子数据勘验和检查倾向于为侦查服务,而鉴定检验倾向于为诉讼服务。电子数据勘验检查多应用于刑事案件;鉴定检验多应用于刑事诉讼、行政诉讼和民事诉讼。

2. 二者的实施主体不同

现场勘验法定主体是侦查机关的技术人员。刑事诉讼法第一百二十六条规定:"侦查人员对于与犯罪有关的场所、物品、人身、尸体应当进行勘验或者检查。在必要的时候,可以

---

① 《中华人民共和国刑事诉讼法》第一编第五章"证据"。
② 洛卡德交换(转移)原理(Locard Exchange Principle)。

指派或者聘请具有专门知识的人,在侦查人员的主持下进行勘验、检查。"此条款明确规定了勘验检查的主体是侦查人员。由于电子数据勘验检查的技术性,从事电子数据勘验取证的侦查人员一般是具备电子数据取证专业知识和技能的技术人员[①]。其他人员不具有独立从事犯罪现场勘验的主体资格。

鉴定检验的主体是鉴定人或检验人,鉴定人应当具备"独立、公正"的地位,是由取得鉴定资质认定的技术人员担任,不应当参与到侦查活动中,即具有鉴定资格而不享有侦查权(勘验权)的技术人员。检验人参考鉴定人管理。

3. 二者的工作对象和目的不同

勘验检查的对象主要为现场存留的电子设备和数据,这些数据具有鲜活、丰富的犯罪信息和证据。时间要求比较高,要求通过勘验检查可以迅速有效的提取出这些信息,分析出线索,为案件侦查提供方向,做到"勘侦合一",提高侦查效率,缩短侦破过程。鉴定检验的时效要求不像勘验检查那么急迫。鉴定检验是为了查明案情、解决案件中专门的问题,面对的是封存的电子设备和数据,主要的目的是形成"证据链",首要是"公正性"的证明犯罪事实,作为"第三方"提取证据,为案件侦查和法律诉讼服务。

7.1.3 电子数据勘验和检查的原则

由于电子数据具备"虚拟性"、"易失性"等特点。在勘验和检查时,应当遵循以下原则:

1. 合法性原则

勘验和检查是侦查过程的一个关键过程,是司法实践中的重要环节,必须依法开展。勘验和检查,必须是得到合法授权和许可的前提下进行。整个勘验和检查过程必须是受到监督的。勘验和检查必须严格依照法律法规和相关规定执行,坚决杜绝"重结果"、"轻程序"的错误做法,确保勘验和检查的合法性。

2. 及时原则

勘验人员接到通知后,应当立即赶赴现场,快速开展勘验工作,尽早地搜集整理证据,能够得到第一手的信息,及时全面地收集证据,防止电子数据因时间因素或环境变化而灭失。

3. 完整性原则

勘验和检查的操作不能改变或破坏证据,尽可能少的改变系统状态,在不对原有系统进行任何改动或损坏的前提下提取数据。必须保证"证据连续性"或证据链的完整性,即在电子数据提交鉴定和检验时,必须能够说明在证据从最初的获取状态到在鉴定和检验之前状态之间的任何变化,当然最好是没有任何变化。

4. 客观性原则

勘验和检查要坚持实事求是的科学态度,获取的电子数据等证据材料必须是现场客观存在的,不是无关人员或因素影响产生的,并且在勘验笔录中的分析评价要防止主管臆断。

---

① 《计算机犯罪现场勘验与电子证据检查规则》第六条。

收集的证据、得出的分析结论必须符合网络犯罪现场的客观实际,具有真实可靠性。

5. 全面性原则

勘验和检查必须全面勘验,防止漏洞和片面性。对案情复杂的网络犯罪现场,必要时可重复勘验,以减少工作中的失误和遗漏,做到该发现的一定要发现,该提取的一定要提取。不仅要收集直接证据还要收集间接证据,保证据材料相互印证,而且还要应当收集证明犯罪嫌疑人有罪或者无罪的各种证据,确保准确认定犯罪事实,不枉不纵。

7.2 电子数据现场勘验

传统案件,现场勘验的目标主要是痕迹物证,例如血液、足迹、指掌纹等。随着电子设备的普及使用,犯罪现场的电子数据成为现场勘验的新的目标,也成为线索和证据的一大来源。

电子数据现场勘验,是指在犯罪现场实施勘验,以提取、固定现场存留的与犯罪有关的电子数据、电子设备、传统证物和其他信息。

电子数据现场勘验中,勘验人员面对的是动态、易失的证据。操作不慎就会导致证据的丢失、损坏。所以,现场勘验必须要精心做好准备工作,严谨认真的获取证据,安全可靠的保存证据。以利于下一步的侦查和鉴定检验工作的开展。

7.2.1 电子数据现场勘验的任务及组织

公安机关受案后,第一要务是判明案(事)件的性质,在案件现场发现、获取的信息属于第一手资料,通过电子数据现场勘验发现获取的电子数据对于判断案件性质非常重要。

电子数据现场勘验的任务是发现、固定、提取与犯罪有关的电子数据及其他信息,记录现场情况,判断案件性质,分析犯罪过程,确定侦查方向和范围,为侦查破案、案件诉讼提供线索和证据。

公安机关受理案件或发现涉案现场后,应立即核实情况。在现场核实情况时,应注意不可随便进入现场。盲目进入现场,会导致对现场的一定程度的破坏。尤其是网络犯罪现场,涉案电子设备如果仍然联网,可能随时改变介质中的数据等证据,任何不必要的操作和延误都会带来无可挽回的损失。根据公安机关的有关规定,发案地公安部门应当妥善保护犯罪现场和证据,控制犯罪嫌疑人,并立即报告公安机关主管部门。主管部门根据案件现场的实际情况,确定现场勘验的主体和工作顺序。例如现场足迹、血液、指纹等易被破坏的物理信息一般首先由刑事现场勘验人员提取,电子数据随后由网安现场勘验人员提取。执行勘验的技术人员接到通知后,应当立即赶赴现场。

7.2.2 电子数据现场勘验的流程

根据各国警方多年的实践经验,目前公认的电子数据现场勘验主要包含以下阶段:

- 勘验准备。
- 保护现场。
- 搜查证物。
- 提取和固定数据。
- 证物的运输和移交。

1. 勘验准备

勘验准备是进入现场之前，对现场的环境进行分析，提前设置预案，指定勘验策略。同时指定勘验人员和配备专业设备，为顺利完成现场勘验打好基础。勘验准备要求在最短的时间内完成，要考虑现场出现的多种情况，预案越完善越好。勘验准备主要分以下几个部分：

(1) 了解现场情况

在准备勘验时，勘验部门必须做到对案(事)件情况和犯罪现场的充分了解，这才可以保证勘验人员配备相应的工具和设备去进行勘验。对案(事)件情况和现场布局了解的越清楚，现场勘验准备工作就做得越好。侦办部门应当派遣了解案(事)件情况的人员与勘验部门充分沟通，不负责任的敷衍或者以保密为由隐瞒案(事)件情况只会导致现场勘验的效果大打折扣甚至无法提供有效的线索和证据。

了解现场情况时，要重点获取以下信息：

- 案(事)件类型和基本情况。
- 嫌疑人基本情况。
- 网络拓扑情况。勘验目标是单机、LAN还是WAN，网络集中在一个区域内，还是在多个区域内。
- 设备的持有人和使用人情况。
- 设备的类型、数量和基本情况。是计算机、笔记本还是智能终端，设备的存放位置。
- 设备是开机状态还是关机状态。
- 操作系统、访问口令和取证目标数据。例如经济类案件侧重提取文档和账目、入侵类案件侧重提取恶意代码和木马等。
- 是否加密，或者试图作未经授权的访问，是否会损毁信息。

如果案(事)件现场情况不甚明确或者情况紧急，就需要到现场进行现场情况的评估。

(2) 制定勘验策略

在平时的培训中主要注意根据不同现场制定不同的预案。在现场勘验之前，根据实现准备好的预案选择适合的勘验策略，并实时根据实际情况进行修正，没有一个可以适用于所有案件的勘验策略。例如黑客攻击和开设色情网站的勘验策略截然不同，而Windows操作系统的勘验策略和Linux系统的勘验策略也不会一致。勘验策略直接决定着勘验过程和勘验结果。勘验策略包含现场可能遇到的证据类型、证据检查顺序、处理突发事件的方案等。勘验策略非常重要，可以完整迅速地获取线索和证据。

(3) 配备勘验人员

根据勘验策略确定进入现场的人员数量和能力,现场勘验人员应当具备现场勘验的专业知识和技能,确信进入现场人员都了解证据的类型以及处理方法,防止有人因为有意或者无意的操作破坏证据,例如盲目移动、开关计算机系统设备而导致计算机内存储存的数据丢失。

现场勘验人员一般由指挥员、电子数据提取人员、记录员、摄像/照相员组成,必要时可以邀请相关专业人员参加,现场勘验由指挥员统一指挥。《计算机犯罪现场勘验与电子证据检查规则》规定,对计算机犯罪现场进行勘验不得少于二人。现场勘验必须一至两名与案件无关公民做见证人,公安司法人员不能充当见证人。

(4) 法律授权

现场勘验必须受到法律的授权,除了勘验笔录,应当携带符合规定的必要法律文书,如搜查和扣押法律手续。作为一个执法人员,其行动获得法律的承认和保护是必须要的。

(5) 配备勘验工具

根据勘验策略配备现场勘验设备、各种接口、拆卸工具、证据标签、封条、照相机、摄像机等。现场勘验工具应该适应现场情况,并尽量做到备份。以防止设备故障导致勘验中断。现场勘验设备一般由便携式介质取证设备、智能终端取证设备、便携式高速复制设备、不拆机硬盘复制工具、勘验工具等组成。

- 便携式介质取证设备。配备各种存储介质只读接口,方便地将目标介质或复制盘进行快速取证和分析,同时保证目标介质不被篡改,以保证勘验过程的司法有效性。
- 智能终端取证设备和电子信号屏蔽设备。能够对手机等智能终端机身存储、SIM卡、存储卡等设备和介质进行识别、发现和提取其中的电子数据证据,支持Android、iOS、WM、Symbian等主流智能终端操作系统以及山寨手机。
- 便携式高速复制设备。能够将存储介质中的数据逐比特位进行镜像。对不能停止运行的系统,不拆机硬盘复制工具能在短时间内完成对现场数据的备份工作。
- 勘验工具包括拆卸、维修工具。如螺丝刀、钳子、手电、后备电源、物证袋、硬盘专用保护设备等。

上述设备可以集成在一个勘验取证箱中以便于携带,也可以集成到现场勘验车上以方便现场勘验。

2. 保护现场

在准备工作做好后,电子数据现场勘验人员就可以进入现场,开始现场勘验工作。首先要进行现场的保护和确认工作。

(1) 现场的确定

在前期了解的情况基础上,通过对知情人的询问、讯问、走访和调查,设法获取现场尽可能多的信息,迅速确定案发范围。如计算机及外设的数量和类型、操作系统类型、网络拓扑、使用人等。网络犯罪具有其特殊性,其犯罪现场一般是由其犯罪结果显现的计算机或被侵害的对象犯罪所决定的。不仅存在于物理空间内,还包括虚拟空间。有时候犯罪的范围可以延伸到整个互联网,例如 DDOS 攻击事件。除了通过受害人、受害单位确定网络犯罪现场,还要求证人、犯罪嫌疑人配合协作。现场的确定可以通过以下几种方式迅速确定:

- 被害人、犯罪嫌疑人居住、停留的现场。例如被害人的住所,犯罪嫌疑人租用的房间。
- 调查走访确定的现场。例如:网络犯罪案件是内部人员作案。通过调查走访,使用由案到人,再由人到案的侦查思路最后确定实施犯罪的现场。
- 伪装的现场。为了逃避打击,嫌疑人往往会使用一些伪装手段。现场勘验时要注意查看网络、电缆、电源等线路的连接走向,查看是否有通过这些线路连接到其他地理位置(比如房屋中隐蔽的角落或者隔壁的房屋)。现场勘验时要注意查看是否有无线局域网或其他无线网络连接方式,如果有则必须了解这些无线连接方式可能覆盖的范围以及可能通过无线网络接入该目标网络的主机情况和人员情况。必要情况下要搜查可能通过无线局域网络接入到该目标网络的主机。例如:在某地发生的网络赌博案件,侦查人员顺线追踪到运行网络赌博软件的服务器时,却发现犯罪嫌疑人没有在该房间内,而是通过 WiFi,在对面的楼房内操纵网络赌场。
- 通过作案工具确定网络犯罪现场。例如:在网络攻击案件中,通过截获的嫌疑人使用的数据包或者通过分析嫌疑人使用攻击工具的情况,了解其发动攻击指令的 IP 地址从而确定实施犯罪现场。

犯罪现场的确认对于确定电子数据勘验的犯罪有着非常重要的作用,直接决定了电子数据获取的完整性和有效性,指挥员与勘验员应当仔细判断。

(2) 现场的保护

在现场确定后,应当迅速进入现场,对现场进行保护,防止犯罪嫌疑人、侦查人员故意或无意破坏现场的证据,如图 7.1 和图 7.2 所示。划定保护区域,封锁整个计算机区域,包括通信线路和供电区域。开始划定保护范围时,应适当扩大现场保护范围,划出警戒线,安排人员监视。

图 7.1 某现场犯罪嫌疑人故意损毁的笔记本计算机

图 7.2　某现场犯罪嫌疑人故意损毁的硬盘

勘验人员应该迅速确定现场网络环境（路由器、服务器的位置、是否有无线网络），除非是确定需要不切断网络连接来获取进一步的犯罪线索，否则必须迅速果断的切断网络，阻止犯罪嫌疑人与外界联系，同时防止远程破坏证据。

确保现场人员与警方合作，严禁继续操作计算机设备。确认犯罪嫌疑人并带离现场，严密检查随身携带物品，尤其是电子设备如闪存盘、PDA、移动电话等，对其扣押并登记，记录所有人的位置和工作状态。随后有秩序地让其他人员撤离现场，禁止任何无关人员进入现场。

（3）维持现场状态

所有的电子设备都需要电源才能正常运转。大型的网络环境需要专人看管供电设施，防止人为断电，笔记本和手机等智能终端在低电量时也需要连接外接电源维持正常运行。嫌疑人可能通过切断电源的方式破坏数据，在现场勘验时要将嫌疑人控制在不可能接触任何电源开关的区域。

如果电子设备（包括计算机、手机、打印机、传真设备等）已经关闭，不要打开该电子设备；电子设备已经打开，不要关闭该电子设备。

计算机在长期不使用的情况下，显示器可能处在节电模式（黑屏状态），或者用户可能临时关闭显示器，而计算机却正在运行之中。在现场勘验时确认计算机是否正处于运行状态。首先观察显示器电源是否打开，如果没有打开，打开显示器电源。如果屏幕处在黑屏状态，移动鼠标或者按 Ctrl 键以激活计算机。如果还没有响应，要确认机箱中风扇是否转动，是否还有其他的启动按钮。

（4）保护电子数据

现场勘验过程中要禁止任何非现场勘验人员接触计算机、电源、网络设备和数字化证据设备。必要情况下可以在保密的前提下向在场人员索取登录口令、解锁口令，了解应用程序的功能等相关信息，但必须禁止在场人员直接操作计算机。

如果设备正在进行影响数据安全的动作，例如操作系统正在实施整理硬盘、格式化硬盘、批量复制信息、批量下载信息、杀毒等可能大量访问存储介质的操作，数码摄像机正在摄像、录音设备正在录音,要立即中止这些操作。

在现场勘验时要评估嫌疑人是否具备一定计算机水平进行毁灭或者隐匿证据。在现场勘验中不应听从这类嫌疑人的建议实施操作,因为其提供的操作方法有可能会导致证据损毁。

(5) 记录现场

对整个犯罪现场全貌进行拍照和录像,然后是现场局部和细部的记录。局部和细部记录需要注意计算机的开关机状态、屏幕显示的重要内容、外接设备情况、网络连接情况、一些特殊性序列号和标志。

在拍摄过程中应该保持系统各种电缆的连接。在某些情况下需要断开电源再进行拍摄,并记录下当时设备的状态(开关状态、屏幕状态等),同时绘制犯罪现场图、网络拓扑图,为今后模拟和犯罪现场还原提供直接依据。

(6) 进行初步调查访问

侦查人员在执行保护现场任务的同时,应当配合勘验人员,充分利用案件知情人、报案人、现场发现人对案件情况记忆犹新的有利条件,进行询问,了解情况。由于一部分网络犯罪案件是内部人员作案,询问时应注意方式方法。

3. 搜查证物

搜查证物的目的是发现所有可能与案(事)件相关的设备。除电子设备,(例如计算机外)还包括各种存储设备、日志、访问记录、监控录像、书证(包括证人证言)。在搜查证物时要向系统管理人员询问各个存储介质是否有相应的备份系统。在案发时到勘验人员到达现场过程中是否更新过系统中的硬件(比如更换硬盘),要注意追查原有硬件设备的去向。勘验人员应该对现场情况拍照、摄像存档待查、同时对现场发现的证据记录、封存。

(1) 搜查电子数据存储设备

由于存储设备体积可能很小,嫌疑人身上(比如衣服、包中)可能携带有重要的存储设备(比如存储卡等),在控制现场时要优先搜查嫌疑人身上携带的设备,防止嫌疑人隐匿或者破坏这些证据。

搜查所有可能存储有电子数据的设备,一般包括(不限于)计算机、移动存储介质包括优(U)盘、移动硬盘、ZIP 盘、软盘、光盘、存储卡(如 SD 卡、CF 卡、记忆棒等)、手机、备份磁带、数码相机、数码摄像机、数码录音笔、GPS、智能卡、磁卡等。

(2) 搜查附属设备

电子设备往往包括连接线、外接设备。搜查电子设备时必须收集这类附属设备。例如发现特殊的存储介质(如特殊的存储卡),要注意搜查该存储介质的读写设备。反之,如果发现存储介质的读写设备(比如存储卡或智能卡读写器、数字录音设备等),要注意搜查与该读写设备相关的存储设备。

(3) 其他证据的搜查

调查中要注意搜查嫌疑人使用的笔记本、纸张等记录信息,嫌疑人可能会将账号、口令、联系人信息等与案件相关的信息记录在这些地方。

4. 提取和固定数据

电子数据现场勘验提取和固定数据时,要遵循先提取,再固定的顺序。电子设备可能被用作犯罪工具、作为犯罪目标或是赃物,或者是电子设备内含有大量与案件相关的信息,就需要提取数据作为检材。

1) 提取数据

如果在案件中电子数据可能是用于证明犯罪的证据,或者电子数据是非法占有的,这时候提取的焦点是电子设备内的电子数据,而不是硬件本身。提取电子数据通常有两种选择:复制全盘或者是仅仅复制需要的电子信息。选择哪种方式主要根据案(事)件情况和侦查需要决定。

现场可以提取的电子数据分为动态和静态两种。动态的称为易失性数据,易失性数据指当前计算机系统中正在运行的或者驻留在内存中,一旦关闭电源就会丢失的证据。易失性数据包含了大量对于案件侦破有帮助的信息,应该在保证不破坏硬盘原有数据完整性的前提下提取,这一过程称为易失性数据提取。静态数据指的是在电源关闭时保存在磁介质上或者电介质数据,通常这类数据包含有各种信息,通常采取位对位复制的方式来镜像保存,以防止数据被修改。如果计算机处于开机状态,应该先提取易失性数据。

易失性数据从字面意思理解是指取证过程中容易灭失的证据。在电子数据取证中,在硬盘、光盘等永久存储介质中以文件形式存在的数据能够保存较长的时间,在系统内存中暂存的数据是动态变化的,在系统关机后消失,难以提取,因此容易灭失。易失性数据往往包括计算机系统运行期间,与系统运行及登录用户相关的当前系统状态信息,常见的易失性数据包括:系统时间、当前登录用户、网络连接状态、系统运行进程、系统服务及驱动信息和共享信息等。

如果计算机处于开机状态,计算机开机时的屏幕显示的内容、正在运行的程序、正在编辑的文档、内存中的数据(包括进程、已加载的服务和驱动等)、缓存中的数据、登录信息、网络信息(包括网络连接状态、正在浏览的网页、网络共享、即时聊天等社交软件的内容和状态)、系统时间、日期和时区信息等这些都是非常有价值的数据,应收集固定。这些数据汇总,可见数据一般采用拍照或者录像方式提取,不可见数据使用在线提取工具提取。

易失性数据提取流程:

提取易失性信息要求快速准确,防止操作时间过长信息发生改变,同时应注意避免误操作导致证据损坏。应提前准备好工具,制定提取顺序。

(1) 提取时间信息

时间是取证的基准。在任何情况下,对于任何有内置时钟的设备,都必须记录该设备当前时间、时区设置以及系统时间与北京时间的误差。尤为重要的是,需要在进入现场和退出现场时两次提取时间信息,以防止整个勘验过程影响时间信息。

在计算机系统中,有相应的硬件部件,负责维护系统的日期和时间,一般的计算机系统是 CMOS 里的时钟,系统关机后该时钟依然运行,由系统的主板电池为其供电。基于主板石英晶体振荡器频率工作,在启动系统后,系统从该时钟读取时间信息,之后独立运行。

① 系统 BIOS 时间的查看方式。进入 BIOS 的方法根据不同的 BIOS 类型而不同(如表 7.1 所示),一般根据开机时提示操作如图 7.3 所示 AwardBIOS 即可。

表 7.1 BIOS 进入方法

BIOS 类型	快 捷 键
Award	DEL
AMI	DEL 或 ESC
Phoenix	F2

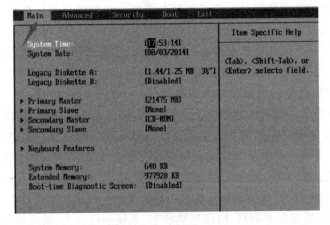

图 7.3 Award BIOS 时间

② Windows 系统运行状态下查看时间的方式。在右下角双击"时间",在图 7.4 所示,其中"时间和日期"就是当前的时间,"时区"就是系统设置的所在国家地区,"Internet 时间"就是网络时间,可以与网络时间同步。

③ 命令行下查看时间。在 Windows 和 Linux 系统中,可以利用"DATE[/T | date]和 TIME[/T | time]"命令行查看时间。

(2) 提取屏幕信息

原则上不允许使用截屏工具和屏幕录像工具对屏幕信息进行获取,因为会破坏原有信息。必须使用数码或光学照相机逐项拍摄屏幕上显示的内容。

拍摄的照片必须能够清晰显示重要的证据信息。比如用户正在使用的聊天软件上显示的账号和聊天窗口、用户正在浏览的页面以及该页面上显示的账号信息等。如果应用程序的当前配置信息在关闭计算机后会丢失,则应该打开相应的配置页面,拍摄显示的配置信息。

(3) 重要信息的提取

系统或者应用程序在当前内存中可能保留有重要的证据,比如 IE 使用的内存中可能保

图 7.4 系统时间设置

存有用户刚访问过的页面、账号和口令；即时通信软件占用的内存中可能保存有用户使用的账号、刚刚聊天的内容；打印程序中可能包含有用户刚打印的信息等。而在关闭计算机后，这些信息将会丢失。在不影响数据完整性的前提下，可以提取此类数据。常用易失性信息提取命令列表见表 7.2，工具见表 7.3。

表 7.2 常用的 Windows 易失性信息提取命令

提 取 信 息	命　　　令	工 具 来 源
系统信息	Psinfo	Sysinternals
系统时间	net time	系统内置
用户登录信息	Psloggedon	Sysinternals
用户账户	net user	系统内置
最后登录信息	Ntlast	Foundstone
系统共享	net share	系统内置
当前会话网络连接	net use	系统内置
网络配置信息	Ipconfig /all	系统内置
当前网络连接状态	netstat -na	系统内置
NetBIOS over TCP/IP	Nbtstat-c; nbtstat-n; nbtstat-r	系统内置
进程开放端口	Fport	Foundstone
系统进程列表	Pslist	Sysinternals
进程句柄	Handle	Sysinternals
注册表信息	Reg	系统内置

表 7.3 UNIX/Linux 下易失性证据取证常用的工具

提 取 信 息	命　　令
用户注册和注销系统的基本信息	Last
系统中活动用户的基本信息	W
系统中正登录的用户基本信息	Who
系统中最近执行的 Shell 命令	Lastcomm
系统的文件、目录信息	Ls
最近被系统打开的文件	Lsof
系统中当前运行的进程	Ps
某时间后被修改过的文件和目录	Find

也可以导出内存镜像分析。内存镜像也称为内存转储文件,通过 dump 内存,也可以获取整个系统内存的镜像。这个镜像可以被大多数综合取证工具所分析。

工具使用

易丢失数据的提取可以使用综合取证工具的"自动取证"功能来实现,或者使用专用工具(例如微软的 SysInternals Suite、COFEE)、内存获取工具(win32dd、FTK Imager、EnCase Imager)等来提取易失数据。

针对不同类型案件,易失性数据的提取内容也是不一样的。勘验人员应该针对案件的性质,合理安排现场勘验和取证对象。做到迅速、有效、不遗漏。

① 传统犯罪案件中系统状态信息的提取

对于传统案件,一般需要提取的计算机系统状态信息包括:

- 系统当前运行的进程。
- 每个进程当前打开的文件。
- 每个进程内存中的内容。
- 当前网络连接状态。
- 用户登录账户。
- 通信工具。

② 网络犯罪案件中系统状态信息的提取

对于网络犯罪案件,例如计算机系统入侵或破坏案的攻击方和被攻击方来说,一般需要提取的系统状态信息(不限于)包括:

- 当前运行的进程。
- 每个进程当前打开的文件。
- 每个进程内存中的内容。

- 每个进程提供的网络服务端口。
- 每个进程所依赖的模块列表。
- 当前网络连接状态和网卡当前运行模式(是否存在侦听)。
- 当前网络共享列表。
- MAC 地址。
- ARP 缓存表。
- 当前登录用户以及登录的时间。

对于 UNIX/Linux 系统,还需要提取当前登录用户正在执行的命令、以前执行的命令列表。

提取易失性数据的注意事项:

- 搜查证物时应密切注意计算机系统的状态,如果计算机处于开机状态,很有可能在搜查证物时屏幕锁定,一旦屏幕锁定,就无法提取易失性数据。
- 不得使用目标系统上的程序实施提取:在调查系统入侵案件时,调查人员必须意识到目标系统上的程序有可能被攻击者替换(比如安装 rootkit),因此并不能准确提取所需信息,因此调查人员必须使用自带的软件实施提取。
- 不得使用消耗大量资源的软件实施提取:一般情况下,在提取系统状态信息时,不得使用需要消耗大量资源(内存、硬盘空间)的软件实施提取,因为这些软件可能会对系统上的证据造成破坏。
- 不得将提取的信息存储在目标系统原有的存储介质中:提取得到的信息必须存储到调查人员自带的存储介质中,以避免对原有的存储介质造成破坏。
- 记录操作过程,保护易失性信息的完整性和真实性。在提取易失性数据过程中,必须详细记录提取过程(照相或录像)。对于提取得到的信息必须使用哈希算法(MD5 或 SHA1)计算得到的信息的哈希值,打印这些哈希值并由见证人或嫌疑人签名。

2) 在线分析

在电子数据勘验中,有时候会遇到下列情况:

① 情况紧急,在现场不实施在线分析可能会造成严重后果的;
② 情况特殊,不允许关闭电子设备或扣押电子设备的。

这时候就需要进行在线分析。在线分析必须遵循以下原则。

- 迅速制定分析策略,缩短在线分析的时间,将影响范围控制在最低限度。
- 对在线分析的过程进行监管,使用照相或者摄像设备拍摄,在法律文书或者操作日志上全程记录在线分析的过程,完整记录操作人员执行的操作,并由见证人对该操作记录签字认可。
- 不得使用对存储介质上的信息造成严重破坏的软件实施勘查。不得在目标系统上安装任何新的软件,如果需要运行调查人员自带的软件,必须从光盘或者软盘直接启动该软件。

- 如果在现场在线勘查过程中,提取的重要信息可以保存到调查人员自带的存储介质上,对这些文件使用哈希算法(MD5 或 SHA1)计算得到哈希值,打印这些哈希值并由见证人或嫌疑人签名,同时在法律文书或者操作日志上注明保存操作。

3)固定证物

在现场勘验过程中获取的可能作为证据的计算机、电子设备、易失性数据、电子数据都应进行固定。如何保存犯罪证据直接关系到证据的法律效力。只有证据保存符合法律手续,其真实性和可靠性才有保障,不符合法定的手续和要求,则存在人为的伪造、变造、调换或由于自然因素发生变化的可能性。

根据公安机关的《计算机犯罪现场勘验与电子证据检查规则》,有关固定存储介质和电子数据的方式为完整性校验方式、备份方式和封存方式。

"第十四条"固定存储介质和电子数据包括以下方式:

① 完整性校验方式是指计算电子数据和存储介质的完整性校验值,并制作、填写《固定电子证据清单》;

② 备份方式是指复制、制作原始存储介质的备份,并依照第十三条规定的方法封存原始存储介质;

③ 封存方式对于无法计算存储介质完整性校验值或制作备份的情形,应当依照第十三条规定的方法封存原始存储介质,并在勘验、检查笔录上注明不计算完整性校验值或制作备份的理由。

在实际操作中,一般固定电子数据的方式有以下三种:

第一种:固定设备。对于现场的台式计算机系统、笔记本电脑、手机等,以及其他完整的电子设备,可以整机封存固定。台式计算机中,主板 BIOS 内存储有系统时间信息,硬盘内留存有系统及用户的软件、数据等信息。在现场勘验时来不及进行全面分析,可以整机固定提取,待后续通过检查或鉴定和检验进行深入分析。

第二种:固定存储介质。对于现场发现的台式计算机,发现计算机数量较多,整机提取有困难,或有其他不便于提取整机设备的情况,可以封存固定计算机内的硬盘等存储介质,包括封存源盘和制作镜像盘。现场勘验发现的可以作为证据的移动硬盘、U 盘、光盘、SD 卡、TF 卡等存储介质,可以单独提取和封存。

第三种:固定电子数据。现场发现的设备和存储介质中部分电子数据可以作为证据材料提取,设备或介质不需要提取,或不便于提取的情况下,可以只提取和固定相应的电子数据。如提取的易失性数据和在线分析发现的相关数据。

固定证物时必须依照以下顺序:

① 关闭电源

在提取易失性数据或在线分析结束之后,必须立即关闭电子设备的电源。

一般情况下不得采用常规的流程关闭计算机。对于台式机必须直接拔除台式机背后的电源插头切断电源,对于笔记本电脑,持续按下电源开关近 10 秒左右即可关闭电源。

对于服务器,直接切断电源会损坏数据,必须与相关的专家和系统管理人员咨询后确定关机的方法。

② 记录现场设备连接状态

记录设备的基本类型、型号、序列号、操作系统。对设备、电缆、网线等设备的连接处进行编号,拍照并绘制连接拓扑图,获得的照片和拓扑图必须能够保证重新完整的复原设备的连接状态,并且能够反映该设备在现场所处位置。

在封存前,记录下该计算机信息系统和相关设备的连接状态,拆卸计算机及其连接设备。拆卸设备时,每一对连接点分别粘上相应标签,标以相同序号(确保根据标签和编号可以还原现场设备的连接状态)。同时为每个设备编号,记录设备型号等参数。用一次性封条将机箱和各接口封起来,注明提取时间、地点、设备编号等信息,加盖单位公章。

③ 存储介质的镜像

一般情况下要提取嫌疑人使用的设备或者存储介质。如果由于特定的原因没法带走用户的存储设备,必须采用按比特复制的软件或专用的复制设备对存储介质进行按比特复制(镜像)。

必须使用哈希算法计算所镜像的存储介质的哈希值,打印该哈希值,记录镜像的时间、存储介质的型号,并由见证人或嫌疑人签字认可。

④ 证物封存

作为证据材料使用的电子介质保存应符合相关法律法规的规定,刑事诉讼法、公安机关办理刑事案件程序规定等都有相关法律要求。

根据《计算机犯罪现场勘验与电子证据检查规则》,第十二条和第十三条为电子介质保存的要求:

固定和封存电子数据的目的是保护电子数据的完整性、真实性和原始性。作为证据使用的存储媒介、电子设备和电子数据应当在现场固定或封存。

封存电子设备和存储介质的方法是:

- 采用的封存方法应当保证在不解除封存状态的情况下,无法使用被封存的存储媒介和启动被封存电子设备。
- 封存前后应当拍摄被封存电子设备和存储介质的照片并制作《封存电子证据清单》,照片应当从各个角度反映设备封存前后的状况,清晰反映封口或张贴封条处的状况。

上述规定是公安机关进行计算机犯罪现场勘验与电子证据检查的规定要求,应该按照上述要求开展工作。另外根据电子介质的特点,在细节层面还应该按照以下原则开展工作。

5. 证物的运输和移交

对于存储介质,必须在该存储介质温度降低到室温度后,使用防静电、防水的包装介质封装,并贴上封条或胶带进行密封。贴上标签并注明获取的时间、人员姓名以及设备的型号。存储介质应存储在正常室温的环境下,避免遭受磁、水、电、油的影响。对于软盘、磁带、光盘等存储介质必须封装在坚固的存储箱中,避免这些存储介质弯曲折断。手机等具有通信功能的设备应该放置在屏蔽箱内,避免新的信息传输覆盖之前的信息。

7.3 远程勘验

在取证勘验对象在处于虚拟空间,或者不能实地接触取证对象的情况下,往往需要通过远程勘验提取和固定远程目标主机上的电子数据。

根据《计算机犯罪现场勘验与电子证据检查规则》的规定,远程勘验,是指通过网络对远程目标系统实施勘验,以提取、固定远程目标系统的状态和存留的电子数据。

远程勘验是侦查活动的组成部分。因此远程勘验必须由具备相应能力的电子数据勘验人员负责进行。远程勘验的对象应为网络远程目标,例如对境外远程主机进行勘验。远程勘验完成后需要形成远程勘验笔录并提取固定相关的电子数据作为证据材料。

远程勘验的流程和注意事项与现场勘验基本一致。需要注意的是:

(1) 根据远程勘验工作的任务要求,应该配备相应的远程勘验工作用计算机,并配备勘验用远程登录工具、远程访问客户端,FTP 上传下载工具等。

(2) 记录工具的准备,在远程勘验过程中要记录并提取相关屏幕显示信息、远程目标状态信息等,需要准备相关的屏幕录像工具、屏幕截屏工具,记录远程勘验过程的照相、摄像器材等。

(3) 证据提取固定工具的准备。远程勘验过程中发现的证据需要进行固定和提取,如远程服务器的系统日志文件、系统内的电子文档、特定程序文件等,要通过网络下载到勘验工作用计算机,并进行电子数据的复制备份、计算校验值固定等,因此需要在工作用计算机上准备哈希计算工具、压缩工具以及光盘刻录机、刻录用空白光盘等设备。

7.4 电子证据检查

根据《公安机关计算机犯罪现场勘验与电子证据检查规则》规定,电子证据检查是指检查已扣押、封存、固定的电子证据,以发现和提取与案件相关的线索和证据[①]。电子证据检查笔录也是证据的一种类型。随着实践的不断深化,原有的电子证据检查职能会逐步被电子数据分析和电子数据鉴定检验所取代,所谓电子数据分析,是指对固定、封存后的电子数据进行技术分析,以发现新的线索和证据,为案件侦办提供指引,属于现场勘验、远程勘验等侦查活动的延续,一般由侦查人员进行,由于是对固定后的电子数据分析,一般完整性能够

---

① 《计算机犯罪现场勘验与电子证据检查规则》第二条。

得到保障,分析后出具分析报告一般不移送检法,而仅归入侦查卷;而电子数据鉴定和检验也是对固定封存后的电子数据进行,但其目的是对专门性问题进行确定,一般由鉴定和检验人员进行,出具的鉴定意见或检验报告一般要移送检法。

7.5 勘验笔录制作

7.5.1 勘验笔录的定义和作用

勘验笔录是一种重要的证据材料。电子数据勘验过程中制作勘验笔录是刑事诉讼法等法律法规的要求。从电子数据材料本身的特点来说,电子数据在获取、固定、流转等过程中应该有相应的来源及流转过程的说明及记录,形成相应的证据链条。电子数据勘验过程中涉及的勘验笔录分为现场勘验笔录和远程勘验笔录。

7.5.2 现场勘验笔录文书的制作

现场勘验检查过程中涉及保护现场、收集证据、提取、固定易失性数据、在线分析、提取、固定证物等程序和操作,相关过程应在现场勘验笔录文书中有所记录。

1. 勘验检查笔录的填写

勘验检查笔录主要包括基本情况、现场情形、勘查过程和勘查结果四部分。

(1) 基本情况,包括勘验检查的地点、起止时间、指挥人员、勘验人员的姓名、职务,见证人的姓名、住址等;另外在基本情况中一般还需要有对基本案情的描述。

(2) 现场情形,包括现场的物理环境、设备环境、网络结构、运行状态等,运行状态描述中需要说明现场发现的计算机系统及电子设备的开关机状态,开机运行的应该当场检查并记录当前运行的程序,系统的日期及时间;联网设备应记录设备的 IP 地址分配情况,包含 IP 地址分配方式、地址、DNS、网关、掩码等。现场网络结构复杂的,或者需要记录网络拓扑结构的场合,还需要附加相应的网络拓扑结构图。

(3) 勘查过程,包括勘查的基本情况、易失性数据提取的过程、产生的数据、在线勘验、检查过程中实施的操作、对数据可能产生的影响、提取的数据、封存物品、固定证据的有关情况等;勘查过程的填写结合勘查目的及任务,填写主要的操作过程和结果。

(4) 勘查结果,要填写提取物证的有关情况、勘查形成的结论以及发现的案件线索等。

2.《勘验检查照片记录表》和录像记录填写

《现场勘查照片记录表》应当记录该相片拍摄的内容、对象,并编号入卷。拍摄的照片可以是数码照片或光学照片。现场勘验检查过程中需要对现场状况以及提取数据、封存物品文件的过程、在线分析的关键步骤录像,录像带应当编号封存。在现场拍摄的照片应当统一编号制作《勘验检查照片记录表》。

勘验笔录中需要记录现场录像人、录像时间、录像带编号、封存情况。现场照片情况需要记录照片拍摄人、拍照时间、照片编号和照片的张数。在勘验笔录文书中,应将关键过程录像和照片进行排序,按照时间顺序和操作过程填写对应的内容,便于文字记录与录像和照片相互对应。在实际操作中,由于录像和拍照一般都是采取数码照片影响格式,照片和录像本身包含时间信息,应事先校准摄像机和照相机的日期及时间,在文书制作过程中对应照片时间填写相应日期,便于文书的整理和制作。

3. 固定电子证据清单填写

根据现场勘验检查规定,在现场提取的易失性数据以及现场在线分析时生成和提取的电子数据,应当计算其完整性校验值并制作、填写《固定电子证据清单》,如表 7.4 所示以保证其完整性和真实性。

表 7.4　固定电子证据清单格式

数　　据	来　　源	完整性校验值	备　　注
1 号硬盘	1 号主机上的原始硬盘	974897cf0e2643d017fd792e5d955f77	陈某某使用的主机
\易丢失数据\ie.dump	从 1 号主机上正在运行的 IE 中提取的内存内容	b8f397ebc97f4ae50747a327501fa88e	在主机上运行 userdump -p 678 得到的文件
\Web 日志\20040708.log	www.google.com 所在主机的 c:\winnt\system32\logfiles\20040708.log	5a7996079e8d6372f23ed0ae71cb1742	该主机 2014 年 7 月 1 日的日志

数据应该说明固定电子数据的名称,比如嫌疑人台式计算机内编辑的文档、服务器重点数据库文件备份,来源应说明提取证据在哪台设备上提取,完整性校验值为证据固定式计算的 MD5 校验值或 SHA1 校验值,应写明校验值类型和数值。如"MD5:d27f3f9f1872d6a535d433a7455c664f"。

4. 封存电子证据清单填写

以封存方式提取的电子数据,应对照填写封存电子证据清单,封存电子证据清单如表 7.5 所示。

表 7.5　封存电子证据清单

编号	名称	型号、特征	照片数量、编号
1	U 盘	黑色 aigo U 盘,S/N:0133333112	共拍摄照片 3 张。编号为 1、2、3

编号为现场封存电子数据的编号,名称应写明台式计算机、硬盘、U 盘等,型号和特征应填写相应型号及明显特征,带产品序列号的应标明产品序列号,如硬盘序列号,比如"黑色

aigo U 盘 S/N：0133333112"，封存电子数据的需要对封存状态进行拍照，取证规则规定封存前后应当拍摄被封存电子设备和存储介质的照片并制作《封存电子证据清单》，照片应当从各个角度反映设备封存前后的状况，清晰反映封口或张贴封条处的状况。

5. 安装应用程序和操作过程的记录

如果因为特殊原因，需要在目标系统中安装新的应用程序的，应当在《现场勘验检查笔录》中记录所安装的程序及其目的。应当在《现场勘验检查笔录》中详细、准确记录实施的操作以及对目标系统可能造成的影响。安装应用程序的应详细记录应用程序的名称和版本号，必要时应记录应用程序的哈希校验值，并留存应用程序的副本。操作过程记录应与操作过程录像相对应，应客观如实记录主要的操作过程。

7.5.3 远程勘验笔录文书的制作

远程勘验工作记录文书由《远程勘验笔录》、《固定电子证据清单》、《勘验检查照片记录表》以及截获的屏幕截图等内容组成。远程勘验检查笔录与现场勘验检查笔录类似，同样包括基本情况、勘验过程、勘验结果的记录，文书填写制作要求参考上述现场勘验笔录部分的要求。

在远程勘验笔录文书制作中需要注意的事项有：

（1）现场情形的记录方面，应该同时记录远程勘验工作用机和远程勘验目标主机的设备环境、网络结构、运行状态。运行状态描述中需要说明远程勘验目标主机当前运行的程序，系统的日期及时间；联网设备应记录设备的 IP 地址分配情况，包含 IP 地址分配方式、地址、DNS、网关、掩码等。现场网络结构复杂的，或者需要记录网络拓扑结构的场合，还需要附加相应的网络拓扑结构图。

（2）远程勘验主机的时间记录。对于计算机犯罪现场远程勘验，远程勘验笔录记录的勘验起止时间应为实施勘验所在地的时间，勘验目标在异地、跨时区的，勘验远程目标所在的时区和时间应在勘验笔录中做相应记录。

7.6 本章小结

本章详细讲解了电子数据现场勘验检查遵循的规范、原则以及操作流程。电子数据的现场勘验，由于其虚拟性和易失性，相对于传统案件现场勘验现场，具备鲜明的特点，也有着截然不同的取证方法。如今的现场都会留存电子设备或者数据，电子数据勘验已经成为不可或缺的现场勘验方法。电子数据勘验不但能够挖掘出案件线索，推动案件侦破，同时其出具的现场勘验笔录也可以作为证据使用。这充分验证了电子数据取证是贯穿于整个侦查破案过程中的重要技术方法。

思 考 题

1. 美国和英国电子数据勘验的基本规则是什么?
2. 网络犯罪现场和传统犯罪现场的区别是什么?
3. 电子数据勘验检查与鉴定检验的联系和区别是什么?
4. 电子数据勘验和检查的合法性原则是什么?
5. 电子数据现场勘验的流程是什么?
6. 勘验准备包括什么?
7. 如何保护现场?
8. 电子数据现场勘验所需要的基本勘验工具有什么?
9. 列举保护电子数据的四项内容。
10. 易丢失数据的提取流程是什么?
11. 在线分析的要求和原则是什么?
12. 固定证物的要求和流程是什么?
13. 在哪些情况下需要使用远程勘验来提取固定证据?
14. 针对一个单机环境,做出一个现场勘验笔录。

第 8 章 电子数据鉴定和检验

本章学习目标

- 鉴定和检验的概念
- 鉴定和检验的法律要求
- 国内外鉴定和检验现状
- 鉴定和检验资质的要求
- 电子数据鉴定和检验的法律要求
- 电子数据鉴定和检验的资质要求
- 电子数据鉴定和检验的应用范围
- 电子数据鉴定和检验的流程
- 电子数据鉴定和检验的出庭

法律诉讼中,案件往往涉及广泛专业领域知识。审判人具备法律专业知识,但是专业知识不足,不能够全面判断并作出结论。因此,在涉及专业问题时需要相关领域的专家,利用科学技术或者专门知识进行鉴别和判断,提供证据为案件侦查、诉讼审判服务。在刑事、民事和行政诉讼中,鉴定和检验结论因为其真实性和可靠性,往往具有其他证据方式不可替代的作用,对于正确认定事实和后果,公正审理案件有着重要的意义。

我国正处在法治社会的建设过程中,由于历史的原因和相关法律法规尚不完善,同时行业部门对于鉴定和检验的认识和理解也不尽相同,在司法实践中鉴定和检验出现了一定偏差,形成相对复杂的局面。尤其从事新型的电子数据鉴定和检验工作的专业人员,有必要在利用专业知识开展工作的同时,还需要充分理解法律法规的相关要求和注意事项,才能更准确地为法律和人民服务。

8.1 鉴定和检验的概念

8.1.1 鉴定

根据 2005 年 2 月 28 日《全国人民代表大会常务委员会关于司法鉴定管理问题的决定》(简称人大"2.28"决定)中的定义,鉴定指的是"诉讼活动中鉴定人运用科学技术或者专门知识对诉讼涉及的专门性问题进行鉴别和判断并提供鉴定意见的活动"。"鉴定"(Forensic),

分为"鉴"和"定"两部分。"鉴"体现为鉴定人利用科学技术或专门知识,对委托方提供的样品或检材,进行科学的检查和分析。"定"体现为鉴定人根据分析结果,确定鉴定意见。"鉴"和"定"是一个连续的过程,密不可分。

我国现有的法律体系是建国后推翻了原有司法制度的基础上建立起来的,基本学习、借鉴、移植了社会主义国家苏联的立法模式和法律制度。鉴定,有时候又称为"司法[①]鉴定",是将苏联"Forensic Science[②]"翻译成"司法鉴定"。在2005年人大常委会立法时,有人提出按照语义重新翻译为"法庭科学",遭到否决。原因一是因为司法鉴定已经成为约定俗称的称呼,不易改变;二是法庭科学一般特指刑事活动中涉及的鉴定,而司法鉴定不但涉及刑事,还涉及民事和行政鉴定。

在国际上,"法庭科学"是统一的称呼,随着我国的司法鉴定实践与国际接轨,尤其是司法鉴定实验室参与到国际认可活动中,一般用"司法鉴定/法庭科学[③]"来作为整体称呼,单独的"司法鉴定"和"法庭科学"的含义一致。此外我国对"司法鉴定"有着不同的理解,有些理论认为还有执法部门的"职权鉴定"的存在。综合以上因素,本书以"鉴定"为统一称呼。

8.1.2 检验

检验:根据最高人民法院在《关于适用〈中华人民共和国刑事诉讼法〉的解释》(简称刑诉法解释)第八十七条规定"对案件中的专门性问题需要鉴定,但没有法定司法鉴定机构,或者法律、司法解释规定可以进行检验的,可以指派、聘请有专门知识的人进行鉴别,判断并提供检验报告可以作为定罪量刑的参考的活动。"鉴定和检验都是将事实或者数据形成证据链并使这个证据为法庭理解。

我国的司法实践中,尤其是新型的"电子数据"的鉴定活动,人大"2.28"决定没有也无法为电子数据的法律应用提供指导[④]。为了更好地适应社会发展和司法应用的需要,刑诉法解释做了上述的规定。这实际上是证据在司法实践中的一种延伸,可以认为检验是司法鉴定的一种有力的补充,在不违背目前人大决定和相关法律法规的前提下以填补鉴定的空白。

---

① "司法"(Justice),又称法的适用,通常是指国家司法机关及其人员依照法定职权和法定程序,具体运用法律处理案件的专门活动。这里的司法并不是专指单纯的司法职能,也不是司法行政机关,而是实施法律的一种活动,目的是实现立法目标、发挥法律功能。

② 苏联的"Forensic"一词是从欧美西方国家传来的。

③ 中国合格评定国家认可委员会颁布的CNAS-CL08:2013《司法鉴定法庭科学机构能力认可准则》中,将这两种称谓并列出现。

④ 属于第二条第四款"根据诉讼需要由国务院司法行政部门商最高人民法院、最高人民检察院确定的其他应当对鉴定人和鉴定机构实行登记管理的鉴定事项"。

8.2 鉴定和检验的法律要求

鉴定和检验是为诉讼活动服务的,我国的诉讼活动分为刑事诉讼、民事诉讼、行政诉讼三种。鉴定和检验不但覆盖了三种诉讼类型,还涵盖了这些诉讼的"诉前、诉中、诉后"所有阶段。

对于诉讼涉及的专门性问题,需要进行鉴定的,我国以下法律法规要求进行鉴定:

(1)《中华人民共和国刑事诉讼法》[①]第一百四十四条规定"为了查明案情,需要解决案件中某些专门性问题的时候,应当指派、聘请有专门知识的人进行鉴定。"

(2)《中华人民共和国民事诉讼法》[②]第七十六条规定"当事人可以就查明事实的专门性问题向人民法院申请鉴定。当事人申请鉴定的,由双方当事人协商确定具备资格的鉴定人;协商不成的,由人民法院指定。"

(3)《中华人民共和国行政诉讼法》[③]第三十四条规定"证据包括鉴定意见,证据经法庭审查属实,才能作为定案的根据。"

在鉴定无法覆盖的领域,需要进行检验的,我国以下法律法规要求进行检验:

(1) 最高人民法院《关于适用〈中华人民共和国刑事诉讼法〉的解释》八十七条"对案件中的专门性问题需要鉴定,但没有法定司法鉴定机构,或者法律、司法解释规定可以进行检验的,可以指派、聘请有专门知识的人进行检验,检验报告可以作为定罪量刑的参考。对检验报告的审查与认定,参照适用本节的有关规定。经人民法院通知,检验人拒不出庭作证的,检验报告不得作为定罪量刑的参考。"

(2) 最高人民法院、最高人民检察院关于办理危害计算机信息系统安全刑事案件应用法律若干问题的解释[④](法释[2011]19号)第十条,对于是否属于刑法第二百八十五条、第二百八十六条规定的"国家事务、国防建设、尖端科学技术领域的计算机信息系统"、"专门用于侵入、非法控制计算机信息系统的程序、工具"、"计算机病毒等破坏性程序"难以确定的,应当委托省级以上负责计算机信息系统安全保护管理工作的部门检验。司法机关根据检验结论,并结合案件具体情况认定。

8.3 鉴定和检验的应用范围

人大"2.28"决定从最高立法角度规范鉴定,确定了鉴定的应用范围,其中规定,"对从事下列司法鉴定业务的鉴定人和鉴定机构实行登记管理制度":

(1) 法医类鉴定:对与案件有关的尸体、人身、分泌物、排泄物、胃内物、毛发等进行鉴

[①] 《中华人民共和国刑事诉讼法》2013年1月1日施行版本。
[②] 《中华人民共和国民事诉讼法》2013年1月1日施行版本。
[③] 《中华人民共和国行政诉讼法》2015年5月1日施行版本。
[④] 2011年9月1日起施行。

别和判断的活动。

(2) 物证类鉴定：对指纹、脚印、笔迹、弹痕等物证进行鉴别和判断的活动。

(3) 声像资料鉴定：指运用物理学和计算机学的原理和技术，对录音带、录像带、硬盘、光盘、图片等载体上记录的声音、图像信息的真实性、完整性及其所反映的情况过程进行内容认定或同一认定。

(4) 根据诉讼需要由国务院司法行政部门商最高人民法院、最高人民检察院确定的其他应当对鉴定人和鉴定机构实行登记管理的鉴定事项。

一般来说，"法医类、物证类、声像资料类"鉴定被称为"三大类"鉴定。除此之外，还有大量的鉴定活动，例如电子数据、会计鉴定、建筑工程鉴定、精神病鉴定等游离于"三大类"外，属于第四类并亟待规范。在司法实践中，三大类之外的鉴定，以电子数据为例，根据刑事诉讼法解释等法律法规，可以进行检验。同时在司法鉴定实践中，司法行政机关(特指司法部局)进行备案"三大类"之外的鉴定机构出具的检验结论一般都可以得到诉讼部门的认可。

8.4 国内外鉴定和检验现状

鉴定和检验是为法律服务的。在世界范围内，主要使用两种法律体系："英美法系"和"大陆法系"。在法律约束的鉴定和检验框架内，"英美法系"国家的鉴定和检验包含在"专家证人"制度中；"大陆法系"国家的鉴定和检验一般采用"职权主义"模式，一度与勘验、检查活动合并，后又分离，形成了独立的鉴定和检验制度。

8.4.1 国外司法鉴定现状

由于法律体系导致司法管理模式的不同，国外的司法鉴定体制存在一定差异，也不断根据形势的变化而发展。总体来看，国外鉴定和检验基本情况如下：

1. 鉴定和检验机构"多元化"

国外的鉴定和检验运行体制中既有政府或者执法部门的鉴定和检验机构，也有大学、医院、私人机构等设立的面向社会服务的鉴定和检验组织。国外鉴定和检验机构一般以实验室的形式建立。政府和执法部门的实验室并不是按照行政级别层层设立，而是按照"根据需要、适当集中"的原则区域建设，避免"自侦自鉴"。例如，美国的鉴定和检验机构主要有两种：一种是由政府的法庭科学实验室[①]，例如 FBI 实验室、RCFL 地区实验室；另一种是私立的法庭科学实验室，通常为司法机构、律师以及私人侦探服务。英国的鉴定和检验机构在 2010 年 12 月法庭科学服务部(The Forensic Science Service, FSS)被关闭后，鉴定和检验机构全部"社会化"，鉴定和检验服务主要由多个私营机构提供，其中最大的是政府化学实验室(Laboratory of the Government Chemist, LGC[②])，这些鉴定和检验机构由内政部下的司法

---

① 国外一般称为"法庭科学实验室"。
② http://www.lgcgroup.com/

鉴定监督部(The Forensic Science Regulator[①])进行监督。

2. 鉴定和检验机构"第三方"、具有中立性

为了突出鉴定和检验机构的"第三方"属性,国外鉴定和检验机构,执法机关的实验室即使是受政府资助的,也要必须始终坚持"中立"。面向社会的实验室更是要求具有独立的法人资格,能够独立对外承担责任。无论哪种鉴定和检验机构,都是以委托方式提供鉴定服务,鉴定人作为专家证人出庭作证。在"辛普森杀妻案"中,著名华裔法庭科学专家李昌钰就受聘为被告(辛普森方)进行专家证人,其时李昌钰仅代表自己,利用专业知识为被告方进行辩护;英国内政部下的司法鉴定监督部掌握着一大批由行业协会推荐的专家名单,定期公告,起推荐和引导鉴定和检验作用。

8.4.2 国内鉴定和检验现状

我国的司法机关狭义上指司法行政部门(特指司法部局),从广义上理解也可以包括公安机关、人民检察院、人民法院、国家安全机关、司法行政机关、军队保卫部门、监狱等负责刑事侦查的机构。

传统的鉴定和检验管理权主要由公安、检察院、法院、司法部门共同行使,长期以来,我国司法鉴定的状态是"多头管理、乱序状态"。公安机关、检察院、法院各自都有内设的鉴定和检验机构,而司法行政部门作为行业主管,又管着众多面向社会的鉴定和检验机构,由此形成的"自侦自鉴"、"自诉自鉴"、"自审自鉴"、"自管自鉴"局面长期颇受非议,严重损害了鉴定的公信力。

2005年2月28日,十届全国人大常委会第十四次会议通过了《关于司法鉴定管理问题的决定》(简称"2.28决定"),并于同年10月1日起施行。这是目前我国鉴定和检验领域最高层次的法律性文件。《决定》的实施取消了法院和司法行政部门下设的鉴定和检验机构。将鉴定和检验机构的执业许可、管理和监督的权力统一归口于司法行政部门。人大"2.28"决定中规定"国务院司法行政部门主管全国鉴定人和鉴定机构的登记管理工作。省级人民政府司法行政部门依照本决定的规定,负责对鉴定人和鉴定机构的登记、名册编制和公告。"根据人大"2.28"决定,公安部、司法部、最高人民法院、最高人民检察院、国家安全部等部门又出台了多个文件来诠释和规范鉴定和检验活动,如表8.1所示。

表8.1 人大及政法部门发布的鉴定和检验相关规章和规范性文件[②]

阶段	发布机关	发布或实施日期	法规名称及文号
2.28决定颁布前	公安部	1980年5月7日	公安部刑事技术鉴定规则
	司法部	2000年8月14日	司法鉴定人管理办法(司法部令第62号);司法鉴定机构登记管理办法(司法部令第63号)
	最高人民法院	2001年11月16日	人民法院司法鉴定工作暂行规定(法发[2001]23号)

---

① https://www.gov.uk/government/organisations/forensic-science-regulator
② 王瑞恒. 论我国司法鉴定管理权部门间配置新模式. 北京:中国司法鉴定,2014.

续表

阶段	发布机关	发布或实施日期	法规名称及文号
分界点	全国人大常委会	2005年2月28日	关于司法鉴定管理问题的决定
2.28决定颁布后	全国人大常委会	2013年1月1日	刑事诉讼法
	全国人大常委会	2015年5月1日	行政诉讼法
	全国人大常委会	2015年2月4日	民事诉讼法
	司法部	2005年4月28日	关于学习贯彻《决定》的通知(司发通[2005]30号)
		2005年7月18日	关于司法行政部门所属司法鉴定机构管理体制调整的意见(司发通[2005]58号)
		2005年9月29日	司法鉴定机构登记管理办法(司法部令第95号)
		2005年9月29日	司法鉴定人管理办法(司法部令第96号)
		2007年8月7日	司法鉴定程序通则(司法部令第107号)
	公安部	2005年4月20日	关于贯彻落实《决定》进一步加强公安机关刑事科学技术工作的通知(公通字[2005]19号)
		2005年12月29日	公安机关鉴定机构登记管理办法(公安部令第83号)
		2005年12月29日	公安机关鉴定人登记管理办法(公安部令第84号)
		2008年5月6日	公安机关鉴定规则(公安部令[2008]第86号)
	最高人民检察院	2005年9月21日	关于贯彻《决定》有关工作的通知(高检发字[2005]11号)
		2006年11月30日	人民检察院鉴定机构登记管理办法(高检发办字[2006]33号)
		2006年11月30日	人民检察院鉴定人登记管理办法(高检发办字[2006]33号)
		2006年11月30日	人民检察院鉴定规则(试行)(高检发办字[2006]33号)
		2009年4月	人民检察院电子证据鉴定程序规则
	国家安全部、司法部	2005年11月10日	贯彻落实《决定》,进一步加强国家安全机关司法鉴定工作的通知
	国家安全部	2007年4月24日	国家安全机关司法鉴定机构管理办法(试行)
		2007年4月24日	国家安全机关司法鉴定人管理办法(试行)
	最高人民法院	2005年7月14日	关于贯彻落实《决定》做好过渡期相关工作的通知(法发[2005]12号)
		2006年9月25日	关于地方各级人民法院设立司法技术辅助工作机构的通知(法发[2006]182号)
		2007年8月23日	技术咨询、技术审核工作管理规定(法办发[2007]5号)
		2007年8月23日	对外委托鉴定、评估、拍卖等工作管理规定(法办发[2007]5号)
		2013年1月1日	关于适用《中华人民共和国刑事诉讼法》的解释
		2014年7月2日	关于办理网络犯罪案件适用刑事诉讼程序若干问题的意见
	政法五部门	2005年7月27日	关于做好《决定》施行前有关工作的通知(司发通[2005]62号)
		2008年11月20日	关于做好司法鉴定机构和司法鉴定人备案登记工作的通知(司发通[2008]165号)
	中央政法委	2008年1月17日	关于进一步完善司法鉴定管理体制遴选国家级司法鉴定机构的意见(政法[2008]2号)

注:公安部、司法部、最高人民法院、最高人民检察院、国家安全部简称政法五部门

在人大"2.28"决定和各部门法规共同作用下,我国建立了符合中国实际发展的鉴定和检验体系。这个体系规范了鉴定和检验的范围和准入制度,较好的平衡了鉴定和检验的各方面诉求。目前我国的鉴定和检验结构是司法行政部门统一管理、各业务部门具体实施,主要由面向社会的服务性司法鉴定机构和侦查机关的职权司法鉴定机构组成:

1. 服务性的社会司法鉴定机构

在司法部统一管理,并注册备案的面向社会的服务性的司法鉴定和检验机构,具备"第三方"中立属性,允许收费,具有营利性质,接受社会及司法部门的委托,解决涉及诉讼中的大多数问题。

2. 职权性的执法部门鉴定机构

公安、检察院、国家安全部门根据侦查工作需要建立的鉴定和检验机构,依据其职权进行鉴定,主要为刑事案件的侦查服务。这些鉴定和检验机构不得面向社会接受委托从事鉴定和检验业务,不允许收费。自成体系,与社会服务性的鉴定和检验体系并存。

两类鉴定和检验机构在法律要求、鉴定技术标准、仪器设备配置、鉴定结论的真实性和合法性保证等方面并无差异。

司法部数据[①]显示,2013年,我国经司法行政机关核准登记的司法鉴定和检验机构达4876余家,鉴定人55206名,各类检案数量从2005年的26万件上升到2010年的167万余件。职权性司法鉴定机构以公安机关为例,2011年全国共有鉴定和检验机构3560个,鉴定和检验案件230万余起。

8.5 鉴定和检验资质

我国是"大陆法系"国家,鉴定和检验根据职权主义原则,要求有一定的准入条件。这些准入条件在人大"2.28"决定和各部门规定中均有所体现。对于不具备鉴定和检验资质的机构和个人,不允许进行司法鉴定活动。司法鉴定资质从根本上包括司法鉴定机构资质和司法鉴定人资质。检验资质目前还没有具体规定,可以比照鉴定资质进行管理。

8.5.1 鉴定机构的要求

人大"2.28"决定第六条规定了"申请从事司法鉴定业务的个人、法人或者其他组织,由省级人民政府司法行政部门审核,对符合条件的予以登记,编入鉴定人和鉴定机构名册并公告。"对司法鉴定机构的条件进行以下规定:

法人或者其他组织申请从事司法鉴定业务的,应当具备下列条件:

1. 有明确的业务范围

法人或者其他组织申请从事司法鉴定业务必须有业务范围。业务范围表明了鉴定机构

---

① 李禹,党凌云. 2013年度全国司法鉴定情况统计分析. 北京:中国司法鉴定,2014.

的鉴定活动所涉及的专业领域,是鉴定机构自身定位的重要依据。其次,法人或者其他组织所申请从事的鉴定业务的范围必须是明确的。申请时必须提出明确的鉴定事项范围,如声像资料鉴定鉴定业务。

2. 有在业务范围内进行司法鉴定所必需的仪器、设备

这里规定的"必需的仪器、设备",应当根据申请从事鉴定业务的范围来确定。根据鉴定的范围,如果不需要该仪器、设备,则不能硬性要求申请人具备该仪器、设备;如果从事所申请的鉴定业务该仪器、设备是起码的条件,不具备该仪器、设备,则不能批准该鉴定机构的申请。

3. 有在业务范围内进行司法鉴定所必需的依法通过计量认证或者实验室认可的检测实验室

司法部于2005年9月29日颁布了95号部长令《司法鉴定机构管理办法》;公安部于2005年11月7日颁布了83号部长令《公安机关鉴定机构登记管理办法》;最高检2006年11月30日颁布的《人民检察院鉴定机构登记管理办法》。这三个办法中均规定鉴定机构应是:"有在业务范围内进行鉴定必需的依法通过计量认证或者实验室认可的检测实验室。"

其中"计量认证"(GMA)具有法律强制性,认定结果在国内具有法律效力,但是不被国际互认。根据认证机关不同分为国家级资质认定和省级资质认定;通过计量认证的,一般颁发《计量认证证书》;"实验室认可"是自愿参加,认可结果国际互认,通过实验室认可的,颁发《实验室认可证书》。目前鉴定/检验机构参加较多的是"实验室认可"。

根据此款规定,包括电子数据鉴定在内的"三大类"司法鉴定机构依法通过计量认证或认可成为其合法从业的法定必备条件之一。电子数据司法鉴定机构认可的结果是电子数据司法鉴定机构市场准入和执业的重要依据,通过依法实施资质认定或认可,可以确认和保障电子数据司法鉴定机构具备了符合认证认可准则要求的持续的技术条件和技术能力,能够客观、公正和独立地从事电子数据司法鉴定的检测。

法律法规的要求使得鉴定机构需要进行认证或者认可成为强制性要求,无论公安机关、检察机关还是作为社会第三方的司法鉴定机构都必须进行计量认证或实验室认可。建立完善的质量管理体系、保证鉴定质量。通过认证认可成为鉴定机构准入和执业的基本条件。

4. 每项司法鉴定业务有三名以上鉴定人

这里说的"鉴定人",是指符合人大"2.28"决定规定的鉴定从业条件的人员。这就说明了司法鉴定资质是司法鉴定机构和司法鉴定人资质缺一不可的。

司法部根据人大"2.28"决定,建立完善了司法鉴定机构登记管理办法(司法部令第95号)、司法鉴定机构仪器设备配置标准(司法通[2011]323号),对社会司法鉴定机构的准入进行规定。但是在实际工作情况中,诉讼的审判裁决部门-法院部门根据人大"2.28"规定,虽然取消了内部的司法鉴定部门,但是建立了对外委托的司法鉴定机构名册制度,对于未能进入名册的鉴定机构,原则上不予认可。因此,社会执业的司法鉴定机构,除了满足人大、司法部门的法律法规规定外,还需要进入到法院的名册内,才能正常的开展司法鉴定活动。

而且，由于我国司法鉴定体系分为职权司法鉴定和服务社会司法鉴定两部分，实际情况看，公安、检察院、国家安全部门对自己的职权类司法鉴定又有着不同的规定。

人大"2.28"决定规定，"执法部门根据侦查工作的需要设立的鉴定机构，除办理自行侦查的案件时进行鉴定以外，不得面向社会接受委托从事司法鉴定业务"。不允许执法部门参与对外服务的营利性司法鉴定活动，但同时赋予了公安、检察院、国家安全这些执法部门自行规定内部司法鉴定的权力。

公安部门根据"2.28"决定，相继颁布了《关于贯彻落实〈决定〉进一步加强公安机关刑事科学技术工作的通知》、《公安机关鉴定机构登记管理办法》。建立了公安机关鉴定机构和鉴定人登记管理制度。公安机关规定鉴定机构的准入条件除了人大"2.28"规定之外，还增加了"有适合鉴定工作的办公和业务用房；有在业务范围内进行鉴定必需的资金保障；有完备的检验鉴定工作管理制"规定，这就从机构硬件和管理上做了进一步的保障。

检察部门和国家安全部门也相继出台了内部的司法鉴定机构管理办法，规范了内部的司法鉴定活动。

为了配合人大"2.28"的顺利推行，统一各执法部门的司法鉴定机构的管理。2008年1月17日中央政法委颁发《关于进一步完善司法鉴定管理体制遴选国家级司法鉴定机构的意见》（政法[2008]2号）。其中规定，检察、公安和国家安全机关所属鉴定机构和鉴定人实行所属部门直接管理体制和司法行政部门备案登记相结合的管理模式；检察、公安、国家安全机关管理本系统所属鉴定机构和鉴定人；对经审查合格的鉴定机构和鉴定人，由最高人民检察院、公安部、国家安全部和省级检察、公安、国家安全机关分别向同级司法行政部门免费备案登记；检察、公安、国家安全机关内设鉴定机构经司法行政部门备案登记并公告后，依法接受司法机关委托开展非营业性的司法鉴定服务。

这就又一次具体规定了执法部门内部鉴定机构，也需要进行司法备案公示制度。将"形式"上的管理权统一由司法行政部门行使，公安、检察院、法院等各自范围内行使"实质"管理权。

同时，也充分考虑了执法部门所属的鉴定机构，是专门为侦查活动提供技术支持的机构，作为执法部门的一部分，虽然不面向社会接受委托从事经营性的有偿的司法鉴定业务，以保持政府机构的廉洁性和公正形象。但是，目前鉴定队伍的主干力量是在执法部门的鉴定人员。尤其是在诉讼中普遍运用的法医类、物证类和声像资料鉴定、电子数据鉴定等方面，执法部门内部尤其是在公安机关设立的鉴定机构，配备了技术标准较高的仪器设备和业务精湛的鉴定人员。因此，构建主管部门直接管理和司法行政部门备案登记相结合的管理模式[①]，在坚持不允许执法部门设立的鉴定机构面向社会开展经营性的有偿服务原则的同时，充分利用这些鉴定机构所掌握的人员和设备等资源，保障各类诉讼活动的正常进行。

---

① 《关于做好司法鉴定机构和司法鉴定人备案登记工作的通知》（司发通[2008]165号）

8.5.2 鉴定人的要求

司法鉴定人需要利用专业知识,按照相关方法,提出鉴定意见,并根据需要出庭接受咨询。要求具有解决专门性问题的科学知识、技术水平及经验,同时具有较高的职业操守、熟悉相关法律法规。鉴定人是整个司法鉴定制度的"核心"。

人大"2.28"决定规定,具备下列条件之一的人员,可以申请登记从事司法鉴定业务:

(1) 具有与所申请从事的司法鉴定业务相关的高级专业技术职称;

(2) 具有与所申请从事的司法鉴定业务相关的专业执业资格或者高等院校相关专业本科以上学历,从事相关工作五年以上;

(3) 具有与所申请从事的司法鉴定业务相关工作十年以上经历,具有较强的专业技能。

因故意犯罪或者职务过失犯罪受过刑事处罚的,受过开除公职处分的,以及被撤销鉴定人登记的人员,不得从事司法鉴定业务。

《决定》中的司法鉴定人主要是指法医类鉴定、物证类鉴定、声像资料类("三大类")鉴定的鉴定人。个人只要满足以上条件,就可以申请成为社会司法鉴定人,并与司法鉴定机构确定聘用关系后,即可执业。

公安机关、检察部门和国家安全部门内部鉴定人的要求更为严格。《公安机关鉴定人登记管理办法》规定,"公安部和各省、自治区、直辖市公安厅、局设立或者指定统一的登记管理部门,负责公安机关鉴定人鉴定资格的审核登记、年审、变更、注销、复议、名册编制与公告、监督管理与处罚等",同时规定鉴定人"具有与所申请从事鉴定业务相关的高级专业技术职务资格;或者具有与所申请从事鉴定业务相关的法医官、鉴定官专业技术职务执业资格或者高等院校相关专业本科以上学历,从事相关工作五年以上;或者具有与所申请从事鉴定业务相关工作十年以上经历和较强的专业技能"。

除了准入条件,司法鉴定人由于其特殊性,还有有别于其他诉讼参与人的特殊规定:

1. 公正性

鉴定人要确保自己在检验鉴定活动中处于第三方中立地位,不能作为委托方及其关系方的授权代表,确保与委托方及委托方的关系方没有任何利益关系;同时抵制来自行政的、经济的和其他方面的干预和影响;作为司法鉴定人员,司法鉴定结论关系到法律公平正义,要坚持"慎独",主动抵制外界压力,不能在司法鉴定活动中有所偏袒或者出具虚假报告,由此造成的冤假错案不但会影响到法律公平实施,也直接违背司法鉴定人职业操守。

2. 保密性

除有法律法规规定的情形外,鉴定人需要对下列信息保守秘密:

(1) 委托方提交的检验物品、检验材料、技术资料、法律文书;

(2) 委托方有关国家机密、商业秘密、技术信息以及其他秘密材料;

(3) 检验鉴定过程中知悉的当事人的个人隐私;

(4) 检验鉴定的各项原始数据及结果;

(5) 国家和上级管理部门规定的保护秘密和所有权信息等;

(6) 委托方的其他特殊保护秘密和所有权要求。

综上,司法鉴定资质包括司法鉴定机构的资质和司法鉴定人的资质,缺一不可。司法鉴定机构本身具备机构鉴定资质外,每项司法鉴定业务还必须有司法鉴定资质的三名以上鉴定人。而具有司法鉴定资质的鉴定人,必须与司法鉴定机构有隶属或者聘用关系,这是为了保证诉讼参与方的权益。因此,如果在诉讼中,司法鉴定机构出具的司法鉴定文书中,缺少司法鉴定机构的资质或者司法鉴定人的资质任何一项,都为无效鉴定文书。

8.5.3 检验机构和检验人的要求

人大"2.28"决定仅仅明确规定了"三大类"的鉴定项目。因此对于不属于"三大类"的鉴定项目,按照刑诉法及法律解释的要求,可以利用检验来完成。可以指派、聘请有专门知识的人进行检验,其出具的检验报告可以作为定罪量刑的参考。对检验报告的审查与认定,参照适用鉴定的有关规定。这就明确了检验机构和检验人按照鉴定的相关要求予以规范。在当前司法行政部门和相关执法部门还未对检验机构和检验人的相关资质有明确规定的情况下,应当比对鉴定机构和鉴定人进行管理。并不能因为其不适用于鉴定机构和鉴定人的相关管理规定,而拒绝其参与到司法诉讼活动中。

8.6 电子数据鉴定/检验

随着信息网络的不断发展和应用,电子数据在生活和工作无处不在。电子数据司法鉴定作为司法鉴定的一个子类,不可能孤立地存在和发展,必然与司法鉴定的发展密切相关。法律诉讼中对于电子数据鉴定的需求逐渐增多,根据司法部司法鉴定管理局公布的相关数据,电子数据相关的司法鉴定业务量,2007 年为 819 件(其中,电子数据类 412 件、计算机鉴定类 407 件),2013 年为 1510 件(其中,电子数据类 570 件、计算机鉴定类 940 件),呈逐渐上升之势[①]。

8.6.1 电子数据鉴定/检验的法律要求

电子数据鉴定/检验即为"诉讼活动中,鉴定/检验人利用计算机科学技术或者知识,针对电子数据进行鉴别和判断并提供鉴定意见或检验报告的活动"。

1. 电子数据鉴定/检验的法律效力

根据人大"2.28"决定,电子数据不属于"三大类"司法鉴定,而是"根据诉讼需要由对国务院司法行政部门最高人民法院、最高人民检察院确定的其他应当对鉴定人和鉴定机构实行登记管理的鉴定事项"类别。因此,长期以来,地方司法鉴定行政管理机构往往将电子数

---

① 李禹,党凌云.2013 年度全国司法鉴定情况统计分析.北京:中国司法鉴定,2014.

据司法鉴定归类于"计算机鉴定",甚至归类于"声像资料"中,这极大地阻碍了电子数据司法鉴定的发展。

2012年3月修订的《刑事诉讼法》第四十八条第八项,将"电子数据"与"视听资料"并列为一类证据类型。2012年8月修订的《民事诉讼法》第六十三条第五项规定证据包括"电子证据"。2014年12月修订的《行政诉讼法》第三十四条第四项规定证据包括"电子数据"。这从立法上,将"电子数据"明确为证据种类之一。

2. 电子数据鉴定/检验的法律规定

2013年1月1日施行的《最高人民法院关于适用〈中华人民共和国刑事诉讼法〉的解释》第六十五条规定"行政机关在行政执法和查办案件过程中收集的物证、书证、视听资料、电子数据等证据材料,在刑事诉讼中可以作为证据使用;经法庭查证属实,且收集程序符合有关法律、行政法规规定的,可以作为定案的根据"。

第九十三条规定"对电子邮件、电子数据交换、网上聊天记录、博客、微博客、手机短信、电子签名、域名等电子数据,应当着重审查以下内容:

(一)是否随原始存储介质移送;在原始存储介质无法封存、不便移动或者依法应当由有关部门保管、处理、返还时,提取、复制电子数据是否由二人以上进行,是否足以保证电子数据的完整性,有无提取、复制过程及原始存储介质存放地点的文字说明和签名;

(二)收集程序、方式是否符合法律及有关技术规范;经勘验、检查、搜查等侦查活动收集的电子数据,是否附有笔录、清单,并经侦查人员、电子数据持有人、见证人签名;没有持有人签名的,是否注明原因;远程调取境外或者异地的电子数据的,是否注明相关情况;对电子数据的规格、类别、文件格式等注明是否清楚;

(三)电子数据内容是否真实,有无删除、修改、增加等情形;

(四)电子数据与案件事实有无关联;

(五)与案件事实有关联的电子数据是否全面收集。

对电子数据有疑问的,应当进行鉴定或者检验。"

2015年2月4日施行的《最高人民法院关于适用〈中华人民共和国民事诉讼法〉的解释》第一百一十六条规定"电子数据是指通过电子邮件、电子数据交换、网上聊天记录、博客、微博客、手机短信、电子签名、域名等形成或者存储在电子介质中的信息。存储在电子介质中的录音资料和影像资料,适用电子数据的规定。"

8.6.2 电子数据鉴定/检验的资质问题

由于电子数据是最新的证据类型,人大"2.28"决定中,没有将其归于"三大类"中。在司法实践中,各地的司法行政部门有的按照三大类内"声像资料"进行管理、有的按照"三大类"外进行管理,但都按照司法诉讼的需要,在加强管理的同时赋予社会服务类的鉴定机构以鉴定资质。

刑事侦查对于电子数据的需要也促进了职权鉴定部门对于电子数据鉴定/检验机构的

建设和管理。但是在实际工作中,对于鉴定相关法律法规的理解和侦查业务方向,导致公安机关内部对于电子数据的资质问题有着不同的意见。因此,在司法实践中,在人大"2.28"和相关法律法规对于电子数据的规定尚未明确的前提下,相关部门出台了一系列的司法解释和规定,完善和规范电子数据的使用,也从侧面赋予了检验工作的资质。

最高人民法院《关于适用〈中华人民共和国刑事诉讼法〉的解释》八十七条"对案件中的专门性问题需要鉴定,但没有法定司法鉴定机构,或者法律、司法解释规定可以进行检验的,可以指派、聘请有专门知识的人进行检验,检验报告可以作为定罪量刑的参考。"

2014年7月20日发布的最高人民法院《关于办理网络犯罪案件适用刑事诉讼程序若干问题的意见》第十八条"对电子数据涉及的专门性问题难以确定的,由司法鉴定机构出具鉴定意见,或者由公安部指定的机构出具检验报告。"

上述司法解释,解决了相关部门或机构,例如网络安全保卫部门的资质问题,这些部门未取得司法鉴定资质,但是实际上具有对电子数据进行分析判断的技术条件和相关人员,可以通过公安部门指定的方式赋予其对电子数据进行检验的资质。这些司法解释按照我国的法律实际情况,明确了电子数据司法鉴定的地位和适用范围。也从司法实践中,将检验作为鉴定的必要补充,从而完善了电子数据的鉴定和检验体系。电子数据检验工作也要比照鉴定的相关要求,做到主体程序、步骤、方法、标准和结果符合法律规定。

8.6.3 电子数据鉴定/检验的特点

1. 法律性

法律性是电子数据鉴定和检验的根本基础。电子数据鉴定和检验活动必须严格遵守国家法律、法规的规定。法律性是评判鉴定和检验过程合法和鉴定结论具备证据效力的前提。鉴定和检验的法律要求主要体现在主体合法;材料合法;程序合法;步骤、方法、标准合法;结果合法五个方面:

(1) 主体机构必须是按法律、法规规定,取得鉴定资质的机构。鉴定人必须是获得鉴定人执业许可证的自然人。对于没有法定司法鉴定机构,或者法律、司法解释规定可以进行检验的,可以指派、聘请有专门知识的人进行检验[①]。

(2) 鉴定和检验的一切活动都是围绕送检材料而展开的。电子数据鉴定/检验不同于传统鉴定/检验,其鉴定/检验对象为电子数据,一般保存在硬盘、闪存盘、网络中,存储形式为虚拟形式,需要专用设备才能读取和分析。同时电子数据具有动态性,例如内存中的数据,往往处于变化中。电子数据还具有易失性,提取的时机和方法不当,就会造成证据损毁或灭失。因此送检材料的真实性和完整性是鉴定和检验客观真实的基础。送检材料必须保证来源和接收符合相关法律和规定,确保不被污染或者篡改。

(3) 程序合法性,包括鉴定和检验的启动、受理、实施;补充鉴定和检验、重新鉴定和检

---

① 最高人民法院关于适用《中华人民共和国刑事诉讼法》的解释第八十七条。

验等各个环节上必须符合诉讼法和其他相关法律法规和部门规章的规定。

（4）鉴定和检验的步骤、方法应当是经过法律确认的、有效的，鉴定和检验标准要符合国家法定标准或部门（行业）标准。

（5）鉴定和检验文书必须具备法律规定的文书格式和各项内容，电子数据的结论是"定量"、"定性"或者二者皆有，鉴定和检验结论必须符合证据要求和法律规范。鉴定和检验结论要经过法庭的质证。

2. 中立性

"中立性"是电子数据鉴定和检验活动的内在要求。电子数据鉴定和检验的主要功能是从科学技术的角度协助司法机关针对专门性问题进行确认，本质上要求其必须是中立的，不能为任何一方的利益所动。这包括机构、鉴定/检验人、方法和过程的"中立性"。

机构的"中立性"。鉴定/检验机构作为第三方，必须独立来进行鉴定/检验活动。鉴定/检验机构接受委托，并不是为哪个诉讼主体服务，无论是当事人还是司法行政机关，鉴定/检验机构应当秉承"公正司法"的原则，为法律服务。鉴定/检验机构依靠"中立性"保障司法鉴定意见/检验报告的证明力、权威性、公正性。

鉴定/检验人的"中立性"。根据《司法鉴定程序通则》，"鉴定活动需要二名或二名以上的司法鉴定人进行，每名鉴定人必须根据鉴定材料和检查结果发表各自的鉴定意见，其鉴定意见必须是独立性的，不受他人干扰的"。这就确保了鉴定意见能够被充分、完整的阐述，不受个人的影响。检验人也遵循上述规定。

活动的"中立性"。鉴定/检验机构利用完善的内部管理制度或者 CNAS-CL08：2013《司法鉴定法庭科学机构能力认可准则》来保证鉴定/检验过程的"中立性"，来确保鉴定/检验过程不受人为干扰，确保鉴定/检验质量。

3. 专业性

专业性是电子数据鉴定和检验客观性的技术保障。电子数据鉴定和检验是一种高度专业化的鉴定活动，高度专业化保证了客观真实性。采用科学技术进行的鉴定和检验，结果一般具有可重复性和可验证性；采用专业知识和经验进行的鉴定和检验，在审查、判断方法上更为严格。不但鉴定/检验人必须是专业技术人员外，鉴定/检验采用的方法必须是国家和行业标准，或者是经过确认的方法标准。根据《司法鉴定程序通则》的规定，司法鉴定从接受委托、分析论证到出具鉴定意见，都要遵循相关的方法标准，遵循具体的流程规定。方法的统一性保证了鉴定意见和检验结论的科学性和专业性。

8.6.4 电子数据鉴定/检验的应用范围

根据《司法鉴定收费管理办法》的规定，电子数据鉴定/检验应用范围包括：硬盘检验（包括台式机硬盘、笔记本硬盘、移动硬盘）、服务器检验（包括磁盘阵列柜、网络硬盘等）、CD及DVD光盘检测鉴定、U盘及存储卡检测鉴定（含SIM卡）、软盘检测鉴定、电子设备检验鉴定（包括录音笔、传真机、电子秤等同类电子设备）、存储介质物理故障排除（部件包括调换磁头、电机；更换 PCB 板；坏扇处理等）、手机机身检验、注册表检验鉴定、软件一致性检验鉴定、软件功能检验、文件一致性检验鉴定、数据库数据恢复、数据库一致性检验鉴定、其他电子数据检验鉴定（包括网络数据包等）、密码破解、现场数据获取、网络数据获取、光盘溯源检验、光盘刻录机检验、电子物证鉴定文证复审等 21 个项目。

8.6.5 电子数据鉴定/检验面临的困难和挑战

1. 法律效力没有明确界定

人大"2.28"决定和随后出台的政法部门的关于司法鉴定问题的规定，主要是针对"三大类"鉴定项目进行界定的。目前司法行政部门与最高人民法院、最高人民检察院并没有进一步的法规[①]出台。"三大类"之外的司法鉴定项目处于"管理真空"的状态。因此在司法实践中，要么是按照"三大类"中的"声像资料"来管理，要么以法律解释中的检验来处理。新刑诉法已经明确"电子数据"作为证据类型后，将电子数据归于"声像资料"中，便无法可依。但是电子数据使用检验的方式予以固定、形成证据。在检验机构和检验人的资质认定和管理上又明显的缺乏法律法规的支撑。因此虽然鉴定和检验在《刑事诉讼法》及法律解释中处于并列的地位，具备同等的法律地位。但是仍然需要对于关于鉴定和检验的相关法律问题加以研究，出台具体措施进行规范。这主要有两个方向：一是将电子数据归入鉴定项目中，赋予其资质，加强管理；二是建立健全检验的资质和管理体系，加强"三大类"以外的证据管理。

2. 社会认知度不足

电子数据的载体已经遍布社会生活的方方面面。例如计算机、手机、闪存盘等。但是在法律诉讼中，当事人很少有将电子数据作为证据使用的概念。同时电子数据鉴定/检验要求人员技术水平较高，也约束了电子数据司法鉴定在法律诉讼中的应用。很多当事人不知道或者不相信电子数据鉴定/检验的效力。

3. 资源不均衡，方法滞后

某些执法部门的电子数据鉴定和检验建设和管理工作脱离"科学"，往往"一窝蜂"的重复建设。部分地区鉴定/检验人无法驾驭先进的设备，导致工作能力缺失。同时由于缺乏有效的管理措施，鉴定和检验工作不规范的情况屡屡出现。社会上的鉴定和检验机构在利益驱动下，往往偏离事实，按照客户需求出具结果意见。这些都是非常危险的。

电子数据标准出台的滞后，严重制约着该行业的健康发展。目前参与制定电子数据方法标准的部门有公安、检察、司法部门和一些社会机构。这些方法标准良莠不齐，有的能够很好指引电子数据鉴定/检验工作，有的质量低下，甚至有错误。例如某标准中要求对刻录电子数据的光盘进行完整性校验值计算，因为光盘是化学物质，存储状态不稳定，容易被环

[①] 人大"2.28"决定中对"三大类"的规定是"根据诉讼需要由国务院司法行政部门商最高人民法院、最高人民检察院确定的其他应当对鉴定人和鉴定机构实行登记管理。"

境影响,因此计算光盘的完整性校验值是存在重大隐患的,很容易在出庭质询的复核中因为与原完整性校验值不符而导致证据无效力。

上述困难使得电子数据鉴定/检验的开展远远落后于整个鉴定/检验活动。全国呈现出发展不均衡的情况,除了执法部门建设的鉴定/检验机构外,社会服务类的鉴定机构目前发展较好的北京和上海,能够从事电子数据鉴定/检验的机构已经达到10家以上,业务量每年在200件以上。但是与之对比的是,部分城市发展迟缓,例如,截至2014年6月,天津市电子数据鉴定/检验机构数量为零[①]。

8.6.6 电子数据鉴定/检验的流程

《司法鉴定通则》、《公安机关电子数据鉴定规则》、《人民检察院电子证据鉴定程序规则(试行)》对鉴定/检验的流程均有相关规定。根据鉴定/检验服务的对象不同,鉴定/检验流程包括启动、受理、实施,整个流程受到鉴定时限、回避制度和质量控制等制度的约束。根据电子数据鉴定/检验的特点,其流程一般包含以下环节:

1. 电子数据鉴定/检验的启动

电子数据鉴定/检验的启动包含申请、决定、委托三个环节。

(1) 申请

电子数据鉴定/检验的申请是指刑事、民事、行政案件的诉讼参与人,为了保证自身的合法权益向执法部门、检察机关、审判机关提出案件中涉及电子数据进行鉴定/检验口头或者书面的请求。可分为初次鉴定/检验申请、补充鉴定/检验申请和重新鉴定/检验申请。

面向社会的鉴定/检验:在民事、行政诉讼中申请鉴定,应当在举证期限内提出。当事人经人民法院同意后,由双方当时人协商确定有鉴定/检验资格的鉴定/检验机构、鉴定/检验人,协商不成的,由人民法院指定。

执法部门司法鉴定:侦查阶段,刑事、行政案件需要进行鉴定/检验的,申请部门制作《申请鉴定报告书》,报县级以上公安机关负责人批准。《申请鉴定报告书》内容包括:简要案情、需要鉴定的种类(电子数据);鉴定解决对案件办理的作用。本级公安机关鉴定机构有鉴定/检验能力的,实行本级申请;超出本级公安机关鉴定/检验能力范围的,向上级公安机关逐级申请。特别重大案(事)件的鉴定或者疑难鉴定,经拟委托鉴定/检验的鉴定/检验机构同意,可以选择委托。

(2) 决定

根据我国有关法律规定的诉讼职能和取证责任,刑事公诉案件是否进行鉴定/检验,在侦查阶段有执法部门决定;在起诉阶段由检察机关决定;在审判阶段有审判机关决定;刑事自诉、民事、行政等案件鉴定/检验由人民法院决定。

面向社会的鉴定/检验:对于诉讼案件中鉴定/检验的申请,司法机关根据法律规定,对

---

① 陈金明. 中国司法鉴定天津市司法鉴定现状与思路. 北京:中国司法鉴定,2014.

鉴定/检验的要求进行审核后,有权作出是否鉴定/检验的决定。

执法部门的鉴定/检验：侦查阶段的鉴定/检验经过审查后,经过县级以上的公安机关负责人批准,直接送交委托。

(3) 委托

委托环节采用的技术和方法大致相同,因此面向社会的鉴定/检验和执法部门的鉴定/检验的流程基本相同。

委托鉴定/检验单位应当向鉴定/检验机构提交：

- 《鉴定/检验委托书》;
- 证明送检人身份的有效证件;
- 委托鉴定/检验的检验材料;
- 鉴定/检验所需的其他材料。

委托鉴定/检验单位应当指派熟悉案(事)件情况的人员送检。

委托单位送交的检材,应当是完好的原始检材,保证其没有被破坏或者篡改。有条件的话,委托单位应当原始存储媒介或原始电子设备进行封存或固定。

2. 受理委托

(1) 审查

电子数据鉴定/检验机构接到鉴定委托时,应当审查以下内容：

① 委托主体和有关手续是否符合要求；例如公安机关电子数据鉴定/检验机构可以受理公安机关、人民法院、人民检察院、司法行政机关、国家安全机关、其他行政执法机关、军队保卫部门、纪检监察部门,以及仲裁机构委托的电子数据鉴定/检验。必要时,经公安机关电子数据鉴定/检验机构主要负责人批准,可以受理律师事务所委托的电子数据鉴定/检验。

② 送检材料有无鉴定/检验条件。

③ 核对送检材料的名称、数量。

④ 鉴定/检验材料的完整性校验值是否正确。

⑤ 封存清单中记载的内容与送检的原始电子设备或原始存储媒介的封存状况是否一致。

(2) 检材接收

电子数据司法鉴定中的检材是保存有与鉴定事项有关的电子数据的存储介质或者相关资料。电子物证检验鉴定的工作对象具有特殊性,检验对象往往被容纳其他物品之中送检,例如主机、笔记本、移动硬盘盒。一般来说,存储介质为检验对象,称为检验材料(简称检材)。

检验材料(简称检材)的接收、标识、流转(运输)、储存、保护和清理,需要有制度或者程序保障,以保证检材的完整性和原始性,确保"保管链"记录的完整性和可追溯性,以此保证鉴定结果的科学性和公正性。

受理时,应当对检材进行以下检查：

① 送检的材料状态有无分析条件；
② 核对送检材料的名称、数量或检查检材完整性；
③ 完整性校验值是否正确；
④ 检材封存状态是否完好。

对符合条件的检材，进行登记、标识和拍照，并填写送检物品清单，同时对检材进行复制，记录完整性校验值。复制检材的方法主要有两种：位对位复制和制作镜像文件。

应对检材的详细信息予以记录。需要记录以下信息：
① 检材信息，包括品牌、型号、数量、序列号、校验值；
② 如果检材为破坏性程序的，应该在存储破坏性程序的存储介质上注明破坏性程序标识；
③ 其他需要标注的信息。

检材应当进行唯一性标识识别。唯一性识别标志应始终伴随检材在实验室流转，确保检材在实际工作中、在记录或其他文件中提及时，不会被混淆。

检材在受理登记后应及时入库，将检材放置符合存储条件的空间内存储。检材出入库时，应当履行出入库手续。

实验室应当保证检材的完整性：
① 在条件允许的情况下，应对送检的存储设备进行完整备份，并只在副本上进行处理与分析；
② 在没有替代方法只能直接操作检材时，应避免对检材造成永久性改变；
③ 如不可避免可能对检材造成永久性改变，必须评估对检材的影响，并以书面和录像方式记录操作过程。

（3）签订司法鉴定/检验协议

对资质和检材核查无误后，与委托方签订司法鉴定/检验协议，约定鉴定/检验的方法、期限等。

3. 鉴定/检验

（1）指定鉴定/检验人

电子数据应当由两名以上鉴定/检验人员参加。必要时，可以指派或者聘请具有专门知识的人协助鉴定。从事电子数据鉴定的鉴定/检验人应具有计算机科学与技术等相关专业大学本科以上（包括大学本科）学历，并具备在电子数据鉴定领域的执业资格。

（2）领取检材

检材在领取时，鉴定/检验人应一一清点无误，在相应的记录文件登记并签字确认。"保管链"的记录是否能证明在物理检材/样本从接收到返还（或清理）之间的所有转移过程处于鉴定/检验机构的全面控制之下。

电子数据鉴定/检验机构应当采取技术措施保证分析过程中对原始存储媒介和电子设备中的数据不做修改。检材在使用过程中特别应加以保护。鉴定/检验人应核对检材标识，并加以保护,对不同检验状态的检材分区存放,应严格遵守有关检材的使用说明,避免受到非检验性损坏,并防止丢失、损坏。

(3) 领取设备

根据检材的性质和数量,鉴定/检验人领取相应的设备。设备应当保证获取、分析数据时不能改变其原始性。设备应当在使用前进行检查,确定正常。并在鉴定过程中,注意设备的状态,防止设备问题造成鉴定结果偏离。

(4) 确定鉴定/检验方法

鉴定/检验人应当优先选用国家、行业标准进行鉴定,对于公司制定标准、自行制定的标准应当进行方法确认,方可以使用。

电子数据鉴定/检验机构应当在十四个工作日内完成鉴定/检验,出具鉴定/检验文书。法律法规另有规定或者情况特殊的,经鉴定机构负责人批准可以适当延长时间,但应当及时向鉴定/检验委托单位说明原因。

检毕、撤销委托或中止等情况,应当履行检材交界手续,由专人负责检材出库,并与委托方共同确认检材状态,做好记录。

4. 鉴定/检验文书的制作

鉴定/检验完毕后,鉴定/检验人应当制作《电子数据鉴定意见》(按照鉴定工作)或者《电子数据检验报告》(按照检验工作),一式三份,一份交委托鉴定/检验单位,另两份存档。

《电子数据鉴定意见书》或者《电子数据检验报告》应当包含以下内容:

(1)委托单位、委托人、送检时间;

(2)案由、鉴定/检验要求;

(3)论证报告;

(4)鉴定意见/检验报告;

(5)《受理鉴定检材清单》;

(6)《提取电子证据清单》;

(7)鉴定过程中生成的照片、文档、图表等其他材料。

《电子数据鉴定意见书》或者《电子数据检验报告》至少应由两名鉴定/检验人签名,鉴定意见加盖鉴定专用章。《电子数据鉴定意见书》或者《电子数据检验报告》为两页以上的,应当在鉴定意见/检验报告正面右侧中部加盖骑缝章。

鉴定意见系刑事诉讼法规定法定证据种类,而检验报告系《刑事诉讼法解释》根据刑事案件办案需要而规定可以作为参考的证据材料。因此,在《网络犯罪刑事诉讼程序意见》规定对电子数据可以进行鉴定与检验并行后,在司法实践中,必须面临的问题是鉴定意见和检验报告的效力权重问题。按照《网络犯罪刑事诉讼程序意见》等相关法规的解释,不能单纯地按照主观理解来判断鉴定意见或检验报告的法律效力,而应当按照《刑事诉讼法》关于证据的审查规定来综合判断,严格按照非法证据排除原则,来确定鉴定意见或检验报告的法律效力。

5. 电子数据鉴定/检验的质量控制

对鉴定/检验的过程进行质量控制的目的是，确保整个鉴定/检验过程不会对最终结果造成影响。质量控制需要对整个鉴定/检验过程进行流程监管，需要有完善的制度或者参加认证认可。例如计量认证或者实验室认可。必要时，可以利用计算机系统控制管理系统监管电子数据鉴定/检验流程。

6. 电子数据司法鉴定/检验文书实例（见图 8.1）

详细内容参见附录。

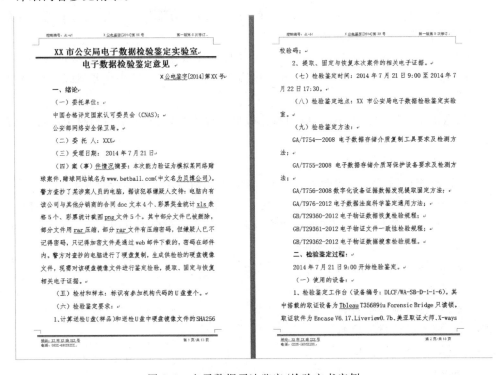

图 8.1　电子数据司法鉴定/检验文书实例

8.7　鉴定意见/检验报告的审查

对于电子数据鉴定/检验报告，适用最高人民法院《关于适用〈中华人民共和国刑事诉讼法〉的解释》第八十四条规定：

"对鉴定意见应当着重审查以下内容：

（一）鉴定机构和鉴定人是否具有法定资质；

（二）鉴定人是否存在应当回避的情形；

（三）检材的来源、取得、保管、送检是否符合法律、有关规定，与相关提取笔录、扣押物

品清单等记载的内容是否相符,检材是否充足、可靠;

（四）鉴定意见的形式要件是否完备,是否注明提起鉴定的事由、鉴定委托人、鉴定机构、鉴定要求、鉴定过程、鉴定方法、鉴定日期等相关内容,是否由鉴定机构加盖司法鉴定专用章并由鉴定人签名、盖章；

（五）鉴定程序是否符合法律、有关规定；

（六）鉴定的过程和方法是否符合相关专业的规范要求；

（七）鉴定意见是否明确；

（八）鉴定意见与案件待证事实有无关联；

（九）鉴定意见与勘验、检查笔录及相关照片等其他证据是否矛盾；

（十）鉴定意见是否依法及时告知相关人员,当事人对鉴定意见有无异议。"

同时第八十七条规定:"对检验报告的审查与认定,参照适用本节的有关规定。"因此,无论是电子数据鉴定意见还是检验报告,无论是内部审核,还是检察院和法院审核,都需要按照上述规定,认真审查真实性、关联性和合法性。也同时将电子数据检验机构、检验人、检验过程、检验方法赋予与电子数据鉴定同样的要求,使其具有同等的法律效力。

8.8　鉴定/检验人出庭作证制度

证据作为案(事)件认定的根据,应当经过法庭程序查证属实,在法庭上接收质证,否则不能作为定案的依据。人大"2.28"决定第 11 条规定"在诉讼中,当事人对鉴定意见有异议的,经人民法院依法通知,鉴定人应当出庭作证"。

《刑事诉讼法》第一百八十七条、《刑事诉讼法解释》第八十六条、《民事诉讼法》第七十八条均规定公诉人、当事人或者辩护人、诉讼代理人对鉴定意见有异议,人民法院认为鉴定人有必要出庭的,鉴定人应当出庭作证。经人民法院通知,鉴定人拒不出庭作证的,鉴定意见不得作为定案的根据。在《司法鉴定人登记管理办法》、《公安机关鉴定人登记管理办法》和《人民检察院登记管理办法》等法规中,也对鉴定人出庭作证有着明确的规定。司法鉴定人出庭作证、接受质证,不但是司法进步的体现,也是保证司法鉴定质量的重要措施。

在《刑事诉讼法》已经要求鉴定人出庭作证的前提下,针对例外规定的检验,没有理由赋予检验人不出庭的特权。《刑事诉讼法解释》第八十七条,"经人民法院通知,检验人拒不出庭作证的,检验报告不得作为定罪量刑的参考。"据此,司法实践中,人民法院应当参照鉴定人出庭作证的相关规定,及时通知检验人出庭作证。

根据不完全统计,2014 年涉及刑事诉讼和民事诉讼的案件分别为 225562 件和 816175 件。司法鉴定人出庭数 16351 人(次)。1000 人(次)以上的为甘肃 2697 人(次)、四川 1993 人(次)、上海 1883 人(次)、湖南 1103 人(次)①。这表明鉴定/检验人出庭已经成为保证法

---

① 李禹,党凌云. 2013 年度全国司法鉴定情况统计分析. 北京：中国司法鉴定,2014.

律公平实施的一项必要措施。

根据相关规定,电子数据鉴定/检验出庭流程主要有以下环节。

8.8.1 鉴定/检验人出庭的准备

鉴定/检验人应当准备相关证明文件,一般在法庭上出示证明自己的鉴定资质或检验能力。证明文件包括:鉴定/检验人的专业资质、技术职称证书;鉴定/检验机构相应的专业资格、资质证书,其他鉴定/检验人员由于不能出庭而授权出庭人员代为出庭的委托书原件。

鉴定/检验人应当评估案件档案,全面回顾鉴定/检验过程。借阅并复印原鉴定/检验档案资料,根据卷宗材料重新进行鉴定评估;核对原鉴定/检验文书文字,如发现有不妥之处,应事先准备好补充或更正说明;如果发现重大问题,立即向负责人汇报,商讨补救措施。同时拟定出庭答辩提纲,做好突发情况发生的处理预案。

鉴定/检验人还应当准备好封存的电子数据和相关展示设备,以便当庭解释说明。

鉴定/检验人还应当准备鉴定意见或检验报告的依据、鉴定/检验方法、鉴定/检验参考数据;鉴定/检验涉及的法律法规、鉴定/检验规则。

如果条件允许,拟定出庭人员应及时有效地与法官、检察官、律师沟通;详细了解庭审程序、各方情况;针对对方对鉴定/检验结论存在异议,有针对性准备相应资料;增加与公诉人配合的默契程度。

8.8.2 庭审中注意事项

鉴定/检验人应当遵守出庭时间和法庭秩序,听从法官意见;出庭应穿正装,整洁,避免他人产生不尊重法庭的感觉;仪表端正,举止有度,态度和蔼,尊重其他诉讼人及参加人,不被辩护人的言论激怒;回答问题直接,切忌夸夸其谈,盲目回答,扩展回答;言辞清晰、明确、肯定、逻辑性强,最好不用"可能"、"大概"、"或许"等模糊词语。语言平实易懂,专业术语可能会被要求解释说明;带好纸笔,做好问题与要求的记录;有条件采用可视化表达方式。

8.8.3 遇到特殊情况的处理

(1) 鉴定/检验人出庭时发现权利受到损害时可以向审判长提出。

最高人民法院关于适用《中华人民共和国刑事诉讼法》的解释第二百一十三条规定:

"向证人发问应当遵循以下规则:

① 发问的内容应当与本案事实有关;

② 不得以诱导方式发问;

③ 不得威胁证人;

④ 不得损害证人的人格尊严。

前款规定适用于对被告人、被害人、附带民事诉讼当事人、鉴定人、有专门知识的人的讯问、发问"。辩护人对鉴定/检验人进行诱导性询问以及其他不当询问可能影响陈述或者证言的客观性和真实性,鉴定/检验人可以提请公诉人要求审判长制止或者要求对该项陈述或者证言不予采纳。"

（2）对不属于鉴定/检验人必须回答的,与鉴定/检验无关的问题,可以经审判长同意后不予回答。

（3）如需要鉴定/检验人应及时阐述证据链条的完整性、程序合法性、鉴定/检验的独立性和客观性。

（4）不应回答涉及国家或商业机密、涉及个人隐私、保密性技术手段等问题。

8.9　本章小结

电子数据鉴定和检验是属于新兴的鉴定和检验,正处于发展阶段,其法律地位和适用范围以及资质要求都存在空白。由于我国的鉴定和检验行业还不完善,因此电子数据鉴定和检验存在多头管理、运行不畅的问题。本章通过对相关法律法规的溯源,详细讲解了电子数据鉴定和检验的概念、法律要求、应用范围和资质要求。针对目前我国鉴定和检验的现状,说明鉴定和检验的使用范围,提出电子数据鉴定和检验的基本流程和注意事项,并根据新刑诉法的要求讲解了鉴定/检验人员出庭作证制度。

思 考 题

1. 鉴定和检验的概念分别是什么?试述二者的区别和联系。
2. 阐述鉴定和检验的相关法律要求有哪些?
3. 鉴定机构的资质要求有哪些?
4. 鉴定人的资质要求有哪些?
5. 检验机构和鉴定人的资质要求有哪些?
6. 电子数据鉴定/检验的资质要求有哪些?
7. 电子数据鉴定/检验的应用范围是什么?
8. 电子数据鉴定/检验的基本流程是什么?
9. 电子数据鉴定/检验人出庭有哪些注意事项?

第 9 章 实验室建设和认可

本章学习目标

- 国外电子数据取证实验室的发展
- 我国电子数据取证实验室的发展
- 国内外电子数据取证的发展概况
- 电子数据取证实验室建设原则和标准规范
- 合格评定与实验室认可
- 国内外司法鉴定/法庭科学实验室认可的发展
- 实验室认可与资质鉴定、司法鉴定/检验的关系
- 司法鉴定/法庭科学的领域和方法
- CNAS-CL27：2014 应用说明
- 电子数据取证实验室认可流程
- 能力验证

实验室建设是推动电子数据取证实验室发展的动力，实验室认可则是电子数据取证实验室平稳运行的保障。建设实验室可以使电子数据取证能力在短时间内得到提高，而实验室的可靠有效的运行，除了各级规章制度之外，还需要科学规范的管理。通过实验室认可建立管理体系和实施规范的制度，将科技装备和管理规范统一起来，使高级的技术有与其相适应的管理模式，通过规范的管理来提高电子数据取证实验室的鉴定能力。

9.1 电子数据取证实验室的发展历程

电子数据是一种新型的证据形式，已经成为案件侦查和诉讼审判的重要依据。相对于传统证据，电子数据具有易失性和易修改性等特性。提取和固定电子数据需要以符合法律法规的方法、使用专业的设备、由经过培训的专业人员进行操作。因此电子数据检验鉴定工作是一个系统而专业的工作。在我国执法和诉讼体制内，从事电子数据取证工作的专业部门是电子数据取证实验室。

建立电子数据取证实验室，可以满足业务需求和实战需要，利用符合标准规范程序保证取证过程、取证技术和证据保存等取证环节合法规范，减少由于不规范取证带来的争议。实验室的电子数据取证专家对数据进行分析并做出结论，作为诉讼中认定事实的依据，有效地

保证司法的公正性,维护法律的尊严,保护国家安全和人民利益。

9.1.1 国外电子数据取证实验室的发展

国外的电子数据取证实验室,大多集中在美欧地区。其中美国的电子数据取证实验室的发展一直位于世界领先水平。目前美国军方、联邦调查局(FBI)、地方警方、司法部(NIJ)、美国烟草火器与爆炸物管理局(ATF)、美国缉毒局(DEA)、美国国税局刑事调查司(IRS-CID)、美国邮政检查(US-PIS)、特勤局(USSS)根据权限分别设立了针对电子数据取证实验室。作为全国性机构,美国国防部设立了专门的网络犯罪调查机构(The Defense Cyber Crime Center,DC3[①]),其下的防范计算机犯罪实验室(Defense Computer Forensics Laboratory,DCFL)由美国海军运行,主要承担国家和军队层面的电子数据取证工作。美国联邦调查局(FBI)在各州建立了16个地区计算机取证实验室(The Regional Computer Forensics Laboratory,RCFL[②]),如图9.1所示,负责支援当地的网络犯罪调查。这些实验室大多通过实验室认可。

图9.1 RCFL实验室

美欧的电子数据取证实验室的成员水平普遍较高,更侧重"专家"操作模式,重视技术和标准的建设。因此实验室在硬件设施条件上并不突出,而在装备和人员上具有较高水准,其实验室的建设重点放在软件和人员能力建设上。由于检材的数量增长,2000年以来,美国警方逐步加强对实验室的管理,比如加强流程审计、参加实验室认可;例如洛杉矶警察的计算机犯罪行动组(Los Angeles Electronic Crimes Task Force)在其实验室建设中,充分考虑了证据文件的集中管理问题。

9.1.2 国内电子数据取证实验室的发展

国内的香港、澳门地区,长期以来按照美欧的执法体系进行建设,其电子数据取证实验

---

① http://www.dc3.mil/
② http://www.rcfl.gov/

室也与美欧同步，处于一个较高的水平。

香港警方的取证实验室（Computer Forensics Lab）如图9.2所示。在2002年建设时候初步尝试进行区域的合理规划和取证设备的合理集成，以求最大限度地提高设备的利用率和发挥人员能力，其实验室建设理念和思路给大陆警方提供了很好的借鉴。

图9.2 香港警方取证实验室

相对于境内外发展较高的国家和地区，我国电子数据取证实验室走出了一条符合中国网络犯罪侦查要求的建设思路。

2000年开始，随着网络犯罪的发展蔓延，很多执法部门意识到电子数据的重要性，开始配备专业人才和装备。由于我国电子数据并未列入法定证据类型中，电子数据的法律效率不被认可，电子数据取证更多的是为侦查服务，普遍处于"有业务无机构"的状态。电子数据取证人员由侦查队伍中熟悉计算机的执法人员兼任，使用的设备一般为便携类设备，例如"勘查取证箱"，工作目的是"发现"电子数据，不注重"证据链"的形成。相比西方发达国家，整体的技术水平和装备比较落后。但是，随着我国信息化的飞速发展和面临网络犯罪的严峻形势，电子数据取证实验室在建设上逐步与国际接轨，在各级执法部门建成了功能齐全、设备先进，能够应对复杂网络斗争环境的实验室。

以发展进程和建设理念区分，国内电子数据取证实验室建设的发展可以分为两个主要阶段：

第一阶段（2004—2010年）：从无到有，功能逐步完善。实验室强调技术能力、人员和设备要达标。

这一时期是国内电子数据取证实验室的发展阶段。执法部门先后建设了符合实战需求的实验室,电子数据取证工作统一归纳于实验室中进行。实验室建设的目标主要是"从无到有"。实验室的发展,也改变了执法部门的工作方式,从重视侦查环节的"现场勘验",逐步到重视证据的"检验鉴定"。实验室建设基本达到"机构固定"、"人员固定"、"设备固定"的要求。这一时期实验室建设的特点是:

(1) 存储介质的发展引导实验室的装备发展

取证目标-存储介质从以硬盘为主,闪存介质为辅,发展到硬盘、闪存介质各占半壁江山。存储容量从不到"百 GB"到"TGB",硬盘尺寸逐步统一到 3.5 英寸、2.5 英寸,接口从 IDE、SCSI 发展到 SATA、SAS、USB 多种形态。实验室根据存储介质的发展,先后配备支持 SCSI、IDE、SATA、SAS、USB 只读接口的复制设备和只读设备。由于硬盘接口的种类比较多,还需要增配大量 3.5 英寸转接 2.5 英寸、1.8 英寸的转接卡(IDE、SATA 硬盘);68 针转 50 针、80 针转 SCSI 硬盘转接卡。取证分析从使用国外的产品,例如 Guidance Software 的 EnCase[①] 和 AccessData 的 FTK[②],发展到使用国内厂商生产的符合国内取证需要的综合取证工具。

随着实验室的发展,为了能够同时分析多个存储介质,提高工作效率,有的实验室把几种不同类型的只读锁集中到一台专用分析工作站上,使得单机可以同时处理多个接口的硬盘,大大提高了工作效率,促使取证设备向着"一体式、多功能"集成设备的方向发展。由于取证硬件和软件基本都具备复制功能,复制设备逐渐弱化甚至趋于淘汰。实验室开始考虑建设无尘环境以应对故障或损毁硬盘的数据提取,部分国家级和省级电子数据取证实验室建设无尘工作台和无尘室,满足了故障硬盘的开盘维修工作需要。

(2) 实验室建设采取节点分析、存储分离的方案(见图 9.3)

这种建设方案的实验室的操作方式仍为传统的办公工位方式。每人使用一台取证设备进行工作,以单机为节点进行分析,存储系统在分析处理系统的各个节点上,节点之间并无联系。有的实验室通过传输链路连接各个节点。这种建设方案实现简单、投入小,在短期内可以发挥出非常重要的作用。但缺点也很明显,分析和存储各自为战,无法形成一个整体。设备的数量同工作能力成正比,受制于单机性能,单机取证效率不高,对于数据挖掘不够充分。同时使用普通的千兆网络连接,互相传输数据速率很低。实验室成型后,能力上很难扩展。设备升级困难,一旦存储介质更新换代,原有设备只能淘汰。

第二阶段(2010—2015 年):从弱到强、建设趋于合理。实验室采用基于中心存储与分布式处理的建设方案,强调规范化管理和质量控制。

实验室建设经过十年的积累,已经形成了符合中国网络犯罪侦查实际需要的电子数据取证的方法和体系。实验室承担的业务已经从单纯的侦查配合,延伸到检验鉴定和科研工作。这一时期的实验室建设的特点是:

---

① https://www.guidancesoftware.com/
② http://accessdata.com/

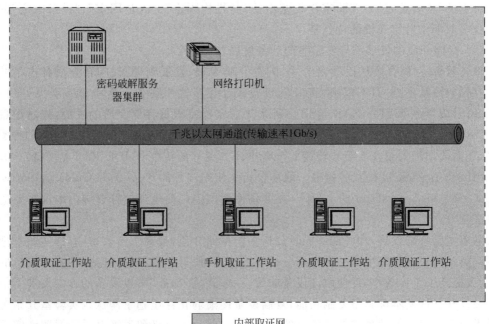

图 9.3 节点分析、存储分析的实验室架构

(1) 实验室的技术装备向着集成化、系统化的方向发展

这一时期的存储设备形态和接口已经趋于稳定,而存储容量和传输速度得到了高速发展,固态硬盘逐步取代传统的机械硬盘。实验室面临着严峻的工作形势:一方面因为电子设备成本的降低和普及应用,送检的存储介质数量大大增加;另一方面,单一存储介质的最高容量和速度大大增加,例如硬盘最高容量已经达到 6TB,固态硬盘内部传输率普遍超过几百 MB/min,而硬盘接口的传输率发展换代缓慢,复制和读取速度受限,大容量的硬盘复制和分析时间,已经超过 4 个小时以上甚至超过一天。这些都迫切要求实验室提高设备的使用效率,寻求最佳的取证策略。同时要符合质量管理的要求,做到"证据链"的形成合理合法。在以上要求推动下,单一功能的取证设备逐渐被淘汰,新型的取证设备出现。例如,具备多个只读接口的多功能只读模块,包括 IDE、SCSI、SATA、USB 及闪存卡接口,可以对于市面上大多数种类的存储介质进行分析;高度集成的工作站,具备多功能只读接口模块和强大的并行计算能力,单台设备可以分析 4 块以上的硬盘。而新型的专用工作台将多功能取证设备嵌入到内部,将多功能只读模块固定在桌面,十分便于取证分析工作的开展,极大地提高了工作效率。

（2）实验室建设采用集中存储、分布式处理的建设方案

2010年，《基于中心存储和并行分析的实验室建设思路》[①]一文首次从"系统"的角度对实验室的建设进行深入研究，提出了切实可行又具备前瞻性的方案，如图9.4所示。明显超越之前的建设理念提出的：实验室将单机的存储分离出来，集中以中心存储形式存在。存储介质使用获取工作站形成镜像存储在中心存储中。分析处理系统的各个节点远程访问中心存储，对其中的镜像进行并行分析。分析对象均为镜像文件，可以有效避免存储介质损坏和误操作情况出现，同时由于万兆局域网技术的使用，该技术也大大提升了实验室分析速度。实验室的工作速度和效率大幅度提高，扩容升级也较为方便。这一建设思路，将实验室从追求设备的种类和数量的发展阶段提升到追求效率与管理并重的系统化建设阶段。各个厂商根据这一建设思路，提出了进一步的建设方案，例如瑞源文德的"云龙"建设方案、美亚柏科的"云取证"建设方案。

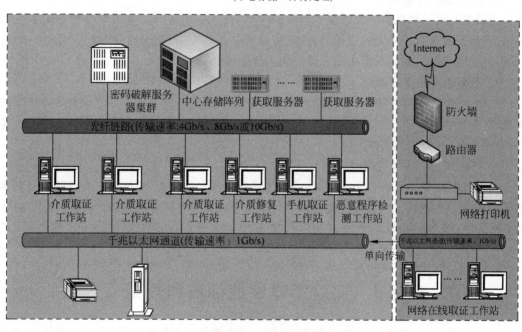

图 9.4 中心存储、并行处理的实验室机构

2012年，新刑诉法正式确定"电子数据"作为法定证据类型。法律的进步对于公安机关的实验室在"证据链"的形成要求更为严格。公安机关普遍参加实验室认可以建立质量管理

[①] 大连市公安局网络安全保卫支队的刘浩阳和广西壮族自治区公安厅网络安全保卫总队的陈兴文提出。

体系，保证检验鉴定的质量。实验室从"人治"迅速走向"法治"。而使用实验室管理系统，可以达到质量控制、过程监管的目的，其委托、检材流转、检验鉴定、报告审核等环节通过技术手段，实现自动处理，减少人工控制环节。

9.2 实验室建设原则

1. 强调建设的系统性

在建设中要满足电子数据取证各个步骤的要求，统一规划，统一标准，统一管理。将各取证节点和设备根据功能要求，将他们组成一个有效的系统。

2. 突出建设的实用性

建设应该满足科研和实战两方面的需求，重点放在为一线实战部门提供技术与服务支持，强调实际应用效果，把是否取得实战效益作为衡量建设成功与否的标准。

3. 注重建设的先进性

建设要与电子数据取证先进技术的发展同步，在满足司法活动发展对电子数据鉴定的需求，保障系统长久生命力的前提下，保证实验室技术的先进性、安全性和可扩展性。同时具备一定的前瞻性，保证在未来的一段时间内能够保证技术的领先。

4. 把握建设的连续性

实验室建设要坚持"滚动式"建设思路。处理好实验室建设发展和原有设备的连续性的关系，在发展的前提下，充分合理地利用现有的设备，使其与更为先进的设备能够进行功能互补，数据共享，发挥其工作能力。

5. 严格质量管理的规范性

在实验室硬件条件得到加强的同时，要保证检验鉴定的质量，需要建立有效的质量管理体系。按照CNAS-CL08：2013《司法鉴定法庭科学机构能力认可准则》等规则的要求，对实验室的人员、设备、检材、标准方法、环境、鉴定质量进行全流程的控制，保证"证据链"的可靠。

9.3 实验室建设的标准和规范

（1）法律规定。例如全国人大常委会《关于司法鉴定管理问题的决定》、《中华人民共和国刑事诉讼法》、《公安机关电子数据鉴定规则》等法律和法规。

（2）装备标准。包括各级主管部门发布的装备标准。

（3）电子数据取证标准。包括国家标准和行业标准（详见第三章）。

（4）实验室认可规定：包括CNAS-CL08：2013《司法鉴定法庭科学机构能力认可准则》、CNAS-CL27：2014《司法鉴定/法庭科学机构能力认可准则在电子物证鉴定领域的应用说明》、CNAS-AL14：2013《司法鉴定/法庭科学机构认可仪器配置要求》等规定。

(5) 建筑建设标准。包括实验室建筑技术规范(GB 50346—2004)、综合布线系统工程设计规范(GB 50311—2009)、洁净厂房设计规范(GB J50073—2001)等。

(6) 内部工作规范和规定。

9.4 未来电子数据取证实验室的发展

随着计算机技术和网络技术的不断发展,电子数据取证的挑战将会越多,以下几种技术将会在未来几年内应用在电子数据取证实验室建设中。

1. GPU 并行运算技术

传统的运算操作都是在 CPU 上完成的,随着 GPU 技术的发展,使用 GPU(图形处理器)来执行通用科学与工程计算变得越来越普遍。CPU 的核心数目在 2 核-8 核之间,而 GPU 的核心数目已经超过 1000,充分利用 GPU 的高浮点并行运算功能将会极大提高运算效率。用 GPU 技术进行密码破解已经在很多解密应用上得到了巨大的效率提升。

今后的操作系统、应用软件将会越来越多的支持 GPU 技术来加速运算。而在计算机取证中,GPU 技术不但会应用于密码破解中,越来越多的取证软件也会逐步实现利用 CPU＋GPU 技术加速分析过程。

2. 虚拟化技术

基于中心存储的实验室,存储已经实现集中分享,但是处理能力还是分布在各个取证工作站上,从管理角度,还不是严格意义上的统一管理。随着虚拟机技术的成熟,可以将多个工作站的处理能力集中到多台高性能的服务器上,客户端不需要高性能的工作站,通过远程镜像的方式将取证系统映射到本地。这也是第三代实验室的建设思路。这样做有三种好处,一是统一管理。二是可以防止病毒侵袭。一旦工作站环境染毒,使用无毒的虚拟机文件替换即可。三是降低建设成本和技术门槛。不过由于缺少实验室管理系统的支持,目前资源的管理和调度还无法实现,只有等到实验室管理系统的完善之后,虚拟化技术在实验室建设上才会起到重要作用。

3. 数据挖掘技术

当前是数据爆炸的年代,电子数据取证实验室处理的数据量达到了惊人的地步,包括存储海量数据的硬盘、智能终端和网络数据等,取证工作的目的是为了出具报告。执法部门并没有有效的手段对接触到的数据进行筛选、过滤、保存、查询,所有的数据都只是在案件发生时使用一下,这些数据由于存储空间的限制而被放弃。在当前各机关单位大力发展电子数据取证的同时,如果依然依靠传统的、慢慢普及的检验鉴定技术,则将很快失去优势。随着取证工作的延伸进步,将要求从这些数据里面对嫌疑人进行数据采集,同时挖掘潜在犯罪的线索。因此,需要在实验室建设时建立有效的数据收集体系,汇总研判,形成区域性甚至全国性的数据研判中心。

9.5 实验室认可概述

实验室认可是对实验室有能力进行规定类型的检测活动所给予的一种正式承认。实验室认可不是一个孤立的活动,它与政治、经济活动密切相关。实验室认可在执法部门开展的时间较短,执法部门普遍对其理解不深、认识不到位。"无以规矩,不成方圆",实验室在运行和发展的同时,需要实验室认可的质量管理体系来指导和规范其活动,提高鉴定结果的公正性和有效性。

9.5.1 合格评定、认证与认可概述

1. 合格评定、认证与认可的概念[①]

- 合格评定(Conformity Assessment):与产品、过程、体系、人员或机构有关的规定要求得到满足的证实;
- 认可(Accreditation):正式表明合格评定机构具备实施特定合格评定工作的能力的第三方证明。认可包括实验室认可、检查机构认可和认证机构认可,实验室认可是认可的一个子集;
- 认证(Certification):与产品、过程、体系或人员有关的第三方证明。
- 合格评定机构:从事检测、检查和认证活动的机构分别被称为实验室、检查机构和认证机构,三者统称为合格评定机构。
- 认可机构:针对合格评定机构,对其进行认可的机构。

用语的发展渊源来看,1994年,世界贸易组织(The World Trade Organization,WTO)将"贸易技术壁垒协议"(TBT协定)协定中的"认证制度"一词更改为"合格评定制度",并在定义中将内涵扩展为"证明符合技术法规和标准而进行的第一方自我声明、第二方验收、第三方认证以及认可活动",同时规定了"合格评定程序"的内容。因为"认证认可"是"合格评定"活动的体现形式,我国目前仍称之为"认证认可"活动。合格评定制度有时也称之为"合格评定体系",认可制度有时也称为"认可体系"。

2. 合格评定与认可的关系

- 对象不同

检测、检查和认证等合格评定的对象是产品、过程、体系和人员,认可的服务对象则是从事检测、检查和认证的合格评定机构。

- 活动与机构的分离

合格评定的专业领域包括检测、检查和认证,以及对合格评定机构的认可活动。因此认可活动是合格评定活动一部分。

[①] GB/T27000—2006 ISO/IEC 17000:2004《合格评定 词汇和通用原则》的定义。

开展认可活动主体是认可机构,但认可机构不是合格评定机构,实验室、检查机构和认证机构等合格评定机构是具备一定能力的机构,大多数国家合格评定机构间存在竞争关系,而认可机构为合格评定机构提供具备实施特定合格评定工作能力的第三方证明。认可机构的权威往往来自政府的授权或指定,认可机构在与合格评定机构和客户的关系间保持公正中立。

在合格评定体系中,认可机构和合格评定机构相互独立又彼此关联,认可机构证明获准认可的合格评定机构在特定范围内按国际公认标准具有从事相应检测、检查、认证活动的能力,对所发布认可结果的真实性、有效性和准确性负责,合格评定机构负责确保其被认可的合格评定活动符合能力要求,并不断持续改进提供可靠服务。

9.5.2 实验室认可的概念

实验室认可指的是认可机构对实验室有能力进行规定类型的检测和(或)校准所给予的一种正式承认。实验室认可的目标是提高实验室技术能力和保证管理体系运行有效性。

9.5.3 国际实验室认可情况

国际上,作为合格评定的发起方和强有力的贯彻方,西方国家普遍对合格评定的热情较高,因此其实验室认可的发展也较为迅速和完善。

美国的认可体系由两部分组成:美国标准与技术研究院(National Institute of Standards and Technology,NIST[①])负责编制认证计划,由美国国家标准学会(American National Standards Institute,ANSI[②])负责对认证机构进行认可和管理。具体的合格评定工作由政府和商业机构两部分组成。NIST 的国家自愿性实验室认可体系(National Voluntary Laboratory Accreditation Program,NVLAP[③])和美国实验室认可协会(American Association for Laboratory Accreditation,A2LA[④])是主要的联邦范围的实验室认可体系。另外还有许多联邦、州和地方政府以及私人机构建立的实验室认可体系。

英国是世界上较早开始建立认可体系的国家,其认可体系由皇家认可委员会(United Kingdom Accreditation Service,UKAS[⑤])负责建设维护。UKAS 由原先的英国国家实验室认可机构(NAMAS)和国家认证机构认可委员会(NACCB)合并而来,目前英国的实验室认可均由 UKAS 下的 NAMAS 负责。NAMAS 是英国授权的唯一从事校准和检测实验室的国家认可机构。

1947 年,澳大利亚建立了世界上第一个实验室国家认可机构-国家权威检测协会

[①] http://www.nist.gov/
[②] http://www.ansi.org
[③] http://www.nist.gov/nvlap
[④] http://www.a2la.org
[⑤] http://www.ukas.com

(National Association of Testing Authorities,NATA[①])。经过多年的发展,NATA 的模式成为多数国定建立实验室认可体系的典范。

20 世纪 80 年代东南亚、新加坡、马来西亚等国家建立了实验室认可机构。90 年代更多的发展中国家(包括中国)也加入了实验室认可行列。

20 世纪 70~90 年代,在欧洲和亚太地区逐渐形成了两大区域性国际实验室认可组织-欧洲认可合作组织(European co-operation for Accreditation,EA[②])和亚太实验室认可合作组织(Asia Pacific Laboratory Accreditation Cooperation,APLAC[③])。1996 年 9 月在荷兰正式成立了国际实验室认可合作组织(International Laboratory Accreditation Cooperation,ILAC[④])。2000 年 11 月在 ILAC 大会上,来自欧洲、亚太、南美洲和南非的 28 个成员国的 36 个认可机构正式签署了 ILAC 互认协议,最终形成了国际性的实验室认可互认。

9.5.4 实验室认可在中国的发展情况

中国合格评定国家认可委员会(China National Accreditation Service for Conformity Assessment,CNAS)是根据《中华人民共和国认证认可条例》的规定,由国家认证认可监督管理委员会批准设立并授权的国家认可机构,统一负责对认证机构、实验室和检查机构等相关机构的认可工作。CNAS 认可结果得到国际实验室组织的互认,CNAS 的认可活动已融入国际认可互认体系中。CNAS 的标志如图 9.5 所示。

图 9.5 CNAS 标识

9.5.5 实验室认可的概念

实验室认可指的是认可机构对实验室有能力进行规定类型的检测和(或)校准所给予的一种正式承认。实验室认可的目标是提高实验室技术能力和保证管理体系运行有效性。

9.5.6 实验室认可的作用和意义

(1) 表明具备了按相应认可准则开展检测和校准服务的技术能力;
(2) 增强市场竞争能力,赢得政府部门、社会各界的信任;
(3) 获得签署互认协议方国家和地区认可机构的承认;
(4) 有机会参与国际间合格评定机构认可双边、多边合作交流;

---

① http://www.nata.com.au
② http://www.european-accreditation.org
③ http://www.aplac.org
④ http://ilac.org/

(5) 可在认可的范围内使用 CNAS 国家实验室认可标志和 ILAC 国际互认联合标志;
(6) 列入获准认可机构名录,提高知名度。

9.6 司法鉴定/法庭科学实验室认可

司法鉴定/法庭科学实验室认可,是针对司法鉴定/法庭科学领域的鉴定机构鉴定能力予以承认的过程。

9.6.1 国际法庭科学[①]实验室认可的发展

美国是公认的法庭科学实验室发展最为成熟和迅速的国家,美国联邦调查局犯罪实验室(FBI Crime Laboratory)成立于 1932 年,至今已有 70 余年的历史。20 世纪初,美国犯罪科学实验室理事会/实验室认可协会(American Society of Crime Laboratory Directors/Laboratory Accreditation Board,ASCLD/LAB)初步建立了美国法庭科学实验室认可制度。1982 年伊利诺伊州 8 个法庭科学实验室第一批通过该协会的认可。截至 2014 年 12 月,189 个国家实验室,131 个地方实验室,31 个联邦实验室,20 个国际(美国以外)实验室和 26 个私人获得了 ASCLD/LAB 的实验室认可。

在欧洲,截至 2014 年,欧洲法庭科学实验室联盟(European Network of Forensic Science Institutes,ENFSI[②])的 62 家鉴定机构,有 41 家通过了实验室认可。

9.6.2 我国司法鉴定/法庭科学实验室认可的发展

在我国,司法鉴定/法庭科学实验室的发展始终滞后。改革开放以后,司法鉴定/法庭科学实验室的发展才走上正轨。根据加入 WTO 的具体要求,我国合格评定工作逐步与世界接轨。2005 年 2 月 28 日颁布的《全国人民代表大会常务委员会关于司法鉴定管理的决定》(简称人大"2.28 决定")第五条规定,法人或者其他组织申请从事司法鉴定业务时,"有在业务范围内进行司法鉴定所必需的依法通过计量认证或者实验室认可的检测实验室"。这就从立法上确定司法鉴定/法庭科学实验室要通过认可。

人大"2.28 决定"颁布后,司法部于 2005 年 9 月 29 日颁布了 95 号部长令《司法鉴定机构管理办法》,公安部于 2005 年 11 月 7 日颁布了 83 号部长令《公安机关鉴定机构登记管理办法》,最高检 2006 年 11 月 30 日颁布的《人民检察院鉴定机构登记管理办法》。这三个办法中均规定鉴定机构应是:"有在业务范围内进行鉴定必需的依法通过计量认证或者实验室认可的检测实验室。"

此外,《计量法》第二十条、《国家认证认可条例》第十六条、国家质检总局《实验室和检查

[①] "法庭科学"是国际通用的称呼,"司法鉴定"和"法庭科学"两种称呼我国都使用。
[②] http://www.enfsi.eu

机构资质认定管理办法》等法律法规和规章均明确规定,"向社会出具具有证明作用的数据和结果的检查机构、实验室,应当具备有关法律、行政法规规定的基本条件和能力,并依法经认定后方可从事相应活动"。司法鉴定机构走认证认可之路是我国现行法律法规所要求的。

根据最高人民法院在《关于适用〈中华人民共和国刑事诉讼法〉的解释》(简称刑诉法解释),针对没有列入人大"2.28决定"范围的鉴定项目,可以使用检验来进行证据认定。因此,从事此类检验工作的,尤其是电子数据取证实验室,也参与到认证认可活动中来。

我国,司法鉴定/法庭科学的相关机构可以称为"司法鉴定/检验实验室"或者"司法鉴定/检验中心",后者也是"实验室"的特殊称呼。2003年12月北京市公安局法医检验鉴定处的DNA和毒物检验两个实验室依据ISO/IEC 17025标准首批通过了CNAL的评审。2004年4月28日经中国实验室国家认可委员会(CNAL,CNAS前身)批准成立了中国实验室国家认可委员会技术委员会法庭科学分委员会,负责该领域的有关技术工作。同年,中国实验室国家认可委员会(CNAL)还开展了针对司法鉴定/法庭科学实验室的能力验证活动。

2004年4月和6月司法部司法科学鉴定技术研究所实验室分别依据ISO/IEC 17020和ISO/IEC 17025标准,通过了中国实验室国家认可委员会(CNACL)的评审。司鉴所实验室是国内首个通过ISO17020的司法鉴定/法庭科学机构。

经过10余年的认可实践,在公安部、司法部、最高检等有关政府部门的积极推动下,司法鉴定/法庭科学机构认可工作已经全面开展。截至2015年5月31日,CNAS共认可司法鉴定/法庭科学机构353家,其中公安系统196家,司法系统122家,检察院系统35家,涉及法医、物证、声像资料等三大类及电子数据领域,包括法医临床、法医病理、法医物证、法医毒化、文检、痕迹、微量、声像资料、电子数据等专业。

9.6.3 实验室认可与资质认定的区别

根据人大"2.28"决定,鉴定机构需要"有在业务范围内进行司法鉴定所必需的依法通过计量认证或者实验室认可的检测实验室"。但是在实践操作中,对于实验室认可和资质认定,有着各种模糊的认识。

资质认定,是指省级以上质量技术监督部门依据有关法律法规和标准、技术规范的规定,对检验检测机构的基本条件和技术能力是否符合法定要求实施的评价许可。资质认定包括检验检测机构计量认证。

鉴定机构需要通过实验室认可或者资质认定的其中一项,就符合人大"2.28"的要求。同时实验室认可与资质认定主管部门都是国家认证认可监督管理委员会,目的都是提高实验室管理水平和技术能力,考核依据都是根据CNAS-CL08:2013《司法鉴定/法庭科学机构能力认可准则》(资质认定增加一些特殊要求)。

实验室认可和资质认定的不同之处如表9.1所示。

表 9.1 实验室认可与资质认定的区别

区别	实验室认可	实验室资质认定
对象	包括所有的实验室：第一、二、三方，检测/校准，为检查或产品认证服务等	检测/校准实验室，必须第三方（资质认定包括第二方工程检测实验室）
依据	CNAS-CL08：2013《司法鉴定/法庭科学机构能力认可准则》	我国的法律法规《中华人民共和国计量法》《中华人民共和国标准化法》《中华人民共和国产品质量法》《中华人民共和国认证认可条例》
性质	自愿的	强制性
实施主体	中国合格评定国家认可委员会（CNAS）统一管理，统一实施，统一发证	国务院主管部门和省部级管理部门组织实施，两级管理，国家认监委和省级资质认定部门发证
法律效力	国际互认	检测报告具有法律效力，中华人民共和国境内有效

9.6.4 实验室认可与司法鉴定/检验的关系

由于司法鉴定/检验的现状和诸多法律法规的要求不同，实验室认可与司法鉴定/检验的关系往往不被人理解。很多情况下，实验室认可和司法鉴定/检验被混为一谈，甚至被当成一种收费许可。理清实验室认可与司法鉴定/检验的关系，对于促进基层司法鉴定/检验工作顺利发展有着重要意义：

1. 二者要求不同

实验室认可是对实验室进行规定类型的检测鉴定活动的能力所给予的一种正式承认；司法鉴定/检验是在诉讼活动中，鉴定机构的鉴定人或检验机构的检验人运用科学技术或者专门知识，对专门性问题进行鉴别和判断并提供鉴定/检验意见的活动。

实验室认可关注是否具备相应的能力。实验室认可的主要目标是整个管理体系，是通过"人、机、料、法、环、测"等要求维护实验室的质量管理体系，将实验室的鉴定/检验能力维持在一个稳定的水平，目的是为客户提供可靠的服务。而司法鉴定/检验则关注鉴定/检验资质，通过行政许可审查鉴定机构和鉴定人是否符合相应的要求，通过审核鉴定机构和鉴定人来达到一个准入的要求，例如鉴定/检验机构的设备、资产、面积，鉴定/检验人的学历和工作经验等。

司法鉴定/检验资质和实验室认可是两个截然不同的领域，不能混为一谈，而且通过实验室认可并不意味着获得司法鉴定/检验资质，而获得司法鉴定/检验资质也不能等同于通过实验室认可。

2. 二者收费条件不同

社会服务类的司法鉴定/检验机构，在获得司法行政机构的许可、备案和公示后，经物价局核准，可以对外收费，经营获得盈利主要用于司法鉴定/检验机构的正常运行，同时为了提供鉴定信誉、规范鉴定流程，社会服务类的司法鉴定/检验机构积极参加实验室认可。某些侦查机关片面以为,获得司法鉴定/检验资质或者通过实验室认可就可以收费盈利。但是根据人大"2.28"决定等相关法律规定,侦查机关所属的鉴定机构,无论是否获得司法鉴定资质或者通过实验室认可,都不允许面向社会接受委托从事经营性的有偿的司法鉴定/检验业务。因此,侦查机关的鉴定/检验机构获得司法鉴定/检验资质或通过实验室认可并不是意味着获得收费许可的前提条件。

9.6.5 授权签字人与鉴定人的关系

CNAS-CL08:2013《司法鉴定/法庭科学机构能力认可准则》规定:授权签字人是"由鉴定机构最高管理者任命,并经认可评审考核合格,负责授权范围内鉴定文书技术性审核和签发的鉴定人"。鉴定人是"经过行政管理部门审核批准,并取得相关执业证明,从事司法鉴定/法庭科学领域鉴定业务的人员"。

CNAS-CL27:2014《司法鉴定/法庭科学机构能力认可准则在电子物证鉴定领域的应用说明》规定:从事电子物证鉴定的鉴定人应具有计算机科学与技术等相关专业大学本科以上(包括大学本科)学历,并具备在电子物证鉴定领域的执业资格;电子物证鉴定授权签字人除满足上述要求外,还应有 5 年以上的本专业鉴定人工作经历,或取得中级职称后从事本专业鉴定人工作 3 年以上。

授权签字人和鉴定人一样,都是一种责任,要求的是能力,而不是权力。授权签字人也是维护实验室检验鉴定能力的把关者,授权签字人关注的是实验室的能力。同时授权签字人是经认可机构认可,允许在被认可实验室报告上签发带认可标识的人员,表明实验室具备相应的得到广泛认可的检验鉴定能力,而鉴定人的签字,仅仅是证明具备鉴定资质,而非证明能力的高低,是不允许使用认可标识的。

9.6.6 司法鉴定/法庭科学认可的标准

中国合格评定国家认可委员会(CNAS)为适应国际互认的新要求,满足司法鉴定/法庭科学认可发展的新需求,制定了 CNAS-CL08:2013《司法鉴定/法庭科学机构能力认可准则》。

CNAS-CL08 准则覆盖了 ISO/IEC 17025:2005《检测和校准实验室能力认可准则》中所有的管理要求和技术要求,同时本准则中的部分条款要求和注解引用了 ISO/IEC 17020:2012《检查机构能力认可准则》、ILAC-G19《法庭科学机构认可指南》中的部分内容和中国法律法规的相关要求。CNAS-CL08 准则自 2013 年 9 月 1 日实施,将替代 CNAS-CL01《检测和校准实验室能力认可准则》(ISO/IEC 17025:2005)和 CNAS-CI01《检查机构能力认可准则》(ISO/IEC 17020:2012),作为 CNAS 对司法鉴定/法庭科学机构认可的依据。与 CNAS-CL01 相比较,准则在委托受理、分包、投诉、记录的控制、人员、设备和鉴定文书的审核等方面有较大的变化。

9.6.7 司法鉴定/法庭科学认可的领域和方法

1. 司法鉴定/法庭科学的领域

国家认可委 2013 年 12 月发布了 CNAS-AL13《司法鉴定/法庭科学机构认可领域分类》,对法医、物证、声像资料、电子物证的领域及其项目做了具体的规定,其中电子数据的领域名称为"电子物证",共分为三大分领域、十五个项目,如表 9.2 所示。

表 9.2 司法鉴定/法庭科学的领域表

序号	领域	分领域及项目
24	电子物证	2401 电子数据的提取、固定与恢复 　01 计算机存储介质 　02 嵌入式系统 　03 移动终端(包括手机) 　04 智能卡、磁卡 　05 数码设备 　06 网络数据(包括互联网数据) 　07 计算机系统现场数据(特指运行中的系统数据提取) 2402 电子数据真实性(完整性)鉴定 　01 电子签名 　02 电子邮件 　03 即时通信 　04 电子文档 　05 数据库 2403 电子数据同一性、相似性鉴定 　01 软件 　02 电子文档 　03 集成电路(含芯片)

2. 司法鉴定/法庭科学的方法

实践中我国开展电子数据取证的机构越来越多,但因缺乏统一的技术标准和操作规范,长期以来各个电子数据取证机构有时依据行业经验或自行制定的鉴定方法出具鉴定报告,使得法院无法获得规范的、符合法律要求的电子数据取证报告作为审判的可信技术依据,鉴定结论的科学性、客观性、公正性受到了一定程度的影响。

综上,电子数据取证标准的不完善已成为我国电子数据取证规范化发展的瓶颈,电子数据取证标准化已成为电子数据取证领域迫切需要解决的现实问题。

与国外的标准制定相比,我国电子数据取证标准化工作起步较晚。目前,国家标准化委员会、公安部、司法部、最高检等相关部门意识到司法鉴定/法庭科学的相关技术标准的重要性,已经加快相关电子数据检验鉴定技术标准的编写和发布工作,相关的标准也会越来越多,以适应和满足不断增长的电子数据检验鉴定要求。从正式发布的电子数据取证标准来看,目前有二十二项标准,其中国家标准三项、其余为行业标准(详见附录)。

9.7 电子数据取证实验室认可

根据新刑诉法第四十八条,"电子数据"作为证据的一种,已经从法律上予以明确。电子数据作为新兴的证据类型,已成为执法破案和司法审判不可或缺的关键证据之一。电子数据取证指经过资格认定的专业人员基于计算机科学原理和技术,按照符合法律规定的程序,发现、固定、提取、分析、检验、记录和展示电子设备中存储的电子数据,找出与案件事实之间的客观联系,确定其证明力并提供鉴定意见的活动。

9.7.1 国内外电子数据取证实验室认可

从发展历程来看,国际上电子数据法庭科学实验室对认可的起步较早,认识较深。实验室通过认可工作推动质量体系的完善,对于提高鉴定质量起到积极的推动作用。美国从20世纪70年代末就开始建立法庭科学的实验室认可制度。澳大利亚1992年开始法庭科学实验室认可工作。

但是电子数据作为新兴事物,在近10年才逐渐被各国纳入法庭科学范围,开展实验室认可工作。2002年国际实验室认可组织颁布的《法庭科学实验室认可指南》(IIAC-G19)中明确将声音、图像、计算机纳入法庭科学实验室认可范围,这就扫清了电子数据作为实验室认可的障碍,通过认可的电子数据法庭科学实验室数量不断增加。

我国电子数据取证实验室认可工作虽然起步较晚,但是对于电子数据作为认可领域,很早就进行了深入的研究。电子数据已成为中国合格评定国家认可委员会(China National Accreditation Service for Conformity Assessment,CNAS)司法鉴定/法庭科学实验室认可的新领域。2014年CNAS发布了《检测和校准实验室能力认可准则在电子物证检验领域的应用说明》(CNAS-CL27)和《司法鉴定/法庭科学认可领域分类》(CNAS-AL13)来规范电子数据取证实验室的认可工作。

截至2014年12月,大陆地区通过CNAS认可的电子数据取证实验室有44家,其中公安28家、检察院8家、司法8家。重庆市公安局电子物证司法鉴定中心是国内通过认可的第一个公安部门电子数据取证实验室。中国台湾地区第一个电子数据取证机构——法务部调查局[①]资安鉴识实验室于2013年11月28日通过ISO/IEC 17025认可。2014年6月,勤业众信会计师事务所成立的"资安科技暨鉴识分析中心",是中国台湾地区民间首座国家认证的电子数据取证实验室。

---

① 原国民党军统局

9.7.2 CNAS-CL27：2014《司法鉴定/法庭科学机构能力认可准则在电子物证鉴定领域的应用说明》要点

2014年4月1日，CNAS发布了认可规范文件CNAS-CL27：2014《司法鉴定/法庭科学机构能力认可准则在电子物证鉴定领域的应用说明》。从2014年5月1日起，CNAS对相关实验室实施的评审将以该应用说明作为评审依据。应用说明是针对电子物证司法鉴定领域的特性，对《司法鉴定/法庭科学机构能力认可准则》中一些特定条款所做的进一步说明。应用说明充分考虑了电子物证司法鉴定领域的如下特点：

(1) 考虑了为保证鉴定过程的可追溯性，鉴定记录中应记录所有软硬件设备的操作参数、检出数据的完整性校验值和出现异常数据的原因；

(2) 与2010年版不同，遵照了相关法律法规要求，增加了对鉴定机构和鉴定人员的要求：从事电子数据检验鉴定的鉴定人应具有计算机科学与技术等相关专业大学本科以上（包括大学本科）学历，并具备在电子数据检验鉴定领域的执业资格；电子数据检验鉴定授权签字人除满足上述要求外，还应有5年以上的本专业鉴定人工作经历，或取得中级职称后从事本专业鉴定人工作3年以上；

(3) 根据《中华人民共和国刑事诉讼法》第一百八十七条第三款、《中华人民共和国民事诉讼法》第七十八条和《全国人民代表大会常务委员会关于司法鉴定管理问题的决定》第十一条中对鉴定人出庭质证的要求而考虑加入了鉴定人出庭质证能力的培训内容；

(4) 根据电子物证的特性，考虑到鉴定机构应具备保护其信息网络安全的措施，包括防范计算机病毒等恶意代码、防范网络入侵和防范数据泄露等的设施要求；

由于电子数据取证大多数检出结果是电子数据，易于复制和扩散，对于涉密案件的检验鉴定结果应考虑相应保护政策和程序；

(5) 电子设备、存储设备应考虑防磁和防静电措施，手机检验应在屏蔽信号环境中检验；

(6) 在条件允许的情况下，应对送检的存储设备进行完整性备份；

(7) 检材/样本的标识系统设计考虑到检材/样本存在组件的情况；

(8) 软件的升级应记录其名称和版本号；

(9) 实验室应定期对检验所使用的软件工具的功能进行核查；

(10) 对检出的结果数据传输时，要使用电子签名或其他电子加密方式传送。

9.7.3 电子数据取证实验室认可流程

实验室认可流程如图9.6所示，适用于所有开展检测或校准活动的实验室。电子数据取证实验室认可除了要遵守CNAS的基本规则、准则外，还需要遵守CNAS-CL27：2014《司法鉴定法庭科学机构能力认可准则在电子物证鉴定领域的应用说明》。

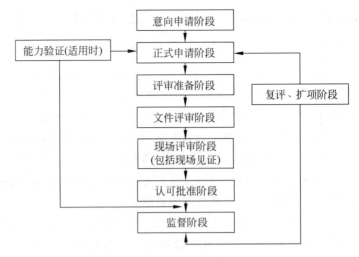

图 9.6 实验室认可申请流程图

1. 意向申请

申请人可以利用电话、电子邮件、来访等方式直接向 CNAS 秘书处询问申请要求和注意事项。申请者可以在 CNAS 网站上下载最新版的申请相关要求、表格和说明。同时 CNAS 秘书处也有义务向申请人提供最新版本的认可规则和其他有关文件。

需要阅读并遵照执行的 CNAS 文件有：

认可规则（R 系列）：CNAS 实施认可活动的政策和程序，包括通用认可规则（R 系列）和实验室专用认可规则类（RL 系列）文件。电子物证领域实验室认可需要遵守的有：

- CNAS-R01：2015《认可标识使用和认可状态声明规则》；
- CNAS-R02：2011《公正性和保密规则》；
- CNAS-R03：2010《申诉、投诉和争议处理规则》；
- CNAS-RL01：2011《实验室认可规则》（2013 年第 1 次修订清稿）；
- CNAS-RL02：2010《能力验证规则》；
- CNAS-RL03：2013《实验室和检查机构认可收费管理规则》。

认可准则（C 系列）：CNAS 认可的合格评定机构应满足的基本要求，包括基本准则（如等同采用的相关 ISO/IEC 标准、导则等）以及对其的应用指南或应用说明（如采用的 IAF、ILAC 制定的对相关 ISO/IEC 标准、导则的应用指南，或其他相关组织制定的规范性文件，以及 CNAS 针对特别行业制定的特定要求等）文件。电子物证领域实验室认可需要遵守的有：

- CNAS-CL08：2013《司法鉴定法庭科学机构能力认可准则》；
- CNAS-CL06：2014《测量结果的溯源性要求》；
- CNAS-CL27：2014《司法鉴定法庭科学机构能力认可准则在电子物证鉴定领域的应

用说明》；
- CNAS-CL52：2014《CNAS-CL01〈检测和校准实验室能力认可准则〉应用要求》。

认可指南(G 系列)：CNAS 对认可准则的说明或应用指南，包括通用和专项说明或应用指南类文件。电子数据取证实验室认可需要遵守的有：
- CNAS-GL01：2015《实验室认可指南》；
- CNAS-GL02：2014《能力验证结果的统计处理和能力评价指南》；
- CNAS-GL09：2014《实验室认可评审不符合项分级指南》；
- CNAS-GL12：2007《实验室和检查机构内部审核指南》；
- CNAS-GL13：2007《实验室和检查机构管理评审指南》；
- CNAS-GL32：2012《司法鉴定法庭科学领域检验鉴定能力验证实施指南》；
- CNAS-GL36：2014《司法鉴定法庭科学鉴定过程的质量控制指南》。

认可方案(S 系列)：是 CNAS 针对特别领域或行业对上述认可规则、认可准则和认可指南的补充，电子物证领域实验室认可目前不涉及。

认可委的认可规范文件随着认可需求动态更新，应当根据申请时最新版本为准。

2. 建立质量管理体系

电子数据取证实验室遵照 CNAS-CL08《司法鉴定/法庭科学机构能力认可准则》，按照"人、机、料、法、环"等方面建立符合实验室运行情况的质量管理体系。这几个环节按照实验室的具体的要求有所侧重。对于电子数据取证实验室，人员、设备、检材、方法和检验鉴定过程都需要重点关注，详细设计。

(1) 人员管理

电子数据取证实验室应当制定人员管理程序。根据 CNAS 对实验室认可的要求，对实验室人员进行职能分工。实验室人员分工一般按照职能进行，不能全部比照行政职位。一般来说，最高管理者由行政职务最高者担任，质量负责人、技术负责人按照实验室日常工作分工由最熟悉质量管理和技术水平最高者担任。授权签字人是经过 CNAS 审核，可以签发 CNAS 标识报告的人，并非有权力的人，一般不宜由实验室行政管理者担任。

最高管理者：是组织建立质量管理体系的决策者，是实施质量管理体系并持续改进其有效性的关键组织成员。

质量负责人：负责实验室质量管理体系及其运行，并可就此直接向最高管理者汇报的组织成员。

技术负责人：全面负责技术运作和提供确保实验室运作质量所需的资源的组织成员。

授权签字人：由鉴定机构最高管理者任命，并经认可评审考核合格，负责授权范围内鉴定文书技术性审核和签发的鉴定人。

审核员：有能力实施审核的人员，包括内审员和外审员。

鉴定人：经过行政管理部门审核批准并取得相关执业证明，从事司法鉴定/法庭科学领域鉴定业务的人员。

实验室应对关键人员进行授权,关键人员包括两类,一类是"涉及检测和/或校准的关键人员",即指检测鉴定人员。另一类检测和/或校准有影响的关键人员,即采购人员、设备维护人员、样品管理人员等。实验室应定期评价被授权人员的持续能力。

(2) 设备管理

电子数据取证实验室应当制定设备管理程序。将影响检验鉴定结果的设备保存设备档案,为每台设备进行唯一性标识。软件等同于设备。唯一性标识应当尽可能的牢固的附于设备本体,而不要附于包装或者容器上,以免混淆。软件可以将唯一性标识附加于加密狗上。软件升级时,应当记录软件的名称和升级后的版本号。

只有校准设备才需要期间核查,电子数据取证实验室使用的设备不属于校准设备,只需要做功能核查即可,不需要期间核查。

(3) 检材管理

电子数据取证实验室应当制定检材管理程序,检材的管理应当制定一套行之有效的管理流程。保证检材/样本的完整性,包括:

① 在条件允许的情况下,应对送检的存储设备进行完整备份,并只在副本上进行处理与分析;

② 在没有替代方法只能直接操作检材/样本时,应尽可能避免对检材/样本造成永久性改变;

③ 如不可避免可能对检材/样本造成永久性改变,必须征得客户的同意,评估对检材/样本的影响,并以书面和录像方式记录操作过程。

检材应当使用唯一性标识,防止混淆。唯一性标识应当牢固的附于检材本身或不可混淆的包装上。例如送检物品为内涵 1TB 硬盘的台式计算机,唯一性标识应当附于 1TB 硬盘本身,而不是台式计算机。检材的流转和保管应当防磁、防静电或者电子信号隔离屏蔽。

(4) 方法管理

电子数据取证实验室应当制定方法管理程序。实验室要根据认可申请的领域确定使用的方法,没有必要采用现行所有的方法。例如没有申请移动终端(包括手机)的子领域,就不必使用 GA/T1069-2013 法庭科学电子物证手机检验技术规范。方法要使用现行有效的版本,要注意行业标准是否已经变更为国家标准[①]。

实验室除了使用标准方法外,是否还使用非标方法。要注意,标准方法要证实、非标方法要确认。同时要注意,检验鉴定文书中使用通过认可的方法才能以使用认可标识,使用非认可的方法不能使用认可标识,部分使用认可的方法可以使用认可标识,但是需要在文书中注明。

(5) 环境条件

由于电子数据取证实验室使用的设备以计算机设备为主,很少有特种设备。计算机设

---

① 根据《中华人民共和国标准化法》第六条规定,行业标准上升到国家标准后,行业标准自动废止。

备属于宽温设备,一般工作于 0～30 摄氏度,因此在温度上,电子数据取证实验室没有特殊要求,也不需要对温度进行监控。

根据 CNAS-CL27 的规定,电子物证司法鉴定/法庭科学实验室应具备防静电设施,手机鉴定应在屏蔽手机信号的环境中进行。实验室应具备保护其信息网络安全的措施,包括防范计算机病毒等恶意代码、防范网络入侵和防范数据泄露等。鉴定机构的办公与鉴定区域应进行有效的隔离。

(6) 其他要求

电子数据取证实验室应当建立文件控制、记录控制程序和结果报告控制程序。文件包括内部文件和外部文件,文件要确定是否受控,同时要有唯一性编号。记录包括质量记录和技术记录,质量记录包括内部审核报告、管理评审报告、纠正措施和预防措施等,技术记录是检验鉴定中实时获得的数据或结果。结果报告控制程序规定了实验室出具的《电子数据取证意见》或《电子数据检验报告》的编写和发送等要求。

实验室还应当建立完善有效的委托受理程序,以确定与委托方之间的合同,包括委托项目、委托要求和检验鉴定时限。

对于分包和抽样,实验室应当根据具体情况确定是否需要分包和抽样。一般说来,电子数据取证实验室很少分包和抽样。

实验室不能忽略质量控制和质量监督的要求。质量控制是针对整个检验鉴定结果,目的是防止发出错误报告,质量监督是针对人员的控制,目的是保证人员具备能力。当实验室出现不符合项时,应当采取纠正或/和预防措施。

(7) 编写质量体系文件

建立质量管理体系的同时,应当将其文件化,实验室应当组织人员,按照质量管理体系运行的实际情况,编写质量体系文件。质量体系文件由质量手册、程序文件、作业指导书和记录表格 4 个部分组成,如图 9.7 所示。质量体系文件形成金字塔的形式,塔尖的第一层次是质量手册,质量手册是鉴定机构的纲领性文件;第二层次是程序文件,是质量手册中原则性要求的展开与落实,提供鉴定机构如何完成质量管理体系过程活动的详细信息;第三层次是作业文件(包括各种管理制度、作业指导书),是指导操作人员进行具体操作的指南;第四层次是记录表格(包括各种表格、技术记录),是对鉴定机构完成质量管理活动或达到的结果提供证据的文件。

质量体系文件编写可以与质量管理体系的建立同步进行,这样有助于质量体系文件与质量管理体系的高度契合。按照 CNAS 要求,质量管理体系完整、有效的运行 6 个月以上,并且进行过内部审核和管理评审,方可进行正式申请。

(8) 对人员进行宣贯和培训

管理体系的文件化,主要是为了贯彻执行,确保检验鉴定的质量。

首先,实验室人员应按照职能分工,转换思路,从原来的行政角色转变为实验室能力角色上来,严格按照质量体系文件的要求进行工作。其次,实验室按照认可要求对人员进行相

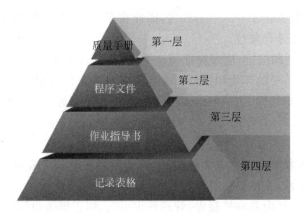

图 9.7 质量体系文件层次图

应的培训。CNAS-CL01 认可准则明确指出"体系文件应传达至有关人员,并被其理解、获取和执行"。体系文件的熟悉,不能只是体系文件的编写者,同时也要兼顾执行对象,比如质量手册的宣贯培训,应当针对全体人员,要求实验室全体人员都清楚。程序文件的宣贯和培训,可以根据管理体系要素的职能分配,针对相关部门和人员分别进行。作业指导书的宣贯和培训,主要针对具体从事此项工作的人员,特别是操作者。

(9) 内部审核

"内部审核",也称为第一方审核,是由组织自行组织的审核活动。内审的目的是验证实验室的运行是否符合管理体系的要求。在质量管理体系正式运行后,需要进行一次以上的内部审核。

内审的组织:内审应当提前制定方案,按照 CNAS 要求,内审每年度至少实施一次。质量负责人是内审方案的制定者,可以担任内审组长,也可以指定其他人员进行内容。内审员应当尽量独立被审核的活动,不能审核自己从事或者负责的活动。

(10) 管理评审

质量管理体系正式运行后,除了内部审核,还需要进行一次管理评审。CNAS CL08 规定,"鉴定机构的最高管理者应根据预定的计划和程序,定期地对本机构的管理体系和鉴定活动进行评审,以确保其持续适用和有效,并进行必要的变更或改进"。管理评审的目的是确保管理体系持久的适宜性、充分性和有效性。

3. 正式申请

质量管理体系正式运行超过 6 个月,且进行了完整的内审和管理评审,参加了至少一项能力验证计划、比对计划或者测量审核并达到满意结果,申请人的质量管理体系和技术活动运作处于稳定运行状态后,可以提交正式申请,交纳申请费用。

提交的申请文件可以在 CNAS 网站上下载,实验室需要根据自身情况,按照司法鉴定/法庭科学领域代码如实填写,为了降低申请难度而减少申请领域,或者盲目扩大申请领域都是不可取的。

CNAS 秘书处审查申请人正式提交的申请资料,若申请人提交的资料齐全、填写清楚、正确,对 CNAS 的相关要求基本了解,人员和方法符合要求,可以予以正式受理,并在 3 个月内安排现场评审。否则,应进一步了解情况。

4. 评审准备

CNAS 正式受理后一般在 3 个月内安排现场评审。CNAS 将选择具有资格的、满足专业背景要求的、数量适当的评审员和技术专家组成评审组(指定一名组长),一般电子物证实验室评审组为 2 人。CNAS 按照申请方的专业领域要求组建评审组。评审组审查申请人提交的质量管理体系文件和相关资料,当发现文件不符合要求时,评审组或 CNAS 通知申请人采取纠正措施。在申请人采取有效纠正措施解决发现的主要问题后,评审组长才可以与申请人商定现场评审的具体时间安排和评审计划,报 CNAS 秘书处批准后实施。

5. 现场评审

(1)评审组构成:一名组长,负责审核质量管理体系方面的资料。评审员:每个申请由一名该领域的具有相应评审能力的评审员负责考核申请项目的鉴定能力。以上评审专家由认可委在认可委的评审专家库里随机选择,评审员一般为本行业的技术权威经认可委培训考核合格后聘用。

(2)评审时间:根据申请的项目多少一般为 2 天,时间一般安排在周六周日进行。

(3)考核方式:查文件、通过实际案例分析写出鉴定书和检查已完成的鉴定文书的形式进行。

(4)审核对象:主要的鉴定人员、关键的管理岗位人员和授权签字人(签发鉴定文书的人)。

(5)审核要点:评审组依据 CNAS 的认可准则、规则和要求及有关方法标准对申请方申请范围内的技术能力和质量管理活动进行现场评审。在现场评审时,应参考、利用申请方参与能力验证活动的情况及结果,必要时安排测量审核。评审组还要对申请人的授权签字人进行考核。

(6)现场试验

在现场试验项目的选择上,评审组将尽量选择标准变更、扩项或上一次评审中未做过的项目,或者能力验证、实验室比对活动中存在问题的项目。对于多次参加 CNAS 能力验证计划并获得满意结果的项目,评审组可免除该项目的现场试验。现场评审过程中,技术评审员将目击试验人员进行检测操作的全过程,观察操作者如何操作设备,如何记录,数据分析是否正确,使用方法是否合理以及出具的报告是否正确等。现场试验人员宜由经验丰富、技术较高的鉴定人担任,现场操作须按照文件规定准确进行。

现场试验的方法包括:盲样试验,比对试验和现场常规试验。现场常规试验是最常采用的现场试验方法,常规试验的项目可在现场评审前与评审组沟通。

(7)授权签字人考核

授权签字人考核时作为 CNAS 现场评审的一个项目,时间通常设置在现场评审的后期,时长约为 15~30 分钟。评审组长在查阅申请人的有关背景资料后,主要采用面谈方式对申请进行评审,评审员和/或技术专家协助,适时提问。问题包括质量管理、专业技术方面的内容,并对评审发现实验室存在的问题、薄弱环节进行探讨,以考核授权签字人的管理、技术能力。评审组最终将做出推荐为认可的授权签字人或不推荐的建议,并确定推荐认可签字的范围。通过授权签字人的考核可以反映出实验室的技术水平,一般需事先充分准备,有利于考核当场的发挥。现场考核时,评审组对授权签字人从以下几方面的能力进行考核。

现场评审结论分:符合、基本符合(需对不符合的纠正措施进行跟踪)、不符合三种,由评审组在现场评审结束时给出。评审组长会在现场评审末次会议上,将现场评审报告复印件提交给被评审方。被评审方在明确整改要求后应拟订纠正措施计划,并在三个月内完成,对监督、复评审的,在一或二个月内完成,提交给评审组。评审组应对纠正措施的有效性进行验证。待纠正措施验证后,评审组长将整改验收意见连同现场评审资料报 CNAS 秘书处,准备认可评定。

6. 认可评定

CNAS 秘书处负责将评审资料及所有其他相关信息(如能力验证、投诉、争议等)提交给评定委员会,评定委员会对申请人与认可要求的符合性进行评价并作出决定。评定结果可以是以下四种类型之一:

(1) 同意认可;

(2) 部分认可;

(3) 不予认可;

(4) 补充证据或信息,再行评定。

如通过评定,CNAS 将向获准认可实验室/检查机构颁发认可证书,认可证书有效期为 3 年。CNAS 秘书处负责将获得认可的机构及其被认可范围列入获准认可机构名录,予以公布。

7. 监督评审

监督评审分为定期监督评审和不定期监督评审。

8. 复评审

复评审是认证到期后的评审,复评审的流程等同于初次评审。认可有效期(三年)到期前六个月提出复评审申请。

9.8 能 力 验 证

能力验证:利用实验室间比对,按照预先制定的准则评价参加者的能力。

CNAS 应要求实验室通过参加能力验证来证明其能力,能力验证是外部质量控制的重要方式。能力验证的相关规定有:

(1) CNAS-RL02:2010《能力验证规则》

(2) CNAS-GL32:2012《司法鉴定/法庭科学领域检验鉴定能力验证实施指南》

能力验证活动对主管机构判断电子数据检验鉴定实验室的技术能力,了解并指导各地实验室的建设有重要意义;电子数据检验鉴定实验室通过能力验证回馈的结果和专家建议作为内部质量控制,发现问题和持续改进的重要途径。能够为公安机关提供能力验证的单位有公安部第二研究所(公安部物证鉴定中心)、公安部第三研究所(上海辰星电子数据司法鉴定中心)、司法部司法鉴定科学技术研究所。

根据 CNAS 规定,实验室初次申请认可的每个子领域应至少参加过 1 次能力验证且获得满意结果(申请认可之日前 3 年内参加的能力验证有效)。在通过认可后,能力验证频次的要求应满足 CNAS 能力验证频次表,对于电子物证领域,要求是参加能力验证的频次是两年一次。

9.8.1 实验室参加能力验证的基本流程

1. 制定计划

参考 CNAS-AL07《CNAS 能力验证领域和频次表》,确定能力验证的领域和频次。根据 CNAS、公安部、司法部公布的能力验证计划信息,选择所要参加的 PT 计划。

2. 报名

向能力验证提供机构报名申请参加相关计划,缴纳相关能力验证费用。能力验证提供机构会发送给实验室检材样品及作业指导书。实验室按照作业指导书和相关方法要求检验鉴定并报告结果,如期回报结果。

3. 结果报告和整改

能力验证机构根据判定结果发布最终报告。获得不满意结果的实验室,按照 CNAS-RL02《能力验证规则》4.2.7 款和 4.2.8 款采取相应措施,实验室的纠正措施和验证活动应在 180 天内完成,并在 180 天内将实施纠正措施的记录以及纠正措施有效性证明材料提交 CNAS 秘书处确认。

能力验证出现不满意结果,应当采取纠正措施并验证,纠正措施有效性的验证方式有以下方式:

(1) 再次参加 CNAS 组织或承认的能力验证计划;
(2) 参加测量审核;
(3) 通过 CNAS 评审组的现场评价。

对于能力验证不满意,CNAS 评审组提高现场评审的要求,一般以盲样测试等方式进行,并需将检材样品相应参数的指定值与实验室测试结果进行比对,结果提交给 CNAS 秘书处。

9.9 本章小结

本章从实验室的硬件(建设)和软件(认可)两方面详细阐述了实验室建设的现状和思路、实验室认可的意义和流程。实验室建设是电子数据取证的重要组成部门,实验室认可是保证实验室正常高效运行的必要保障,二者密不可分,是一个有机整体。只有充分认识到实验室建设和认可的重要性,才能保证电子数据取证工作在鉴定检验过程中的质量。

思 考 题

1. 我国实验室发展的第一阶段的特点是什么?
2. 我国实验室发展的第二阶段使用的建设方案是什么?
3. 简述实验室的建设原则。
4. 未来实验室会使用哪些技术?
5. 什么是实验室认可?
6. 实验室认可与资质认定的区别是什么?
7. 司法鉴定/法庭科学的认可的标准有哪些?
8. 司法鉴定/法庭科学的认可目前有多少个标准?请列举出5个。
9. 电子数据取证实验室认可的基本流程是什么?
10. 质量体系文件的层次分为哪几部分?
11. 能力验证是什么?意义何在?

第 10 章 电子数据取证实例

本章学习目标
- 电子数据存在性取证的适用范围、方法、取证思路、流程和案例
- 电子数据同一性取证的适用范围、方法、取证思路、流程和案例
- 电子数据行为性取证的适用范围、方法、取证思路、流程和案例
- 电子数据功能性取证的适用范围、方法、取证思路、流程和案例

10.1 电子数据存在性取证

在案件侦查和办理中,常常需要查找特定的文件,确定这些文件是否被创建、编辑、保存、发送、打印、播放过,这些文件可能是图片、视频、文本,也可能被删除或加密。

10.1.1 电子数据存在性取证的定义

电子数据存在性取证指通过电子数据取证技术,综合判定特定内容文件是否被进行了保存、访问、处理等动作,以改变其原始性的行为。

10.1.2 电子数据存在性取证的方法

电子数据存在性取证主要使用以下方法:
(1) GB/T 29362—2012 电子物证数据搜索检验规程;
(2) GB/T 29360—2012 电子物证数据恢复检验规程;
(3) GA/T 756—2008 数字化设备证据数据发现提取固定方法;
(4) GA/T 1174—2014 电子现场数据现场获取通用方法。
除了上述方法,还可以根据需要选择适合的国家标准或行业标准方法。

10.1.3 电子数据存在性取证针对的案件类型

电子数据存在性取证针对的案件类型有:泄漏国家秘密(机密)案、传播虚假谣言案、虚开发票案、组织他人偷越国境案、传播淫秽物品案、伪造国家机关公文、证件、印章案等。

10.1.4 电子数据存在性取证的思路

电子数据存在性取证的思路是查找相关文件被保存、创建、访问、编辑、打印的记录。根

据文件的属性、恢复、解密文件、查找、分析可能的记录信息，包括各种日志、历史记录、缓存、缩略图等。历史记录不仅仅是指操作系统记录的最近使用记录，还有编辑、播放、传送、刻录、处理等软件的最近使用记录、日志文件、杀毒软件日志记录、缩略图等。文本文件还可根据文件内容中有代表性、特定意义的文字全面搜索。电子数据存在性取证中比较难的是删除图片和视频文件的分析，特别是视频文件，文件内容不具有关键词搜索条件，需要根据文件签名、文件结构特征、日志记录等信息来分析。

10.1.5 电子数据存在性取证案例

随着手机、数码相机、数码摄像机等设备的普遍使用，视频文件作为重要的电子数据，在案件侦查中的作用越来越凸显，在许多重特大案件的侦查中发挥了关键性作用。

2009年8月12日，李X、董XX、欧XX因陈X的丈夫张XX欠下巨额赌债，密谋将陈X绑架至W市XX区XX家园一出租屋内，采取捆绑、殴打等方式诱逼张XX还债，因陈X不配合，三人将陈X杀死，抛尸于XX运河。2009年8月17日，XX分局XX派出所将三名嫌疑人抓获。此案经XX市中级人民法院一审后，2010年4月19日三名被告均上诉至XX省高级人民法院。XX省高级人民法院刑事审判第一庭在审理李X、董XX、欧XX绑架案时发现被告人供述中提到，在出租屋内，被告人在殴打被捆绑的被害人时，李X拍摄了录像，事后录像被李X删除。该录像未恢复，是解决争议焦点的重要电子数据。2010年9月1日，受XX省高级人民法院的委托，对删除录像文件进行恢复。

检材情况：数码摄像机电池没电，不能启动，无数据线。数码摄像机品牌：SANYO，型号：VPC-CG10，颜色：黑色。存储卡品牌：Sandisk，容量：8GB。

电子数据的取证过程如下：

1. 取证准备

受理委托时，应首先询问、了解需要恢复的视频文件丢失的原因，是突然断电、删除、高处跌落还是其他原因，检查硬件是否有损坏，存储介质使用情况，视频文件是否已被覆盖。查看摄像设备系统日期，了解摄像设备支持的照片、视频文件格式，查看摄像设备中设置的文件格式、存储位置等信息。分析存储介质文件系统，确认每簇扇区数，查看存储介质中现有照片、视频的文件格式，存储卡中文件创建日期。目前，大多数存储卡文件系统都是FAT32，少数是FAT16。照片格式主要是JPG，视频文件格式有MP4、AVI、JPG、3GP、MOV等。

从案发到被抓获的时间比较短，存储卡中有大量未使用过的空闲空间（00字节），据此分析，如果有被删除的视频文件，被覆盖的可能性比较小。

查找三洋VPC-CG10型摄像机功能参数、存储性能、说明书及其他相关信息，其照片文件格式为JPEG(DCF,DPOF,Exif Ver2.2)，视频文件格式为ISO标准MPEG-4 AVC/H.264(.MP4)，摄像机内置40MB存储容量。

经对存储卡分析，其实际存储容量为7825MB（标称8GB），采用FAT32存储结构，每簇

64 扇区。存储卡中有两张数码照片（JPG 格式）和一段视频（MP4 格式），视频大小为 1.59MB，播放时间非常短，大概 1 秒，没有图像，只有吱吱的电流声。照片和视频与案件无明显关联，照片和视频的创建日期分别为 2008 年 4 月和 2008 年 9 月，根据画面内容推测可能是购买摄像机时在商场试拍留下来的。用工具软件查看存储卡文件分配表（FAT），在文件分配表中只有未删除的两张照片和一个视频的数据，其他字节均为 00，如图 10.1 所示。

FAT 表	0	1	2	3	4	5	6	7	8	9	A	B	C	D	E	F
0		\<End\>	\<End\>	\<End\>	\<End\>	6	7	8	38	0	b	39	0	e	f	10
10	11	12	13	14	15	16	17	18	19	1a	1b	1c	1d	1e	1f	20
20	21	22	23	24	25	26	27	28	29	2a	2b	2c	2d	2e	2f	30
30	31	32	33	34	35	36	37	\<End\>	a	d	3b	3c	3d	3e	3f	40
40	41	42	43	44	45	46	47	48	49	4a	4b	4c	4d	4e	4f	50
50	51	52	53	54	55	56	57	58	59	5a	5b	5c	5d	5e	5f	60
60	61	62	63	64	65	66	67	68	69	6a	6b	6c	6d	6e	6f	70
70	71	72	73	74	\<End\>	76	77	78	79	7a	7b	7c	7d	7e	7f	80
80	81	82	83	84	85	86	87	88	89	8a	8b	8c	8d	8e	8f	90
90	91	92	93	94	95	96	97	98	99	9a	9b	9c	9d	9e	9f	a0
a0	a1	a2	a3	a4	a5	a6	a7	a8	a9	aa	ab	ac	ad	ae	af	b0
b0	b1	b2	b3	b4	b5	b6	b7	b8	b9	ba	bb	bc	bd	be	bf	c0
c0	c1	c2	c3	c4	c5	c6	c7	c8	c9	ca	cb	cc	cd	ce	cf	\<End\>
d0	0	0	0	0	0	0	0	0	0	0	0	0	0	0	0	0
e0																

图 10.1　存储卡文件分配表

2. 用专业数据恢复软件恢复

在没有被覆盖、非硬件损坏情况下，首先想到的最简单的方法就是用专业数据恢复软件恢复数据。根据初步查看、分析的结果以及数据"丢失"的原因，可以选择合适的数据恢复软件及恰当的参数（模式）进行数据恢复。EasyRecovery、FinalData、R_Studio、WinHex 等专业数据恢复软件功能都很强大，各有特点，支持不同的方案，恢复不同的文件类型，且人机交互差异很大。可以分别使用它们对存储卡进行恢复，查看比对结果。如果无法恢复文件或恢复的文件无法正常播放，则考虑进一步手工恢复。

用多款数据恢复工具软件对备份存储卡（原存储卡的复制卡）进行扫描、搜索，多次恢复。其中一款数据恢复软件发现 3 个 MOV 视频文件，恢复后，用相应播放器均无法播放，显示文件格式有错，用 MP4 播放器也无法播放。其他数据恢复软件均未发现有被删除的视频、图片文件。

3. 根据文件签名恢复

由于专业数据恢复软件受预设程序和版本限制，因此在使用专业数据恢复软件无法发现视频文件或者恢复的视频文件不能正常播放的情况下，必须进行手工恢复。

MP4、AVI、MPEG（mpg）等视频文件都使用文件签名。MP4 文件签名：6D7034，AVI 文件签名：41564920，MPEG（mpg）文件签名：000001BA 或 000001B3。根据视频文件的文件签名，用 WinHex、EnCase 等工具软件在存储卡中搜索文件签名，找到匹配文件签名的位置，匹配位置可能就是视频文件头。假设文件内数据和文件之间的数据均连续存放，则从匹配的第一位置开始，到下一个匹配位置之前，顺序提取数据（簇）保存为相应的视频文件。在大多数情况下，由于存储卡容量小（与计算机硬盘相比），手机、数码相机、数码摄像机等系统的数据存储处理功能相对简单,一般都采用相对简单的连续存储模式。如果恢复的视频文件不能正常播放,则文件可能不是连续存储,或者匹配位置不是真正的视频文件头,需要进一步实验分析视频文件内数据块(簇)存储规律和文件结构特征信息。

MP4 文件签名"0x6D7034",用文件签名作为关键词,用取证工具全面搜索存储卡,发现有另外 3 处匹配 MP4 文件签名,分析可能是删除的视频文件头。假设文件内数据和文件之间数据均连续存放,通过对前 2 处 MP4 文件数据块(簇)顺序提取,保存为 MP4 文件,发现这两个文件均不能播放。

4. 根据文件存储规律恢复

购买新存储卡装入送检摄像设备中,不改变原来的设置,拍摄多个不同长度视频文件,对新存储卡中的文件分配表进行分析,找出文件内数据块(簇)之间的存储规律。

由于文件之间是连续存储,后一个文件起始位置的前一簇就是前一个文件的结束位置,因此文件之间容易确定起始和结束位置。根据分析出来的存储规律,分别提取原存储卡中不同位置的数据块(簇),按规律拼接保存成视频文件,用相应播放器播放,检查、分析文件是否正确。

由于最后一个视频文件无法确定其结束位置,如果按文件存储规律恢复的文件能正常播放,还是需要恢复最后一个视频文件。进一步分析视频文件结构特征,根据结构特征恢复文件。

(1) 原存储卡中视频文件的 FAT 表中的存储数据为 5,6,7,8,38,a,b,39,d,e,f,10,…,37(簇,十六进制)。存储位置不连续,出现了 2 次跳转,规律为:前 4 簇,跳 1 簇,2 簇,跳 1 簇,依次剩余簇(称为:规律一)。

(2) 实验存储卡中第一个视频文件的 FAT 表中的存储数据为 4,5,6,7,1d0,9,a,1d1,1d2,c,d,…,1cf(簇,十六进制)。存储位置不连续,出现了 2 次跳转,分析其余 3 个视频文件,得到相同的规律:前 4 簇,跳 1 簇,2 簇,跳 2 簇,依次剩余簇(称为:规律二)。

用上述 2 种不同的存储规律分别对备份存储卡中的视频文件进行恢复,结果用规律二恢复的前 2 个 MP4 视频文件均能正常播放,且画面、场景明显与案件相关,有嫌疑人殴打、猥亵被害人画面。前 2 个视频文件存储规律找出来,按规律已经正确恢复文件,而第三个(即最后一个)视频文件无法通过这种方式确定结束位置,下一步根据文件结构特征恢复。

5. 根据文件结构特征进一步恢复

厂家在开发一种视频文件格式时,对文件中存储视频、音频信息的位置,编码、解码算法,系统信息等都进行了定义,也就是说不同的视频文件具有不同的结构特征。在可能存储视频文件的数据区搜索、查找、分析可能的结构特征,根据找到的特征信息,按文件内部特征规律拼接找到的数据块(簇),保存成视频文件。在结构特征、组合拼接正确的情况下,恢复的视频文件一般都能正常播放。

为了满足视频信息存储的不同需求,不同厂家开发了不同的视频文件格式,视频文件格式类型较多,不同版本差别也很大,格式结构复杂。通过文件格式结构来恢复视频文件花费时间长、效率低,一般只有在其他方法都不行的情况下才采用。

MP4 是一种常见的多媒体容器格式,由若干个"box"组成,大的 box 中存放小的 box,可以一级嵌套一级来存放媒体信息。box 的基本结构如图 10.2 所示,其中,size 指明了整个 box 所占用的大小,包括 header 部分。

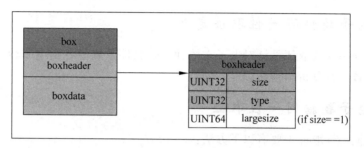

图 10.2 MP4 的基本结构

如果 box 很大(例如存放具体视频数据的 mdat box),超过了 uint32 的最大数值,size 就被设置为 1,并用接下来的 8 位 uint64 来存放大小。一个 MP4 文件有可能包含非常多的 box,如表 10.1 所示,一般都含有 ftyp、moov、mdat、free 等 box,每个 box 有对应的大小、类型,第一个 box 总是 ftype,最重要的是 mdat,视频内容在此 box,其数据关系在 moov,free 是空闲,用于填补数据。从 MP4 视频文件的头部开始,依次检查各 box 的类型和大小,根据 mdat 和其后的 free 的长度,可以求出文件的实际长度。

表 10.1 MP4 文件结构

偏离(offset)	大小(size)	类型(type)
00000000	00000018	ftyp
00000018	00047fe8	moov
00048000	00a2445c	mdat
00a6c45c	00004ba4	free
00a71000	结 束	

根据 MP4 文件结构特征,不同 box 类型的偏离(offset),从备份存储卡中逐项查找不同类型的 box,取出对应的数据块(簇)拼接、恢复出最后一个被删除的视频文件,大小为 7.5MB,内容与案件明显相关。根据文件结构特征,再对之前恢复的 2 个视频文件进行检查,发现之前恢复的数据完全正确。

6. 总结

此案例中,用到了文件系统(FAT32、FAT16、NTFS),存储结构(扇区、簇),文件结构(文件签名、文件结束标识)等计算机专业基础知识,可见计算机底层技术知识很重要。

10.2　电子数据同一性取证

互联网经济的快速发展，使得网络盗版和侵权犯罪行为大量出现。打击电子数据的盗版和侵权，同一性的判断是首要问题。

10.2.1　电子数据同一性取证定义

电子数据同一性的取证是针对电子文档、网站、软件系统等各类电子数据取证，对样本和目标是否一致进行分析和判断。

10.2.2　电子数据同一性取证

电子数据同一性取证主要有以下方法：
- GB/T 29361—2012 电子物证文件一致性检验规程；
- GA/T 829—2009 电子物证软件一致性检验技术规范；
- GA/T 978—2012 网络游戏私服检验技术方法；
- GA/T 1171—2014 芯片相似性比对检验方法；
- GA/T 1175—2014 软件相似性检验技术方法。

10.2.3　电子数据同一性取证针对的案件类型

电子数据同一性取证针对的案件类型有：网络侵权、网络盗版、窃取商业机密等。

10.2.4　电子数据同一性取证的思路

对于一些通过非法复制或复制后更改参数设置、更改图标等方式修改电子数据的行为，可以通过对文件的名称、属性、内容、MD5 值、功能界面等逐一对比分析，完成对同一性的分析鉴定。但是在一些较为复杂的案例中，侵权者会对程序源代码进行修改后重新编译得到自己的版本，这样得到的程序文件在界面甚至功能上与原版都可能会有很大的改动，隐蔽性较强，在同一性的分析与鉴定中很容易导致错误结论。这种情况下，就需要通过程序反编译至源代码对比、数据库结构对比、程序操作行为方式对比等进行分析鉴定。

10.2.5　电子数据同一性取证案例

1. 案例背景

某数码科技有限公司涉嫌侵犯著作权，需分析鉴定送检"1.rar"文件中的游戏服务端程序与送检"2.rar"文件中的游戏服务端程序是否具有同一性。

2. 取证过程

游戏服务器程序的运行涉及程序运行、数据库结构、参数配置等方面，因此，该案例的分析鉴定具体可以从服务端文件夹结构、程序文件、核心可执行文件的文件、核心动态链接库文件、数据库、配置文件等进行逐项比对。

3. 分析过程

将压缩文件"1.rar"(以下简称"1")服务端程序及服务端对应的数据库与送检压缩文件"2.rar"(以下简称"2")的服务端、数据库进行比对。

(1) 文件夹结构比对

经检查,"1"和"2"的服务端程序包含的文件夹结构如图 10.3 所示。

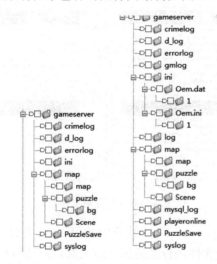

图 10.3　文件夹结构比对(左"1"、右"2")

由上可知,送检"2"服务端中共有 11 个文件夹,送检"1"服务端中共有 7 个文件夹,双方共有 7 个文件夹命名相同。以上文件夹数目均不包括用于存放日志文件的文件夹。系统运行过程中产生的日志文件、临时文件以及使用者在使用过程中留下的和系统无关的文件等,这些与系统的相似性本质并无关系,因此不列入比对范畴。

(2) 服务端文件比对

"2"的服务端文件夹下共有 738 个文件(不包括服务端系统产生日志文件),"1"的服务端文件夹下共有 918 个文件(不包括服务端系统产生日志文件)。双方服务端中文件名相同且文件路径也相同的文件共有 736 个,对这两个服务端下的文件分别进行 MD5 值计算,对文件名相同且路径也相同的文件进行 MD5 值比较,其中,文件名相同、文件所在路径及文件 MD5 值也相同的文件有 695 个。部分比对结果如图 10.4 所示(其中,右边为"2"的文件,左边为"1"的文件,纯白背景色的为双方文件名相同且文件 MD5 值也相同,其他颜色的为文件名或文件所在路径或文件 MD5 值不相同)。

(3) 核心可执行文件比对

经检查,"2"共有 2 个可执行文件,分别为"MsgServer_Release_2.3709.exe"、

图 10.4　部分服务端文件比对

"NpcServer_Release_1.3388.exe"；"1"共有 2 个可执行文件，分别为"msg11588.exe"、"NPC1.exe"，对核心可执行文件进行二进制字节比对，如下所示：

① "MsgServer_Release_2.3709.exe"与"Msg11588.exe"比对。

经检查，"MsgServer_Release_2.3709.exe"文件共 4378694 个字节，"Msg11588.exe"文件共 4683232 个字节，双方共 3858180 个字节相同。

② "NpcServer_Release_1.3388.exe"与"NPC1.exe"比对。

经检查，"NpcServer_Release_1.3388.exe"文件共 634880 个字节，"NPC1.exe"文件共 902616 个字节，双方共 629758 个字节相同。

（4）核心动态链接库比对

"2"服务端程序共有 10 个动态链接库文件，"1"共有 9 个动态链接库文件，双方文件名相同的动态链接库文件共有 9 个，分别为："BaseSupport.dll"、"CRC.dll"、"DbgHelp.dll"、"libmySQL.dll"、"MFC42D.DLL"、"MFC042D.DLL"、"Msvcp60.dll"、"MSVCP60D.DLL"、"MSVCRTD.DLL"。通过对这 9 个文件进行 md5 值比对，同文件名的文件 md5 值一致。

（5）数据库文件比对

根据"1"中"Gameserver"文件夹下的"shell.ini"和"config.ini"文件可知，该游戏的数据库名称为"my1"，如图 10.5 所示。

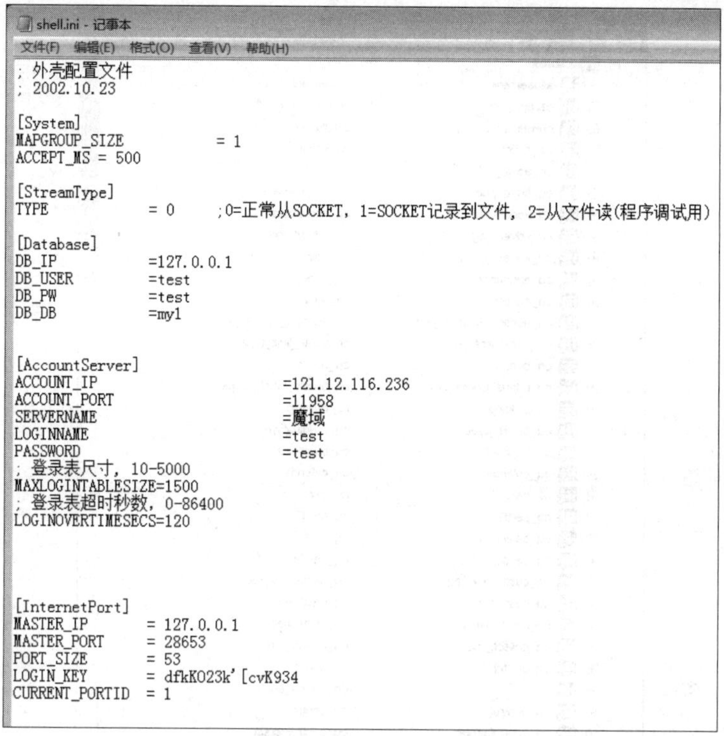

```
shell.ini - 记事本
文件(F) 编辑(E) 格式(O) 查看(V) 帮助(H)
; 外壳配置文件
; 2002.10.23

[System]
MAPGROUP_SIZE       = 1
ACCEPT_MS = 500

[StreamType]
TYPE                = 0         ;0=正常从SOCKET, 1=SOCKET记录到文件, 2=从文件读(程序调试用)

[Database]
DB_IP           =127.0.0.1
DB_USER         =test
DB_PW           =test
DB_DB           =my1

[AccountServer]
ACCOUNT_IP              =121.12.116.236
ACCOUNT_PORT            =11958
SERVERNAME              =魔域
LOGINNAME               =test
PASSWORD                =test
; 登录表尺寸, 10-5000
MAXLOGINTABLESIZE=1500
; 登录表超时秒数, 0-86400
LOGINOVERTIMESECS=120


[InternetPort]
MASTER_IP       = 127.0.0.1
MASTER_PORT     = 28653
PORT_SIZE       = 53
LOGIN_KEY       = dfkKO23k'[cvK934
CURRENT_PORTID  = 1
```

图 10.5　数据库配置

将"1"的数据库与"2"的"my"数据库进行比对。

经检查,"2"的"my"数据库共有 158 个数据库表,"1"的"my1"数据库共有 164 个数据库表,经比对,"2"中有 3 个数据库表在"1"中不存在,"1"中有 9 个数据库表在"2"中不存在,双方数据库表名相同的共 155 个,其中,数据库表结构完全一致的共 152 个,部分数据库比对如图 10.6、图 10.7 所示(其中左边为"2"的数据库,右边为送检"1"的数据库,黑色的为表结构完全一致,红色为一边没有该表或表结构部分不一致)。

(6) 配置文件比对

ini 配置文件中一般存在以下信息:配置段名称、配置项键名、配置项键值、注释。

其中,配置项键值为软件系统用来改变配置的参数,作为后期安装配置的参数,不包含在软件系统封包中,在同源性对比时不予考虑;注释作为方便用户阅读的附加文字,在同源性对比时也不予考虑。故针对 ini 配置文件的相似度对比,仅对比配置段名称以及配置项键名。

经检查,"1"共有 7 个 ini 配置文件,"2"共有 7 个 ini 配置文件,双方文件名相同且路径相同的文件共 7 个。对文件名相同且文件所在路径也相同的文件进行配置段名称、配置项键名比较,对比结果如图 10.8 所示。

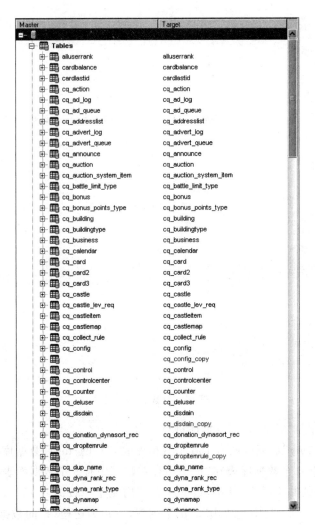

图 10.6 数据库表比对

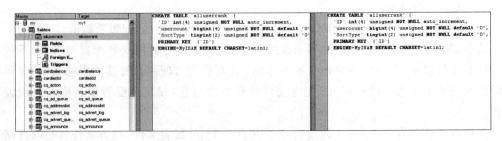

图 10.7 表结构比对

	A	B	C	D	E
1	文件名	相同配置项数目	压缩文件二配置项数目	压缩文件一配置项数目	文件路径
2	DebugSupport.ini	1	1	1	ini\DebugSupport.ini
3	GameMap.ini	5484	5484	6218	ini\GameMap.ini
4	PCMSpy.ini	1	1	1	ini\PCMSpy.ini
5	config.ini	20	20	20	config.ini
6	item.ini	0	0	0	item.ini
7	money.ini	0	0	0	money.ini
8	shell.ini	19	19	19	shell.ini
9	配置项统计	5525	5525	6259	

图 10.8　配置文件比对

4. 结论

以上对"1.rar"的游戏服务端与"2.rar"中的游戏服务端共进行了 6 个方面的比对(如表 10.2 所示)：①服务端文件夹结构比对；②程序文件比对；③核心可执行文件的文件比对；④核心动态链接库文件比对；⑤数据库比对；⑥配置文件比对。具体比对结果如下(以下所有比对的比例计算以送检"2"中的程序文件为基准)：

表 10.2　比对项列表

比对项目	比对内容	比对结果	相同比例
文件结构比对	文件夹目录结构	7 个相同(不包括用于存放日志文件的文件夹)	63.63%
程序文件比对	服务端文件比对	736 个文件的文件名相同且文件所在路径相同,其中,695 个文件内容完全相同	99.72%文件名相同且文件所在路径相同,其中,94.17%文件内容完全相同
核心可执行文件比对	文件二进制内容比对	"MsgServer_Release_2.3709.exe"与"Msg11588.exe"比对,双方共 3858180 个字节相同	88.11%字节相同
		"NpcServer_Release_1.3388.exe"与"NPC1.exe"比对,双方共 629758 个字节相同	99.19%字节相同
核心动态链接库文件比对	文件名、文件内容比对	9 个文件的文件名、文件内容相同	90%相同
数据库比对	数据库表比对	数据库表名相同的共 155 个,其中,数据库表结构完全一致的共 152 个	98.10%数据库名相同,其中,96.20%数据库表结构完全一致
核心配置文件比对	文件名、文件内容比对	7 个配置文件的文件名相同且文件所在路径相同,其中共有 5525 个配置段名称、配置项键名相同	100%文件名相同且文件所在路径相同,100%文件配置段名称、配置项键名相同

"1.rar"的游戏服务端程序与"2.rar"的游戏服务端程序结构一致,内容相似,具有同一性。

10.3 电子数据行为性取证

在网络违法犯罪案件的侦办和诉讼过程中，嫌疑人实施了哪些具体行为、实施的程度及其造成的后果可能成为直接影响"罪或非罪"认定的关键要素，因此，电子数据行为性取证在实践中极具普遍性。

10.3.1 电子数据行为性取证定义

电子数据行为性取证是指，通过计算机、网络运行过程中产生的行为痕迹和记录内容来证明与案件相关的行为事实。

10.3.2 电子数据行为性取证的方法

由于电子数据行为性涉及范围广，取证的方法也根据实际情况进行调整，可以应用但不限于以下方法：

- GB/T 29360—2012 电子物证数据恢复检验规程；
- GB/T 29361—2012 电子物证文件一致性检验规程；
- GB/T 29362—2012 电子物证数据搜索检验规程；
- GA/T 756—2008 数字化设备证据数据发现提取固定方法；
- GA/T 1069—2013 法庭科学电子物证手机检验技术规范；
- GA/T 1070—2013 法庭科学计算机开关机时间检验技术规范；
- GA/T 1071—2013 法庭科学电子物证 Windows 操作系统日志检验技术规范；
- GA/T 1170—2014 移动终端取证检验方法；
- GA/T 1172—2014 电子邮件检验技术方法；
- GA/T 1173—2014 即时通讯记录检验技术方法；
- GA/T 1176—2014 网页浏览器历史记录数据检验技术方法。

10.3.3 电子数据行为性取证针对的案件类型

电子数据行为性取证主要应用于非法侵入计算机信息系统罪、破坏计算机信息系统罪和利用计算机实施金融诈骗、盗窃、贪污、挪用公款、窃取国家秘密或者其他犯罪。

10.3.4 电子数据行为性取证的思路

该类取证主要关注三方面的内容：时间、行为和结果。按照操作行为的结果和目的可将电子数据的行为性分析鉴定对象分为以下几种：

（1）对电子数据的持有类行为。主要分析判断计算机存储设备上是否存储有非法、违规或与案件相关的电子数据，包括电子文档、图片文件、音频文件、视频文件及可执行文件等,需要注意对已删除文件的恢复和提取。例如:法轮功类、淫秽色情类案件中,对电子数据的持有类行为分析较为常见。

(2)对系统及网络资源的访问行为。①对系统的访问:开机、对操作系统的登录以及对网络的访问都会在注册表中留下痕迹。②对文件的访问和操作:主要表现为对文件的新建、编辑和删除。文件的新建信息可以通过文件的系列属性得以体现;文件的编辑行为可通过过程中系统生成的系列临时文件进行分析;文件的删除行为需借助专门的数据恢复工具进行分析。另外,文档的打印也是很有分析价值的一项行为。③对程序的安装和使用:分析用户是否在系统中安装、使用过特定程序。计算机程序的安装一般都会在控制面板或注册表中留下痕迹信息,即使在卸载后,部分数据信息也不会被完全删除,如果借助数据恢复更是可以获取更多的相关信息。对程序的使用可以借助对日志文件的提取或恢复进行分析和判断。例如:对 QQ 等软件的使用行为进行分析,对于确定嫌疑人的虚实身份对应以配合后续案件侦办和证据支撑具有重要作用。

(3)与外设的交互和使用行为。可分析用户是否曾接入过 USB 移动存储设备、光盘、打印机等外设的情况,外设的接入和使用都会在相关系统文件及注册表中留下信息。对 U 盘等外设的接入情况进行分析,可与现场勘查工作互为配合。

10.3.5 电子数据行为性取证案例

1. 案例背景

2012 年 7 月 19 日,某中学应届毕业生张某某在填报志愿时因个人信息被泄露,在其不知情的情况下被人修改了登录高考志愿填报系统的初始密码,致使其无法登录填报高考志愿,7 月 28 日张某某发现自己被山东协和学院录取,导致其无法再填报高考志愿。经查,系团伙作案,嫌疑人中一人负责网上收集大量考生资料信息,后倒卖给另一嫌疑人,其负责筛选考生资料用以冒用身份填报高考志愿。

需要对送检的台式机主机硬盘、笔记本硬盘进行分析鉴定,确定嫌疑人实施收集和传输考生资料信息的行为。

送检材料:1 号:WD 320G 台式机硬盘一块;
　　　　　2 号:WD 500G 笔记本硬盘一块;
　　　　　3 号:WD 40G 台式机硬盘一块。

此案例需对嫌疑人使用计算机实施相关犯罪的行为进行重现,主要包括几方面的行为:①是否持有涉及大量考生资料信息的文件;②是否安装和使用了实施收集考生资料信息行为的软件;③是否安装和使用了实施传输考生资料信息行为的软件,必要时需要进行数据恢复。

2. 分析过程

1)持有涉及大量考生资料信息的文件情况:

(1)在 2 号硬盘 F 盘中存有文件"♯all-备份.mdb"文件,内容为济南市高考考生,截图如图 10.9 所示。

图 10.9 内容为济南市高考考生资料的文件截图

(2) 经过数据恢复,在 1 号硬盘 E 盘根目录中恢复出文件夹"高考采集信息",该文件夹内有三个子文件夹:"36-高考"、"38-高考 3"、"39-高考 4",每个文件夹内有".mdb"格式文件"SpiderResult.mdb",内容分别为 2012 年夏季高考山东省多地市的考生信息资料,已恢复的删除文件截图如图 10.10 所示。

图 10.10 恢复删除文件截图

已删除的三个文件夹创建时间为 2012 年 5 月 9 日,截图如图 10.11 所示。

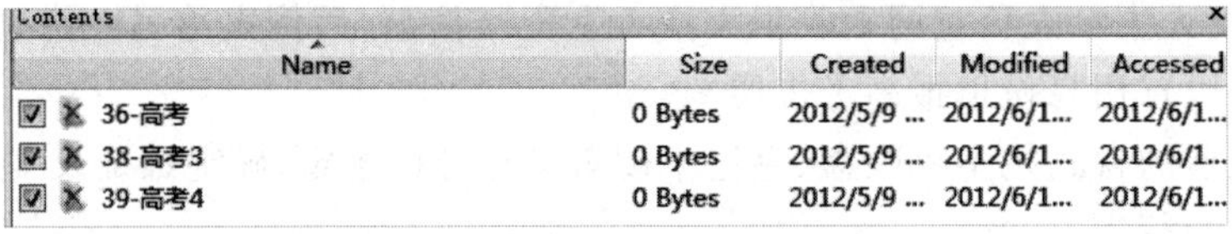

图 10.11 已删除文件夹信息截图

其中"高考采集信息"文件夹内数据部分内容截图如图 10.12 所示。

(3) 经过数据恢复,在 3 号硬盘 D 盘的"Dd10"文件夹内找到"滨州.xls"文件,内容为 2012 年夏季高考滨州考生资料信息,内容如图 10.13 所示。

2) 安装和使用实施收集考生资料信息行为的软件情况:

(1) 在送检的 1 号硬盘"D 盘\software"文件夹中发现"火车采集器"软件,该软件创建日期为:2011 年 7 月 11 日。该软件经编程设定后能够从指定网站自动采集数据,采集后数据导出文件格式为".mdb",截图如图 10.14 所示。

经过对该软件的参数分析,发现在任务为"高考"的数据采集站点设置中有泄密网站网址:http://wsbm.sdzk.gov.cn/manage/,截图如图 10.15 所示。

ID	已采	已发	地区	科类	姓名	身份证号	毕业学校	考号
1	-1	0	济宁市嘉祥县	理工类	靳亚亚	37082919950	嘉祥一中	12370&
2	-1	0	济宁市嘉祥县	理工类	严围围	37082919921	嘉祥一中	12370&
3	-1	0	济宁市嘉祥县	理工类	孙金俄	37082919911	嘉祥一中	12370&
4	-1	0	济宁市嘉祥县	理工类	宋芬芬	37082919921	嘉祥一中	12370&
5	-1	0	济宁市嘉祥县	理工类	魏春艳	37082919931	嘉祥一中	12370&
6	-1	0	济宁市嘉祥县	理工类	王艳艳	37082919921	嘉祥一中	12370&
7	-1	0	济宁市嘉祥县	理工类	李海力	37082919900	嘉祥一中	12370&
8	-1	0	济宁市嘉祥县	理工类	曹扬扬	37082919940	嘉祥一中	12370&
9	-1	0	济宁市嘉祥县	理工类	翟海彪	37082919930	嘉祥一中	12370&
10	-1	0	济宁市嘉祥县	理工类	张乾现	37082919931	嘉祥一中	12370&
11	-1	0	济宁市嘉祥县	理工类	崔维硕	37082919940	嘉祥一中	12370&
12	-1	0	济宁市嘉祥县	理工类	楚丽宁	37082919940	嘉祥一中	12370&
13	-1	0	济宁市嘉祥县	理工类	袁慧莎	37082919930	嘉祥一中	12370&
14	-1	0	济宁市嘉祥县	理工类	陆继光	37082919930	嘉祥一中	12370&
15	-1	0	济宁市嘉祥县	理工类	汪宗川	37082919931	嘉祥一中	12370&
16	-1	0	济宁市嘉祥县	理工类	梁侃	37082919931	嘉祥一中	12370&
17	-1	0	济宁市嘉祥县	理工类	韦陆陆	37082919920	嘉祥一中	12370&
18	-1	0	济宁市嘉祥县	理工类	张艳艳	37082919910	嘉祥一中	12370&
19	-1	0	济宁市嘉祥县	理工类	张行行	37082919940	嘉祥一中	12370&
20	-1	0	济宁市嘉祥县	理工类	申正光	37082919920	嘉祥一中	12370&
21	-1	0	济宁市嘉祥县	理工类	杜家运	37082919930	嘉祥一中	12370&
22	-1	0	济宁市嘉祥县	理工类	张乃祥	37082919911	嘉祥一中	12370&
23	-1	0	济宁市嘉祥县	理工类	李绪鲁	37082919931	嘉祥一中	12370&

图 10.12 "高考采集信息"文件夹内数据部分内容截图

ID	已采	已发	地区	科类	姓名	身份证号	毕业学校	考号
15621	-1	0	滨州市滨城区	理工类	王帅	37230119921	滨州市滨城区	12372303
15622	-1	0	滨州市滨城区	理工类	王志凯	37232119940	滨州市滨城区	12372303
15623	-1	0	滨州市滨城区	理工类	刘志刚	37232119921	滨州市滨城区	12372303
15624	-1	0	滨州市滨城区	理工类	韩燕妮	37232519930	滨州市滨城区	12372303
15625	-1	0	滨州市滨城区	理工类	许其其	53302319921	滨州市滨城区	12372303
15626	-1	0	滨州市滨城区	理工类	李丹丹	37230119940	滨州市滨城区	12372303
15627	-1	0	滨州市滨城区	理工类	李瑶瑶	37230119931	滨州市滨城区	12372303
15628	-1	0	滨州市滨城区	理工类	高鑫鑫	37230119931	滨州市滨城区	12372303
15629	-1	0	滨州市滨城区	理工类	刘佳佳	37230119940	滨州市滨城区	12372303
15630	-1	0	滨州市滨城区	理工类	刘艳群	37230119940	滨州市滨城区	12372303
15631	-1	0	滨州市滨城区	理工类	任冲	37230119931	滨州市滨城区	12372303
15632	-1	0	滨州市滨城区	理工类	刘学	37230119930	滨州市滨城区	12372303
15633	-1	0	滨州市滨城区	理工类	牟智慧	37230119930	滨州市滨城区	12372303
15634	-1	0	滨州市滨城区	理工类	石梦旋	37230119930	滨州市滨城区	12372303
15635	-1	0	滨州市滨城区	理工类	张红斌	37230119930	滨州市滨城区	12372303
15636	-1	0	滨州市滨城区	理工类	侯黎霞	37230119930	滨州市滨城区	12372303
15637	-1	0	滨州市滨城区	理工类	王寿轩	37230119940	滨州市滨城区	12372303
15638	-1	0	滨州市滨城区	理工类	张微	37230119940	滨州市滨城区	12372303
15639	-1	0	滨州市滨城区	理工类	李卫东	37230119931	滨州市滨城区	12372303
15640	-1	0	滨州市滨城区	理工类	赵欣	37230119931	滨州市滨城区	12372303
15641	-1	0	滨州市滨城区	理工类	王凯歌	37230119931	滨州市滨城区	12372303
15642	-1	0	滨州市滨城区	理工类	张志明	37230119930	滨州市滨城区	12372303
15643	-1	0	滨州市滨城区	理工类	张迪	37230119931	滨州市滨城区	12372303
15644	-1	0	滨州市滨城区	理工类	张洋洋	37230119930	滨州市滨城区	12372303
15645	-1	0	滨州市滨城区	理工类	刘瑞莹	37230119931	滨州市滨城区	12372303
15646	-1	0	滨州市滨城区	理工类	于水情	37230119940	滨州市滨城区	12372303
15647	-1	0	滨州市滨城区	理工类	刘志斌	37230119920	滨州市滨城区	12372303
15648	-1	0	滨州市滨城区	理工类	王志伟	37230119931	滨州市滨城区	12372303
15649	-1	0	滨州市滨城区	理工类	杜盼盼	37230119930	滨州市滨城区	12372303
15650	-1	0	滨州市滨城区	理工类	石程	37230119930	滨州市滨城区	12372303
15651	-1	0	滨州市滨城区	理工类	罗文琳	37230119930	滨州市滨城区	12372303

图 10.13 "滨州.xls"文件内容截图

图 10.14 "火车采集器"软件截图

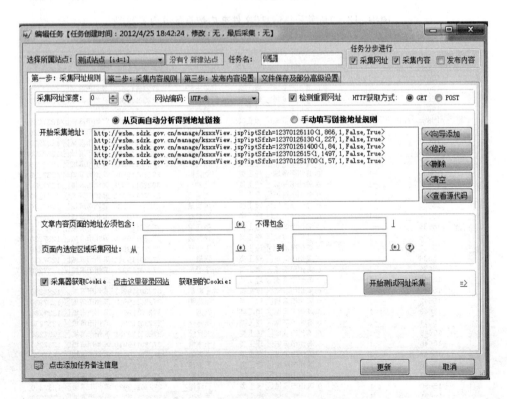

图 10.15 "火车采集器"软件任务设置截图

该项任务创建时间为 2012 年 4 月 25 日，截图如图 10.16 所示。

图 10.16 "火车采集器"软件任务创建时间截图

在"火车采集器"软件安装目录下的采集数据存放文件夹（"D：\Software\火车采集器\Data\38-高考"）中发现".mdb"格式空表 SpiderResult.mdb，部分截图如图 10.17 所示。

图 10.17 "火车采集器"采集数据存放空表截图

（2）经过数据恢复，在 1 号硬盘 E 盘根目录中恢复出文件夹"高考采集信息"，该文件夹内有三个子文件夹："36-高考"、"38-高考 3"、"39-高考 4"，每个文件夹内有".mdb"格式文件"SpiderResult.mdb"，内容分别为 2012 年夏季高考山东省多地市的考生信息资料，与之前发现的火车采集软件采集数据空表 SpiderResult.mdb 格式相符。

3）安装和使用实施传输考生资料信息行为的软件情况：

（1）在送检的 3 号硬盘 D 盘中恢复出"Dd10"文件夹，该文件夹为"飞鸽传书"软件安装目录文件，截图如图 10.18 所示。

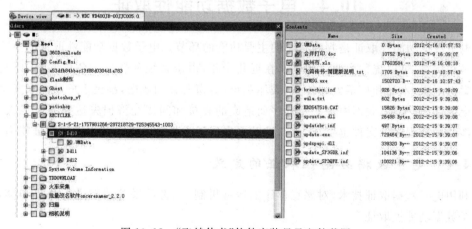

图 10.18 "飞鸽传书"软件安装目录文件截图

通过分析"飞鸽传书"通信日志，发现用户曾利用该软件接收过"滨州.xls"文件，接收时间为 2012 年 7 月 9 日，截图如图 10.19 所示。

（2）在 3 号硬盘 F 盘发现文件传输软件"飞鸽传书"，经对该软件传输记录发现，该用户曾在 5 月 9 日，传送名为"36-高考"、"36-高考 3"、"36-高考 4"的文件，截图如图 10.20 所示。

图 10.19 "飞鸽传书"通信日志截图

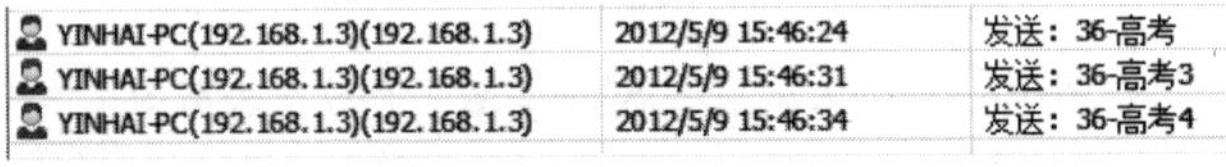

图 10.20 "飞鸽传书"传送文件截图

3. 结论

通过对送检三块硬盘数据进行检验分析,基本还原了嫌疑人团伙利用"火车采集器"软件对网站数据进行爬取收集,后利用"飞鸽传书"软件进行传送并存储涉及高考考生资料信息的文件的犯罪过程,形成了完整的证据链,为案件的后续侦办和诉讼提供了数据支撑。

10.4 电子数据功能性取证

电子数据功能性取证是判断程序的主要功能的环节。电子数据功能性取证的主要对象是木马和病毒,可以统称为恶意程序。在近几十年,由于系统和软件的各种漏洞,以及人们防范意识不强,木马和病毒大肆传播,破坏系统,盗窃资金和数据,甚至于危及国家安全。据不完全统计,近十年,我国由于恶意程序而造成的直接和间接经济损失达到数千亿人民币。各类涉及恶意程序的案件也层出不穷,这就要求取证人员具备木马和病毒的取证能力。

10.4.1 电子数据功能性取证的定义

利用电子数据取证技术,对恶意程序的运行机制、危害后果等功能进行分析和鉴定,称为电子数据功能性取证。

10.4.2 电子数据功能性取证的方法

电子数据功能性取证主要使用以下方法:
(1) GA/T 757—2008 程序功能检验方法;
(2) GA/T 828—2009 电子物证软件功能检验技术规范;

(3) GA/T 1170—2014 移动终端取证检验方法。

除上述方法外,还可以使用取证过程中需要的其他方法。

10.4.3 电子数据功能性取证针对的案件类型

电子数据功能性取证主要应用于非法侵入计算机信息系统、破坏计算机信息系统和利用计算机实施金融盗窃、诈骗犯罪活动中,利用计算机程序进行犯罪的案件。

10.4.4 电子数据功能性取证的思路

电子数据功能性取证,主要利用逆向分析技术,对恶意代码进行反汇编后,通过对其关键部分进行分析和研究,进而掌握其破坏性和感染方式等特征。

10.4.5 电子数据功能性取证案例

1. 案件摘要

2014 年 11 月,某市公安局破获一起提供侵入、非法控制计算机信息系统程序、工具案。经查,2013 年以来,犯罪嫌疑人开发手机监听软件,用于对受害人手机进行语音监听、短信监控等行为。

2. 样品基本属性

样品基本属性如表 10.3 所示。

表 10.3 样品基本属性

文件名	com.android.apk
文件 MD5 码	0ea75845601ffa10a31236543010335e
文件大小	1.43MB(1503643 字节)
文件最后修改时间	2014 年 1 月 24 日,14:42:16
送检文件属性截图	

3. 功能检验过程

(1) 将"com.android.apk"复制到 apktool 工具的安装目录下,使用 apktool 进行反编译,查看反编译后的文件"AndroidManifest.xml"(见图 10.21)。

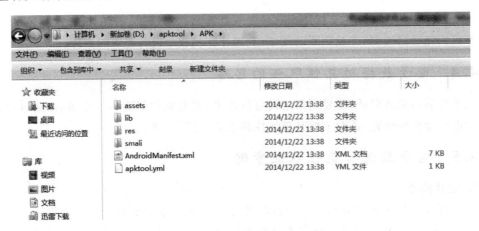

图 10.21 使用 apktool 对 com.android.apk 进行反编译后生成的文件 AndroidManifest.xml

(2) 打开 AndroidManifest.xml 分析其中代码,如图 10.22 所示,得知该程序获得了以下权限,如表 10.4 所示。

图 10.22 该程序获得的权限

表 10.4　依次申请的权限解释

权限	说明
ACCES_MOCK_LOCATION	获取模拟定位信息
ACCESS_GPS	允许 GPS 定位
MOUNT_UNMOUNT_FILESYSTEMS	允许挂载和反挂载文件系统可移动存储
READ_LOGS	允许程序读取底层系统日志文件
VIBRATE	允许访问振动设备
WRITE_SETTINGS	允许读写系统设置项
SYSTEM_ALERT_WINDOW	显示系统窗口
RECEIVE_BOOT_COMPLETED	允许程序开机自动运行
GET_TASKS	允许程序获取当前或最近运行的应用
RECEIVE_SMS	接收短信
READ_SMS	读取短信内容
WRITE_SMS	允许编写短信
READ_CONTACTS	允许应用访问联系人通讯录信息
INTERNET	使用网络
ACCESS_WIFI_STATE	获取当前 WiFi 接入状态和 WLAN 热点的信息
CHANGE_WIFI_STATE	改变 WiFi 状态
ACCESS_NETWORK_STATE	获取网络信息状态
CHANGE_NETWORK_STATE	改变网络状态如是否能联网
ACCESS_CHECKIN_PROPERTIES	读取或写入登 check-in 数据库属性表的权
ACCESS_COARSE_LOCATION	访问 CELLID 或 WIFI 进行粗略定位
ACCESS_FINE_LOCATION	精确定位(GPS)
READ_PHONE_STATE	访问电话状态
PROCESS_OUTGOING_CALLS	允许程序监视,修改或放弃拨出电话
CAMERA	使用照相机
WRITE_EXTERNAL_STORAGE	允许程序写入外部存储
CALL_PHONE	初始化电话拨号而无须用户确认
RECORD_AUDIO	录音
REBOOT	允许程序重新启动设备

（3）使用反编译工具 jeb 打开文件"com. android. apk"进行代码分析（见图 10.23）。

（4）运行开始后要求注册设备管理器,可隐藏图标,防止卸载,如图 10.24 所示。

（5）具有实时获取通话记录的功能,在手机接打电话时进行监控,将接打的号码和通话起止时间保存在相应文件中,如图 10.25 所示。

（6）具有实时获取短信记录的功能,在手机收发短信时进行监控,将通信的号码、通信时间和短信内容记录下来（如图 10.26 所示）。

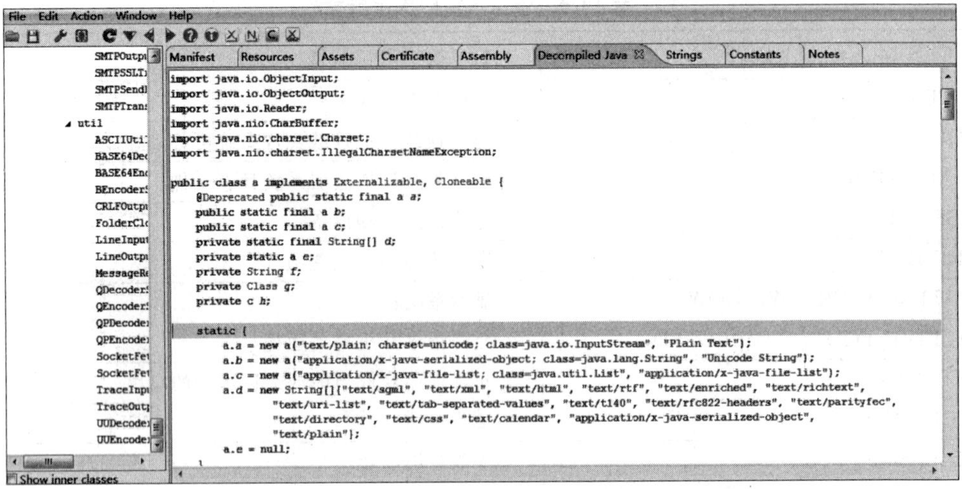

图10.23 使用 jeb 打开文件"com. android. apk"

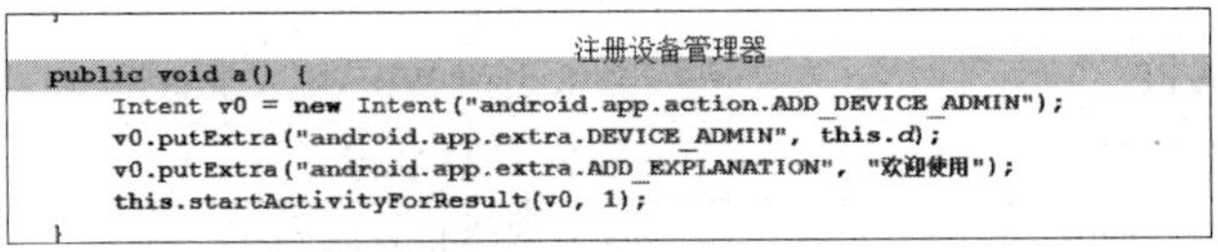

图10.24 注册设备管理器

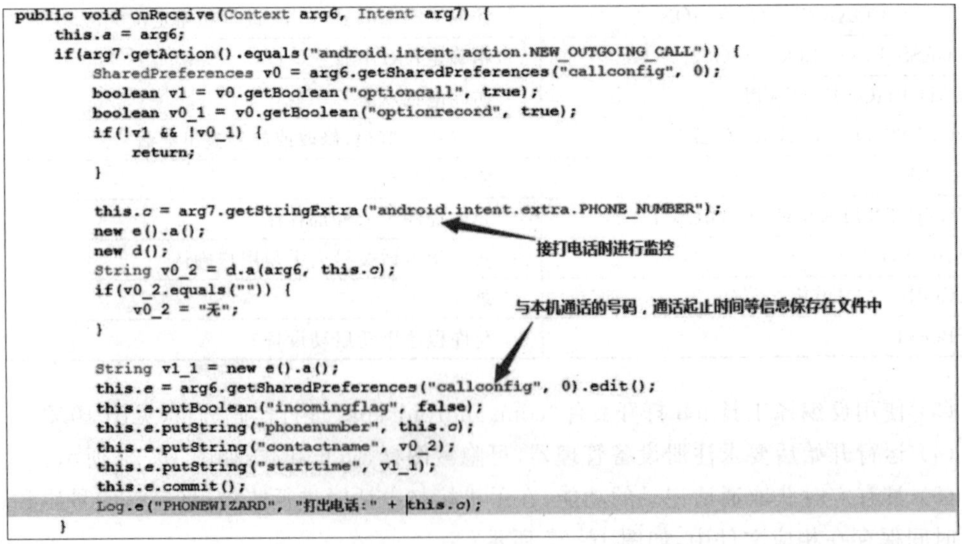

图10.25 取得通话记录功能

```
    }
    try {
        this.a("短信来自" + v10 + "(姓名:" + v4 + "):" + v9);    ← 获取接收到的短信
    }
    catch(Exception v2_1) {
    }
    ++v5;
    v2 = v1_3;
```

图 10.26　读取短信功能

（7）具有实时获取彩信记录的功能，在手机收发彩信时进行监控，将通信的号码、通信时间和彩信内容记录下来（如图 10.27 所示）。

```
            + "\r\n";
while(v3_1.moveToNext()) {
    a v1_2 = new a(this.a);
    v1_2.a();
    com.android33w0.c.a v4 = v1_2.e();
    v1_2.b();
    v4.g("彩信来自:" + this.e + "(NAME:" + v6 + "),当前位置" + v8 + ",接收时间:" + this.f);
    v4.i("");
    v4.h("");
    String[] v1_3 = v3_1.getColumnNames();
    if(v0_4 == null) {
        v0_4 = new String[v1_3.length];
    }
    int v1_4;
    for(v1_4 = 0; v1_4 < v3_1.getColumnCount(); ++v1_4) {
        v0_4[v1_4] = v3_1.getString(v1_4);
    }
```

收到彩信时获取彩信的相关内容

图 10.27　读取彩信功能

（8）具有通过接收短信指令并执行相应代码的功能，相关指令有三种，包括定位、开启网络与拍照三种，由于具有拦截指令短信功能，所以这三种指令受监控方是看不到的（如图 10.28 所示）。

（9）通过使用百度的定位服务，获取手机地理位置（如图 10.29 所示）。

（10）具有对通话进行录音的功能，录音保存的文件名为 "callrecord.amr"（如图 10.30 所示）。

（11）控制方可以预先设置受监控手机和控制方的邮箱，并将拦截到的通话记录、短信彩信记录，手机位置信息和秘密拍摄的照片等信息发送到控制方的邮箱（如图 10.31 所示）。

4. 结论

此恶意程序是一个典型的以窃取用户隐私为目的的应用程序，具备恶意程序的特征。

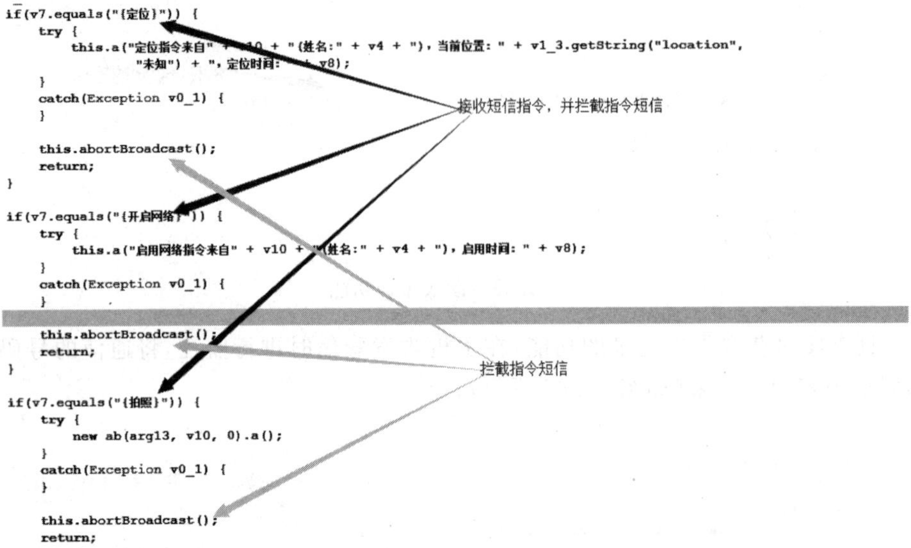

```
if(v7.equals("{定位}")) {
    try {
        this.a("定位指令来自" + v10 + "(姓名:" + v4 + "),当前位置:" + v1_3.getString("location",
            "未知") + ",定位时间:" + v8);
    }
    catch(Exception v0_1) {
    }
    this.abortBroadcast();
    return;
}

if(v7.equals("{开启网络}")) {
    try {
        this.a("启用网络指令来自" + v10 + "(姓名:" + v4 + "),启用时间:" + v8);
    }
    catch(Exception v0_1) {
    }
    this.abortBroadcast();
    return;
}

if(v7.equals("{拍照}")) {
    try {
        new ab(arg13, v10, 0).a();
    }
    catch(Exception v0_1) {
    }
    this.abortBroadcast();
    return;
}
```

接收短信指令，并拦截指令短信

拦截指令短信

图 10.28　接收执行短信指令功能

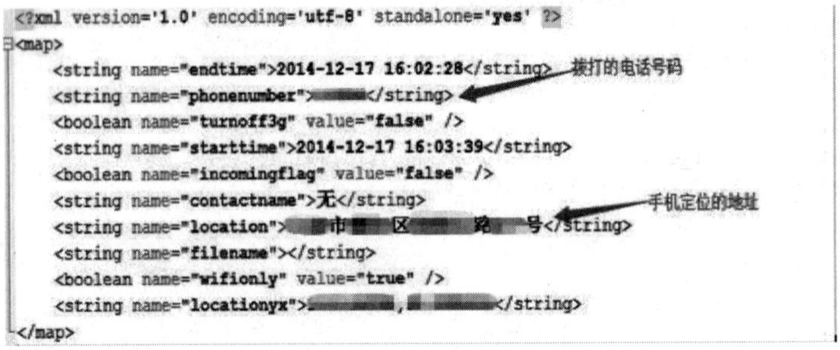

```xml
<?xml version='1.0' encoding='utf-8' standalone='yes' ?>
<map>
    <string name="endtime">2014-12-17 16:02:28</string>
    <string name="phonenumber">█████</string>
    <boolean name="turnoff3g" value="false" />
    <string name="starttime">2014-12-17 16:03:39</string>
    <boolean name="incomingflag" value="false" />
    <string name="contactname">无</string>
    <string name="location">██市██区██路██号</string>
    <string name="filename"></string>
    <boolean name="wifionly" value="true" />
    <string name="locationyx">████,████</string>
</map>
```

接打的电话号码

手机定位的地址

图 10.29　定位功能

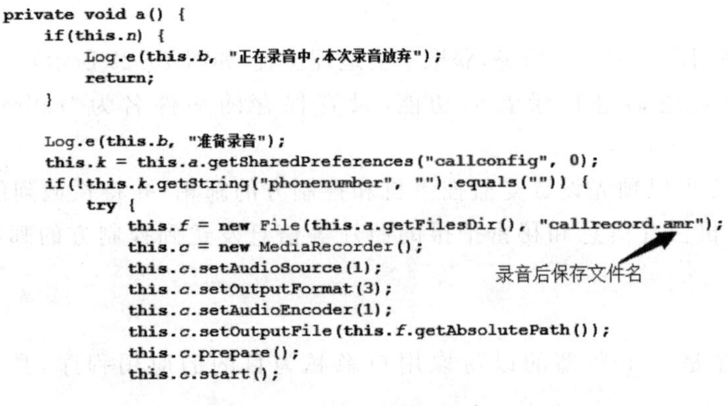

```
private void a() {
    if(this.n) {
        Log.e(this.b, "正在录音中,本次录音放弃");
        return;
    }

    Log.e(this.b, "准备录音");
    this.k = this.a.getSharedPreferences("callconfig", 0);
    if(!this.k.getString("phonenumber", "").equals("")) {
        try {
            this.f = new File(this.a.getFilesDir(), "callrecord.amr");
            this.c = new MediaRecorder();
            this.c.setAudioSource(1);
            this.c.setOutputFormat(3);
            this.c.setAudioEncoder(1);
            this.c.setOutputFile(this.f.getAbsolutePath());
            this.c.prepare();
            this.c.start();
```

录音后保存文件名

图 10.30　录音功能

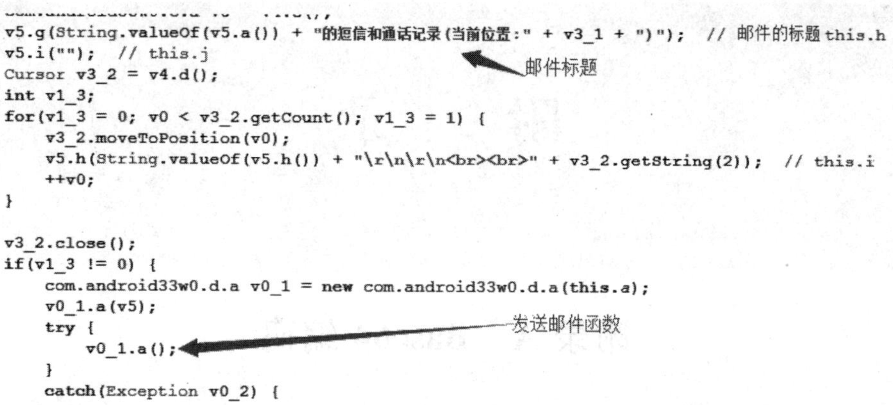

```
v5.g(String.valueOf(v5.a()) + "的短信和通话记录(当前位置:" + v3_1 + ")");  // 邮件的标题 this.h
v5.i("");    // this.j                        ← 邮件标题
Cursor v3_2 = v4.d();
int v1_3;
for(v1_3 = 0; v0 < v3_2.getCount(); v1_3 = 1) {
    v3_2.moveToPosition(v0);
    v5.h(String.valueOf(v5.h()) + "\r\n\r\n<br><br>" + v3_2.getString(2));  // this.i
    ++v0;
}

v3_2.close();
if(v1_3 != 0) {
    com.android33w0.d.a v0_1 = new com.android33w0.d.a(this.a);
    v0_1.a(v5);
    try {
        v0_1.a();          ← 发送邮件函数
    }
    catch(Exception v0_2) {
```

图 10.31 发送邮件功能

思 考 题

1. 电子数据存在性取证的定义和适用的方法是什么？
2. 列举出三个电子数据存在性取证适用的案件类型。
3. 电子数据存在性取证使用的恢复技术有哪些？
4. 电子数据统一性取证的案例进行哪些方面的比对？
5. 电子数据行为性取证的思路是什么？
6. 电子数据功能性取证的案例中，恶意程序可以获得的权限有哪些（列举出 6 种以上）？

附　录

附录 A　Base64 编码

表 A.1 显示了简单的映射模式，二进制的输入以 3 个八位组，或者说 24bit 为一个数据块进行处理，24bit 数据块的每个 6bit 被映射成一个字符，在表 A.1 中，字符以 8bit 的编码进行显示。在这种情况下，每个 24bit 的输入被扩展成 32bit 的输出。

6bit 值	字符编码	6bit 值	字符编码	6bit 值	字符编码	6bit 值	字符编码
0	A	16	Q	32	g	48	w
1	B	17	R	33	h	49	x
2	C	18	S	34	i	50	y
3	D	19	T	35	j	51	z
4	E	20	U	36	k	52	0
5	F	21	V	37	l	53	1
6	G	22	W	38	m	54	2
7	H	23	X	39	n	55	3
8	I	24	Y	40	o	56	4
9	J	25	Z	41	p	57	5
10	K	26	a	42	q	58	6
11	L	27	b	43	r	59	7
12	M	28	c	44	s	60	8
13	N	29	d	45	t	61	9
14	O	30	e	46	u	62	+
15	Q	31	f	47	v	63	—
						填充	=

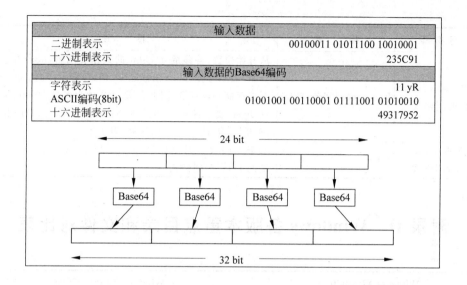

附录 B　秒单位转换

$1s(秒:Second) = 1000ms(毫秒:millisecond)$
$= 1000000\mu s(微秒:microsecond)$
$= 1000000000ns(纳秒:nanosecond)$
$= 1000000000000ps(皮秒:picosecond)$
$= 1000000000000000fs(飞秒:femtosecond)$

附录 C　时间定义

时间类型	格　　式	描　　述
系统时间	Systemtime	CMOS 时间是来源
文件时间	Filetime	分为 32 位和 64 位不同的定义
当地时间	Systemtime 或 Filetime	当地时间(相对于 GMT/UTC),可以由系统时间或文件时间转换而来
DOS 16 位	(双字节) 16bit	基于 16 位 CPU 的 DOS 操作系统

续表

时间类型	格式	描述
32 位 Windows/DOS 文件时间格式	Filetime(四字节)32bit	从开始位置(偏移量 0),5bit 的数据表示秒,6bit(偏移量 5 开始)表示分钟,5bit(偏移量 11 开始)表示小时。但是 5bit 不能存储 60s 容量,因此需要以 2 秒为增量。5bit(偏移量 16 开始)表示日,4bit(偏移量 21 开始)表示月,7bit(偏移量 25 开始,从 1980 年开始计算)表示年
64 位 Windows 文件时间格式	Filetime(八字节)64bit	基于 1601 年 1 月 1 日 00:00:00,以 100ns(1ns=10−9s)递增的 UTC 时间格式

附录 D Windows 各版本重点目录和文件对比表

Windows XP/2000	Windows Vista/7/2008
\Documents and Settings	\Users
\Documents and Settings\〈user〉	\Users\〈user〉
无	\Users\〈user〉\Contact
\Documents and Settings\〈user〉\Desktop	\Users\〈user〉\Desktop
\Documents and Settings\〈user〉\My Documents	\Users\〈user〉\Documents
无	\Users\〈user〉\Downloads
\Documents and Settings\〈user〉\Favorites	\Users\〈user〉\Favorites
\Documents and Settings\〈user〉\My Music	\Users\〈user〉\Music
\Documents and Settings\〈user〉\My Video	\Users\〈user〉\Video
\Documents and Settings\〈user〉\My Picture	\Users\〈user〉\Picture
无	\Users\〈user〉\Searches
无	\Users\〈user〉\Links
无	\Users\〈user〉\Save Games
\Documents and Settings\〈user〉\Application Data	\Users\〈user〉\AppData\Roaming
\Documents and Settings\〈user〉\Local Settings\Application Data	\Users\〈user〉\AppData\Local
\Documents and Settings\〈user〉\Local Settings\Temp	\Users\〈user〉\AppData\Local\TEMP
\Documents and Settings\〈user〉\Nethood	\Users\〈user〉\AppData\Roaming\Microsoft\Windows\Network Shortcuts
\Documents and Settings\〈user〉\PrintHood	\Users\〈user〉\AppData\Roaming\Microsoft\Windows\Printer Shortcuts
\Documents and Settings\〈user〉\Send to	\Users\〈user〉\AppData\Roaming\Microsoft\Windows\Send to

续表

Windows XP/2000	Windows Vista/7/2008
\Documents and Settings\〈user〉\Templates	\Users\〈user〉\AppData\Roaming\Microsoft\Windows\Templates
\Documents and Settings\Recent	\Users\〈user〉\AppData\Roaming\Microsoft\Windows\Recent
\Documents and Settings\Start Menu	\Users\〈user〉\AppData\Roaming\Microsoft\Windows\Start Menu
\Documents and Settings\Local Settings\History	\Users\〈user〉\AppData\Local\Microsoft\Windows\History \Users\〈user〉\AppData\Local\Microsoft\Windows\History\Low
\Documents and Settings\Local Settings\Temporary Internet Files	\Users\〈user〉\AppData\Local\Microsoft\Windows\Temporary Internet Files
\Documents and Settings\〈user〉\Cookies	\Users\〈user〉\AppData\Roaming\Microsoft\Windows\Cookies \Users\〈user〉\AppData\Roaming\Microsoft\Windows\Cookies\Low
Documents and Settings\All Users	ProgramData
Documents and Settings\Default User	\Users\Default
thumbs.db	\Users\〈user〉\AppData\Local\Microsoft\Windows\Explorer
\Recycled or \Recycler	\$Recycle.Bin

附录 E 电子数据取证标准（国家标准和公共安全行业标准）

(1) GB/T 29360—2012 电子物证数据恢复检验规程；

(2) GB/T 29361—2012 电子物证文件一致性检验规程；

(3) GB/T 29362—2012 电子物证数据搜索检验规程；

(4) GA/T 754—2008 电子数据存储介质复制工具要求及检测方法；

(5) GA/T 755—2008 电子数据存储介质写保护设备要求及检测方法；

(6) GA/T 756—2008 数字化设备证据数据发现提取固定方法；

(7) GA/T 757—2008 程序功能检验方法；

(8) GA/T 828—2009 电子物证软件功能检验技术规范；

(9) GA/T 829—2009 电子物证软件一致性检验技术规范；

(10) GA/T 976—2012 电子数据法庭科学鉴定通用方法；

(11) GA/T 977—2012 取证与鉴定文书电子签名；

(12) GA/T 978—2012 网络游戏私服检验技术方法；

(13) GA/T 1069—2013 法庭科学电子物证手机检验技术规范；

（14）GA/T 1070—2013 法庭科学计算机开关机时间检验技术规范；

（15）GA/T 1071—2013 法庭科学电子物证 Windows 操作系统日志检验技术规范；

（16）GA/T 1170—2014 移动终端取证检验方法；

（17）GA/T 1171—2014 芯片相似性比对检验方法；

（18）GA/T 1172—2014 电子邮件检验技术方法；

（19）GA/T 1173—2014 即时通讯记录检验技术方法；

（20）GA/T 1174—2014 电子证据数据现场获取通用方法；

（21）GA/T 1175—2014 软件相似性检验技术方法；

（22）GA/T 1176—2014 网页浏览器历史记录数据检验技术方法。

附录 F　现场勘验记录

公（网安）勘[2015]X28 号

现场勘验检查工作记录

制作单位　大连市公安局网络安全保卫支队

现场勘验检查笔录

X公(网安)勘[2015]X28号

2015年5月10日11时00分大连市公安局网安支队值班员XX接到XX派出所（XX大队/支队）民警XXX的电话报案称：嫌疑人何某、熊某在其居住地贩卖网络木马。民警已经对现场进行保护，要求网安支队立即派技术人员勘查现场。

出/处警情况：获悉上述情况后，大连市网安支队共叁人赶赴现场，于12时00分到达现场。

现场勘验检查于2015年5月10日12时10分开始，至2015年5月10日15时4分结束。

现场勘验检查指挥由 大队长刘浩阳 担任。

现场地点：XXX市（区、自治州、盟）XX区县（市、区、旗）XX路XX号 何某、熊某家中。

现场保护：薛X负责保护现场。

现场勘验检查利用的光线：自然光。

勘验检查情况：

1. 现场已做好安保工作，无关人员已经全部清离现场，安排于XX负责现场拍照。

2、现场为一公寓，房间号为801，公寓内为一标准间，有两张床，靠窗有两把椅子，南侧为一写字台。拍照，并绘制现场平面图。

3、写字台上有一台灰色联想台式机，处于开机状态。退出计算机中正在运行的杀毒应用程序，并禁用计算机屏保与待机设置，查看当前计算机时间，并与北京标准时间（GMT+8）进行比对。拍照，照片详见《勘验检查照片记录表》。

4、台式机机箱上有一台白色水星牌路由器，处于开启状态。拍照，照片详见《勘验检查照片记录表》。

5、在写字台上鼠标旁边发现一部蓝色苹果5C手机，处于开机状态，无SIM卡，但是WIFI连接已开。且有登录密码。拍照，照片详见《勘验检查照片记录表》。

6、在写字台书桌内发现一部黑色小米（红米）手机，处于开机状态，无SIM卡，WIFI连接已开。且有登录密码。拍照，照片详见《勘验检查照片记录表》。

7、台式电脑屏幕状态栏图标右侧发现QQ聊天软件正在运行，处于离线状态，显示QQ号为20443221XX，QQ昵称为"何哥"。使用截屏软件对该QQ主界面、最近联系人、好友列表、个人资料窗口分别截图并保存在取证U盘上。使用QQ软件自带的"消息管理器"将全部消息记录分别导出为 html 格式,并对以上截图及文件进行数据完整性校验,详见附录:《固定电子证据清单》。

8、台式电脑屏幕状态栏图标右侧发现 TrueCrypt 加密容器软件正在运行,截图并打开该软件窗口,将窗口内盘符及图标与计算机磁盘管理中的盘符进行比对,发现该运行机器使用虚拟容器软件生成文件型(分区型、磁盘型)虚拟容器,盘符为 I:\,容器占用空间 499MB,容器存储路径为 C:\Document and Setting\gass\UserData\mydata,加密方式为 AES。使用取证 U 盘中的 FTK Imager 软件对该虚拟容器生成的逻辑分区 I:\ 制作 I.E01 镜像,获取的文件进行数据完整性校验,详见附录:《固定电子证据清单》。

9、使用取证 U 盘中的取证大师软件,勾选对应取证策略,对内存易丢失数据进行动态取证并保存,取证分析结果保存为 html 格式,详见附录:《固定电子证据清单》。

10、使用取证 U 盘中的 FTK Imager 软件对当前运行的内存及进程制作内存镜像:memdump.mem,获取的文件进行数据完整性校验,详见附录:《固定电子证据清单》。

11、计算机内未发现其它易丢失、易破坏及解密数据。进行拍照登记并封存。详见：《封存电子证据清单》。照片详见《勘验检查照片记录表》。

12、现场其他部位经勘验未见明显异常，在勘验过程中未对现场物品损坏破坏，在勘验过程中操作的各类勘验工具在被勘验计算机中仅留下运行痕迹。未对其安装任何应用程序，对整体计算机数据的采集及分析没有影响。

13、发现的存储介质已经全部拍照登记并封存。详见：《封存电子证据清单》。照片详见《勘验检查照片记录表》。

勘验于2015年5月10日15时04分完成，至此整个勘验过程结束。

封存电子证据清单

编号	名称	型号、特征	照片数量、编号
C01	联想台式机	联想牌 灰色	1张 0001.jpg
S01	小米手机	红米牌 黑色	1张 0002.jpg
S02	苹果手机	iPhone 5C 蓝色	1张 0003.jpg

固定电子证据清单

案由		XX案	
固定时间		2015.5.10	
数据	来源	完整性校验值	备注
桌面截图.jpg	桌面截图	027346e961d42a4f8efedacc3247ef93	
QQ主界面.jpg	QQ截图	6da0d505772e602b516dab97b8e56063	
QQ好友列表.jpg	QQ截图	217ddf82aa59d82d130a0748d28c373c	
QQ最近联系人.jpg	QQ截图	7a6a62a27efcfe4ca55d24bbdcebedad	
QQ个人资料.jpg	QQ截图	a339ae6018efc3379c619503947ea066	
虚拟容器.JPG	虚拟容器	7b22419e2bbd7391e4ef2e98cc90b62f	
I.E01	镜像磁盘证据文件	5089b42ec2dedb6e7384981c2a592133	
memdump.mem	内存镜像	757cfb42bf8613d011b6c7e63da35194	
index.html	取证大师动态取证结果	90ee2b9027d895907390baa184771884	

第6页

勘验检查照片记录表

编号	0001
备注	现场勘查整体环境照片。

勘验检查照片记录表

编号	0002
备注	现场勘查写字台附近联想台式机及路由器照片。

勘验检查照片记录表

编号	0003
备注	现场勘查台式机各种连接线照片。

勘验检查照片记录表

编号	0004
备注	现场勘查网络走线照片。

勘验检查照片记录表

编号	0005
备注	现场勘查系统时间照片。

勘验检查照片记录表

编号	0006
备注	现场苹果 Iphone 5C 手机。

勘验检查照片记录表

编号	0007
备注	现场小米（红米）手机。

附录 421

第 15 页

现场勘验检查制图 _6_ 张；照相 _14_ 张；录像带编号 _1 个_ ；

录音带编号 ___无___ 。

现场勘验检查记录人员：

笔录人 _薛X_____

制图人 _于XX_____

照相人 _于XX_____

录像人 _____

录音人 _____

现场勘验检查人员：

单位 _大连网安_____ 职务 _大队长__ 签名 _刘浩阳___

单位 _大连网安_____ 职务 _主任科员_ 签名 _薛X_____

单位 _大连网安_____ 职务 _科员___ 签名 _于XX____

现场勘验检查见证人：

性别____ 年龄____ 岁，住址 _____ 签名 _____

性别____ 年龄____ 岁，住址 _____ 签名 _____

二〇一五年 _五_ 月 _十_ 日

附录 G 电子数据检验鉴定意见书

控制编号：JL-61　　X 公电鉴字[2014]第 XX 号　　第一版第 0 次修订

XX 市公安局电子数据检验鉴定实验室
电子数据检验鉴定意见

X 公电鉴字[2014]第 XX 号

一、绪论

（一）委托单位：

中国合格评定国家认可委员会（CNAS）；

公安部网络安全保卫局。

（二）委 托 人：XXX

（三）受理日期：2014 年 7 月 21 日

（四）案（事）件情况摘要：本次能力验证为模拟某网络赌球案件，赌球网站域名为 www.betball.com（中文名为贝博公司）。警方查抄了某涉案人员的电脑，据该犯罪嫌疑人交待：电脑内有该公司与其他分销商的合同 doc 文本 4 个、彩票奖金统计 xls 表格 5 个、彩票统计截图 png 文件 5 个。其中部分文件已被删除，部分文件用 rar 压缩，部分 rar 文件有压缩密码，但嫌疑人已不记得密码，只记得加密文件是通过 web 邮件下载的，密码在邮件内。警方对查抄的电脑进行了硬盘复制，生成供检验的硬盘镜像文件，现需对该硬盘镜像文件进行鉴定检验，提取、固定与恢复相关电子证据。

（五）检材和样本：标识有参加机构代码的 U 盘壹个。

（六）检验鉴定要求：

1、计算送检 U 盘（样品）和送检 U 盘中硬盘镜像文件的 SHA256

校验码；

2、提取、固定与恢复本次案件的相关电子证据。

（七）检验鉴定时间：2014年7月21日9:00至2014年7月22日17:30。

（八）检验鉴定地点：XX市公安局电子数据检验鉴定实验室。

（九）检验鉴定方法：

GA/T 754—2008 电子数据存储介质复制工具要求及检测方法；

GA/T 755-2008 电子数据存储介质写保护设备要求及检测方法；

GA/T 756-2008 数字化设备证据数据发现提取固定方法；

GA/T 976-2012 电子数据法庭科学鉴定通用方法；

GB/T 29360-2012 电子物证数据恢复检验规程；

GB/T 29361-2012 电子物证文件一致性检验规程；

GB/T 29362-2012 电子物证数据搜索检验规程。

二、检验鉴定过程

2014年7月21日9:00开始检验鉴定。

（一）使用的设备：

检验鉴定工作台（设备编号：DLCF/WA-SB-D-1-1-6）。其中搭载的取证设备为Tbleau T35689iu Forensic Bridge只读锁。取证软件为Encase V6.17、Liveview0.7b、美亚取证大师 V3、

X-ways Forensics V17.2。数据恢复软件为 Winhex V15.4、FinalData V3.0。

（二）HASH 计算：

送检检材（U 盘）插入只读锁中，利用 Winhex 软件计算 U 盘及 U 盘中镜像文件的哈希值。截图示例如下：

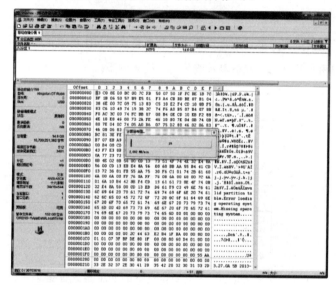

U 盘 SHA 256：

96DFEB2B80A4FE9A8F4E78DCFDEE6F3FE017D2679E4B1BCB1C757D6464AE7A3F

文件镜像 SHA 256：

0469D3C208F6AF14AA21EDDA52E5749D612B6345C2E66E0A553AFB7F3D7102B1

控制编号：JL-61　　　　X 公电鉴字[2014]第 XX 号　　　　第一版第 0 次修订

（三）证据文件格式转换：

由于取证软件 Encase V6.17 不支持 img 格式的证据文件，因此需通过专用取证软件 X-ways Forensics V17.2 将 U 盘内的 img 镜像文件转为磁盘格式，然后再通过"创建磁盘镜像"还原为 Encase V6.17 可以识别的 E01 格式的证据文件。

（四）系统信息：

使用美亚取证大师软件读取制作完成的 E01 格式证据文件，利用自动取证功能提取系统信息，列表如下：

序号	名称	值
1	完整计算机名	Trimps-70490f7d
2	工作组	WORKGROUP
3	当前版本	5.1
4	安装时间	2013-06-27 09:57:22
5	注册组织	Trimps
6	注册所有者	gass
7	系统根路径	C:\Windows
8	产品名称	Microsoft Windows XP
9	产品 ID	55661-640-0059266-23567
10	当前 Build 版本	2600
11	路径名	C:\Windows
12	最新服务包	Service Pack 3
13	最后一次正常关机时间	2014-04-09 09:05:01

（五）使用 Encase 读取制作完成的 E01 格式证据文件。根据案件情况，分别对 doc 文本、xls 表格以及 png 彩票截图文件进行过滤，发现 3 个涉案 doc 文本文件、2 个涉案 xls 表格文件以及 2 个涉案彩票截图文件。分别制作书签，截图示例如下：

1	贝博合同20130401.doc	2014/03/11 14:40:54	文件组	doc	Word Document
2	贝博合同20130625.doc	2014/03/11 14:14:34	文件组	doc	Word Document
3	贝博合同20130926.doc	2014/04/08 14:37:54	文件组	doc	Word Document
1	betball_prizelist_halffour.xls	2014/03/11 15:45:06	文件组	xls	MS Excel Spreadsh...
2	betball_prizelist_totalgoals.xls	2014/03/11 15:40:54	文件组	xls	MS Excel Spreadsh...

地址：XX 市 XX 路 XXX 号
电话：0XXX-8805X2XX

| 1 | betball13045.png | 2014/03/10 14:06:36 | 文件组 | png | Portable Networks... |
| 2 | betball13050.png | 2014/03/10 14:15:22 | 文件组 | png | Portable Networks... |

其中,"贝博合同20130926.doc"文件为损坏文件,经文件头修复,截图示例如下:

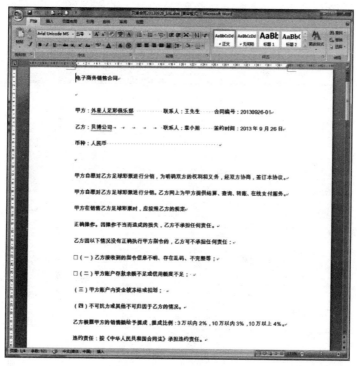

(六)根据案件情况,继续使用Encase V6.17对rar压缩文件进行过滤,发现2个涉案rar压缩文件。制作书签,截图示例如下:

| 1 | betball_13051.rar | 2014/04/08 10:33:43 | 文件组 | rar | Compressed Archive |
| 2 | betball_prizelist_score.rar | 2014/04/08 13:55:56 | 文件组 | rar | Compressed Archive |

打开名为"betball_prizelist_score.rar"文件,发现1

个涉案 xls 表格文件，1 个涉案 png 彩票截图文件。截图示例如下：

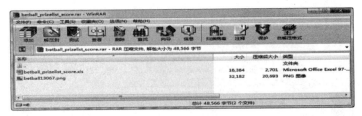

分别打开这两个文件，截图示例如下：

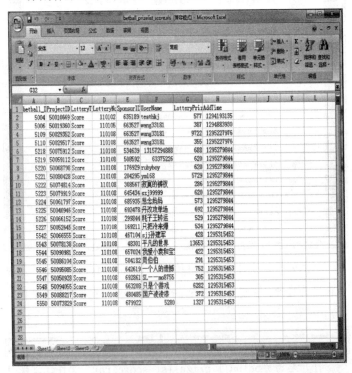

打开名为"betball_13051.rar"文件，发现1个涉案xls表格文件，1个涉案png彩票截图文件，但是均有压缩密码。截图示例如下：

（七）根据案件情况，加密文件是通过Web邮件下载，密码在邮件内。因此考虑使用美亚取证大师对证据文件的上网记录进行检索。在上网记录中发现嫌疑人曾13次登录www.betball.com赌球网站。截图如下所示：

430　电子数据取证

此图可知，嫌疑人在 2014-04-08 10：31：24 曾访问过带有"betball_13051.rar"电子邮件附件文件的赌球网站邮箱。

（八）使用 Encase V6.17，设置"betball"为关键字，对证据文件进行全盘检索。截图示例如下：

在命中的文本中，查找相关源代码，并通过正确的文本样式，显示部分电子邮件内容，截图如下所示：（红色框内为解压密码）

（九）使用得到的密码"63649544"对"betball_13051.rar"压缩文件进行解压，得到1个涉案xls表格文件，1个涉案png彩票截图文件。打开两个文件截图如下：

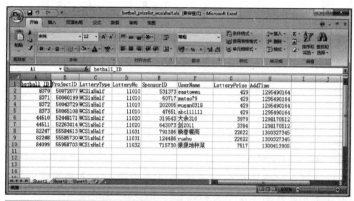

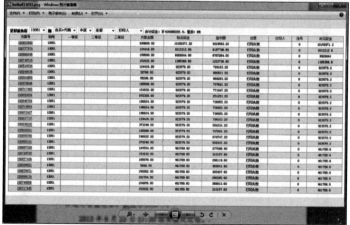

（十）根据案件情况，可知仍有部分文件被删除。使用专业底层数据恢复软件Winhex对镜像文件进行数据恢复。截图示例

如下：

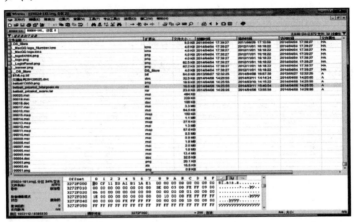

发现1个涉案 doc 文本文件、1个涉案 xls 表格文件以及1个涉案彩票截图文件。分别打开这些文件，截图如下：

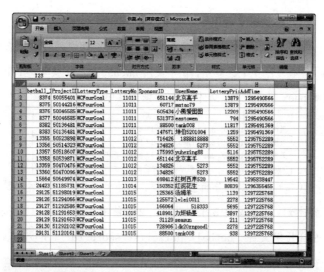

（十一）以上得到的所有涉案证据文件均刻录成证据光盘。2014年7月22日17:30结束鉴定过程。

三、检验鉴定意见

（一）根据以上分析鉴定过程，送检检材中发现涉案合同 doc 文本文件 4 个。其中，3 个使用 Encase V6.17 提取，1 个使用 Winhex 软件恢复。均保存在证据光盘中。详见下表：

文件名	提取方式	备注
贝博合同 20130401.doc	Encase V6.17 提取	
贝博合同 20130625.doc	Encase V6.17 提取	
贝博合同 20130926.doc	Encase V6.17 提取	损坏，已修复
00004.doc	Winhex 软件恢复	文件名为系统随机生成

（二）根据以上分析鉴定过程，送检检材中发现涉案彩票奖金统计 xls 表格文件 5 个。其中，2 个使用 Encase V6.17 提取，1 个在压缩文件"betball_prizelist_score.rar"中提取，1 个在有密码的压缩文件"betball_13051.rar"中提取，还有 1 个使用 Winhex 软件恢复。均保存在证据光盘中。详见下表：

文件名	提取方式	备注
betball_prizelist_halffour.xls	Encase V6.17 提取	
betball_prizelist_totalgoals.xls	Encase V6.17 提取	
betball_prizelist_score.xls	压缩文件 betball_prizelist_score.rar 中提取	
betball_prizelist_wcsixhalf.xls	带密码的压缩文件 betball_13051.rar 中提取	压缩密码：63649544
00002.xls	Winhex 软件恢复	文件名为系统随机生成

（三）根据以上分析鉴定过程，送检检材中发现涉案彩票统计截图 png 文件 5 个。其中，2 个使用 Encase V6.17 提取，1 个在压缩文件"betball_prizelist_score.rar"中提取，1 个

在有密码的压缩文件"betball_13051.rar"中提取,还有 1 个使用 Winhex 软件恢复。均保存在证据光盘中。详见下表:

文件名	提取方式	备注
betball13045.png	Encase V6.17 提取	
betball13050.png	Encase V6.17 提取	
betball13067.png	压缩文件 betball_prizelist_score.rar 中提取	
betball13051.png	带密码的压缩文件 betball_13051.rar 中提取	压缩密码:63649544
00003.png	Winhex 软件恢复	文件名为系统随机生成

(以下无内容)

鉴定人(签字):__XXX__

鉴定人(签字):__XXX__

授权签字人(签字):__XXX__

(司法鉴定专用章)

XXXX 年 XX 月 XX 日

附件:电子证据光盘壹张。

本检验鉴定机构声明:
1、本检验鉴定意见仅对受理的检材和样本有效;
2、如对本检验鉴定意见有任何异议或者疑问请尽早与本检验鉴定机构取得联系;
3、未经本检验鉴定机构的书面同意任何单位或者个人不得复印本检验鉴定意见。

参 考 文 献

[1] 米佳,刘浩阳.计算机取证技术.北京:群众出版社,2007.
[2] 林远进,吴世雄,刘浩阳等.电子数据勘查取证与鉴定(数据恢复与取证).北京:公安大学出版社,2012.
[3] 刘晓宇,李锦,刘浩阳等.电子数据检验技术与应用.北京:公安大学出版社,2015.
[4] 刘浩阳.数字移动设备取证方法研究.长沙:湖南公安高等专科学校学报,2007.
[5] 刘浩阳.电子邮件的调查与取证.大连:辽宁公安高等专科学校学报,2007.
[6] 刘浩阳.网络赌博犯罪分析及证据固定方法.北京:警察技术,2008.
[7] 刘浩阳.字节顺序在计算机取证中的应用.北京:警察技术,2012.
[8] 刘浩阳.基于中心存储和并行分析的实验室建设.北京:警察技术,2012.
[9] 刘浩阳.数字时间取证技术原理与应用.北京:信息网络安全,2010.
[10] 刘浩阳.ZIF/LIF 接口详解及获取方法.北京:信息网络安全,2010.
[11] 刘浩阳.计算机取证中 Office 文件的调查.北京:信息网络安全,2012.
[12] 刘浩阳.Windows 缩略图缓存文件的分析和取证.北京:信息网络安全,2012.
[13] 刘浩阳.iOS 设备取证技术.北京:信息网络安全,2014.
[14] 刘浩阳.浅析应急响应中关键信息的获取.北京:全国计算机安全学术交流会论文集(第二十二卷),2007.
[15] 刘浩阳.数字时间取证的技术原理与应用.北京:全国计算机安全学术交流会论文集(第二十四卷),2009.
[16] 刘浩阳.计算机取证中 Office 文件的调查.北京:第 27 次全国计算机安全学术交流会论文集,2012.
[17] 刘浩阳.iOS 设备取证技术.北京:第 29 次全国计算机安全学术交流会论文集,2014.
[18] 刘浩阳.物理和芯片级取证技术.计算机犯罪调查技术峰会,2014.
[19] 李锦.手机病毒特点及防范对策.北京:通信技术,2009.
[20] 李锦.Rookit 木马的隐藏机理与检测技术剖析.大连:辽宁师范大学学报(自然科学版),2009.
[21] 李锦.计算机恶意代码分析与防范技术.北京:群众出版社,2009.
[22] 李锦,黄波等.信息网络安全管理.北京:清华大学出版社,2012.
[23] 李锦,黄波等.信息安全法律法规及案例汇编.北京:群众出版社,2012.
[24] 刘晓宇,翟晓飞,杨雨春.计算机取证分析工具测试方法研究.北京:全国计算机安全学术交流会论文集(第二十三卷),2008.
[25] 刘晓宇,翟晓飞,许榕生.一种用于事件重构的时间分析框架.北京:《信息网络安全》,2009.
[26] 刘晓宇.GSM 手机取证系统的设计与实现.北京:北京大学学位论文,2008.
[27] 韩马剑.浅谈嵌入式硬盘录像机取证.计算机犯罪调查技术峰会,2013.
[28] 韩马剑,刘红斌.虚拟化技术在电子数据检验鉴定实验室中的应用研究.北京:信息网络安全,2013.

[29] 马丁,林远进,程霁.电子数据勘查取证与鉴定(电子数据搜索).北京：公安大学出版社,2012.
[30] 董健.论计算机犯罪中电子证据的界定及取证规则.北京：科技与法律,2008.
[31] 董健.论计算机病毒犯罪的危害性.北京：犯罪与改造,2008.
[32] 董健.电子物证鉴定中的同一认定和种属认定.北京：刑事技术,2009.
[33] Thomas A.Limoncelli,Christine Hogan 著.系统管理与网络管理技术实践.董健等译.北京：机械工业出版社,2002.
[34] 杨永川,顾益军,张培晶等.计算机取证.北京：高等教育出版社.2008.
[35] 谢朝海,曹姝慧,田庆宜等.电子数据勘查取证与鉴定(计算机司法鉴定指南).北京：公安大学出版社,2012.
[36] 毕连城.等级保护中关键数据保护的几点考虑.北京：信息网络安全,2007.
[37] 毕连城.大数据下的侦察技术.北京：检察技术与信息化,2014.
[38] 毕连城.借助信息化建设平台实现执法方式的转变.北京：中国检察官,2014.
[39] 徐志强.浅析"信息熵"在电子数据取证领域的应用.北京：电信科学,2010.
[40] 徐志强.论电子数据取证培训及考核体系建设.北京：电信科学,2010.
[41] 徐志强.硬盘中隐藏信息的发现及提取研究.北京：保密科学技术,2011.
[42] 徐志强.蜜罐技术及其在取证中的应用.北京：保密科学技术,2011.
[43] 刘建军,赵兵,熊道泉等.新型电信诈骗案件中的电子数据研究.北京：信息网络安全,2013.
[44] 刘建军,熊道泉,黄政等.存储卡视频文件恢复研究.北京：信息网络安全,2013.
[45] 刘建军,黄政.网站入侵案件中的电子证据研究.北京：信息网络安全,2011.
[46] 刘建军,黄政.百家乐 1 号赌博机电子证据勘查.北京：信息网络安全,2010.
[47] 刘建军,黄政.从被盗笔记本电脑中挖掘失主线索.北京：信息网络安全,2010.
[48] 黄步根,熊道泉,黄政等.对汽车行车记录仪存储卡的一次取证经历.江苏：江苏警官学院学报,2014.
[49] 黄步根,黄政,刘建军.SANYO 数码相机中被删除视频的恢复.北京：信息网络安全,2011.
[50] 黄步根,刘建军,张晓南.NTFS 文件系统中的视频数据恢复方法.上海：计算机工程,2010.
[51] 张鑫.云计算平台安全浅析.北京：师大学报自然科学版,2012.
[52] 张鑫.基于贝叶斯分类算法的木马程序流量识别方法.北京：信息网络安全,2012.
[53] 张鑫.2008 年恶意代码的发展趋势.北京：数码世界,2008.
[54] 郭弘.电子数据取证标准.微信,2015.
[55] (美)harlan carvey(著).Windows 取证分析.王智慧,崔孝晨,陆道宏(译).北京：科学出版社,2009.
[56] (美)Christopher Hadnagy(著).社会工程：安全体系中的人性弱点.陆道宏,杜娟,邱璟(译).北京：人民邮电出版社,2013.
[57] (美)Sherri Davidoff(著).黑客大追踪：网络取证核心原理与实践.崔孝晨,陆道宏(译).北京：电子工业出版社,2015.
[58] 陆道宏,沈永安等.电子数据取证研究,http://blog.forensix.cn/，2014—2015.
[59] 戴士剑,涂彦辉.数据恢复技术(第 2 版).北京：电子工业出版社,2006.
[60] 夏荣,吴彬,袁文勤等.监控视频恢复技术研究.计算机犯罪调查技术峰会.2014.
[61] 最高人民法院研究室.网络犯罪刑事诉讼程序意见暨相关司法解释理解与应用.北京：人民法院出版社,2014.
[62] 中国合格评定国家认可委员会.司法鉴定/法庭科学认可评价体系汇编.北京：中国标准出版社,2015.

[63] 卞建林,谭世贵.证据法学.北京:中国政法大学出版社,2010.
[64] 霍宪丹.司法鉴定通论.北京:法律出版社,2009.
[65] Kevin Mandia,Chris Prosise 著.应急响应——计算机犯罪调查.常晓波译,北京:清华大学出版社,2002.
[66] Dan Farmer,Wietse Venema. Forensic Discovery.北京:机械工业出版社,2006.
[67] 李双其,曹文安,黄云峰.法制视野下的信息化侦查.北京:中国检察出版社,2011.
[68] Sean Morrissey 著.iOS 取证分析.郭永健,韩晟,钟琳译.北京:电子工业出版社,2012.
[69] 郭永健,郑麟,郭杰.大数据时代背景下的海量电子邮件分析.北京:警察技术,2015.
[70] Andrew Hoog,Katie Strzempka 著.iOS 取证实战——调查、分析与移动安全.彭莉娟,刘琛梅,赵剑译.北京:机械工业出版社,2013.
[71] Andrew Hoog 著.Android 取证实战.何泾沙等译.北京:机械工业出版社,2013.
[72] 刘品新.论犯罪过程中的信息转移原理.福州:福建公安高等专科学校学报.2003.
[73] 刘伟.数据恢复技术深度揭秘.北京:电子工业出版社,2010.
[74] 汪中夏,张京生,刘伟.RAID 数据恢复技术揭秘.北京:清华大学出版社,2010.
[75] Windows 8.1 的 ReFS 去哪儿了.北京:电脑爱好者,2014.
[76] 刘永刚,袁建国,刘思波等编著.深度剖析——硬盘固件级数据恢复.北京:电子工业出版社,2013.
[77] 罗林.VMware 虚拟机技术在电子数据取证中的应用.北京:网络安全技术与应用 2012.8.
[78] 郭振波.互联网和万维网的基本原理与技术.北京:清华大学出版社,2001.
[79] (美)Warren G. Kruse Ⅱ.计算机取证:应急响应精要.北京:人民邮电出版社,2003 年 08 月.
[80] (美)凯西.数字证据与计算机犯罪(第二版).北京:电子工业出版社,2004.
[81] 杨泽明,刘宝旭,许榕生.电子邮件取证技术.北京:网络信息安全,2006 年第 6 期.
[82] 《全国人民代表大会常务委员会关于司法鉴定管理问题的决定》释义.2005.
[83] 李禹,党凌云.2013 年度全国司法鉴定情况统计分析.北京:中国司法鉴定,2013.
[84] 余彦峰.电子数据司法鉴定概述.南京:东盟电信周部长论坛,2008.
[85] 尹丹.电子数据司法鉴定技术的发展与挑战.北京:中国司法鉴定,2011.
[86] 杜志淳,廖根为.电子数据司法鉴定主要类型及其定位.北京:中国司法鉴定,2014.
[87] 朱玉璋.国外司法鉴定制度.合肥:中国司法,1994—2011.
[88] 杨春松,刘建伟,范心乐等.鉴定人出庭作证的司法实践.北京:中国司法鉴定,2014.
[89] 赵幼鸣,黄娟娟.鉴定人出庭作证及技巧刍议——以刑事诉讼为视角.北京:中国司法鉴定,2000.
[90] 俞世裕,潘广俊,林嘉栋等.鉴定人出庭作证制度实施现状及完善——以浙江省为视角.北京:中国司法鉴定,2014.
[91] 李伟.论公安机关鉴定体制改革的方向——以现场勘查与刑事技术鉴定的区别为视角.北京:中国司法鉴定,2014.
[92] 徐明江,杨德齐,论司法鉴定制度创新的三个维度.北京:中国司法鉴定,2014.
[93] 赵杨.论我国电子数据的法律规制及完善.北京:中国司法鉴定,2000.
[94] 王瑞恒.论我国司法鉴定管理权部门间配置新模式.北京:中国司法鉴定,2014.
[95] 刘少文.全国司法鉴定管理工作座谈会.2014.
[96] 冯鹏举.人民检察院鉴定人出庭作证之初探.北京:中国司法鉴定,2014.
[97] 程军伟,袁佳琪.司法鉴定价值最大化:规范、平衡与系统.北京:中国司法鉴定,2014.
[98] 陈平.司法鉴定相关问题探析.北京:中国司法鉴定,1994—2014.
[99] 姚利,李刚.司法鉴定质量管理的核心.北京:中国司法鉴定,2014.

[100] 陈金明.天津市司法鉴定现状与发展思路.北京：中国司法鉴定,2014.
[101] 王俊,常娟.我国电子数据司法鉴定人准入管理制度的完善.北京：中国司法鉴定,2014.
[102] 潘溪.我国司法鉴定的法治化研究.北京：中国司法鉴定,2014.
[103] 段作瑞.刑事鉴定意见证据资格程序性保障措施.北京：中国司法鉴定,2014.
[104] 郭华.治理我国实践中司法鉴定失序的正途.北京：中国司法鉴定,2014.
[105] 常林.中国司法鉴定乱象之因.北京：中国司法鉴定,2014.
[106] 最高人民法院关于民事诉讼证据的若干规定,2002.
[107] 中国合格评定国家认可委员会秘书处.实验室认可评审员培训教程(试行版),2007.
[108] 国家认证认可监督管理委员会,司法部司法鉴定管理局.司法鉴定机构资质认定工作指南.中国计量出版社,2009.
[109] 沈敏,吴何坚,方建新.司法鉴定机构质量管理与认证认可指南.北京：科学出版社,2009.
[110] 胡海洋,李晓斌.17025准则：法庭科学实验室的选择与对策.北京：刑事技术,2008.
[111] 中国合格评定国家认可委员会(CNAS)秘书处认可三处处长唐丹舟.法庭科学认可的国际化之路.中国合格评定国家认可委员会,2002.
[112] 刘烁.法庭科学实验室质量控制研究综述.北京：刑事技术,2013.
[113] 花锋.论法庭科学实验室认可的特殊要求.北京：刑事技术,2007.
[114] 江智明,王岩.论我国司法鉴定机构之发展趋势.郑州：河南司法警官职业学院学报,2007.
[115] 李珣.美国合格评定体系简介.广州：世界标准化与质量管理,2007.
[116] 姬洪涛,焦铸,游戎等.浅议ISO/IEC 17025与ISO/IEC 17020的差异及有关问题探讨.成都：现代测量与实验室管理,2009.
[117] 邸玉敏,渝洪江.我国法庭科学实验室认可现状和发展趋势.北京：铁道警官高等专科学校学报,2008.
[118] 宋桂兰,唐丹舟,肖良等.我国司法鉴定领域认证认可相关程序要求.北京：中国司法鉴定,2008.
[119] 花锋.中美法庭科学实验室比较研究.北京：刑事技术,2007.
[120] 郑学功,张明,张晓岩等.计算机犯罪与现场勘查.北京：中国人民公安大学出版社,2002.
[121] 张新枫.刑事侦查.北京：警官教育出版社,1999.
[122] 公安机关刑事科学技术专业技术职位任职资格考试大纲.2014.
[123] Chris Boyd, Pete Forster. Time and date issues in forensic computing-a case study 2004 National Technical Assistance Centre, UK.
[124] NTFS/FAT Time Zone Comparison accessdata inc.
[125] Use of Dates and Times in Forensic Exams/Investigations Dora Furlong.
[126] Proving the Integrity of Digital Evidence with Time Chet Hosmer, President & CEO WetStone Technologies, Inc 2002.
[127] Barzan "Tony" Antal UNIX Time Format Demystified http://www.devshed.com/c/a/Administration/UNIX-Time-Format-Demystified/.